Die Konkretisierung und Durchsetzung internationaler Menschenrechte durch Entwicklungsmaßnahmen der Weltbank und der Internationalen Finanz-Corporation

Europäische Hochschulschriften

European University Studies

Publications Universitaires Européennes

Reihe II Rechtswissenschaft

Series II Law

Série II Droit

Band/Volume 5655

Felicitas Chen

Die Konkretisierung und Durchsetzung internationaler Menschenrechte durch Entwicklungsmaßnahmen der Weltbank und der Internationalen Finanz-Corporation

PL ACADEMIC RESEARCH

Bibliographic Information published by the Deutsche Nationalbibliothek
The Deutsche Nationalbibliothek lists this publication in the Deutsche Nationalbibliografie; detailed bibliographic data is available in the internet at http://dnb.d-nb.de.

Zugl.: Berlin, Freie Univ., Diss., 2014

D188
ISSN 0721-3387
ISBN 978-3-631-65524-5 (Print)
E-ISBN 978-3-653-04909-1 (E-Book)
DOI 10.3726/ 978-3-653-04909-1

Internationaler Verlag der Wissenschaften

Frankfurt am Main 2014

PL Academic Research ist ein Imprint der Peter Lang GmbH.

Peter Lang – Frankfurt am Main · Bern · Bruxelles · New York · Oxford · Warszawa · Wien

Diese Publikation wurde begutachtet.

www.peterlang.com

Für meine Mutter

Vorwort

Die vorliegende Arbeit ist im Jahr 2012 beim Fachbereich Rechtswissenschaft der Freien Universität Berlin als Dissertation zur Promotion eingereicht worden. Normen, Rechtsprechung, Literatur und weitere Quellen sind mit Stand vom 1. Juni 2012 berücksichtigt.

Dank gilt meiner Doktormutter Prof. Dr. Beate Rudolf für die Anregung des Themas und für die Förderung eines Forschungsaufenthalts in Washington, D.C., über den Sonderforschungsbereich 700 „Governance in Räumen begrenzter Staatlichkeit". Herrn Univ.-Prof. Dr. Dres. h.c. Philip Kunig danke ich für das zügige Erstellen des Zweitgutachtens. Besonders bedanken möchte ich mich auch bei Dr. Frank Chen, Dr. Christiane Chen-Santel und Lutz Chlendorf, LL.M., für ihre wertvollen Anregungen sowie bei Lars Müller für die Unterstützung bei der Formatierung.

Großer Dank geht außerdem an das Land Berlin und den Deutschen Akademischen Austausch Dienst, die das Erstellen der Arbeit inklusive eines Forschungsaufenthalts in Washington, D.C., durch Stipendien gefördert haben.

Berlin, im Juli 2014

Felicitas Chen

Inhaltsverzeichnis

A Einführung

Politik und Wirtschaft sind derart miteinander verflochten, dass eine klare Trennung häufig nicht möglich ist. Politische Entscheidungen sind zumeist auch ökonomisch motiviert oder haben eine wirtschaftliche Komponente. So kann es passieren, dass ein Regierungsvertreter beim zwischenstaatlichen Dialog mit einem ausländischen Regierungsvertreter die Verletzung von Menschenrechten in dessen Staat ausspart, um die guten Wirtschaftsbeziehungen nicht zu gefährden. Umgekehrt beeinflussen politische Überlegungen häufig wirtschaftliche Aktivitäten. Dies kann z. B. der Fall sein, wenn ein Staat einen anderen wirtschaftlich unterstützt, weil er die gleiche politisch-ideologische Ausrichtung hat, ohne dass dies jedoch ökonomisch sinnvoll wäre.

Aufgrund dieser Verflechtung geraten internationale Finanzinstitutionen und insbesondere multilaterale Entwicklungsorganisationen immer häufiger in die Kritik: Die internationale Öffentlichkeit erwartet, dass wirtschafts- und entwicklungsrechtliche Entscheidungen vor dem Hintergrund politischer Erwägungen getroffen werden. Häufig kommt es z. B. vor, dass Nichtregierungsorganisationen oder andere zivilgesellschaftliche Gruppen die internationalen Entwicklungs-organisationen kritisieren, weil sie mit Regimen kooperieren, die Menschenrechte missachten. Oft sind jedoch die rechtlichen Voraussetzungen nicht gegeben, um politische Aspekte in wirtschaftliche Überlegungen einbeziehen zu können. Viele Organisationen wie diejenigen der Weltbankgruppe enthalten in ihrer Satzung ein ausdrückliches Verbot, Entscheidungen aufgrund politischer Erwägungen zu treffen. Dies ist wichtig, da die Mitglieder der Organisationen Staaten aus aller Welt mit zahlreichen verschiedenen Interessen sind. Diese haben nicht nur verschiedene historische und kulturelle Hintergründe, sondern auch unterschiedliche politische und wirtschaftliche Systeme und daher verschiedene politische Interessen. Würden diese Institutionen offiziell politische Aspekte berücksichtigen, wäre ihre Funktionsfähigkeit angesichts der vielfältigen divergierenden Interessen erheblich eingeschränkt. Effiziente Entscheidungs-mechanismen könnten dann nicht gefunden und praktisch umgesetzt werden.

Einer der sensibelsten als „politisch“ angesehenen Bereiche ist der Menschenrechtsschutz. Es besteht international Einigkeit darüber, dass die Menschenrechte zu den höchsten Gütern der menschlichen Zivilisation zählen und ein unerlässliches Element jeder freiheitlichen Gesellschaftsordnung bilden. Daher gestehen Regierungen nur sehr selten Menschenrechtsverletzungen ein; die Staaten verbitten sich in der Regel jede diesbezügliche Kritik und jeden Versuch der Einflussnahme auf ihre Menschenrechtspolitik. Bei entsprechenden Meinungsverschiedenheiten berufen sie sich international auf ihre Souveränität, innerstaatlich auf die nationale Sicherheit, Ordnung oder andere Allgemeininteressen und rechtfertigen so entsprechende Gegenmaßnahmen. Die Menschenrechte stellen einen Bereich dar, der im entwicklungspolitischen Zusammenhang besonders häufig Anlass zu Kritik gibt. Denn gerade weil sich Wirtschaft und Politik nicht strikt trennen lassen, haben im Entwicklungsbereich auch scheinbar rein ökonomische Entscheidungen oftmals erhebliche Auswirkungen auf Politik und Menschenrechte. Dies wird noch dadurch verschärft, dass internationale Entwicklungsorganisationen über große Einfluss-möglichkeiten aufgrund ihrer wirtschaftlichen Machtposition verfügen. Eine solche Machtposition begründet Verantwortung sowohl gegenüber der jeweiligen Bevölkerung als auch gegenüber der internationalen Staatengemeinschaft.

An diesem Punkt setzt die vorliegende Arbeit an. Die weitgehende Untrennbarkeit von Politik und Ökonomie legt die Vermutung nahe, dass sich internationale wirtschaftliche Aktivitäten sowohl negativ als auch positiv auf den Schutz und die Verwirklichung der Menschenrechte auswirken. Es ist anzunehmen, dass die kontinuierliche Stärkung des internationalen Menschenrechtsschutzes auch die internationale Entwicklungspolitik beeinflusst. Möglicherweise führt es zu einer positiven Rückkopplung, wenn Menschenrechte die Wirkung von Entwicklungsmaßnahmen stärken, so dass diese wiederum zur Förderung des Menschenrechtsschutzes beitragen. Die mögliche Konkretisierung und Durchsetzung der Menschenrechte in den Bereichen der Umwelt- und Arbeitsrechte sowie der Rechte von Frauen erläutert die vorliegende Arbeit am Beispiel der größten internationalen Entwicklungsorganisationen: Weltbank und Internationale Finanz-Corporation.

B Weltbank / IFC und Menschenrechte

B.I Grundlagen der Weltbank

B.I.1 Allgemeines

Die Weltbank (im Folgenden auch Bank) mit Sitz in Washington, D. C. (USA), umfasst die Internationale Bank für Wiederaufbau und Entwicklung (*International Bank for Reconstruction and Development*, IBRD) und die Internationale Entwicklungsorganisation (*International Development Association*, IDA).[1] Gemeinsam mit den Tochterorganisationen Internationale Finanz-Corporation (*International Finance Corporation*, IFC), Multilaterale Investitions-Garantie-Agentur (*Multilateral Investment Guarantee Agency*, MIGA) und Internationales Zentrum zur Beilegung von Investitionsstreitigkeiten (*International Centre for Settlement of Investment Disputes*, ICSID) bilden die IBRD und die IDA die Weltbankgruppe.

Die IBRD ist eine internationale Entwicklungshilfeorganisation mit 188 Mitgliedstaaten.[2] Sie wurde im Jahre 1944 zusammen mit dem Internationalen Währungsfonds (IWF) in Bretton Woods (New Hampshire / USA) gegründet, wo vom 01. bis zum 22. Juli 1944 die „Internationale Währungs- und Finanzkonferenz der Vereinten und Assoziierten Nationen“ stattfand. Die IDA besteht seit 1960 und kooperiert mit der IBRD, besitzt jedoch rechtliche Eigenständigkeit.[3] Ihre Gründung geht auf die bereits in den 1950er Jahren getroffene Feststellung zurück, dass die ärmsten Länder der Welt besondere Konditionen brauchen, um Entwicklungshilfe in Anspruch nehmen zu können.[4] Heute sind 172 Staaten Mitglieder der IDA.[5]

---

1 Vgl. *McBeth*, International Economic Actors and Human Rights, S. 165.

2 Stand: 19.01.2012, http://go.worldbank.org/SGCDPJKLX0 (ständige URL).

3 *IDA*, Articles of Agreement vom 24.09.1960 (IDA-Satzung), BGBl. 1960 II, S. 2138 bzw. 439 UNTS 249, Artt. VIII Abschnitt 2, VI Abschnitt 6.

4 *The World Bank*, http://go.worldbank.org/ZRAOR8IWW0 (ständige URL).

5 Stand: 19.01.2012, http://go.worldbank.org/SGCDPJKLX0 (ständige URL).

B.I.2 Ziele und Rechtsform

Art. I (i) der IBRD-Satzung[6] verdeutlicht, dass das ursprüngliche Ziel der Organisation im Wiederaufbau und in der wirtschaftlichen Entwicklung der vom Zweiten Weltkrieg zerstörten Staaten bestand, wie auch am Namen der Internationalen Bank für Wiederaufbau und Entwicklung erkennbar ist.[7] Innerhalb weniger Jahre änderte sich dieser Zweck; er besteht nunmehr in der allgemeinen Erhöhung des Lebensstandards der auf Entwicklungshilfe angewiesenen Staaten und in der Reduzierung globaler Armut.[8] Diese bis heute gültige Zielsetzung spiegelt auch die Satzung der erst 16 Jahre später gegründeten IDA wider.[9]

Die IBRD und die IDA sind nach außen unbeschränkt geschäftsfähige juristische Personen[10] sowie Sonderorganisationen der Vereinten Nationen.[11] Sie besitzen Völkerrechtssubjektivität, die von den Mitgliedstaaten abgeleitet und auf die satzungsmäßigen Kompetenzen beschränkt ist.[12] Ihre Entscheidungen, Maßnahmen und ihr sonstiges Verhalten sind daher nach völkerrechtlichen Maßstäben zu bewerten. Insbesondere haben die zwischen ihnen und den Regierungen der Empfängerstaaten geschlossenen Darlehensverträge als Verträge zwischen Völkerrechtssubjekten völkerrechtlichen Charakter.

B.I.3 Interne Organisation

Die Leitung der Bank besteht aus dem Gouverneursrat, dem Direktorium, bestehend aus den zwölf Exekutivdirektoren,[13] und dem Präsidenten.[14] Der Gouverneursrat hat alle Befugnisse inne und überträgt dem Direktorium, dem der

---

6 *IBRD*, Articles of Agreement vom 22.07.1944 (IBRD-Satzung), BGBl 1952 II, S. 664, in der Fassung vom 16.02.1989, BGBl. 1992 II, S. 1134.

7 Vgl. auch *Peet*, Unholy trinity: the IMF, World Bank and WTO, S. 114.

8 Vgl. auch *The World Bank*, http://go.worldbank.org/DM4A38OWJ0 (ständige URL) sowie *George*, Kredit und Dogma. Ideologie und Macht der Weltbank, S. 16.

9 Art. I IDA-Satzung.

10 Art. VII Abschn. 2 IBRD-Satzung; Art. VIII Abschn. 2 IDA-Satzung.

11 Agreement between the United Nations and the International Bank for Reconstruction and Development vom 15.11.1947 (IBRD-Beziehungsvereinbarung), 16 UNTS 346, Art. I (2); Agreement between the United Nations and the International Development Association vom 27.03.1961, 394 UNTS 222, Art. I.

12 Vgl. *Akande*, International Organizations, in: Evans (Hrsg.), International Law, S. 277ff., 282ff.; *Cassese*, International Law, S. 135f.

13 Art. V Abschn. 4 (b) S. 1 IBRD-Satzung.

14 Art. V Abschn. 1 IBRD-Satzung; Art. VI Abschn. 1 IDA-Satzung.

Präsident vorsitzt, die zur allgemeinen Geschäftsführung notwendigen Rechte.[15] Alle drei Organe und, soweit möglich, auch die weiteren Mitarbeiter erfüllen ihre Aufgaben in Personalunion für die IBRD und die IDA.[16]

Die Bank hat, nach ihrer internen Struktur zu urteilen, Charakteristika einer Genossenschaft. Nach der Definition des IGB,[17] des größten internationalen Verbandes von Genossenschaften, ist unter einer Genossenschaft „eine freiwillige autonome Vereinigung von Personen" zu verstehen, „die einem gemeinsamen wirtschaftlichen, sozialen oder kulturellen Zweck dient und dazu in einer Gesellschaft zusammengeschlossen ist, welche allen Mitgliedern gehört und demokratisch organisiert ist."[18] Die Weltbank ist eine rechtlich unabhängige Organisation, die auf einem freiwilligen Zusammenschluss der Mitgliedstaaten beruht. Der gemeinsame Zweck der Reduzierung der Armut und Erhöhung des Lebensstandards weltweit ist vor allem wirtschaftlicher Natur. Wie es die IGB-Definition verlangt, gehört die Bank der Gesamtheit ihrer Mitglieder. Sie kann jedoch wegen ihres Abstimmungsprinzips nicht uneingeschränkt als Genossenschaft bezeichnet werden.

Das Zweite Grundprinzip des IGB „Demokratische Mitgliederkontrolle" (*democratic member conrol*) verlangt, dass Genossenschaften demokratisch organisiert sind. In der Weltbank sind die Stimmrechte der Mitgliedstaaten nach dem Prinzip der Stimmenwägung verteilt.[19] Dies bedeutet, dass jedes Mitglied die gleiche Anzahl an Basisstimmen hat sowie zusätzlich weitere Stimmen, die von der jeweiligen Kapitalzeichnung abhängen.[20] In der IBRD hat jeder Mitgliedstaat 250 Stimmen zuzüglich einer weiteren Stimme für jeden gehaltenen Anteil, in der IDA 500 Stimmen zuzüglich einer weiteren Stimme für je 5.000

15 Art. V Abschn. 2 (a) S. 1, Abschn. 4 (a), Abschn. 5 (a) S. 2 IBRD-Satzung; Art. VI Abschn. 1, Abschn. 4 (a), Abschn. 5 (a) S. 2 IDA-Satzung.

16 Art. VI Abschn. 2 (b) S. 1 und 3, Abschn. 4 (b) S. 1 und 2, Abschn. 5 (a) S. 1 und (b) S. 3 IDA-Satzung.

17 InternationalerGenossenschaftsbund(IGB),Näheresunterhttp://www.ica.coop/al-ica/ (letzter Zugriff: 01.06.2012).

18 *IGB*, Statutes vom 06.06.2008, in der Fassung vom 20.11.2009 (IGB-Satzung), verfügbar unter http://www.ica.coop/ica/rules.html (letzter Zugriff: 01.06.2012), Art. 6, Definition.

19 *Tetzlaff*, Weltbank und Währungsfonds - Gestalter der Bretton-Woods-Ära: Kooperations- und Integrations-Regime in einer sich dynamisch entwickelnden Weltgesellschaft, S. 62.

20 *Tetzlaff*, Weltbank und Währungsfonds - Gestalter der Bretton-Woods-Ära: Kooperations- und Integrations-Regime in einer sich dynamisch entwickelnden Weltgesellschaft, S. 62.

US-Dollar des gezeichneten Kapitals.[21] Das Prinzip der Stimmenwägung erkennt einerseits die Gleichberechtigung der Mitgliedstaaten an und würdigt andererseits eine höhere Kapitalzeichnung, um einen funktionsfähigen Abstimmungsmodus zu gewährleisten.[22] Die Wahrung der Funktionsfähigkeit einer Institution ist ein legitimes Ziel, das die Einschränkung der Stimmengleichheit in einer Demokratie rechtfertigen kann.[23] Die Anwendung des Stimmenwägungsprinzips schließt daher eine demokratisch-genossenschaftliche Organisationsstruktur der Weltbank nicht aus. Nach dem Zweiten IGB-Grundprinzip handelt es sich aber, da nicht jeder Mitgliedstaat auch nur eine Stimme bzw. dasselbe Stimmrecht hat, um eine „Genossenschaft anderer Stufe" und nicht um eine „Primärgenossenschaft".[24] Die Vereinigten Staaten von Amerika halten derzeit 16,55% der Anteile (dies entspricht 16,11% der Stimmrechte), Japan 9,74% (entspricht 9,49% der Stimmrechte) und die Bundesrepublik Deutschland als drittgrößter Anteilseigner 4,85% (entspricht 4,74% der Stimmrechte).[25]

Es besteht des Weiteren keine Abweichung vom genossenschaftsrechtlichen Grundprinzip der gegenseitigen Unterstützung.[26] Zwar gibt es Mitgliedstaaten, die ausschließlich finanzielle Hilfe leisten, und solche, die sie nur empfangen. Es sollte für das Vorliegen genossenschaftlicher Strukturen aber genügen, dass alle Mitgliedstaaten die Möglichkeit haben, Entwicklungshilfe in Anspruch zu nehmen, da die Bank als Entwicklungsorganisation von Beginn an auf eine ungleiche Lastenverteilung ausgelegt gewesen ist.

B.I.4 Darlehensformen und -abwicklung

Die IBRD unterstützt Staaten der mittleren und niederen Einkommensgruppe durch niedrig verzinste Darlehen, Garantien und Risikomanagement-Strategien

---

21 Art. V Abschn. 3 IBRD-Satzung; Art. VI Abschn. 3 (a) S. 1 IDA-Satzung.

22 Vgl. *Tetzlaff*, Weltbank und Währungsfonds - Gestalter der Bretton-Woods-Ära: Kooperations- und Integrations-Regime in einer sich dynamisch entwickelnden Weltgesellschaft, S. 62.

23 Vgl. *BVerfG* NJW 1997, 1568f. zur Funktionsfähigkeit des Parlaments als Rechtfertigungsgrund für die Sperrklauselregelung des § 6 VI 1 Hs. 1 BWahlG für Wahlen zum Deutschen Bundestag.

24 Art. 6 IGB-Satzung, 2nd Principle: Democratic Member Control: „*[...] In primary co-operatives members have equal voting rights (one member, one vote) and co-operatives at other levels are also organised in a democratic manner.*"

25 Stand: 14.05.2012, http://go.worldbank.org/0JPZLBRA90 (ständige URL) -> IBRD.

26 IGB-Satzung, Art. 6 S. 1.

sowie durch Analyse und Beratung.[27] Die IDA hingegen hilft den ärmsten Ländern der Welt mittels zinsfreier Kredite und Subventionen, die sich unter normalen Marktbedingungen nicht für wirtschaftliche Unterstützung qualifizieren würden.[28]

Im Wesentlichen gibt es zwei Arten von Weltbankdarlehen: die Investitionskredite (*investment operations / loans*), welche für einzelne Entwicklungsprojekte vergeben werden, und Strukturkredite (*development policy operations / loans*), die den Empfängerländern schnelle Finanzhilfen für Strukturreformen (*policy and institutional reforms*) ermöglichen. Die strukturelle Entwicklungshilfe (*development policy lending*) wurde im August 2004 durch die operative Richtlinie (*operational policy*, OP) 8.60 in Verbindung mit der Verfahrensrichtlinie (*bank procedure*, BP) 8.60 eingeführt.[29] Sie vereinheitlichte die bis dahin bestehenden verschiedenen Arten der sog. Strukturanpassung (*adjustment lending*), welche seit 1979 angewendet worden waren.[30] Es werden allerdings mehrheitlich Investitionsdarlehen vergeben, die ca. 75-80% aller Weltbankausgaben in der Entwicklungshilfe der vergangenen zwei Jahrzehnte ausmachen.[31] Zumeist werden sie in Form von sog. Spezifischen Investitionskrediten (*specific investment loans*) zur Förderung gezielter Investitionen oder in Form von sog. Sektor- und Instandsetzungsinvestitionen (*sector investment and maintenance loans*) gewährt.[32]

Die auf Einzelprojekte bezogene Entwicklungshilfe der Weltbank wird durch den sog. Projektzyklus strukturiert, der aus sechs Phasen besteht:

1. Auswahl des Projekts
2. Entwurf und Vorbereitung
3. finanzielle Einschätzung des Projekts und Bewilligung des Darlehens
4. Durchführung des Projekts
5. Überwachung der Durchführung
6. systematische Gesamtauswertung.[33]

---

27 *The World Bank*, Annual Report 2010, S. 5.

28 *The World Bank*, Annual Report 2010, S. 6.

29 *The World Bank*, http://go.worldbank.org/C4UAVZ7TK0 (ständige URL), letzter Absatz (dort sind auch OP und BP 8.60 verfügbar).

30 *McBeth*, International Economic Actors and Human Rights, S. 184f.

31 *The World Bank*, http://go.worldbank.org/C4UAVZ7TK0 (ständige URL), Stand: 18.04.2012.

32 *The World Bank*, http://go.worldbank.org/C4UAVZ7TK0 (ständige URL).

33 *Schlemmer-Schulte*, The World Bank Inspection Panel: A Model for Other International Organizations?, in: Blokker/Schermers (Hrsg.), Proliferation of International Organizations: Legal Issues, S. 483ff., 504.

In der 1. Phase sind sowohl Weltbank als auch Empfängerstaat beteiligt, die 2. und 4. Phase liegen allein in der Verantwortung des Mitgliedstaates, und für die 3., 5. und 6. Phase ist nur die Bank zuständig.[34]

In den ersten fünf Jahren nach der Auszahlung eines Darlehens macht die Weltbank in der Regel keine Forderungen geltend, die Rückzahlung hat innerhalb von 15-20 Jahren zu den jeweils geltenden Zinssätzen zu erfolgen; Kündigungen von Kreditverträgen oder Umschuldungen führt die Bank nicht durch.[35] Sie übt eine Katalysatorfunktion aus, da weitere potentielle Geldgeber eher bereit sind, Darlehen zu gewähren, wenn der Empfängerstaat Weltbankförderung erhält; daher ist dessen Motivation hoch, Weltbankdarlehen zügig zurückzuzahlen.[36]

B.I.5 Aktuelle Zahlen und Entwicklung

Von 2006 bis 2011 hat die Weltbank insgesamt ca. 222 Mrd. US-Dollar für Entwicklungshilfe ausgegeben.[37] Im Geschäftsjahr 2011[38] waren es 26,7 Mrd. US-Dollar für 132 neue Operationen auf Seiten der IBRD. Dies sind fast doppelt so hohe Ausgaben wie durchschnittlich in den Jahren 2005 bis 2008 (13,5 Mrd. US-Dollar), jedoch wesentlich geringe Ausgaben gegenüber den 44,2 Mrd. US-Dollar im Jahr 2010, als die Auswirkungen der weltweiten Finanz- und Wirtschaftskrise besonders stark waren.[39] Die IDA gab 2011 für Darlehen 13,5 Mrd. US-Dollar und für Subventionen 2,8 Mrd. US-Dollar, insgesamt also 16,3 Mrd. US-Dollar aus.[40] Die finanziellen Aktivitäten der IBRD und der IDA verteilten sich 2011 mit 7,1 Mrd. US-Dollar auf Afrika, mit 8 Mrd. US-Dollar auf die Region Ostasien und Pazifik, mit 6,1 Mrd. US-Dollar auf Europa und Zentralasien, mit 9,6 Mrd. US-Dollar auf die Region Lateinamerika und Karibik, mit 2,1 Mrd. US-Dollar auf den Nahen Osten und Nordafrika und mit 10,1 Mrd. US-Dollar auf Südasien.[41] Im Gegensatz zu vielen entwickelten Ländern scheint die jüngste Weltwirtschaftskrise die sich entwickelnden Länder weniger stark getroffen zu

---

34 *Schlemmer-Schulte*, The World Bank Inspection Panel: A Model for Other International Organizations?, in: Blokker/Schermers (Hrsg.), Proliferation of International Organizations: Legal Issues, S. 483ff., 504.

35 *George*, Kredit und Dogma. Ideologie und Macht der Weltbank, S. 16.

36 Vgl. *George*, Kredit und Dogma. Ideologie und Macht der Weltbank, S. 16; *Phillips*, Reforming the World Bank, S. 6.

37 Vgl. *The World Bank*, Annual Report 2011, S. 4.

38 01.07.2010 bis 30.06.2011.

39 *The World Bank*, Annual Report 2011, S. 2.

40 *The World Bank*, Annual Report 2011, S. 3.

41 *The World Bank*, Annual Report 2011, S. 14, 16, 18, 20, 22, 24.

haben. Die Weltbank beobachtet bereits eine Wiederbelebung der Konjunktur auf das vor der Krise bestehende Niveau.[42]

B.II Grundlagen der IFC

Nachdem man die Frage der Förderung der Privatwirtschaft schon vor der Bretton-Woods-Konferenz von 1944 aufgeworfen und über die Jahre immer wieder diskutiert hatte,[43] wurde im Jahr 1955 die IFC eingerichtet. Sie ist eine Tochterorganisation der Weltbank, die ihren Sitz satzungsgemäß am Sitz der Bank in Washington, D. C. (USA) hat.[44] Sie hat 184 Mitgliedstaaten;[45] Voraussetzung für einen Beitritt zur IFC ist die Mitgliedschaft in der IBRD.[46]

B.II.1 Ziele und Rechtsform

Die Aufgabe der IFC besteht darin, wirtschaftliche Entwicklung im Rahmen der Weltbankziele durch Förderung der Privatwirtschaft voranzutreiben.[47] Zu diesem Zweck tätigt sie ohne staatliche Garantien Investitionen im privaten Bereich[48] und fungiert als Mittlerin zwischen in- und ausländischen Unternehmen und Investoren.[49] Ihr kommt des Weiteren eine Katalysatorfunktion für private Investitionen im Entwicklungsbereich zu, d. h. sie trägt dazu bei, Anreize für Investitionen Dritter zu schaffen.[50] Das Tätigkeitsfeld der IFC sind diejenigen Länder oder Wirtschaftsbereiche, in denen Kapital für privatwirtschaftliche Unternehmen zu marktüblichen Konditionen nicht verfügbar ist.[51] Sie engagiert sich jedoch nicht gegen den Willen des jeweiligen Mitgliedstaates und beteiligt sich nicht an der Unternehmensleistung.[52]

---

42 *The World Bank*, Annual Report 2011, S. 6.

43 *Haralz*, The International Finance Corporation, in: Kapur/Lewis/Webb (Hrsg.), The World Bank. Its First Half Century, Bd. 1: History, S. 805ff., 807ff.

44 *IFC*, Articles of Agreement vom 25.05.1955 (IFC-Satzung), BGBl. 1956 II, S. 749, Art. IV Abschn. 8.

45 Stand: 21.09.2011, http://go.worldbank.org/4FHBI7UF30 (ständige URL, letzter Zugriff: 01.06.2012).

46 Art. II Abschn. 1 IFC-Satzung.

47 Art. I S. 1, 2 IFC-Satzung.

48 Art. I (i), III Abschn. 1 IFC-Satzung.

49 Art. I (ii) IFC-Satzung.

50 Art. I (iii) IFC-Satzung.

51 Art. I (i), III Abschn. 3 (i) IFC-Satzung.

52 Art. III Abschn. 3 (ii), (iv) IFC-Satzung.

Die IFC besitzt volle Rechtspersönlichkeit und Geschäftsfähigkeit zur Wahrnehmung ihr Aufgaben.[53] Sie tritt durch die Bank mit anderen internationalen Organisationen in Verbindung[54] und ist wie die IBRD und die IDA Sonderorganisation der Vereinten Nationen.[55] Rechtlich und finanziell ist sie jedoch von der Weltbank unabhängig.[56] Diese Unabhängigkeit soll verhindern, dass private Investoren abgehalten werden, die sonst den Einfluss von Regierungen fürchten. Umgekehrt wird bei IFC-Operationen ein höheres wirtschaftliches Risiko gesehen, das sich dank ihrer Unabhängigkeit nicht negativ auf die Weltbank auswirken soll.[57] Außerdem spielen organisatorische, administrative und verfahrensrechtliche Motive eine Rolle für diese institutionelle Trennung von IFC und Weltbank.[58]

B.II.2 Rechtsnatur der Verträge

In dogmatischer Hinsicht bewegt sich die Arbeit der IFC, wenn sie Darlehensverträge mit privaten Unternehmen abschließt, in einem Bereich, der weder dem Völkerrecht noch dem Privatrecht eindeutig zugeordnet werden kann. Die IFC ist als internationale Organisation Völkerrechtssubjekt, private Unternehmen sind jedoch bisher nicht als Völkerrechtssubjekte anerkannt.[59] Mitunter räumt das Völkerrecht jedoch auch den Unternehmen Rechtspositionen ein. So dürfen sie in bestimmten Fällen vor dem Internationalen Seegerichtshof als Partei auftreten.[60] Des Weiteren sind Unternehmen im Streitbeilegungsverfahren der WTO berechtigt, unaufgefordert Stellungnahmen abzugeben.[61] Die genaue Einordnung der

53 Art. VI Abschn. 2 IFC-Satzung.

54 Art. IV Abschn. 7 IFC-Satzung.

55 Art. IV Abschn. 7 S. 1 IFC-Satzung i.V.m. *United Nations and IBRD (acting for and on behalf of the IFC)*, Agreement on relationship between the United Nations and the International Finance Corporation (IFC-Beziehungsvereinbarung) vom 18.04.1957, 265 UNTS 312, Punkt 1 Hs. 1 und 2 i.V.m. Art. I (2) IBRD-Beziehungsvereinbarung.

56 Art. IV Abschn. 6 (a) S. 1 und 2, (b) IFC-Satzung.

57 *Haralz*, The International Finance Corporation, in: Kapur/Lewis/Webb (Hrsg.), The World Bank. Its First Half Century, Bd. 1: History, S. 805ff., 813.

58 *Haralz*, The International Finance Corporation, in: Kapur/Lewis/Webb (Hrsg.), The World Bank. Its First Half Century, Bd. 1: History, S. 805ff., 813.

59 Vgl. *Hailbronner*, Der Staat und der Einzelne als Völkerrechtssubjekte, in: Graf Vitzthum (Hrsg.), Völkerrecht, S. 178, Rn. 44.

60 Statut des Internationalen Seegerichtshofs (Anlage VI zum Seerechtsübereinkommen der Vereinten Nationen vom 10.12.1982, BGBl. 1994 II, S. 1799), Art. 20 II.

61 Art. 13 I 1 der Vereinbarung über Regeln und Verfahren zur Beilegung von Streitigkeiten vom 15.04.1994 (DSU / *Dispute Settlement Understanding*), BGBl. 1994 II S. 1749 i.V.m. *World Trade Organization (WTO)*, United States - Import Prohibition of

IFC-Verträge kann jedoch dahinstehen, da auch nicht-völkerrechtliches Handeln Menschenrechte durchsetzen kann. Es muss dazu mindestens ein Völkerrechtssubjekt – in diesem Fall die IFC – beteiligt sein, so dass die Handlung als Ausdruck des Rechtsverständnisses dieses Völkerrechtssubjekts verstanden werden kann.

B.II.3 Interne Organisation

Der organisatorische Aufbau der IFC entspricht im Wesentlichen demjenigen der Bank. Alle Befugnisse liegen beim Gouverneursrat, der dem Direktorium die zur laufenden Geschäftsführung erforderlichen Rechte überträgt.[62] Die Mitglieder des Gouverneursrats und des Direktoriums sind identisch mit den entsprechenden Mitarbeitern der Bank.[63] Der Bankpräsident erfüllt zugleich die Funktion des Direktoriumsvorsitzenden der IFC, der den IFC-Präsidenten empfiehlt.[64] Der Präsident und die anderen Mitarbeiter der IFC sind ausschließlich der IFC verpflichtet.[65] Im Moment ist der Präsident der Weltbank, Robert B. Zoellick, zugleich Präsident der IFC.[66]

Auch in der IFC gilt das Prinzip der Stimmwägung; jedes Mitglied hat 250 Stimmen sowie eine weitere Stimme für jeden gezeichneten Anteil.[67] Die Vereinigten Staaten von Amerika halten derzeit 24,01% der Anteile (dies entspricht 23,56% der Stimmrechte), Japan 5,95% (entspricht 5,85% der Stimmrechte) und die Bundesrepublik Deutschland als drittgrößter Anteilseigner 5,43% (entspricht 5,34% der Stimmrechte).[68]

B.II.4 Geschäftsjahr 2011

Im Geschäftsjahr 2011[69] nahm die IFC 518 neue Projekte in 102 Staaten auf. Sie selbst investierte 12,2 Mrd. US-Dollar und vermittelte Drittinvestitionen

---

Certain Shrimp and Shrimp Products. Report of the Appellate Body vom 12.10.1998, verfügbar unterhttp://www.wto.org/english/tratop_e/dispu_e/cases_e/ds58_e.htm -> Appellate Body Report (letzter Zugriff: 01.06.2012), Rn. 107ff., 110; siehe auch *Ohlhoff*, Beteiligung von Verbänden und Unternehmen in WTO-Streitbeilegungsverfahren. Das Shrimp-Turtle-Verfahren als Wendepunkt?, in: EuZW 1999, 139, 142.

62 Art. IV Abschn. 1, Abschn. 2 (a), Abschn. 4 (a) IFC-Satzung.

63 Art. IV Abschn. 2 (b) S. 1, Abschn 4 (b) S. 1 und 2 IFC-Satzung.

64 Art. IV Abschn. 5 (a) S. 1, (b) S. 1 IFC-Satzung.

65 Art. IV Abschn. 5 (c) S. 1 IFC-Satzung.

66 Stand 01.06.2012; Robert B. Zoellick, seit dem 01.07.2007 im Amt.

67 Art. IV Abschn. 3 (a) IFC-Satzung.

68 Stand: 18.04.2012, http://go.worldbank.org/0JPZLBRA90 (ständige URL) -> IFC.

69 01.07.2010 bis 30.06.2011.

in Höhe von 6,5 Mrd. US-Dollar; des Weiteren gab sie 207 Mio. US-Dollar für Beratungsdienste aus.[70] 2007 waren es noch 299 neue Projekte in 69 Staaten bei eigenen Investitionen in Höhe von 8,2 Mrd. US-Dollar, vermittelten Investitionen in Höhe von 3,9 Mrd. US-Dollar und Ausgaben für Beratungsdienste in Höhe von 1 Mrd. US-Dollar gewesen.[71] Die Hälfte der Investitionsprojekte und zwei Drittel der Beratungsprojekte kamen im Jahr 2011 IDA-Staaten zugute. Auf die verschiedenen Regionen verteilten sich die eigenen Ausgaben der IFC wie folgt: 3 Mrd. US-Dollar für Lateinamerika und die Karibik, 2,7 Mrd. US-Dollar für Europa und Zentralasien, 2,2 Mrd. US-Dollar für das subsaharische Afrika, 1,6 Mrd. US-Dollar für den Nahen Osten und Nordafrika, 1,9 Mrd. US-Dollar für Ostasien und die Pazifikregion sowie 742 Mio. US-Dollar für Südasien.[72]

B.III Das nichtpolitische Mandat

B.III.1 Vorgaben und Auslegung der Satzungen

B.III.1.a Weltbank-Satzung

Die Vorstellung, dass die Weltbank durch ihre Entwicklungspolitik einen Beitrag zur Konkretisierung und Durchsetzung völkerrechtlicher Menschenrechtsstandards leistet, mag zunächst eher fern liegend erscheinen. Schließlich bestimmen Artikel III Abschnitt 5 (b) der IBRD-Satzung und der wortgleiche Artikel V Abschnitt 1 (g) der IDA-Satzung,[73] dass politische Überlegungen für die Arbeit der Weltbank gänzlich unbeachtlich sind und nur ökonomische Aspekte ihre Entscheidungen beeinflussen dürfen: Die Bank (hier nur die IBRD) bzw. die Organisation (IDA)

> „soll durch Vereinbarungen sicherstellen, daß der Erlös einer Anleihe nur für die Zwecke verwendet wird, für die sie gewährt wurde. Dabei hat sie sich von volkswirtschaftlichen Rücksichten und Erwägungen der Wirtschaftlichkeit leiten zu lassen, ohne politische oder sonstige nichtwirtschaftliche Einflüsse und Erwägungen zu beachten."

Verstärkt wird dies durch Art. IV Abschnitt 10 der Satzung der IBRD, welcher dem Artikel V Abschnitt 6 der IDA-Satzung entspricht und eine Einflussnahme

70 *IFC*, I Am Opportunity. Annual Report 2011, S. 9f.

71 *IFC*, I Am Opportunity. Annual Report 2011, S. 9.

72 *IFC*, I Am Opportunity. Annual Report 2011, S. 10.

73 *IDA*, Articles of Agreement vom 24.09.1960, BGBl. 1960 II, S. 2138 bzw. 439 UNTS 249.

der Weltbank auf politische Aktivitäten ausdrücklich verbietet: Die Bank bzw. die Organisatio

> „und ihr… n sollen sich nicht in die politischen Angelegenheiten ihrer Mitglieder einm… sollen bei ihren Entscheidungen nicht von dem politischen Charakter …n Mitgliedes oder der betroffenen Mitglieder beeinflusst sein. Für ihre …en sollen nur wirtschaftliche Überlegungen maßgebend sein, und diese …den sollen unparteiisch abgewogen sein, um die in diesem Abkommen ge…ele zu erreichen.“

…gen von IBRD und IDA stellen somit explizit klar, dass politische Ein…d Erwägungen, zu denen auch Menschenrechtsfragen zählen, weder bei …ckbestimmung einer Anleihe noch bei einer sonstigen Entscheidung der … eine Rolle spielen dürfen. Projektanträge dürfen ausschließlich unter dem Aspekt der Wirtschaftlichkeit geprüft werden.

Artikel V Abschnitt 5 (c) der IBRD-Satzung und der entsprechende Artikel VI Abschnitt 5 (c) der IDA-Satzung untermauern diesen Anspruch noch, indem sie anordnen, dass

> „[d]er Präsident, die leitenden Angestellten und das sonstige Personal der Bank / Organisation […] bei der Wahrnehmung ihrer Obliegenheiten nur der Bank / Organisation und keiner anderen Stelle verpflichtet [sind]. Jedes Mitglied der Bank / Organisation soll den internationalen Charakter dieser Verpflichtung achten und nicht versuchen, irgendeinen der Beteiligten in der Erfüllung seiner Verpflichtungen zu beeinflussen.“

Hierin wird betont, dass die Weltbank-Mitarbeiter ausschließlich der Bank sowie deren Zwecken und Zielsetzungen verpflichtet sind. Zugleich werden alle Weltbank-Mitarbeiter an das Gebot gebunden, ihre Arbeit nur an wirtschaftlichen Kriterien auszurichten. Menschenrechte werden in der Satzung an keiner Stelle explizit erwähnt.

B.III.1.b IFC-Satzung

Ein ausdrückliches Politikeinmischungsverbot findet sich entsprechend und fast wortgleich in Artikel III Abschn. 9 der IFC-Satzung:

> „Die Corporation und ihre Beamten dürfen sich nicht in die politischen Angelegenheiten eines Mitgliedes einmischen, noch dürfen sie sich in ihren Entscheidungen durch die politische Haltung des oder der betreffenden Mitglieder beeinflussen lassen. Für ihre Entscheidungen haben nur wirtschaftliche Überlegungen maßgebend zu sein. Diese Überlegungen sind unparteiisch vorzunehmen, um die Erreichung der Aufgaben dieses Abkommens zu gewährleisten.“

Ebenso sind alle Mitarbeiter gem. Art. IV Abschn. 5(c) IFC-Satzung aus-schließlich den Zielen der Corporation und nicht mitglieds[illegible] Interessen verpflichtet:

> „Der Präsident sowie die leitenden Angestellten und das sonstige Personal [illegible] ration sind bei der Ausübung ihrer Dienstgeschäfte nur der Corporation u[illegible] anderen Stelle verantwortlich. Jedes Mitglied der Corporation hat den internat[illegible] Charakter dieser Obliegenheiten zu beachten und sich jeden Versuchs zu enthalte[illegible] Personal bei der Ausübung seiner Dienstgeschäfte zu beeinflussen."

B.III.1.c Auslegung des nichtpolitischen Mandats

Die Auslegung der Satzung obliegt sowohl in der Weltbank als auch in der IFC dem geschäftsführenden Direktorium und wird nur in Konfliktfällen zur Angelegenheit des höchsten Organs, des Rats der Gouverneure.[74] Die Satzungen definieren weder die Begriffe „Politik" oder „politische Aktivität", noch erläutern sie, wie das nichtpolitische Mandat umzusetzen ist. Jedoch erklärte der ehemalige Chefsyndikus der Weltbank, *Ibrahim Shihata*,[75] das nichtpolitische Mandat betreffe alle Prozesse, die mit dem Regierungs- und Parteiensystem eines Staates zu tun haben.[76] Dementsprechend interpretiert das Direktorium es so, dass das politische System eines potentiellen Empfängerstaates die Kreditentscheidung nicht zu beeinflussen hat.[77] Insbesondere der Grad der Verwirklichung bzw. Einschränkung und Unterdrückung von Menschenrechten darf für die Bank und entsprechend für die IFC keine Rolle spielen.[78] Vor allem darf die Einstellung eines Kreditnehmerlandes zu bürgerlichen und politischen Menschenrechten im engen Sinn, d. h. zu freiheitlichen Abwehrrechten, die Kreditentscheidungen der Bank bzw. der IFC nicht beeinflussen.[79]

---

74 Art. IX (a), (b) IBRD-Satzung; Art. X (a), (b) IDA-Satzung; Art. VIII (a), (b) IFC-Satzung.

75 Dr. Ibrahim F. I. Shihata, 1937-2001, *General Counsel* der Weltbank von 1983-1998.

76 *Shihata*, The World Bank in a Changing World, Bd. 1, S. 70.

77 *Schlemmer-Schulte*, Die Rolle der internationalen Finanzinstitutionen im Nord-Süd-Konflikt, in: Meng/Magnus/Schlemmer-Schulte/Cottier/Stoll/Epiney (Hrsg.), Das internationale Recht im Nord-Süd-Verhältnis - Berichte der Deutschen Gesellschaft für Völkerrecht, S. 149ff., Diskussion S. 232.

78 Vgl. *Schlemmer-Schulte*, Die Rolle der internationalen Finanzinstitutionen im Nord-Süd-Konflikt, in: Meng/Magnus/Schlemmer-Schulte/Cottier/Stoll/Epiney (Hrsg.), Das internationale Recht im Nord-Süd-Verhältnis - Berichte der Deutschen Gesellschaft für Völkerrecht, S. 149ff., Diskussion S. 232.

79 Vgl. *Schlemmer-Schulte*, Die Rolle der internationalen Finanzinstitutionen im Nord-Süd-Konflikt, in: Meng/Magnus/Schlemmer-Schulte/Cottier/Stoll/Epiney (Hrsg.),

Die Weltbank und die IFC unterscheiden folglich zwischen politischen Menschenrechten einerseits und wirtschaftlichen und sozialen Menschenrechten andererseits.

B.III.2 Völkerrechtliche Bewertung

Es ist fraglich, ob eine Differenzierung oder Kategorisierung von Menschenrechten überhaupt anerkannt und vernünftig ist. Schließlich könnte ein Hierarchieverhältnis zwischen verschiedenen Gruppen von Menschenrechten entstehen, das den Menschenrechtsschutz einschränkt. Im Allgemeinen werden dennoch drei sog. Dimensionen von Menschenrechten unterschieden. Zu den Rechten der ersten Dimension gehören die freiheitlichen Abwehrrechte gegen den Staat, d. h. die bürgerlichen und politischen Rechte. Die Rechte der zweiten Dimension umfassen die sozialen, wirtschaftlichen und kulturellen Rechte während zu den Rechten der dritten Dimension kollektive Rechte wie z. B. das Recht auf nachhaltige Umwelt, die Rechte auf Entwicklung und Frieden sowie auf Selbstbestimmung und Partizipation zählen.[80]

Zuweilen wird auch der Begriff „Generationen von Menschenrechten" verwendet.[81] Dieser kann missverständlich sein, wenn er als Herabwürdigung der Rechte zweiter und dritter Dimension verstanden wird[82] oder den falschen Eindruck erweckt, diese würden die klassischen Freiheitsrechte ablösen.[83] All dies ist aber gerade nicht der Fall: Die 1968er Proklamation von Teheran zum Abschluss der ersten Weltmenschenrechtskonferenz der Vereinten Nationen stellt die Unteilbarkeit aller Menschenrechte fest und erläutert, dass die Verwirklichung wirtschaftlicher, sozialer und kultureller Rechte für die Durchsetzung bürgerlicher und politischer Rechte unabdingbar ist.[84] Auch die auf der zweiten

---

Das internationale Recht im Nord-Süd-Verhältnis - Berichte der Deutschen Gesellschaft für Völkerrecht, S. 149ff., Diskussion S. 232; *Shihata*, The World Bank in a Changing World, Bd. 1, S. 79.

80 *Riedel*, Menschenrechte der dritten Dimension, in: EuGRZ 1989, S. 9ff., 11; *Davidson*, Human Rights, S. 6; *Waldron*, Liberal Rights, S. 5.

81 *Marks*, Emerging Human Rights: A New Generation for the 1980s? in: 33 Rutgers Law Review 1981, S. 435ff., 439, 452.

82 *Weiss*, Die Menschenrechte der *underclass*, in: Cavanagh/Arruda/Wysham (Hrsg.), Kein Grund zum Feiern. 50 Jahre Weltbank und IWF. Kritik und Alternativen, S. 51ff., 54.

83 *Riedel*, Menschenrechte der dritten Dimension, in: EuGRZ 1989, S. 9ff., 11.

84 Proclamation of Tehran vom 13.05.1968, Quelle: http://untreaty.un.org/cod/avl/pdf/ha/fatchr/Final_Act_of_TehranConf.pdf (letzter Zugriff: 01.06.2012), Punkt 13.

Weltmenschenrechtskonferenz von den UN-Mitgliedstaaten verkündete Wiener Menschenrechtserklärung von 1993 betont, dass alle Menschenrechte unteilbar, voneinander abhängig und zusammenhängend sind und die gleiche Bedeutung haben.[85] Des Weiteren hat die Generalversammlung der Vereinten Nationen in ihrer Erklärung zum Recht auf Entwicklung von 1986 alle Menschenrechte als „unteilbar und voneinander abhängig" anerkannt und dies explizit auf bürgerliche, politische, wirtschaftliche, soziale und kulturelle Rechte bezogen.[86] Sie bestätigte dies in einer Resolution von 1994 und führte weiter aus, dass alle Menschenrechte als gleichbedeutend anzusehen sind.[87] In dieser Resolution stärkt die Generalversammlung diese Position weiter, indem sie sich auch explizit auf die Erklärung zum Recht auf Entwicklung bezieht.[88]

Die Existenz der zwei Menschenrechtspakte, des Internationalen Pakts über bürgerliche und politische Rechte (IPbpR)[89] und des Internationalen Pakts über wirtschaftliche, soziale und kulturelle Rechte (IPwskR), belegt nicht, dass eine Differenzierung der Menschenrechte üblich wäre.[90] In den Pakten selbst werden alle Menschenrechte gemäß der heute vorherrschenden Ansicht als gleichwertig und untrennbar angesehen.[91] Die Aufteilung in zwei Pakte geht auf eine ideologische Diskussion zurück, in der die westlichen Staaten sich gegen den Ostblock durchsetzten.[92] Sie argumentierten im Wesentlichen damit, dass nur die bürgerlichen und politischen Rechte justiziabel und daher zwei Übereinkommen erforderlich seien.[93] Dennoch sehen IPbpR und IPwskR gleichermaßen vor, dass die

---

85 Wiener Menschenrechtserklärung und Aktionsprogramm vom 12.07.1993, UN Doc. A/CONF.157/23, Abschnitt I Punkt 5: „*All human rights are universal, indivisible and interdependent and interrelated. The international community must treat human rights globally in a fair and equal manner, on the same footing, and with the same emphasis.*"

86 Declaration on the Right to Development vom 04.12.1986, UN Doc. A/RES/41/128, Art. 6 (2) und Präambel, 10. Erwägungsgrund.

87 GV-Resolution vom 07.01.1994, UN Doc. A/RES/48/141, 5. Erwägungsgrund und Punkt 3 (b).

88 GV-Resolution vom 07.01.1994, UN Doc. A/RES/48/141, 3. Erwägungsgrund und Punkt 3 (c).

89 IPbpR vom 19.12.1966, BGBl. 1973 II, S. 1534.

90 IPwskR vom 19.12.1966, BGBl. 1973 II, S. 1570.

91 Präambel, 3. Erwägungsgrund des IPbpR; Präambel, 3. Erwägungsgrund des IPwskR; *Fields/Narr*, Human Rights as a Holistic Concept, in: 14 Human Rights Quarterly 1992, S. 1ff., 19f.

92 *Joseph/Schultz/Castan*, The International Covenant on Civil and Political Rights, S. 7.

93 *Joseph/Schultz/Castan*, The International Covenant on Civil and Political Rights, S. 7.

Vertragsstaaten die jeweils geschützten Rechte „gewährleisten“[94] und sie ihnen „Wirksamkeit [...] verleihen“[95] bzw. ihre „volle Verwirklichung [...] erreichen.“[96]

Es besteht demnach weder eine Rangordnung der Menschenrechte, noch können sie unabhängig voneinander betrachtet werden. Eine strikte Trennung zwischen den Menschenrechten widerspricht diesem Grundsatz.

B.III.3 Bewertung der Auslegung des Direktoriums

Die Weltbank- und IFC-Auslegung des nichtpolitischen Mandats erscheint vor diesem Hintergrund fragwürdig. Hinter der vorherrschenden Annahme der Unteilbarkeit der Menschenrechte steht die Erkenntnis, dass wirtschaftliche, soziale und andere Rechte auch politische Inhalte haben, während umgekehrt politische Rechte auch gesellschaftliche, wirtschaftliche und andere Lebensbereiche betreffen. So setzt beispielsweise das in Artikel 11 Absatz 1 IPwskR verbürgte Recht auf einen angemessenen Lebensstandard voraus, dass neben anderen die bürgerlichen und politischen Rechte auf Freiheit, Sicherheit, Gleichheit vor dem und Schutz durch das Gesetz[97] verwirklicht sind. Umgekehrt lässt sich z. B. die Meinungsfreiheit ohne das Recht auf Bildung,[98] die erforderlich ist, um sich eine differenzierte Meinung bilden zu können, nicht voll verwirklichen.

Bürgerliche und politische Rechte können auch Umweltrechte oder die Menschenrechte von Frauen betreffen und umgekehrt.[99] Es kann z. B. vorkommen, dass staatliche oder private Land-Erschließungsmaßnahmen die Lebensumgebung indigener Bevölkerungen zerstören, die ihre natürliche Umwelt respektieren und im Einklang mit ihr, aber auch in Abhängigkeit von ihr leben. In einem solchen Fall sind die Rechte auf Leben sowie Familie und Wohnung der indigenen Gruppen bedroht, und gleichzeitig wird über Jahrtausende gewachsenes und bewährtes Wissen über einen nachhaltigen Umgang mit natürlichen Ressourcen unbrauchbar. Bei den Menschenrechten von Frauen ist der Zusammenhang mit bürgerlichen und politischen Rechten offenkundig: Wie später noch auszuführen ist, sind Menschenrechte von Frauen alle Menschenrechte, d. h. auch bürgerliche und politische, aber mit besonderem Blick auf die Frauen.

---

94 Art. 2 I IPbpR; Art. 2 II IPwskR.

95 Art. 2 II IPbpR.

96 Art. 2 I IPwskR.

97 Art. 9 I, 26 IPbpR.

98 Art. 13 I 1 IPwskR.

99 Vgl. *Marmorstein*, World Bank Power to Consider Human Rights Factors in Loan Decisions, in: 13 J. Int'l L. & Econ. 1978, S. 113ff., 130; *Forsythe*, The United Nations, Human Rights, and Development, in: 19 Human Rights Quarterly 1997, S. 334ff. 341.

Dies unterstreicht auch der zu den bürgerlichen und politischen Menschenrechten zählende Gleichheitssatz bzgl. Männern und Frauen.[100]

Es ist daher fraglich, ob eine strikte Trennung zwischen wirtschaftlichen und sozialen Rechten einerseits und bürgerlichen und politischen Rechten andererseits, wie die Weltbank und die IFC sie vornehmen, überhaupt möglich ist. Jedoch lautet die Vorgabe des Direktoriums zum nichtpolitischen Mandat, dass die Bewertung der bürgerlichen und politischen Menschenrechtssituation in einem Kreditnehmerstaat nicht entscheidungserheblich sein darf. Im Umkehrschluss bedeutet dies, dass wirtschaftliche und soziale Fördermaßnahmen „zwangsläufig" auch positive Auswirkungen auf die Verwirklichung bürgerlicher und politischer Rechte haben können, solange letztere im Entscheidungsprozess keine Rolle gespielt haben. Ein Verbot der indirekten Förderung von bürgerlichen und politischen Menschenrechten, gleichsam als Nebeneffekt, besteht nicht. Daher begründet die Direktoriumsauslegung des nichtpolitischen Mandats *per se* keinen Widerspruch zum völkerrechtlichen Verständnis von den Menschenrechten.

B.III.4 Satzungskonforme Berücksichtigung bürgerlicher und politischer Rechte

Leitbild für die Entscheidungsfindung in der Weltbank und in der IFC ist das in der Satzung festgelegte Wirtschaftlichkeitsgebot, ergänzt durch das nichtpolitische Mandat. Menschenrechte erscheinen im Weltbank- bzw. IFC-Kontext dann förderungswürdig, wenn ihre Verwirklichung stabile wirtschaftliche Entwicklung begünstigt.[101] Wegen des nichtpolitischen Mandats betrifft dies primär nur wirtschaftliche und soziale Rechte.

Dass bürgerliche und politische Rechte laut Weltbank- und IFC-Satzung nicht ohne wirtschaftlichen Anlass und primär ökonomische Stoßrichtung gefördert werden dürfen, schließt nicht aus, dass sie de facto eine Rolle spielen. Die Unteilbarkeit und Wechselbeziehung der Menschenrechte bewirkt gerade, dass auch bürgerliche und politische Rechte das Handeln der Weltbankgruppe beeinflussen. Dies ist legitim und mit den Vorgaben der Satzungen vereinbar, solange die wirtschaftliche Effizienz und die ökonomischen

---

100 Art. 3 IPbpR; Präambel der Allgemeinen Erklärung der Menschenrechte (AEMR) vom 10.12.1948, UN Doc. A/RES/217(III)A, 5. Erwägungsgrund.

101 *Lawyers Committee for Human Rights and Venezuelan Program for Human Rights Education and Action*, Halfway to Reform: the World Bank and the Venezuelan Justice System, S. 61; vgl. auch *Suchsland-Maser*, Menschenrechte und die Politik multilateraler Finanzinstitute, S. 176.

Implikationen politischer Rechte der vorrangig angesetzte Maßstab bei einer Kreditentscheidung bleiben.[102]

B.III.4.a Beispiele

Im Falle schwerer politischer Krisen eines Mitgliedstaates kann es zu direkten ökonomischen Auswirkungen kommen. Eine schwere politische Krise bestünde z. B., wenn in einem Staat aufgrund eines Bürgerkriegs oder bürgerkriegsähnlicher Unruhen ein politischer Notstand ausgerufen wird, der in der Regel eine Einschränkung der Rechte auf Freiheit, auf körperliche Unversehrtheit und Leben sowie der bürgerlichen und politischen Menschenrechte beinhaltet. Größere politische Instabilität verringert zunehmend die Kreditwürdigkeit eines Staates, da er nicht glaubwürdig garantieren kann, die vertraglichen Verpflichtungen in Gegenwart und Zukunft zu erfüllen.[103] Schwere politische Unruhen können des Weiteren dazu führen, dass Weltbank- oder IFC-Projekte nur eingeschränkt überwacht werden können, und dadurch die Kreditwürdigkeit eines Staates beeinträchtigen.[104] All dies darf die Weltbank bei Entscheidungen über Kreditvergaben berücksichtigen und muss dies zur Sicherung der wirtschaftlichen Effizienz ihrer Arbeit sogar auch.

Des Weiteren finden bürgerliche und politische Menschenrechte bei der Vorbereitung und Durchführung von Weltbankprojekten Beachtung, wenn Betroffene und Verbände beteiligt werden. Ihre Beteiligung kann für die wirtschaftliche Effizienz des Projekts von großer Bedeutung sein, etwa weil es sich ohne die Akzeptanz der Bevölkerung nur schwer durchführen ließe. So gewährleistet die Weltbank bei vielen Projekten, dass die Beteiligten ihre Rechte auf Versammlungs- und Meinungsfreiheit insoweit ausüben können, als es die Projektdurchführung erfordert.[105]

B.III.4.b Ausnahme vom Wirtschaftlichkeitsgebot

Gewaltlose oder militärische Sanktionsmaßnahmen des UN-Sicherheitsrates, die auf Grundlage der Artikel 41 und 42 der UN-Charta ergehen, stellen eine direkte Ausnahme vom Wirtschaftlichkeitsgebot dar. Dies ergibt sich aus Artikel VI (1)

---

102 Vgl. *Dañino*, The Legal Aspects of the World Bank's Work on Human Rights Some Preliminary Thoughts, in: Alston/Robinson (Hrsg.), Human Rights and Development. Towards Mutual Reinforcement, S. 509ff., 523f.

103 *Shihata*, The World Bank in a Changing World, Bd. 1, S. 75f.

104 *Shihata*, The World Bank and Human Rights: An Analysis of the Legal Issues and the Record of Achievements, in: 17 Den. J. Int'l L. & Pol'y 1988, S. 39ff., 66.

105 *Schlemmer-Schulte*, The World Bank and Human Rights, in: 4 Austrian Review of International and European Law 1999, S. 230ff., 259.

des Beziehungsabkommen zwischen der UNO und der IBRD, auf welches die entsprechenden Abkommen mit der IDA und der IFC verweisen.[106] Danach werden solche Sanktionsmaßnahmen bei Entscheidungen und Maßnahmen der Weltbank bzw. der IFC berücksichtigt. Im Jahr 1951 ging der Gouverneursrat sogar noch weiter, indem er beschloss, dass die von der Generalversammlung der UNO wegen des Koreakriegs erlassene Resolution „*Uniting for Peace*"[107] und die mit ihr zusammenhängenden Empfehlungen der Generalversammlung in der (damals einzig existierenden) IBRD zu berücksichtigen sind.[108] Die Generalversammlung war auf Grundlage des Artikels 14 der UN-Charta tätig geworden, weil im Sicherheitsrat der UNO keine Einigung erzielt werden konnte.[109] Deswegen kann die „Uniting for Peace"-Resolution, obwohl sie keine Maßnahme gemäß den Artikeln 41 und 42 der UN-Charta darstellt, als mit einer solchen gleichbedeutend angesehen werden.[110] Insofern ist es folgerichtig, dass der Gouverneursrat die IBRD für an die Resolution gebunden erklärte.

B.III.4.c „Shihatas *Test*"

Das hier dargestellte Schema der Berücksichtigung von wirtschaftlichen und sozialen sowie bürgerlichen und politischen Rechten wird in der Weltbankgruppe als „*Shihatas* Test" angewandt. Er beruht auf *Shihatas* oben[111] dargestellter Auslegung des nichtpolitischen Mandats. Zusammengefasst besagt er, dass eine Entwicklungsmaßnahme primär auf ihre Wirtschaftlichkeit geprüft wird. Ist eine Maßnahme ökonomisch vertretbar, ist es unschädlich, wenn sie auch den Menschenrechtsschutz fördert. Ist eine Maßnahme jedoch wirtschaftlich nicht nachvollziehbar, ist sie unabhängig von menschenrechtlichen Aspekten abzulehnen. Wenn sich in Ausnahmefällen die politische Gesamtlage eines Mitgliedstaates negativ auf das wirtschaftliche Gefüge auswirkt, beeinflusst dies auch die Zusammenarbeit der Weltbankgruppe mit diesem Staat negativ.

---

106 Agreement between the United Nations and the International Development Association (IDA-Beziehungsvereinbarung) vom 27.03.1961, 394 UNTS 222, Art. I; Punkt 1 Hs. 1 und 2 IFC-Beziehungsvereinbarung.

107 Uniting for peace, GV-Resolution vom 03.11.1950, UN Doc. A/RES/377(V).

108 *IBRD*, Resolution Nr. 64 vom 13.09.1951, Sixth Annual Meeting of the Board of Governors. Summary Proceedings, verfügbar unterhttp://go.worldbank.org/1EIO8KSTF0 (ständige URL), S. 26.

109 *Tomuschat*, „Uniting for Peace" - Ein Rückblick nach 50 Jahren, in: 76 Friedens-Warte 2001, S. 289ff., 290.

110 Vgl. *Shihata*, The World Bank in a Changing World, Bd. 1, S. 76f.

111 Siehe Teil B.III.1.c „Auslegung des nichtpolitischen Mandats".

Shihata lässt offen, ob eine wirtschaftlich vernünftige Maßnahme ergriffen werden darf, wenn sie nur mit Menschenrechtsverletzungen realisiert werden kann oder die Gefahr von Menschenrechtsverletzungen signifikant erhöht. Zwar verbietet es das nichtpolitische Mandat, Staaten für gute Menschenrechtspolitik mittels einer positiven Kreditvergabeentscheidung zu „belohnen" oder für schlechte Menschenrechtspolitik mittels einer negativen Kreditvergabeentscheidung zu „bestrafen". Beides würde eine unzulässige Einmischung in die politischen Angelegenheiten der Mitgliedstaaten bedeuten. Jedoch ist es der Weltbank und der IFC nicht verwehrt, menschenrechtliche Kriterien anzulegen, solange die Wirtschaftlichkeit das vorrangige Kriterium für eine Entscheidung bleibt.

B.III.5 Internationaler Menschenrechtsschutz

Nach alldem ist festzuhalten, dass Menschenrechte für die Arbeit der Weltbank eine Rolle spielen, soweit sie wirtschaftliche Auswirkungen haben. Sie sind dem Leitbild der Wirtschaftlichkeit untergeordnet. Es bleibt aber die Frage, ob nur die Möglichkeit oder nicht sogar die Pflicht besteht, Menschenrechte zu berücksichtigen. In letzterem Fall kann ein Konflikt entstehen, wenn ausschließlich ökonomische Aspekte bei einer Kreditentscheidung zum Tragen kommen und so Menschenrechtsverletzungen des potentiellen Empfängerstaates durch Nichtsanktionierung geduldet werden. Auch wenn die Menschenrechtsverletzungen nicht gut geheißen werden, wird auf diese Art doch zumindest signalisiert, sie seien nicht so schwerwiegend, dass sie spürbare Konsequenzen auf internationaler Ebene nach sich ziehen. Dies kann zur Stärkung von Regimen führen, deren Machterhaltung auf systematischen Menschenrechtsverletzungen beruht.[112] Unter solchen Umständen ist zweifelhaft, ob die Förderung von Projekten den Bürgern überhaupt einen Nutzen bringt oder nur wenige ohnehin Privilegierte profitieren.

Wirtschaftliche Sanktionen gegen autoritäre Regime, und sei es auch „nur" die Verweigerung eines Kredits, können aber ebenfalls die Interessen der Zivilbevölkerung beeinträchtigen und dienen dann nicht dem Schutz der Menschenrechte.[113] Denn die Bedürfnisse der Bevölkerung spielen in autoritären

---

112 Vgl. *Tetzlaff*, Weltbank und Währungsfonds - Gestalter der Bretton-Woods-Ära: Kooperations- und Integrations-Regime in einer sich dynamisch entwickelnden Weltgesellschaft, S. 150.

113 *Shihata*, The World Bank and Human Rights: An Analysis of the Legal Issues and the Record of Achievements, in: 17 Den. J. Int'l L. & Pol'y 1988, S. 39ff., 47; vgl. auch *Dañino*, The Legal Aspects of the World Bank's Work on Human Rights: Some

Regimen häufig eine untergeordnete Rolle. Dies kann zur Folge haben, dass die Bürger besonders stark unter wirtschaftlichen Sanktionen wie z. B. der Versagung von Darlehen für Infrastrukturmaßnahmen oder für Einrichtungen der Daseinsvorsorge leiden, weil ihr Zugang zu lebenswichtigen Ressourcen in Mangelsituationen weiter erschwert wird.

B.III.5.a Bindung an internationale Menschenrechtsverträge

Gegen die völkerrechtliche Zulässigkeit des Politikverbots lässt sich einwenden, dass die einzelnen Organisationen der Weltbankgruppe an internationale Menschenrechtsverträge gebunden seien. Dieser Einwand wird insbesondere relevant, wenn ihre jeweiligen Mitgliedstaaten die entsprechenden Konventionen ratifiziert haben. Die Einzelorganisationen der Weltbankgruppe können aber nicht dadurch an völkerrechtliche Verträge gebunden werden, dass ihre Mitgliedstaaten Vertragsparteien geworden sind.[114] Dies ergibt sich schon aus Artikel 34 der Wiener Konvention über das Recht der Verträge zwischen Staaten und internationalen Organisationen oder zwischen internationalen Organisationen (WVKIO),[115] der besagt, dass ein völkerrechtlicher Vertrag keine Rechte oder Pflichten für dritte Staaten oder internationale Organisationen ohne deren Zustimmung begründen kann. Die WVKIO ist zwar noch nicht in Kraft getreten, gibt aber in diesem Punkt Völkergewohnheitsrecht wider.[116] Die Regelung ist Ausdruck des völkerrechtlichen Konsensprinzips, des Souveränitätsprinzips und des Prinzips der Staatengleichheit.[117] Außerdem gibt es schon keinen internationalen Menschenrechtsvertrag, den alle Mitglieder der IBRD ratifiziert hätten. Die Allgemeine Erklärung der Menschenrechte (AEMR)[118] ist als Resolution der

---

Preliminary Thoughts, in: Alston/Robinson (Hrsg.), Human Rights and Development. Towards Mutual Reinforcement, S. 509ff., 524 sowie *Killinger*, The World Bank's non-political mandate, S. 121.

114 Vgl. *Schlemmer-Schulte*, The World Bank and Human Rights, in: 4 Austrian Review of International and European Law 1999, S. 230ff., 262.

115 WVKIO vom 21.03.1986, in: Official Records of the United Nations Conference on the Law of Treaties between States and International Organizations or between International Organizations, held in Vienna, from 18 February to 21 March 1986, A/CONF.129/16, Band II: Documents of the Conference, verfügbar unter http://untreaty.un.org/cod/diplomaticconferences/lawoftreaties-states-intlorgs-1986/vol_II_e.html (letzter Zugriff: 01.06.2012), S. 93ff.

116 Vgl. *Delbrück/Wolfrum*, Völkerrecht, Bd. I/2, S. 224 i. V. m. *Delbrück/Wolfrum*, Völkerrecht, Bd. I/3, S. 613.

117 *Delbrück/Wolfrum*, Völkerrecht, Bd. I/3, Berlin 2002, S. 613.

118 AEMR vom 10.12.1948, UN Doc. A/RES/217(III)A.

UN-Generalversammlung, anders als andere internationale Menschenrechtskonventionen, rechtlich unverbindlich. Sie spiegelt mittlerweile jedoch weitgehend Völkergewohnheitsrecht wider.[119] Eine Bindung der Weltbankgruppe an internationale Menschenrechtsstandards erscheint daher nur über Völkergewohnheitsrecht denkbar.

B.III.5.b Bindung an Völkergewohnheitsrecht

Im Völkergewohnheitsrecht sind Menschenrechte nicht nur als verbindliche subjektive Individualrechte bedeutsam, sondern es besteht auch eine menschenrechtliche *erga-omnes*-Plicht gegenüber Staaten und allen anderen Völkerrechtssubjekten.[120] Diese garantiert einen Mindeststandard des Menschenrechtsschutzes im Völkerrecht,[121] der zudem als *ius cogens* einzuordnen ist.[122] Er umfasst u. a. die Rechte auf Rechtsfähigkeit, Leben, körperliche Unversehrtheit, Gleichheit vor Gesetz und Gericht, die Rechte auf ein geordnetes Verfahren und rechtliches Gehör sowie die Verbote von Völkermord, Folter, Rassen- und Glaubensdiskriminierung.[123] Ihr Charakter einer *erga-omnes*-Plicht erleichtert die Durchsetzung dieser Menschenrechte erheblich

Voraussetzung für die Bindung internationaler Organisationen an Völkergewohnheitsrecht ist ihre Völkerrechtssubjektivität, welche die Weltbank und die IFC von den Mitgliedstaaten ableiten.[124] Sie sind aufgrund ihrer Völkerrechtssubjektivität an Völkerrecht gebunden, ungeachtet dessen Charakterisierung als

---

119 *Riedel* zu Art. 55 (c), in: Simma/Mosler/Randelzhofer/Tomuschat/Wolfrum (Hrsg.), The Charter of the United Nations, Bd. II, 2. Auflage, Rn. 30.

120 *Schrijver*, The dynamics of sovereignty in a changing world, in: Ginther/Denters/de Waart (Hrsg.), Sustainable Development and Good Governance, S. 80ff., 87; vgl. auch *IGH*, Barcelona Traction, Light and Power Company, Limited (Belgium v. Spain), Urteil vom 05.02.1970, ICJ Reports 1970, S. 3ff., 32 (Rn. 33f.).

121 *Ipsen*, Individualschutz im Völkerrecht, in: Ipsen (Hrsg.), Völkerrecht, 5. Auflage, S. 771ff., 814. Vgl. Hannikainen, Peremptory norms (jus cogens) in international law, S. 425ff., 430, 519f.

122 *Klein*, Menschenrechte, S. 15, *Reisman*, Sovereignty and Human Rights in Contemporary International Law, in: 84 Am. J. Int'l L. 1990, S. 866ff., 867; vgl. auch *Marmorstein*, World Bank Power to Consider Human Rights Factors in Loan Decisions, in: 13 J. Int'l L. & Econ. 1978, S. 113ff., 124.

123 *Ipsen*, Individualschutz im Völkerrecht, in: Ipsen (Hrsg.), Völkerrecht, 5. Auflage, S. 771ff., 814, 812; *Klein*, Menschenrechte, S. 15.

124 Art. VII Abschn. 2 IBRD-Satzung; Art. VIII Abschn. 2 IDA-Satzung; Art. VI Abschn. 2 IFC-Satzung.

erga-omnes- oder *ius-cogens*-Normen.[125] Die Stellung der Weltbank und der IFC als Sonderorganisationen der UNO spielt dabei keine Rolle: Zwar ist die „Achtung vor den Menschenrechten und Grundfreiheiten" satzungsmäßig erklärtes Ziel der UNO,[126] jedoch sehen weder die UN-Charta noch die „Beziehungsvereinbarungen" (*Relationship Agreements*) zwischen Weltbank bzw. IFC und UNO eine Bindungswirkung von Maßnahmen der UNO vor.[127]

Zusammenfassend ist festzuhalten, dass die Weltbank und die IFC als Völkerrechtssubjekte in Form von internationalen Organisationen an das Völkerrecht gebunden sind. Da das Völkergewohnheitsrecht einen Basiskatalog von Menschenrechten beinhaltet, sind sie folglich an diesen gebunden. Dies bedeutet wiederum, dass Maßnahmen der Weltbank, die vorhersehbar oder mit großer Wahrscheinlichkeit zu Menschenrechtsverletzungen führen, verboten sind.

B.III.5.c Keine aktive Förderungspflicht

Die Bindung der Weltbank und der IFC an Menschenrechtsstandards des Völkerrechts führt allerdings nicht unbedingt dazu, dass sie die Verwirklichung dieser Normen auch aktiv fördern müssen, selbst wenn sie *erga-omnes*-Pflichten sind und *ius-cogens*-Status haben. Eine positive Förderungspflicht, wie sie z. B. Artikel 2 Abs. 1 IPwskR festschreibt, lässt sich dem Völkergewohnheitsrecht nicht entnehmen. Wäre dies der Fall, müsste nachgewiesen werden, dass die Weltbank und die IFC einer solchen Förderungspflicht nachkommen, indem sie die Entwicklungszusammenarbeit mit Staaten bzw. Regierungen im Falle von Menschenrechtsverletzungen einstellen oder einschränken. Letztlich wirkt sich aber, wie oben angesprochen, die Berücksichtigung von Menschenrechtsverletzungen in einem Land nicht zwangsläufig zugunsten der Zivilbevölkerung aus. Diese leidet zwar stets am meisten unter Unterdrückung, spürt zugleich aber

---

125 Vgl. *IGH*, Interpretation of the Agreement of 25 March 1951 between the WHO and Egypt, Gutachten vom 20.12.1980, ICJ Reports 1980, S. 73ff., 89f. (Rn. 37).

126 Charta der Vereinten Nationen vom 26.06.1945 (UN-Charta), BGBl. 1973 II, S. 431, in der Fassung vom 28.08.1980, BGBl. 1980 II, S. 1252, Artt. 1 Nr. 3 und 55 lit. c).

127 Die UN-Charta spricht von „Empfehlungen" und „Konsultationen" (Artt. 58 und 63 (2)), die IBRD-Beziehungsvereinbarung fordert neben *„consultation and recommendations"* (Art. IV) lediglich *„due regard"* sogar für Maßnahmen des Sicherheitsrats (Art. VI Nr. 1); Gleiches gilt gem. der IDA-Beziehungsvereinbarung und der IFC-Beziehungsvereinbarung jeweils i. V. m. der IBRD-Beziehungsvereinbarung für die IDA und die IFC; vgl. auch *Suchsland-Maser*, Menschenrechte und die Politik multilateraler Finanzinstitute, S. 137 sowie *Killinger*, The World Bank's non-political mandate, S. 132.

auch am stärksten wirtschaftlichen Rückstand. Daher können auch wirtschaftliche Sanktionen, die aufgrund der Menschenrechtssituation gegen einen Staat verhängt werden, nicht klar als Maßnahmen zum Schutz von Menschenrechten eingeordnet werden. Eine Verletzung von Völkergewohnheitsrecht kann deswegen wohl nur angenommen werden, wenn direkt Maßnahmen durchgeführt oder finanziert werden, die Menschenrechte einschränken.[128] Ein solcher Verstoß gegen internationale Menschenrechtsstandards durch die Weltbank oder die IFC kann aber bisher nicht festgestellt werden.[129]

Zudem sind die vorrangigen Ziele der Weltbank andere als die Förderung von Menschenrechten, wenngleich die Verwirklichung von Menschenrechten für eine nachhaltige (wirtschaftliche) Entwicklung wichtig sein kann. Konzentrierte sich die Weltbank jedoch zu sehr auf den Menschenrechtsschutz, könnte ihre Funktionsfähigkeit leiden, da Geschichte und Traditionen der Mitgliedstaaten, ihre politisch-ideologischen Ansichten und wirtschaftlich-soziale Ausrichtung sehr unterschiedlich sind.[130] Deshalb spielt politische Neutralität eine wichtige Rolle für die Arbeitsfähigkeit der Bank.[131] Insgesamt verstößt ihr nichtpolitisches Mandat daher nicht gegen den internationalen Menschenrechtsschutz.

B.III.6 Menschenrechte und Entwicklung

B.III.6.a „Rechte-basierter" Entwicklungsansatz

Ursprünglich sind Menschenrechte und Entwicklung als voneinander unabhängige gesellschaftliche bzw. politische Bereiche behandelt worden.[132] Ein Grund dafür liegt darin, dass Menschenrechte in der Regel als politische Materie

128 Vgl. *Paul*, International Development Agencies, Human Rights and Humane Development Projects, in: 17 Den. J. Int'l L. & Pol'y 1988, S. 67ff., 118.

129 Vgl. *Schlemmer-Schulte*, The World Bank and Human Rights, in 4 Austrian Review of International and European Law 1999, S. 230ff., 263f.

130 *Shihata*, The World Bank and Human Rights: An Analysis of the Legal Issues and the Record of Achievements, in: 17 Den. J. Int'l L. & Pol'y 1988, S. 39ff., 47; vgl. auch *Reisman*, Through or Despite Governments: Differentiated Responsibilities in Human Rights Programs, in: 72 Iowa Law Review 1987, S. 391ff., 395.

131 *Moris*, The World Bank and Human Rights: Indispensable Partnership or Mismatched Alliance?, in: 4 ILSA Journal of International and Comparative Law 1997, S. 173ff., 177; *Shihata*, The World Bank and Human Rights: An Analysis of the Legal Issues and the Record of Achievements, in: 17 Den. J. Int'l L. & Pol'y 1988, S. 39ff., 48.

132 Vgl. *Robinson*, What Rights Can Add to Good Development Practice, in: Alston/Robinson (Hrsg.), Human Rights and Development. Towards Mutual Reinforcement, S. 25ff., 27.

angesehen werden: zum einen, da es sich um Rechte handelt, welche die Individuen im Normalfall gegen den Staat geltend machen; zum anderen, weil die Staaten im Falle internationaler Menschenrechte ihre Souveränität in Gefahr sehen.[133] Mittlerweile hat sich aber zunehmend ein sog. „rechte-basierter" Entwicklungsansatz (*rights-based approach*) durchgesetzt; dieser erfasst Menschenrechtsschutz und Entwicklungskonzepte ganzheitlich, indem er Menschenrechte neben anderen wichtigen Aspekten zum Maßstab für Entwicklung nimmt.[134]

Der rechte-basierte Entwicklungsansatz erkennt den Zusammenhang zwischen Menschenrechten und Entwicklung an. Menschenrechte lassen sich mit höherem Entwicklungsstand eher verwirklichen,[135] und ihre vollständige Verwirklichung ist bei Entwicklungsdefiziten nur schwer möglich. Darüber hinaus fördert der Schutz von Menschenrechten wirtschaftliche Entwicklung, denn Bürger, deren Rechte respektiert werden, können Verletzungen ihrer Rechte geltend machen und das wirtschaftliche Handeln des Staates kontrollieren.[136]

B.III.6.b Recht auf Entwicklung

Mit Resolution vom 04. Dezember 1986 nahm die UN-Generalversammlung die Erklärung zum Recht auf Entwicklung an.[137] Gemäß dieser Erklärung ist das Recht auf Entwicklung ein „unveräußerliches Menschenrecht, kraft dessen alle Menschen und Völker Anspruch darauf haben, an einer wirtschaftlichen, sozialen, kulturellen und politischen Entwicklung, in der alle Menschenrechte und Grundfreiheiten voll verwirklicht werden können, teilzuhaben, dazu beizutragen und daraus Nutzen zu ziehen."[138] Wesentlicher und unabdingbarer Bestandteil des Rechts auf Entwicklung ist nach dieser Erklärung die Beachtung

---

133 Vgl. *Robinson*, What Rights Can Add to Good Development Practice, in: Alston/Robinson (Hrsg.), Human Rights and Development. Towards Mutual Reinforcement, S. 25ff., 32.

134 *Robinson*, What Rights Can Add to Good Development Practice, in: Alston/Robinson (Hrsg.), Human Rights and Development. Towards Mutual Reinforcement, S. 25ff., 27, 38.

135 Vgl. *Dañino*, The Legal Aspects of the World Bank's Work on Human Rights: Some Preliminary Thoughts, in: Alston/Robinson (Hrsg.), Human Rights and Development. Towards Mutual Reinforcement, S. 509ff., 509.

136 *Robinson*, What Rights Can Add to Good Development Practice, in: Alston/Robinson (Hrsg.), Human Rights and Development. Towards Mutual Reinforcement, S. 25ff., 38, 40.

137 Declaration on the Right to Development vom 04.12.1986, UN Doc. A/RES/41/128.

138 Declaration on the Right to Development, Art. 1 I: "*The right to development is an inalienable human right by virtue of which every human person and all peoples are entitled*

der anderen Menschenrechte, wobei ausdrücklich bürgerliche und politische und wirtschaftliche, soziale und kulturelle Rechte genannt werden.[139] Die Wiener Menschenrechtserklärung von 1993 nimmt ausdrücklich auf die Erklärung zum Recht auf Entwicklung Bezug und bestätigt, dass es ein „universelles und unabdingbares Recht und wesentlicher Bestandteil der Menschenrechte" ist.[140] In der Erklärung heißt es weiter, dass „Defizite in der Entwicklung nicht die Einschränkung international anerkannter Menschenrecht rechtfertigen können."[141]

Allerdings entfalten weder die Erklärung zum Recht auf Entwicklung als Resolution der Generalversammlung noch die Wiener Menschenrechtserklärung als bloße politische Erklärungen Bindungswirkung. Auch im Übrigen ist dem Recht auf Entwicklung im Völkerrecht kein über die bisher geltenden Menschenrechtsstandards hinausgehender verbindlicher Regelungsgehalt beizumessen.[142] Darüber hinaus ist es nicht als Anspruch eines Staates gegenüber anderen Staaten auf wirtschaftliche Unterstützung in Form von Entwicklungshilfe anerkannt.[143] Mangels eigenständiger Rechtsverbindlichkeit, die weiterginge als die ohnehin bestehenden Völkerrechtsstandards, begründet das Recht auf Entwicklung keine Pflicht zur aktiven Förderung von Entwicklung und Menschenrechten.

---

to participate in, contribute to, and enjoy economic, social, cultural and political development, in which all human rights and fundamental freedoms can be fully realized."

139 Declaration on the Right to Development, Artt. 2 II, 6 I i. V. m. 9 I; Art. 6 III: "*States should take steps to eliminate obstacles to development resulting from failure to observe civil and political rights, as well as economic, social and cultural rights.*"

140 Wiener Menschenrechtserklärung und Aktionsprogramm vom 12.07.1993, UN Doc. A/CONF.157/23, Abschn. I Punkt 10 Abs. 1: „*The World Conference on Human Rights reaffirms the right to development, as established in the Declaration on the Right to Development, as a universal and inalienable right and an integral part of fundamental human rights.*"

141 Wiener Menschenrechtserklärung und Aktionsprogramm vom 12.07.1993, UN Doc. A/CONF.157/23, Abschn. I Punkt 10 Abs. 3: „[…] *the lack of development may not be invoked to justify the abridgement of internationally recognized human rights.*"

142 Vgl. *Herdegen* zu Art. 1 Abs. 2, in: Maunz/Dürig (Hrsg.), Grundgesetz, Bd. I, Rn. 28f.; *Tietje*, Internationales Wirtschaftsrecht und Recht auf Entwicklung als Elemente einer konstitutionalierten globalen Friedensordnung, in: Dicke/Hobe/Meyn/Peters/Riedel/Schütz/Tietje (Hrsg.), Weltinnenrecht. Liber Amicorum Jost Delbrück, S. 783ff., 802, 807.

143 *Kunig*, Die „innere Dimension" des Rechts auf Entwicklung - Rechtspolitische Überlegungen zur Inpflichtnahme von Entwicklungsländern, in: 19 VRÜ 1986, S. 383ff., 390f.

B.III.7 Weltbank und Good Governance

Das Konzept des Good Governance beschreibt die Art und Weise der Ausübung politischer Macht in Form der Regierungsführung. Es beeinflusst die Arbeit der Weltbank und der IFC, obwohl es unter anderem Anforderungen an die Beachtung von Menschenrechten beinhaltet. Im Folgenden wird erläutert, ob und inwieweit dies eine zusätzliche Möglichkeit eröffnet, Menschenrechte durch die Arbeit dieser beiden Organisationen zu fördern.

B.III.7.a Begriff und Inhalt des Governance

Der Begriff des „Governance" wird international erst seit der sog. Afrikastudie der Weltbank aus dem Jahre 1989 häufiger verwendet, und Governance spielt erst seitdem eine Rolle in der Entwicklungspolitik der Weltbankgruppe.[144] In dieser Studie heißt es: „Der Litanei der Entwicklungsprobleme Afrikas liegt eine Governance-Krise zugrunde. Governance bezeichnet das Führen von Staatsgeschäften durch Ausübung politischer Macht."[145]

Die Weltbankstudie erläutert recht präzise, welche Voraussetzungen Governance zu erfüllen hat. So sind z. B. eine pluralistische institutionelle Struktur, die Rechtsstaatlichkeit (*rule of law*) sowie Pressefreiheit und insbesondere Menschenrechte zu fördern.[146] Governance geht somit weiter als *government*, d. h. Regieren im Sinne des bloßen Regelns der Angelegenheiten eines Staates; es beschreibt die Art und Weise des Regierens.[147] *Shihata* definiert Governance als „Art und Weise, in der Regierungsentscheidungen getroffen werden oder,

---

144 *Fuster*, Die „Good Governance" Diskussion der Jahre 1989 bis 1994: ein Beitrag zur jüngeren Geschichte der Entwicklungspolitik unter spezieller Berücksichtigung der Weltbank und des DAC, S. 7; *Tetzlaff*, Weltbank und Währungsfonds - Gestalter der Bretton-Woods-Ära: Kooperations- und Integrations-Regime in einer sich dynamisch entwickelnden Weltgesellschaft, S. 145.

145 *The World Bank*, Sub-Saharan Africa. From Crisis to Sustainable Growth, Washington, D. C., 1989, S. 60f.: "*Underlying the litany of Africa's development problems is a crisis of governance. By governance is meant the exercise of political power to manage a nation's affairs.*"

146 *The World Bank*, Sub-Saharan Africa. From Crisis to Sustainable Growth, S. 61; vgl. auch *Dañino*, The Legal Aspects of the World Bank's Work on Human Rights: Some Preliminary Thoughts, in: Alston/Robinson (Hrsg.), Human Rights and Development. Towards Mutual Reinforcement, S. 509ff., 521.

147 Vgl. Soanes/Stevenson (Hrsg.), Concise Oxford English Dictionary, 11. Auflage, New York 2008, S. 616.

allgemeiner, in der Macht ausgeübt wird".[148] Er setzt „gutes Regieren" (*good government*) und Governance gleich,[149] wobei Governance eigentlich ein eher veraltetes Wort sei.[150] Um die faktische Einflussnahme der Weltbank und der IFC auf die Wirtschaftspolitik der Kreditnehmerländer zu beschreiben, lohnt sich die Wiederaufnahme des Begriffs in den modernen Wortschatz aber, da bei Verwendung des Terminus' „*government*" eher der Verdacht aufkäme, die Weltbank griffe die Souveränität ihrer Mitgliedstaaten an.[151] Governance kann politisch verstanden werden, indem es die Qualität der Bemühungen guter Regierungsführung bezeichnet, oder technisch, wenn es die tatsächliche (wirtschaftliche) Effizienz derselben beschreibt.[152]

B.III.7.b Good Governance

Der damalige Weltbankpräsident *Conable*[153] verwendete im Vorwort der Afrikastudie bereits den Terminus „Good Governance" und nannte als dessen Elemente eine effektive öffentliche Verwaltung, ein zuverlässiges Rechtssystem und eine durch die Öffentlichkeit kontrollierbare Verwaltung.[154] Nichtsdestotrotz schien die Weltbank den Begriff des „Good Governance" in früheren Publikationen zunächst zu vermeiden, was wohl mit der wertenden Konnotation des Adjektivs „*good*" begründet werden kann.[155] Viele Geberstaaten empfanden den bereits wertenden Terminus „Good Governance" jedoch überzeugender und erachteten ihn daher als besser geeignetes Schlagwort.[156] Dem konnten sich auch die Institutionen der

---

148 *Shihata*, The World Bank in a Changing World, Bd. 1, S. 53; vgl. auch *The World Bank*, Governance. The World Bank's Experience, S. 66: „*manner in which government decisions are made, or more generally, in which power is exercised*".

149 *Shihata*, The World Bank in a Changing World, Bd. 1, S. 40.

150 *Shihata*, The World Bank in a Changing World, Bd. 1, S. 79f.

151 Vgl. *Rudolf*, Die Verwirklichung von Frauenrechten als Maßstab für „Good Governance"?, in: Rudolf (Hrsg.), Frauen und Völkerrecht, S. 243ff., 247.

152 *Landell-Mills/Serageldin*, The World Bank and the External Factor, Veröffentlichung zur Jahreskonferenz über Entwicklungs-Ökonomie der Weltbank, S. 8.

153 Barber Benjamin Conable, Jr., 1922-2003, Weltbank-Präsident von Juli 1986 bis August 1991.

154 *The World Bank*, Sub-Saharan Africa. From Crisis to Sustainable Growth, Vorwort S. xii.

155 *Fuster*, Die „Good Governance" Diskussion der Jahre 1989 bis 1994: ein Beitrag zur jüngeren Geschichte der Entwicklungspolitik unter spezieller Berücksichtigung der Weltbank und des DAC, S. 71.

156 *Fuster*, Die „Good Governance" Diskussion der Jahre 1989 bis 1994: ein Beitrag zur jüngeren Geschichte der Entwicklungspolitik unter spezieller Berücksichtigung der Weltbank und des DAC, S. 71.

Weltbankgruppe nicht verschließen, wo „Good Governance" ebenfalls schnell ein gängiger Begriff geworden ist:[157] „Good Governance wird u. a. verkörpert durch vorhersehbare, offene und aufgeklärte Politik. Good Governance fördert starke, aber [wirtschaftlich] scharf eingeschränkte Staaten, die zu nachhaltiger wirtschaftlicher und sozialer Entwicklung und institutionellem Wachstum fähig sind."[158]

Obgleich stark umstritten ist, welche Aspekte im Einzelnen von Good Governance erfasst werden, so scheint doch Einigkeit über die Minimalanforderungen zu bestehen. Demnach ist im Bereich der Menschenrechte die Einhaltung wesentlicher Bestimmungen der AEMR[159] sowie der elementaren Vorschriften des IPbpR[160] und des IPwskR[161] als Mindestvoraussetzung für Good Governance zu sehen.[162] Zu diesen wesentlichen Bestimmungen gehören v. a. Regeln zur demokratischen Legitimation und Verantwortlichkeit der politischen Führung, zum Recht der Bürger auf Sicherheit und Schutz vor staatlicher Willkür, zu Rechtsstaatlichkeit und Transparenz, zur fairen Teilhabe der Allgemeinheit an wirtschaftlicher und sozialer Entwicklung sowie zur Vereinigungs- und Meinungsfreiheit.[163] Ein so verstandenes Konzept von Good Governance macht Menschenrechte demnach indirekt zu einem Maßstab für Entscheidungen der Weltbank und der IFC.

B.III.7.c Relevanz des Good Governance

Die Institutionen der Weltbankgruppe sind, obwohl die Weltbank die internationale Diskussion und Entwicklung des Good Governance durch die Afrikastudie von 1989 angestoßen hat, nicht über ihre ohnehin bestehenden völkerrechtlichen

---

157 *The World Bank*, Bangladesh: financial accountability for good governance; *The World Bank*, Governance. The World Bank's Experience, S. 12, 29, 41f., 57; *The World Bank*, Governance and Development, S. 1.

158 *The World Bank*, Governance. The World Bank's Experience, S. 66: "*Good governance is epitomized by, among other things, predictable, open, and enlightened policymaking. Good governance fosters strong, but sharply delimited, states capable of sustained economic and social development and institutional growth.*"

159 Allgemeine Erklärung der Menschenrechte vom 10.12.1948 (AEMR), GV-Res. Nr. 217 (III).

160 Internationaler Pakt über bürgerliche und politische Rechte (IPbpR) vom 19.12.1966, BGBl. 1973 II, S. 1534.

161 Internationaler Pakt über wirtschaftliche, soziale und kulturelle Rechte (IPwskR) vom 19.12.1966, BGBl. 1973 II, S. 1570.

162 *Landell-Mills/Serageldin*, The World Bank and the External Factor, Veröffentlichung zur Jahreskonferenz über Entwicklungs-Ökonomie der Weltbank, S. 6f.

163 *Landell-Mills/Serageldin*, The World Bank and the External Factor, Veröffentlichung zur Jahreskonferenz über Entwicklungs-Ökonomie der Weltbank, S. 6f.

Verpflichtungen hinaus an die Prinzipien des Good Governance gebunden. Ihre Satzungen erlauben aber die Förderung von Good Governance, weil Governance, wie oben beschrieben, eine politische und eine technisch-wirtschaftliche Dimension aufweist. Es ist im Hinblick auf das nichtpolitische Mandat unproblematisch, wenn die Weltbank oder die IFC die technischen, also wirtschaftsbezogenen Aspekte von Governance bei Kreditvergabeentscheidungen berücksichtigen.[164] Wie stets im Kontext der Weltbank und der IFC gilt auch hier, dass Wechselwirkungen mit politischen Aspekten und insbesondere Menschenrechten das nichtpolitische Mandat nicht verletzen, solange die Wirtschaftlichkeit einer Entscheidung im Vordergrund steht.

B.IV Umwelt- und Sozialstandards

Die Weltbank agierte in den ersten Jahrzehnten ihres Bestehens entsprechend ihrer Satzung weitgehend frei von politischen Erwägungen. Dies hatte teilweise verheerende und auch langfristige oder gar irreversible Auswirkungen auf politische und gesellschaftliche Strukturen sowie auf ökologische Entwicklungen.[165] Mittlerweile werden Umwelt- und Sozialstandards aber in der Weltbank durch sogenannte Schutzrichtlinien und in der IFC durch sogenannte Nachhaltigkeits- und Ausführungsrichtlinien gewährleistet.

B.IV.1 Das Polonoroeste-Projekt

Eines der bekanntesten Beispiele ist das sog. Polonoroeste-Programm, ein Entwicklungs-Großprojekt für die brasilianische Amazonas-Region, das die Bank mit fünf Darlehen unterstützte. Es ragt wegen seiner desaströsen sozialen und ökologischen Auswirkungen heraus. Im Rahmen des Polonoroeste-Projekts wurde in den 1980er Jahren eine Schnellstraße von Cuiaba nach Porto Velho durch den Amazonas-Regenwald gebaut, um neue Gebiete zu erschließen.[166] Die Durchführung des Projekts veränderte das indigene Leben in der Region erheblich.

---

164 Vgl. *Landell-Mills/Serageldin*, The World Bank and the External Factor, Veröffentlichung zur Jahreskonferenz über Entwicklungs-Ökonomie der Weltbank, S. 24.

165 *Copur/Schneider*, IWF & Weltbank: Dirigenten der Globalisierung, S. 34; *Nunnenkamp*, IWF und Weltbank: trotz aller Mängel weiterhin gebraucht?, S. 26; *Hauff*, Strukturanpassungspolitik der Weltbank: Will die Weltbank mehr als Wirtschaftswachstum in Entwicklungsländern?, S. 19f.; *Tetzlaff*, Weltbank und Währungsfonds - Gestalter der Bretton-Woods-Ära: Kooperations- und Integrations-Regime in einer sich dynamisch entwickelnden Weltgesellschaft, S. 25.

166 *Junqueira/Mindlin*, The Aripuana Park and the Polonoroeste Programme, IWGIA Dokument Nr. 59, S. 3.

Indigene Stämme wurden verdrängt oder ihr Lebensraum durch industrialisierende Maßnahmen gespalten; zwangsläufige Änderungen der Ernährung und Hygiene führten zur Ausbreitung von Krankheiten wie Malaria, Tuberkulose und Influenza.[167] Gelder, die die Weltbank zum Schutz der indigenen Bevölkerungen gewährte, wurden nicht effizient eingesetzt.[168] Auch nach dem Abschluss des Projekts besteht Uneinigkeit darüber, ob die erreichten Vorteile die ökologischen und sozialen Nachteile, welche die Umsetzung des Programms mit sich gebracht hat, überwiegen.[169]

B.IV.2 Das Sardar-Sarovar-Projekt

Innerhalb der Weltbank begann man erst unter dem Präsidenten *McNamara,*[170] die eigene Entwicklungspolitik kritisch zu hinterfragen.[171] Etwa zeitgleich wurde in den 1970er und 1980er Jahren auch die internationale Kritik gegenüber Weltbankprojekten lauter.[172]

Insbesondere wegen der Finanzierung des Sardar-Sarovar-Dammprojekts in Indien sah sich die Weltbank seit Beginn seiner Durchführung im Jahre 1987 enormen internationalen Protesten[173] sowie großen Widerständen der indischen Bevölkerung ausgesetzt.[174] Das Sardar-Sarovar-Projekt bildet den Kern des Narmadatal-Projekts; dieses hat zum Ziel, ein weitreichendes

---

167 *Junqueira/Mindlin*, The Aripuana Park and the Polonoroeste Programme, IWGIA Dokument Nr. 59, S. 5.

168 *Junqueira/Mindlin*, The Aripuana Park and the Polonoroeste Programme, IWGIA Dokument Nr. 59, S. 7.

169 *Ozório de Almeida/Campari*, Sustainable Settlement in the Brazilian Amazon, S. 85, Nr. 23.

170 Robert Strange McNamara, 1916-2009, Weltbank-Präsident von April 1968 bis Juni 1981.

171 *Killinger*, The World Bank's non-political mandate, S. 63. *Suchsland-Maser*, Menschenrechte und die Politik multilateraler Finanzinstitute, S. 163.

172 *Tetzlaff*, Weltbank und Währungsfonds - Gestalter der Bretton-Woods-Ära: Kooperations- und Integrations-Regime in einer sich dynamisch entwickelnden Weltgesellschaft, S. 73; *Killinger*, The World Bank's non-political mandate,, S. 63; *Copur/Schneider*, IWF & Weltbank: Dirigenten der Globalisierung, S. 35.

173 *Fisher*, Development and Resistance in the Narmada Valley, in: Fisher (Hrsg.), Toward Sustainable Development? Struggling Over India's Narmada River, S. 3ff., 5; *Roy*, Die Politik der Macht, S. 58ff.

174 *Roy*, Die Politik der Macht, S. 25, 57ff.; *Fisher*, Development and Resistance in the Narmada Valley, in: Fisher (Hrsg.), Toward Sustainable Development? Struggling Over India's Narmada River, S. 3ff., 4f.

Bewässerungssystem im Nordwesten Indiens einzurichten, indem mehr als 3000 Dämme zur Regulierung des Narmada-Flusses und seiner Nebenflüsse errichtet werden.[175] Der Sardar-Sarovar-Damm soll dabei einen 700 000 000 m^3 großen Stausee schaffen.[176] Das Projekt hatte nicht nur verheerende ökologische Folgen, wie z. B. die Flutung von riesigen Flächen kultivierten Bodens,[177] sondern machte auch hunderttausende Menschen aus ländlichen Regionen, zumeist Indigene,[178] zu Opfern von unfreiwilligen Umsiedlungen.[179]

B.IV.3 Morse- und Wapenhans-Bericht

1991 setzte die Weltbank erstmals zur Untersuchung eines von ihr unterstützten Projekts eine unabhängige Kommission ein. Als deren Vorsitzender und stellvertretender Vorsitzender wurden Bradford Morse[180] und Thomas Berger[181] eingesetzt. Ihr Bericht, der sog. Morse-Bericht, analysierte die Defizite des Sardar-Sarovar-Projekts in ökologischer, sozialer und menschenrechtlicher Hinsicht ausführlich, soweit dies mit den vorhandenen Daten möglich war.[182] Die unabhängige Kommission stellte fest, dass die Vernachlässigung sozialer und ökologischer Belange in Projekten dieser Größenordnung „echte nachhaltige Entwicklung" (*truly sustainable development*) verhindert.[183]

Als Reaktion auf die zunehmende externe und auch interne Kritik setzte die Weltbank schließlich im Jahre 1992 eine Arbeitsgruppe zur Untersuchung der Ursachen ihrer missglückten Kreditpolitik ein. Der von dieser Arbeitsgruppe

175 *Böge*, Das Sardar-Sarovar-Projekt an der Narmada in Indien - Gegenstand ökologischen Konflikts, ENCOP, Occasional Paper No. 8, S. 1.

176 *Böge*, Das Sardar-Sarovar-Projekt an der Narmada in Indien - Gegenstand ökologischen Konflikts, ENCOP, Occasional Paper No. 8, S. 1.

177 *Böge*, Das Sardar-Sarovar-Projekt an der Narmada in Indien - Gegenstand ökologischen Konflikts, ENCOP, Occasional Paper No. 8, S. 3.

178 *Patel*, What Do the Narmada Valley Tribals Want?, in: Fisher (Hrsg.), Toward Sustainable Development? Struggling Over India's Narmada River, S. 179ff.

179 *Roy*, Die Politik der Macht, S. 54.

180 F. Bradford Morse, 1921-1994, Leiter des *United Nations Development Program* 1976-1986.

181 Thomas R. Berger, geb. 1933, Leiter der *Mackenzie Valley Pipeline Inquiry* 1974-1977 und der *Alaska Native Review Commission* 1983-1985.

182 Vgl. *Berger*, The World Bank's Independent Review of India's Sardar Sarovar Projects, in: 9 Am. U. J. Int'l L. & Pol'y 1993, S. 33ff., 43ff.

183 Vgl. *Berger*, The World Bank's Independent Review of India's Sardar Sarovar Projects, in: 9 Am. U. J. Int'l L. & Pol'y 1993, S. 33ff., 47f.

erstellte Bericht ist landläufig als Wapenhans-Bericht[184] bekannt geworden, benannt nach ihrem Vorsitzenden. In ihm wird deutlich, dass die Weltbank-Kreditpolitik Schwächen aufwies. Ein entscheidender Grund für Mängel im Projektmanagement wurde darin gesehen, dass viele Weltbankmitarbeiter Druck verspürten, eine gewisse Anzahl abgeschlossener Kreditverträge zu erreichen, und daher Qualitätseinbußen in Kauf nahmen. Sie hatten den Eindruck, dass sie mehr Aufmerksamkeit bei ihren Vorgesetzten durch das Bearbeiten möglichst vieler Kreditverträge erregen als durch qualitätsorientierte Arbeit.[185] Eine weitere wichtige Ursache war Zeitknappheit, welche die Qualitätsmängel verstärkte und auftrat, weil Projekte ausgeweitet wurden oder den individuellen Gegebenheiten der Empfängerstaaten angepasst und systematisch aufbereitet werden mussten[186].

B.IV.4 Schutzrichtlinien

In der Folge begann die Weltbank, neue Mechanismen zu entwickeln, um durch ihre Projekte sozialverträgliche und ökologisch nachhaltige Entwicklung zu fördern.[187] Ein sehr wichtiges Instrument sind die Schutzrichtlinien (*safeguard policies*), die in der Weltbank seit den frühen 1980er Jahren existieren und zu den grundlegenden Richtlinien und Verfahrensvorschriften (*policies and procedures*) der Weltbank gehören. Die Schutzrichtlinien sind verbindliche Richtlinien, welche von den Weltbankmitarbeitern bei jeder Entscheidung oder Maßnahme, insbesondere auch in jeder Phase des Projektzyklus, anzuwenden sind.[188] Sie stellen interne Verwaltungsvorschriften dar, die ohne entsprechende Regelung im Darlehensvertrag weder das Kreditnehmerland noch die Projektbegünstigten (z. B. spezielle Regierungsbehörden) verpflichten.[189] Die Schutzrichtlinien sind

---

184 *The World Bank Portfolio Management Task Force*, Effective Implementation: Key to Development Impact.

185 *The World Bank Portfolio Management Task Force*, Effective Implementation: Key to Development Impact.

186 *The World Bank Portfolio Management Task Force*, Effective Implementation: Key to Development Impact, S. 18f.

187 *Paul*, International Development Agencies, Human Rights and Humane Development Projects, in: 17 Den. J. Int'l L. & Pol'y 1988, S. 67ff., 76.

188 *Schlemmer-Schulte*, The World Bank and Human Rights, in: 4 Austrian Review of International and European Law 1999, S. 230ff., 250.

189 *Schlemmer-Schulte*, The World Bank Inspection Panel: A Model for Other International Organizations?, in: Blokker/Schermers (Hrsg.), Proliferation of International Organizations: Legal Issues, S. 483ff., 504.

zugleich Vorschriften, welche verbindlich in die Kreditverträge aufgenommen werden und deren Nichteinhaltung auch die Kreditauszahlung hemmen kann.[190] Sie zielen darauf ab, gewisse Sozial- und Umweltstandards bei weltbankunterstützten Projekten sicher zu stellen. Sozial- und Umweltverträglichkeit ist nunmehr ein zwingendes Erfordernis in der Beurteilung des Fortschritts eines Projekts; nur wenn diese gewährleistet ist, kann sich das Projekt für eine (weitere) Förderung qualifizieren.[191] Seit den 1980er Jahren sind die Richtlinien und Verfahrensvorschriften der Bank mehrmals umfassenden Revisionen unter Berücksichtigung öffentlicher Kritik unterzogen worden.[192]

In der IFC gab es in Anlehnung an die Schutzrichtlinien der Weltbank seit 1998 ebenfalls Schutzrichtlinien zur Wahrung gewisser Sozial- und Umweltstandards. Im Jahr 2006 ersetzte die IFC die Schutzrichtlinien jedoch durch ein mehrstufiges Nachhaltigkeitskonzept, das aus einer Nachhaltigkeitsrichtlinie (*sustainability policy*) und acht Ausführungsrichtlinien (*performance standards*) besteht. Seit der Überarbeitung zum Jahr 2012 umfasst das Nachhaltigkeitskonzept auch eine Informationszugangsrichtlinie (*access to information policy*).

Wie bereits dargestellt,[193] dürfen nur wirtschaftliche Überlegungen für Entscheidungen und Maßnahmen der Weltbank und der IFC maßgeblich sein, also alles, was das „*effiziente* Management der Ressourcen eines Staates“[194] betrifft. Die Schutzrichtlinien und andere Maßnahmen mit sozial- oder umweltpolitischer Stoßrichtung sind daher mit der Weltbank- bzw. IFC-Satzung vereinbar, wenn sie die wirtschaftliche Effizienz der jeweiligen Entwicklungsmaßnahme fördern.

B.V Interventionsverbot

Die Institutionen der Weltbankgruppe haben gegenüber ihren Mitgliedstaaten, die Entwicklungsgelder empfangen, eine Machtposition inne. Denn viele Staaten,

190 *Hamad*, Weltbank kann nationale Normen nutzen, in: 45 E + Z 2004, S. 384f., 384.

191 Siehe *The World Bank*, http://go.worldbank.org/1YXPMBNDO0 (ständige URL).

192 *Schlemmer-Schulte*, Building an International Grievance System: The World Bank Inspection Panel - Selected Issues, in: Bröhmer (Hrsg.), Festschrift für Georg Ress, S. 249ff., 272f.: Zunächst handelte es sich um *operational manual statements* (OMSs) *and operational policy notes* (OPNs), die später zu *operational directives* (ODs) und noch später zu *operational policies and procedures* (OPs and BPs) wurden.

193 Siehe Teil B.III.1 „Vorgaben und Auslegung der Satzungen“.

194 *Shihata*, The World Bank in a Changing World, Bd. 1, S. 70: “*efficient* management of the country’s resources”.

insbesondere die Vertragspartner der IDA, sind wirtschaftlich von den Entwicklungsmaßnahmen der Weltbank und der IFC abhängig. Die beiden Organisationen können durch das Vorenthalten von Entwicklungshilfe wirtschaftlichen Druck ausüben.[195] Daher haben sie das Potential, nationale politische Entscheidungen zu beeinflussen und auch das internationale Machtgefüge zu verändern. Dies wirft die Frage auf, ob ihre Maßnahmen mit dem völkerrechtlichen Interventionsverbot vereinbar sind.

B.V.1 Voraussetzungen

Das Interventionsverbot ist völkergewohnheitsrechtlich verankert und in Art. 2 Ziffern 1 und 7 der UN-Charta normiert.[196] Eine Intervention, d.h. eine unzulässige Einmischung in die inneren Angelegenheiten eines Landes liegt vor, wenn ein Eingriff in die Souveränität des Staates unter Ausübung von Zwang gegeben ist.[197] Zum Zwang als wesentlichem Element der Intervention erläuterte der Internationale Gerichtshof (IGH) im „Nicaragua-Urteil" von 1986, dass unmittelbarer Zwang jedenfalls dann vorliegt, wenn militärische Maßnahmen direkt durchgeführt werden, und mittelbarer Zwang zumindest dann gegeben ist, wenn subversive bzw. terroristische bewaffnete Gruppen auf dem Gebiet eines anderen Staates unterstützt werden.[198] Damit arbeitete der IGH, der allerdings ausdrücklich nur die für das damalige Verfahren entscheidenden Aspekte des Interventionsverbots aufgriff, Waffengewalt als wesentliches Element des Zwangs heraus. Nach dem allgemeinen Sprachgebrauch wäre außerdem die Ausübung sonstiger physischer oder psychischer Gewalt als Zwang zu qualifizieren.

Zwei Resolutionen der Generalversammlung der Vereinten Nationen bestimmen, dass auch wirtschaftlicher Zwang eine Form der völkerrechtswidrigen Intervention darstellt.[199] Sie haben jedoch keinen verbindlichen Rechtscharakter

---

195 Vgl. *Derpa*, Das Gewaltverbot der Satzung der Vereinten Nationen und die Anwendung nichtmilitärischer Gewalt, S. 61f.

196 *Dicke*, Economic Coercion, in: Bernhardt (Hrsg.), EPIL III, S. 13ff., 14.

197 Vgl. *Graf Vitzthum*, in: Graf Vitzthum (Hrsg.), Völkerrecht, S. 36, Rn. 76; *IGH*, Corfu Channel (UK v. Albania), Urteil vom 09.04.1949, ICJ Reports 1949, S. 4ff., 35.

198 *IGH*, Military and Paramilitary Activities in und against Nicaragua (Nicaragua v. USA), Urteil vom 27.06.1986, ICJ Reports 1986, S. 14ff., 108 (Rn. 205).

199 Declaration on Principles of International Law Concerning Friendly Relations and Co-operation among States in Accordance with the Charter of the United Nations vom 24.10.1970, GV-Res. Nr. 2625 (XXV), 3. Prinzip; Charter of Economic Rights and Duties of States vom 12.12.1974, GV-Res. Nr. 3281 (XXIX), Art. 32.

und werden in Bezug auf den wirtschaftlichen Zwang als Verstoß gegen das Interventionsverbot nicht von einer *opinio iuris* getragen.[200] Anknüpfend an die Souveränität der Staaten als Schutzgut des Interventionsverbots[201] ist ein Verstoß gegen das Interventionsverbot aber zumindest anzunehmen, wenn die „staatliche Entscheidungsfreiheit über die nationale Wirtschaftsordnung“ [illegible]st.[202] Darüber hinaus wird das Souveränitätsprinzip durch das [illegible]äzisiert und hat im Bereich wirtschaftlicher Sanktionen keinen eigenen Regelungsgehalt.[203]

[illegible]ts der Vielzahl möglicher Ausgestaltungen von wirtschaftlichen [illegible] erscheint eine allgemeingültige Abgrenzung zwischen einer Inter[illegible] die völkerrechtswidrigen Zwang einschließt, und der rechtmäßigen [illegible]g wirtschaftlichen Drucks schwierig.[204] Zudem erschwert die zuneh[illegible] internationale Verflechtung der Wirtschaftsordnungen aller Länder eine klare Trennung zwischen völkerrechtmäßigen und -rechtswidrigen wirtschaftlichen Maßnahmen.[205] Wirtschaftssanktionen fallen deswegen jedenfalls nicht grundsätzlich unter das Interventionsverbot.[206] Dies gilt nicht zuletzt, weil sich aus dem Völkerrecht kein Anspruch der Staaten auf wirtschaftliche Zusammenarbeit oder Handel mit anderen Staaten ergibt.[207] Deswegen sollte das Vorliegen von Zwang durch Wirtschaftssanktionen stets nach den Einzelfallumständen beurteilt werden.[208] In der Praxis hat das allgemeine Interventionsverbot im

---

200 *Schröder*, in: Graf Vitzthum (Hrsg.), Völkerrecht, S. 635, Rn. 117.

201 *Dicke*, Die Intervention mit wirtschaftlichen Mitteln im Völkerrecht, S. 49.

202 *Petersmann*, Internationale Wirtschaftssanktionen als Problem des Völkerrechts und des Europarechts, in: 80 ZVglRWiss 1981, S. 1ff., 9.

203 *Petersmann*, Internationale Wirtschaftssanktionen als Problem des Völkerrechts und des Europarechts, in: 80 ZVglRWiss 1981, S. 1ff., 9.

204 *Petersmann*, Internationale Wirtschaftssanktionen als Problem des Völkerrechts und des Europarechts, in: 80 ZVglRWiss 1981, S. 1ff., 10; vgl. *Dicke*, Die Intervention mit wirtschaftlichen Mitteln im Völkerrecht, S. 15f.

205 *Petersmann*, Internationale Wirtschaftssanktionen als Problem des Völkerrechts und des Europarechts, in: 80 ZVglRWiss 1981, S. 1ff., 8.

206 Vgl. *Schröder*, Non-Intervention, Principle of, in: Bernhardt (Hrsg.), EPIL III, S. 619ff., 621; *Dicke*, Die Intervention mit wirtschaftlichen Mitteln im Völkerrecht, S. 239; *Petersmann*, Internationale Wirtschaftssanktionen als Problem des Völkerrechts und des Europarechts, in: 80 ZVglRWiss 1981, S. 1, 11, 16.

207 *Schröder*, in: Graf Vitzthum (Hrsg.), Völkerrecht, S. 635, Rn. 117.

208 *Kewenig*, Die Anwendung wirtschaftlicher Zwangsmaßnahmen im Völkerrecht, in: Berichte der Deutschen Gesellschaft für Völkerrecht, Heft 22, S. 7ff., 15f.; *Derpa*, Das Gewaltverbot der Satzung der Vereinten Nationen und die Anwendung

Wirtschaftsbereich nur geringe Bedeutung; die Staaten eruen sich im Zweifel vornehmlich auf vertragliche Vereinbarungen, insbesde. die WTO-Übereinkommen.[209] Anhand bisheriger Praxiserfahrungen kaf nicht zweifelsfrei belegt werden, dass Staaten tatsächlich aufgrund w... hen Drucks politische Zugeständnisse machen.[210]

B.V.2 Nichtvorliegen der Voraussetzungen

Es kann aus verschiedenen Gründen ausgeschlossen werden, dass die Entwicklungsmaßnahmen der Weltbank oder der IFC das völkerrechtliche Interventionsverbot verletzen. Erstens gewährleistet das für beide Institutionen geltende nichtpolitische Mandat grundsätzlich, dass sie sich aus staatlichen Grundentscheidungen ihrer Mitgliedstaaten, die auch die Wahl der nationalen Wirtschaftsordnung einschließen, heraushalten. Zweitens sehen die Kreditverträge der Weltbank meist eine Auszahlung von Teilbeträgen vor, und die Staaten dürfen die Verträge nach jedem Abschnitt kündigen, wenn sie die ihnen auferlegten Vorgaben missbilligen.[211] Daher fehlt es hier klar an einem Zwangselement in Form der Ausübung oder Unterstützung jeglicher Form von Gewalt auf die Mitgliedstaaten.

In seinem „Nicaragua-Urteil" von 1986 bestätigte der IGH, dass das Nichtfortgewähren von (finanzieller) Entwicklungshilfe grundsätzlich nicht völkerrechtswidrig ist.[212] Er schloss einen Verstoß gegen Völkerrecht unabhängig vom Empfänger der wirtschaftlichen Unterstützung aus, wenn sie rein humanitären Charakter hat.[213] Dabei nimmt er auf die Grundprinzipien des Internationalen Komitees vom Roten Kreuz[214] Bezug und verlangt, dass völkerrechtskonforme

---

nichtmilitärischer Gewalt, S. 62; *Petersmann*, Internationale Wirtschaftssanktionen als Problem des Völkerrechts und des Europarechts, in: 80 ZVglRWiss 1981, S. 1ff., 9f.

209 *Nolte*, Art. 2 (7), in: Simma/Mosler/Randelzhofer/Tomuschat/Wolfrum (Hrsg.), The Charter of the United Nations, Bd. II, 2. Auflage, Rn. 61.

210 *Detter*, The International Legal Order, S. 551; *Doxey*, Economic Sanctions and International Enforcement, S. 76f.

211 *Schlemmer-Schulte*, Die Rolle der internationalen Finanzinstitutionen im Nord-Süd-Konflikt, in: Meng/Magnus/Schlemmer-Schulte/Cottier/Stoll/Epiney (Hrsg.), Das internationale Recht im Nord-Süd-Verhältnis - Berichte der Deutschen Gesellschaft für Völkerrecht, S. 149ff., Diskussion S. 232.

212 *IGH*, Military and Paramilitary Activities in und against Nicaragua (Nicaragua v. USA), Urteil vom 27.06.1986, ICJ Reports 1986, S. 14ff., 125f. (Rn. 244f.).

213 *IGH*, Military and Paramilitary Activities in und against Nicaragua (Nicaragua v. USA), Urteil vom 27.06.1986, ICJ Reports 1986, S. 14ff., 124 (Rn. 242).

214 Näheres zum IKRK siehe unter http://www.icrc.org/eng/index.jsp (letzter Zugriff: 01.06.2012).

humanitäre Hilfe dazu dient, „menschliches Leiden zu verhindern und zu lindern [,...] Leben und Gesundheit zu schützen und Respekt für den Menschen zu gewährleisten.“[215] Humanitäre Unterstützung muss außerdem diskriminierungsfrei sein, d. h. ohne Rücksicht auf „Nationalität, Rasse, Religion, Klasse oder politische Ansichten“ gewährt werden.[216]

Auch nach diesen Kriterien ist grundsätzlich nicht anzunehmen, dass Weltbank- oder IFC-Maßnahmen das völkerrechtliche Interventionsverbot verletzen. Das gesamte Wirken der Weltbank und der IFC ist auf einen humanitären Zweck, nämlich die allgemeine Erhöhung des Lebensstandards der auf Entwicklungshilfe angewiesenen Staaten und die Reduzierung globaler Armut ausgerichtet.[217] Die Weltbank leistet diskriminierungsfrei Entwicklungshilfe, denn ihre Finanzierung ist entweder im Rahmen von Investitionskrediten projektbezogen oder wird den Mitgliedstaaten im Rahmen von Strukturkrediten für strukturelle Reformen zur Verfügung gestellt. Auch die IFC agiert diskriminierungsfrei, denn sie ist durch ihre Satzung gehalten, allein nach entwicklungswirtschaftlichen Kriterien und dabei „unparteiisch“ zu agieren sowie „eine angemessene Streuung ihrer Kapitalanlagen zu erzielen“.[218] Die Satzung verbietet ihr ferner, über die finanzielle Unterstützung hinaus auf Entscheidungsprozesse in den Unternehmen einzuwirken, so dass auf diesem Wege auch einer möglichen mittelbaren diskriminierenden Einflussnahme vorgebeugt ist.[219]

B.VI Menschenrechte in Praxis und Außendarstellung

Die Weltbank und die IFC lösen also den scheinbaren Konflikt zwischen ihrem satzungsmäßigen nichtpolitischen Mandat und ihrer Entwicklungsverantwortung formal auf. Dies geschieht, indem sie alle Entscheidungen dem Wirtschaftlichkeitspostulat unterordnen und vor diesem Hintergrund Wechselwirkungen zwischen den Menschenrechten zulassen. Es sollte aber nicht nur ihr theoretisches Verständnis der Menschenrechte betrachtet werden, sondern auch die praktische

---

215 *IGH*, Military and Paramilitary Activities in und against Nicaragua (Nicaragua v. USA), Urteil vom 27.06.1986, ICJ Reports 1986, S. 14ff., 125 (Rn. 242f.): “to prevent and alleviate human suffering [,...] to protect life and health and to ensure respect for the human being.”

216 *IGH*, Military and Paramilitary Activities in und against Nicaragua (Nicaragua v. USA), Urteil vom 27.06.1986, ICJ Reports 1986, S. 14ff., 125 (Rn. 242f.).

217 Siehe Teile B.I.2 und B.II.1 „Ziele und Rechtsform“.

218 Artt. I, III Abschn. 9 S. 2, 3 und Abschn. 3 (vii) IFC-Satzung.

219 Art. III Abschn. 2 lit. (a), (b), Abschn. 3 (iii), (iv) IFC-Satzung.

Umsetzung der Einhaltung des nichtpolitischen Mandats und die dazugehörige Darstellung in der Öffentlichkeit. Das über allem stehende Argument der Wirtschaftlichkeit erschien in der praktischen Umsetzung nicht immer überzeugend, wie folgende prominente Beispiele der Weltbank-Entwicklungspolitik illustrieren.

B.VI.1 Südafrika und Portugal 1966

1966 weigerte sich die Weltbank wegen des Apartheidproblems in Südafrika und wegen der portugiesischen Kolonialpolitik in Mosambik und Angola vorübergehend, die Zusammenarbeit mit Südafrika und Portugal weiterzuführen. Dieses Verhalten war zwar konform mit den Resolutionen der UN-Generalversammlung 2202 (XXI)[220] und 2184 (XXI)[221], in denen die Sonderorganisationen der Vereinten Nationen aufgefordert wurden, die Unterstützung Südafrikas und Portugals einzustellen. Die Bank erklärte die Einstellung der Förderung aber keineswegs mit den Resolutionen der UN-Generalversammlung, an die sie sich nicht gebunden sah.[222] Sie vertrat offiziell den Standpunkt, dass ihre Entscheidung auf den *wirtschaftlichen* Implikationen der politischen Situation in Südafrika und Portugal beruhte und keine Einmischung in ihre politischen Angelegenheiten darstellte.[223] In Bezug auf Südafrika machte die Bank geltend, dass es sich nach ihren „*Graduation*"-Richtlinien nicht mehr für die Kreditvergabe qualifiziere, weil es die wirtschaftliche Entwicklung auch langfristig aus eigener Kraft vorantreiben könne.[224] Zur Begründung in Sachen Portugal erklärte sie, der Mitgliedstaat habe noch ausreichende eigene Reserven, könne auch ohne Bank-Unterstützung zu angemessenen Konditionen am Markt Kredite aufnehmen und lasse auf politischer Ebene ein nachhaltiges Entwicklungskonzept vermissen.[225]

---

220 The Policies of Apartheid of the Government of the Republic of South Africa vom 16.12.1966, GV-Res. Nr. 2202 (XXI).

221 Question of Territories under Portuguese Administration vom 12.12.1966, GV-Res. Nr. 2184 (XXI).

222 Siehe bei *Whiteman*, Digest of International Law, Bd. 14, S. 1007f.; vgl. auch *Marmorstein*, World Bank Power to Consider Human Rights Factors in Loan Decisions, in: 13 J. Int'l L. & Econ. 1978, S. 113ff., 114.

223 *Shihata*, The World Bank and Human Rights: An Analysis of the Legal Issues and the Record of Achievements, in: 17 Den. J. Int'l L. & Pol'y 1988, S. 39ff., 44f.

224 *Shihata*, The World Bank and Human Rights: An Analysis of the Legal Issues and the Record of Achievements, in: 17 Den. J. Int'l L. & Pol'y 1988, S. 39ff., 44.

225 *Shihata*, The World Bank and Human Rights: An Analysis of the Legal Issues and the Record of Achievements, in: 17 Den. J. Int'l L. & Pol'y 1988, S. 39ff., 44f.

B.VI.2 China 1989

Ein weiteres Beispiel vermeintlicher Inkonsequenz seitens der Weltbank ist ihre Reaktion auf das chinesische Tian'anmen-Massaker vom 04. Juni 1989: Sie stoppte die Kreditvergabe an China sowie alle Prüfungsverfahren hinsichtlich der Anträge auf Entwicklungshilfe von chinesischer Seite.[226] Dieses Verhalten wurde vielfach als primär politisch gewertet,[227] obwohl in der Außendarstellung der Bank wirtschaftliche Erwägungen den Ausschlag gegeben haben sollen.[228] Im Rahmen des 1989 in Paris stattfindenden G-7-Gipfels verurteilten die Teilnehmerstaaten das Vorgehen der chinesischen Regierung auf politischer Ebene scharf, verwiesen aber auf wirtschaftlicher Ebene wegen des Zurückstellens von Weltbankkrediten nur vage auf „ökonomische Unwägbarkeiten".[229] Des Weiteren hieß es in der beim Gipfel abgegebenen „Erklärung zu China" ebenfalls vage, China müsse sich wieder ökonomischen Reformen zuwenden.[230] Diese Einschätzung der G-7-Staaten USA, Japan, Deutschland, Vereinigtes Königreich, Frankreich, Italien und Kanada dürfte auch die Entscheidungen der Weltbank geprägt haben, da diese Staaten zu den größten Geberländern in der Weltbankgruppe gehören und sie ein entsprechend großes Stimmgewicht haben.

---

226 *Gillies*, Human Rights, Democracy and Good Governance: Stretching the World Bank's Policy Frontiers, in: Griesgraber/Gunter (Hrsg.), The World Bank. Lending on a Global Scale, Bd. III, S. 101ff., 126.

227 *Forsythe*, The United Nations, Human Rights, and Development, in: 19 Human Rights Quarterly 1997, S. 334ff., 346; *Gillies*, Human Rights, Democracy and Good Governance: Stretching the World Bank's Policy Frontiers, in: Griesgraber/Gunter (Hrsg.), The World Bank. Lending on a Global Scale, Bd. III, S. 101ff., 126f.

228 *Gillies*, Human Rights, Democracy and Good Governance: Stretching the World Bank's Policy Frontiers, in: Griesgraber/Gunter (Hrsg.), The World Bank. Lending on a Global Scale, Bd. III, S. 101ff., 127.

229 *G 7*, Declaration on China vom 15.07.1989, verfügbar unter http://www.g8.utoronto.ca/summit/1989paris/china.html (letzter Zugriff: 01.06.2012): „Furthermore, each of us has agreed that, in view of current economic uncertainties, the examination of new loans by the World Bank be postponed."

230 *G 7*, Declaration on China vom 15.07.1989, verfügbar unter http://www.g8.utoronto.ca/summit/1989paris/china.html (letzter Zugriff: 01.06.2012): „We look to the Chinese authorities to create conditions which will avoid their isolation and provide for a return to cooperation based upon the resumption of movement towards political and economic reform, and openness."

B.VI.3 Folgerungen

Die Beispiele zeigen, dass es einige starke Indizien für das Interesse der Weltbank an einer direkten Berücksichtigung von bürgerlichen und politischen Menschenrechten in ihrer Kreditpraxis gibt. Sie zeigen auch, dass ihre offizielle Einstellung zur Relevanz solcher Rechte für ihre Entwicklungspolitik immer auf einer Linie mit der Satzung ist.[231] Dies kann bedeuten, dass die Satzung unter Berücksichtigung dieser Praxis auszulegen ist. Es lässt sich jedoch nicht von der Hand weisen, dass zahlreichen Regimen trotz schwerer Menschenrechtsverletzungen Weltbankkredite gewährt wurden und werden. So erhält z. B. China seit 1990 wieder Unterstützung von der Bank.[232]

Da die Weltbank und die IFC niemals offiziell einräumen, eine Maßnahme aus politischer Motivation durchgeführt zu haben, lässt sich deren Vereinbarkeit mit dem nichtpolitischen Mandat schon aus tatsächlichen Gründen nur schwer überprüfen. Schließlich lassen sich Motive für eine Handlung ohne ausdrückliche Erklärung nur schwer nachweisen. Sogar im Bereich wirtschaftlicher, sozialer und ökologischer Rechte lassen sie Vorsicht walten, indem sie offiziell stets klarmachen, dass politisch sensible Bereiche, wie z. B. die Menschenrechte von Frauen, für die Kreditvergabe keine Rolle spielen. Eine rechtliche Überprüfung scheitert daran, dass Entscheidungen des geschäftsführenden Direktoriums nur angegriffen werden können, wenn sich ein politischer Hintergrund nachweislich offenbart.[233] Dies wird wohl kaum jemals der Fall sein.

B.VII Die vorliegende Untersuchung

B.VII.1 Stand der Forschung und Fragestellung

Die Weltbank als Kernorganisation der Weltbankgruppe hat seit ihrer Gründung sowohl in den Bereichen globaler und nationaler Wirtschaftspolitik als auch in sozial- und umweltpolitischen Angelegenheiten polarisiert. Oftmals hat sie erhebliche Kritik von verschiedensten Seiten erfahren. Ein großer Teil

---

231 *Buergenthal*, The World Bank and Human Rights, in: Brown Weiss/Sureda/Boisson de Chazournes (Hrsg.), The World Bank, International Financial Institutions, and the Development of International Law, S. 95ff., 95.

232 *Lawyers Committee for Human Rights and Venezuelan Program for Human Rights Education and Action*, Halfway to Reform: the World Bank and the Venezuelan Justice System, S. 40; *Forsythe*, The United Nations, Human Rights, and Development, in: 19 Human Rights Quarterly 1997, S. 334ff., 347.

233 *Shihata*, The World Bank in a Changing World, Bd. 1, S. 75.

dieser Kritik betrifft insbesondere das Verhältnis der Weltbank zu den Menschenrechten bzw. die Rolle von Menschenrechten in ihrer Entwicklungspolitik trotz oder gerade wegen ihres nichtpolitischen Mandats. Daher existiert in diesem Bereich eine große Menge an wissenschaftlichen und sonstigen Veröffentlichungen sowie statistischen Quellen. Es handelt sich dabei zu einem großen Teil um externe Kommentare und Analysen. Zudem gibt es aber auch zahlreiche, teilweise sehr selbstkritische Beiträge von ehemaligen oder gegenwärtigen Mitarbeitern der Bank. Einige der letzteren sind von der Weltbank selbst in Auftrag gegeben worden. Vielfach veröffentlicht die Weltbank neben ihren regelmäßig erscheinenden Berichten[234] auch themenbezogene Abhandlungen im eigenen Namen. Im Bereich der Menschenrechte wird meist untersucht, inwieweit diese die Arbeit der Bank beeinflussen. Eine Analyse des positiven Einflusses der Weltbank auf die Konkretisierung oder Durchsetzung von Menschenrechtsstandards, insbesondere in den Bereichen Umwelt, Arbeit und Frauen, existiert bisher nicht. Im größeren Kontext geht es darum, ob und bis zu welchem Grad das Wirken der Weltbank in Bezug auf Menschenrechte grundsätzlich völkerrechtlich relevant ist.

B.VII.2 Herangehensweise

Für die geplante Untersuchung ist in jedem Themenbereich das bestehende Völkerrecht zu identifizieren und zu untersuchen, ob und inwieweit dessen Vorgaben in Maßnahmen der Weltbank- bzw. IFC-Entwicklungszusammenarbeit eine Rolle spielen. Das Besondere der Untersuchung liegt darin, dass die Weltbank und die IFC als Sonderorganisationen der Vereinten Nationen deren Wertvorstellungen teilen, diese aber aufgrund ihrer Spezialzuständigkeiten mittels wirtschaftlicher Anreizsteuerung viel eher durchsetzen können als die UNO.[235]

Bei den Umweltrechten stehen die Investitionskredite der Weltbank im Fokus, vor allem in Abgrenzung zu ihren Strukturkrediten, in deren Rahmen zwischen Bank und Mitgliedstaaten auf kooperativer Ebene eher individuelle und daher nicht verallgemeinerungsfähige Lösungen gefunden werden. Den

234 Z. B. der jährlich erscheinende World Development Report (WDR), verfügbar unter http://go.worldbank.org/LOTTGBE9I0 (ständige URL), oder der World Bank Annual Report, verfügbar unter http://go.worldbank.org/VLWFADE5O0 (ständige URL).

235 Vgl. *Moris*, The World Bank and Human Rights: Indispensable Partnership or Mismatched Alliance?, in: 4 ILSA Journal of International and Comparative Law 1997, S. 173ff., 174ff.

primären Untersuchungsgegenstand für Umweltstandards bilden die bereits angesprochenen Schutzrichtlinien zum internen Gebrauch.[236] Jede Schutzrichtlinie behandelt eine spezielle, zumeist primär umweltbezogene Thematik. Die Untersuchung beginnt damit, die jeweils einschlägigen völkerrechtlichen Regelungen zu analysieren. Diese können vertrags- und gewohnheitsrechtliche Normen sowie allgemeine Rechtsgrundsätze des Völkerrechts umfassen.

Ein Vergleich zwischen diesen Regelungen und den Vorgaben der Schutzrichtlinien ermöglicht im nächsten Schritt die Feststellung, ob und inwieweit die Weltbankstandards mit dem jeweiligen völkerrechtlichen Regime vereinbar sind. Einen weiteren Schritt bildet die Prüfung, ob die Schutzrichtlinien die bestehenden Völkerrechtsstandards konkretisieren. Denkbar ist ferner, dass die Weltbank-Standards höhere Anforderungen stellen als das Völkerrecht. In diesem Fall wäre zu prüfen, ob die strengeren Weltbank-Vorgaben die völkerrechtlichen Mindeststandards verändern können. Der Untersuchung der Schutzrichtlinien folgt des Weiteren eine entsprechende Fallrechtsanalyse des Aufsichtsgremiums (*Inspection Panel*) der Weltbank. Dieses ist ein unabhängiges Kontrollorgan, welches bankintern die Einhaltung der operativen Richtlinien und Verfahrensvorschriften überprüft. Die in diese Arbeit einbezogene Fallauswahl umfasst zum einen diejenigen Fälle mit besonderer Relevanz für das Umweltrecht. Zum anderen stellt sie einen Querschnitt aller Fälle sowohl in regionaler als auch in chronologischer Hinsicht dar und ermöglicht eine repräsentative Gesamtschau.

Für den Bereich der Arbeitsrechte ist hingegen die Tätigkeit der IFC von besonderem Interesse. Während Arbeitsstandards nämlich in den operativen Richtlinien und Verfahrensvorschriften der Weltbank nur eine sehr geringe Rolle spielen, finden sie in der IFC größere Beachtung: Eine Ausführungsrichtlinie (*performance standards*) - das Äquivalent zu den Schutzrichtlinien der Weltbank – beschäftigt sich speziell mit Arbeitsrechten. Diese arbeitsrechtliche Ausführungsrichtlinie wird menschenrechtlichen Arbeitsstandards im Völkerrecht gegenübergestellt. Auf diese Weise kann ermittelt werden, ob und inwieweit die IFC mittels dieses Ausführungsstandards internationale Arbeitsrechte bestätigt und gegebenenfalls konkretisiert. Des Weiteren existiert auch für die IFC ein unabhängiger Kontrollmechanismus, der Ombudsmann (*Compliance Advisor Ombudsman*). Ähnlich dem Aufsichtsgremium der Bank können einzelne ihre Beschwerden wegen der Nichteinhaltung von IFC-Richtlinien an den Ombudsmann richten. All diejenigen Fälle, welche arbeitsrechtliche Bezüge

---

236 Siehe Teil B.IV.4 „Schutzrichtlinien“.

aufweisen, werden in die Untersuchung eingebracht. Auch sie haben möglicherweise Einfluss auf das internationale Arbeitsrecht.

Im Bereich der Rechte von Frauen werden mehrere Untersuchungsansätze verfolgt. Es existiert eine operative Richtlinie für die Weltbank, die Gender-Fragen betrifft. Darüber hinaus enthalten die Gender-Mainstreaming-Strategie sowie der dazugehörige Gender-Aktionsplan, die das politische Rahmenwerk der Bank im Gender-Bereich darstellen, möglicherweise konkrete Vorgaben. Des Weiteren werden Rechte von Frauen im Zusammenhang mit dem arbeitsrechtlichen Diskriminierungsverbot untersucht. Dieses wird in den Ausführungsstandards der IFC aufgegriffen und kann entsprechend auch vor dem Ombudsmann geltend gemacht werden.

C Weltbank und Umweltrechte

C.I Umweltvölkerrecht

C.I.1 Begriff

Das Umweltvölkerrecht umfasst all diejenigen Normen des Völkerrechts, deren „primäres Ziel der Schutz der Umwelt“[237] ist. Eine genaue Definition des Begriffs „Umwelt“ ist schwierig. In seinem Atomwaffengutachten beschreibt der IGH Umwelt als „Lebensraum, Lebensqualität und Wohlergehen der Menschen einschließlich nachfolgender Generationen“,[238] benutzt also sehr offene Begriffe. Die sog. Stockholmer Deklaration der UNO von 1972 spricht zwar nicht direkt von Umwelt, benennt als Schutzgüter aber „die natürlichen Ressourcen der Erde einschließlich Luft, Wasser, Land, Flora und Fauna und insbesondere repräsentative natürliche Ökosysteme“.[239] Ähnlich fordert die Weltcharta für die Natur (*World Charter for Nature*) der UNO von 1982, die Natur, alle Lebensformen und Lebensräume, Land und See, Ökosysteme und Organismen sowie natürliche Ressourcen zu respektieren und zu erhalten.[240] Letztlich kann eine abschließende Definition nicht gefunden werden. Es scheint aber eine Tendenz zu bestehen, den Begriff der Umwelt weit auszulegen.[241]

C.I.2 Quellen und Entwicklung

Quellen des Umweltvölkerrechts sind jene des allgemeinen Völkerrechts, die in Artikel 38 (I) des IGH-Statuts[242] aufgelistet sind. Es existieren mehr als

---

237 *Sands*, Principles of International Environmental Law, S. 15.

238 *IGH*, Legality of the Threat or Use of Nuclear Weapons, Gutachten vom 08.07.1996, ICJ Reports 1996, S. 226ff., 241 (Rn. 29): “„*living space, the quality of life and the very health of human beings, including generations unborn*“.

239 Report of the United Nations Conference on the Human Environment, Stockholm, 5-16 June 1972 (Stockholmer Deklaration), UN Doc. A/CONF.48/14/Rev.1, auch in: 11 ILM 1972, S. 1416, Prinzip 2: „[t]*he natural resources of the earth, including the air, water, land, flora and fauna and especially representative samples of natural ecosystems*“.

240 World Charter for Nature, GV-Resolution vom 28.10.1982, UN Doc. A/RES/37/7, auch in: 22 ILM 1983, S. 455, Punkt I.

241 *Sands*, Principles of International Environmental Law, S. 17.

242 Statut des Internationalen Gerichtshofs vom 26.06.1945 (IGH-Statut), BGBl. 1973 II, S. 505.

1000 internationale Verträge,[243] die auch umweltrechtliche Bestimmungen aufweisen.[244] Sie bilden die Hauptquelle des Umweltvölkerrechts,[245] sollen in dieser Arbeit aber nur im weltbankrelevanten Kontext angesprochen werden. Auch internationale Gerichtsentscheidungen[246] haben schon seit Ende der 1930er Jahre zur Fortentwicklung des Umweltvölkerrechts beigetragen. Beispiele sind insbesondere die Entscheidungen internationaler Schiedsgerichte *Trail Smelter*[247] und *Lac Lanoux*[248] sowie die IGH-Urteile *Fisheries Jurisdiction*,[249] *Nuclear Tests*[250] und *Gabčíkovo-Nagymaros Project*.[251] Während allgemeine Rechtsgrundsätze[252] für das Umweltvölkerrecht eher unbedeutend sind,[253] spielt das Gewohnheitsrecht[254] im Umweltvölkerrecht eine bedeutsame Rolle.

Aus der nachfolgend skizzierten Entwicklung des Umweltvölkerrechts wird deutlich, dass der Nachweis von völkergewohnheitsrechtlichen Umweltbestimmungen besonders schwierig ist. Dies gilt sowohl für das Erfordernis der allgemeinen Übung als auch für die Rechtsüberzeugung, weil das Umweltvölkerrecht eine noch junge, sich stetig im Fluss befindende Rechtsmaterie ist. Dennoch kommt den völkergewohnheitsrechtlichen Regelungen im Umweltrecht besondere Bedeutung zu. Völkervertragliche Vereinbarungen sind häufig sehr speziell, nur auf einen bestimmten Teilbereich des Umweltrechts bezogen. Im Völkergewohnheitsrecht lassen sich jedoch grundlegende Regeln finden, die in allen Bereichen des Umweltrechts wirken.

---

243 Art. 38 (I) (a) IGH-Statut.

244 *Kiss/Shelton*, Guide to International Environmental Law, S. 73.

245 *Sands*, Principles of International Environmental Law, 2. Auflage, S. 126; *Shihata*, The World Bank in a Changing World, Bd. 3, S. 521.

246 Art. 38 (I) (d) Alt. 1 IGH-Statut.

247 *Trail Smelter Arbitration* (USA v. Canada), Schiedssprüche vom 16.04.1938 und 11.03.1941, 3 RIAA 1905.

248 *Lac Lanoux Arbitration* (France v. Spain), Schiedsspruch vom 16.11.1957, 24 ILR 101.

249 *IGH*, Fisheries Jurisdiction (UK v. Iceland), Urteil vom 02.02.1973, ICJ Reports 1973, S. 3ff. und *IGH*, Fisheries Jurisdiction (Germany v. Iceland), Urteil vom 02.02.1973, ICJ Reports 1973, S. 49ff.

250 *IGH*, Nuclear Tests (New Zealand v. France), Urteil vom 20.12.1974, ICJ Reports 1974, S. 457ff. und *IGH*, Nuclear Tests (Australia v. France), Urteil vom 20.12.1974, ICJ Reports 1974, S. 253ff.

251 *IGH*, Gabčíkovo-Nagymaros Project (Hungary v. Slovakia), Urteil vom 25.09.1997, ICJ Reports 1997, S. 7ff.

252 Art. 38 (I) (c) IGH-Statut.

253 Vgl. *Beyerlin*, Umweltvölkerrecht, S. 61, Rn. 129.

254 Art. 38 (I) (b) IGH-Statut.

C.I.2.a Stockholm

Eine signifikante Entwicklung des Umweltvölkerrechts kann erst seit dem Ende der 1960er Jahre verzeichnet werden.[255] Den ersten Meilenstein bildet die Konferenz der Vereinten Nationen über die Umwelt des Menschen, die 1972 in Stockholm stattfand. Das Abschlussdokument der Konferenz, die Stockholmer Deklaration, hat keinen rechtsverbindlichen Charakter, wurde aber von den 114 Teilnehmerstaaten getragen. Die Deklaration umfasst 26 Prinzipien, von denen insbesondere das Recht des Menschen auf ein Leben in einer angemessenen Umwelt (Prinzip 1) sowie die souveränen Rechte und die mit diesen Rechten verbundenen Pflichten der Staaten hinsichtlich der Umwelt (Prinzip 21) nennenswert sind. Die im Prinzip 1 ausgedrückte Verantwortung der Menschen für die gegenwärtigen und zukünftigen Generationen, die allerdings schon vor der Konferenz ein Begriff gewesen war, ist inzwischen zu einem wichtigen Bestandteil nachhaltiger Entwicklung geworden.[256] Das Prinzip 21 stellt die Souveränität der Staaten hinsichtlich natürlicher Ressourcen und das Verbot grenzüberschreitender Umweltbeeinträchtigungen unter Berufung auf die Charta der Vereinten Nationen und die völkerrechtlichen Prinzipien im Allgemeinen fest.[257] Im Übrigen enthält die Stockholmer Deklaration eher politisch als normative Aussagen.[258] Aus der Stockholmer Konferenz ging das Umweltprogramm der Vereinten Nationen (UNEP) hervor, welches Anlaufstelle für alle Fragen des Umweltschutzes in den Vereinten

---

255 *Sand*, The Evolution of International Environmental Law, in: Bodansky/Brunnée/Hey (Hrsg.), The Oxford Handbook of International Environmental Law, S. 29ff., 33f.

256 *Birnie/Boyle/Redgwell*, International Law & the Environment, S. 49; Stockholmer Deklaration, Prinzip 1: „*Man has the fundamental right to freedom, equality and adequate conditions of life, in an environment of a quality that permits a life of dignity and well-being, and he bears a solemn responsibility to protect and improve the environment for present and future generations. In this respect, policies promoting or perpetuating apartheid, racial segregation, discrimination, colonial and other forms of oppression and foreign domination stand condemned and must be eliminated.*"

257 Stockholmer Deklaration, Prinzip 21: „*States have, in accordance with the Charter of the United Nations and the principles of international law, the sovereign right to exploit their own resources pursuant to their own environmental policies, and the responsibility to ensure that activities within their jurisdiction or control do not cause damage to the environment of other States or of areas beyond the limits of national jurisdiction*"; siehe unten Teil C.I.3.a „Souveränität hinsichtlich natürlicher Ressourcen und Verbot grenzüberschreitender Umweltbeeinträchtigungen".

258 *Birnie/Boyle/Redgwell*, International Law & the Environment, S. 49.

Nationen ist.[259] Das Seerechtsübereinkommen der Vereinten Nationen von 1982 kann als erster verbindlicher und mit 162 Vertragsparteien als universeller Vertrag im Umweltvölkerrecht angesehen werden.[260] Zwar enthält es nicht ausschließlich Umweltschutzbestimmungen, diese machen aber knapp 1/5 aller Vorschriften aus und setzen, zumindest für den Bereich des Seerechts, Maßstäbe.[261]

C.I.2.b Rio de Janeiro und Johannesburg

Die nächste wichtige Stufe in der Entwicklung des Umweltvölkerrechts ist die Einrichtung der sog. Brundtland-Kommission.[262] Sie erfolgte im Jahre 1983 durch die Generalversammlung der Vereinten Nationen. In ihrem Bericht[263] macht die nach ihrer Vorsitzenden Brundtland benannte Kommission innovative Vorschläge für normative und institutionelle Maßnahmen zugunsten nachhaltiger Entwicklung.

Dieser sog. Brundtland-Bericht ebnete schließlich auch den Weg für die sog. Rio-Konferenz[264], welche 1992 im brasilianischen Rio de Janeiro durchgeführt wurde. An der Konferenz nahmen Vertreter aus rund 180 Staaten sowie zahlreiche Nichtregierungsorganisationen teil, was die Veranstaltung zur bis dahin größten ihrer Art in der Geschichte der Vereinten Nationen machte.[265] Die Rio-Konferenz wurde dazu genutzt, die Klimarahmenkonvention[266] sowie das Übereinkommen über die biologische Vielfalt[267] zu unterzeichnen. Im Bereich der rechtlich unverbindlichen Dokumente wurden die Wald-Grundsatzerklärung[268]

---

259 United Nations Environment Programme; Näheres unter http://www.unep.org/ (letzter Zugriff: 01.06.2012).

260 Seerechtsübereinkommen der Vereinten Nationen vom 10.12.1982, BGBl. 1994 II, S. 1799; Stand: 05.06.2012.

261 *Guruswamy*, International Environmental Law, S. 40.

262 World Commission on Environment and Development (WCED), errichtet durch GV-Resolution vom 19.12.1983, UN Doc. A/RES/38/161.

263 *World Commission on Environment and Development*, Our Common Future.

264 United Nations Conference on Environment and Development (UNCED), Rio de Janeiro, 03.-14.06.1992.

265 Vgl. *Beyerlin*, Umweltvölkerrecht, S. 15, Rn. 29.

266 United Nations Framework Convention on Climate Change vom 09.05.1992, BGBl. 1993 II, S. 1784 sowie in 31 ILM 1992, S. 851 und 1771 UNTS 107.

267 Convention on Biological Diversity vom 05.06.1982 (Biodiversitäts-Konvention), BGBl. 1993 II, S. 1742 sowie 31 ILM 1992, S. 822 und 1760 UNTS 79.

268 Non-Legally Binding Authoritative Statement of Principles for a Global Consensus on the Management, Conservation and Sustainable Development of All Types of Forests vom 14.06.1992, UN Doc. A/CONF.151/6/Rev. 1, auch in: 31 ILM 1992, S. 882.

sowie die Rio-Deklaration, welche 27 Umweltschutzprinzipien aufstellte,[269] und zu ihrer Umsetzung die Agenda 21[270] beschlossen. Alle diese verbindlichen und nichtverbindlichen Übereinkommen sind wesentlich von der Idee der nachhaltigen Entwicklung bestimmt und bereiteten der nachfolgenden politischen Popularität dieses Konzepts den Weg.[271] Das Konzept der nachhaltigen Entwicklung kann bisher nicht sicher als verbindliches Prinzip des Umweltvölkerrechts angesehen werden. Zumindest stellt es jedoch einen einflussreichen Grundsatz in der Rechtsprechung internationaler Gerichte, bei der Auslegung internationaler Verträge und in den weiteren Bereichen des Völkerrechts dar.[272] Die Rio-Konferenz bewirkte, dass ökologische Probleme verstärkt in das Bewusstsein der internationalen Gemeinschaft rückten und fast überall im Völkerrecht, auch im Bereich des Menschenrechtsschutzes, Berücksichtigung fanden.[273]

Nachdem ökologische Nachhaltigkeit zu einem der acht Millennium-Entwicklungsziele erklärt worden war,[274] fand im Jahr 2002 im südafrikanischen Johannesburg erneut ein internationaler Umweltgipfel statt.[275] Es wurden zwei Dokumente mit überwiegend rechtlich unverbindlichem Inhalt verabschiedet: die Johannesburg-Deklaration, welche den Fokus noch stärker auf die Entwicklungsländer richtet,[276] und der dazugehörige Umsetzungsplan (*Plan of Implementation*).[277] Dieser enthält zahlreiche Bestimmungen nicht nur mit rein ökologischem Bezug, sondern auch mit starker sozialer und wirtschaftlicher Ausrichtung.

---

269 Rio Declaration on Environment and Development vom 13.06.1992, UN Doc. A/Conf.151/5/Rev. 1, auch in: 31 ILM 1992, S. 876.

270 Siehe *Robinson*, Agenda 21 & the UNCED Proceedings, in: Rüster, Bernd/Simma, Bruno (Hrsg.), International Protection of the Environment, Bd. 4, S. 1ff.

271 Vgl. *Beyerlin*, Umweltvölkerrecht, S. 16ff., Rn. 32ff. sowie *Bartholomäi*, Sustainable Development und Völkerrecht, *in: Lange, Klaus (Hrsg.), Gießener Abhandlungen zum Umweltrecht*, S. 71ff.

272 *Birnie/Boyle/Redgwell*, International Law & the Environment, S. 127.

273 *Kiss/Shelton*, Guide to International Environmental Law, S. 42.

274 Siehe http://www.un.org/millenniumgoals/; vgl. United Nations Millennium Declaration vom 18.09.2000, UN Doc. A/RES/55/2, S. 6 (Punkt IV.)

275 World Summit on Sustainable Development (WSSD), Johannesburg, 26.08.-04.09.2002.

276 Siehe Cullet/Gowlland-Gualtieri (Hrsg.), Key Materials in International Environmental Law, S. 18ff.

277 http://www.un.org/esa/sustdev/documents/WSSD_POI_PD/English/POIToc. htm (letzter Zugriff: 01.06.2012).

C.I.2.c *Klimaschutz seit Kyoto*

Im Bereich des Klimaschutzes ist im Jahr 1997 das Kyoto-Protokoll, ein Zusatzprotokoll zur Klimarahmenkonvention,[278] beschlossen worden, das 2005 in Kraft trat und eine Laufzeit bis Ende 2012 hat. In ihm werden der Emission von Treibhausgasen in 37 Industrieländern und der EU verbindliche Grenzen gesetzt, um der weltweiten Erderwärmung entgegenzuwirken. Nachdem auf den Folgekonferenzen u. a. 2007 auf Bali, 2009 in Kopenhagen und 2010 in Cancún keine Einigung über ein international abgestimmtes Vorgehen für die Zeit nach 2012 erzielt werden konnte, schienen die internationalen Klimaverhandlungen festgefahren zu sein. Auf der jüngsten UN-Klimakonferenz, die im November und Dezember 2011 in Durban, Südafrika, stattfand, gelang es jedoch, sich auf eine Verlängerung der Geltung des Kyoto-Protokolls für eine zweite Verpflichtungsperiode ab 2013 zu einigen. Der genaue Zeitrahmen, die inhaltlichen Details und das Vorgehen nach Ablauf der zweiten Verpflichtungsperiode sollen auf der nächsten Konferenz zum Ende des Jahres 2012 in Katar abgestimmt werden. Das Kyoto-Protokoll trägt zumindest dazu bei, eine quasi universelle Anerkennung völkerrechtlicher Prinzipien wie z. B. der gemeinsamen, aber unterschiedlichen Verantwortung[279] nachzuweisen, um ihre völkergewohnheitsrechtliche Geltung begründen zu können.[280]

C.I.3 Materielle Prinzipien

Aus den verschiedenen Quellen des Umweltvölkerrechts ergeben sich allgemeine Prinzipien mit unterschiedlicher Bindungswirkung. Daneben gibt es noch zahlreiche Grundsätze, die spezielle Bereiche der Umwelt oder nur bestimmte Staaten betreffen. Diese werden nur erwähnt werden, wenn es der Zusammenhang erfordert. Vorrangig erscheinen die allgemeinen Prinzipien interessant, zu denen die folgenden zählen.

C.I.3.a *Souveränität hinsichtlich natürlicher Ressourcen und Verbot grenzüberschreitender Umweltbeeinträchtigungen*

Diese beiden zusammenhängenden Grundsätze sind im Prinzip 21 der Stockholmer Deklaration festgehalten, in dem es heißt:

> „Die Staaten haben nach der UN-Charta und den Grundsätzen des Völkerrechts das souveräne Recht, ihre eigenen Ressourcen gemäß ihrer eigenen Umweltpolitik

---

278 Kyoto Protocol to the United Nations Framework Convention on Climate Change vom 11.12.1997, 2303 UNTS 148.

279 Siehe unten Teil C.I.3.f „Gemeinsame, aber unterschiedliche Verantwortung".

280 Vgl. *Birnie/Boyle/Redgwell*, International Law & the Environment, S. 132.

auszuschöpfen, sowie die Verantwortung sicherzustellen, dass Handlungen in ihrem Staatsgebiet oder unter ihrer Kontrolle die Umwelt anderer Staaten oder Gebiete außerhalb jeder staatlichen Souveränität nicht schädigen."[281]

Prinzip 2 der Rio-Deklaration bestätigte das Stockholmer Prinzip 21, indem es den Wortlaut übernahm und die Souveränität der Staaten lediglich ausdrücklich auf entwicklungspolitische Fragen erweiterte.[282] Nicht nur das Souveränitätsprinzip (*sovereignty*), sondern auch das Verbot grenzüberschreitender Schädigungen (*sic utere tuo ut alienum non laedas*) gehören zum Völkergewohnheitsrecht.[283] Letzteres fand auch Ausdruck in der *Trail-Smelter*-Entscheidung[284] eines US-amerikanisch-kanadischen Schiedsgerichts.

Die Souveränität hinsichtlich natürlicher Ressourcen und das Verbot grenzüberschreitender Umweltbeeinträchtigungen sind eng miteinander verbunden, da das Verbot die Souveränität einschränkt. Staatliche Souveränität findet ihre Grenzen in der Souveränität und Integrität sowie den Rechten anderer Staaten. Aus dem Verbot grenzüberschreitender Umweltschädigungen ergibt sich ferner die Sorgfaltspflicht, Umweltverschmutzungen über die Staatsgrenzen hinweg durch angemessene Prävention zu verhindern (*due diligence*) [285] Ebenso entstehen aus dem Verbot Informations- und Konsultationspflichten.[286]

C.I.3.b Faire Aufteilung

Das Prinzip der fairen Aufteilung (*equitable utilization*) der Nutzung gemeinsamer Ressourcen ist dem Völkergewohnheitsrecht zuzurechnen[287] und gehört

---

281 „*States have, in accordance with the Charter of the United Nations and the principles of international law, the sovereign right to exploit their own resources pursuant to their own environmental policies, and the responsibility to ensure that activities within their jurisdiction or control do not cause damage to the environment of other States or of areas beyond the limits of national jurisdiction.*"

282 Prinzip 2 der Rio-Deklaration: „[…] gemäß ihrer eigenen Umwelt- und Entwicklungspolitik […]" („*[…] pursuant to their own environmental and developmental policies […]*").

283 Vgl. *IGH*, Legality of the Threat or Use of Nuclear Weapons, Gutachten vom 08.07.1996, ICJ Reports 1996, S. 226ff., 241f. (Rn. 29).

284 *Trail Smelter Arbitration* (USA v. Canada), Schiedssprüche vom 16.04.1938 und 11.03.1941, 3 RIAA 1905, 1965.

285 *De Sadeleer*, Environmental Principles, S. 63f.; *Birnie/Boyle/Redgwell*, International Law & the Environment, S. 147.

286 *Beyerlin*, Umweltvölkerrecht, S. 57, Rn. 122; vgl. auch *IGH*, Corfu Channel (UK v. Albania), Urteil vom 09.04.1949, ICJ Reports 1949, S. 4ff., 22.

287 *Kloepfer*, Umweltrecht, § 9 Rn. 32 (S. 644).

zu den sog. Helsinki-Regeln der ILA (*International Law Association*).[288] Es hat seinen Ursprung im Recht der internationalen Gewässer und war zunächst darauf ausgerichtet, allen Anrainern eines internationalen Gewässers im Rahmen der Billigkeit einen möglichst großen Anteil an der wirtschaftlichen Nutzung zu gewähren.[289] Im Sinne der Rio-Deklaration erscheint inzwischen jedoch die Interpretation angemessen, dass eine möglichst nachhaltige Nutzung der Wasserressourcen angestrebt wird.[290] Obwohl das Prinzip grundsätzlich für das Umweltvölkerrecht nutzbar ist, lässt es sich nicht ohne weiteres auf alle Bereiche übertragen.[291]

C.I.3.c Nachhaltige Entwicklung

Der Brundtland-Bericht definiert „nachhaltige Entwicklung“ als „Entwicklung, welche den Bedürfnissen der Gegenwart gerecht wird, ohne die Möglichkeiten nachfolgender Generationen zu gefährden, ihre eigenen Bedürfnisse zu befriedigen.“[292] Das Konzept tauchte jedoch schon vor dem Brundtland-Bericht im Völkerrecht auf. Bei einer Gesamtschau von internationalen Verträgen, Entscheidungen internationaler Gerichte und weiterer völkerrechtlicher Quellen, die sich mit Nachhaltigkeit befassen, lassen sich folgende Bestandteile nachhaltiger Entwicklung ausmachen: Gerechtigkeit zwischen den Generationen und innerhalb einer Generation, nachhaltige Verwendung natürlicher Ressourcen sowie die Wechselwirkung von Umweltschutzbelangen mit wirtschaftlicher Entwicklung.[293] Das Prinzip der nachhaltigen Entwicklung hat ebenfalls völkergewohnheitsrechtlichen Status.[294]

C.I.3.d Vorsorgeprinzip

Das Vorsorgeprinzip ist noch nicht als Norm des Völkergewohnheitsrechts etabliert, taucht aber seit den 1980er Jahren insbesondere in zahlreichen

---

288 *ILA*, The Helsinki Rules on the Uses of the Waters of International Rivers, in: ILA, Report of the 52nd Conference, Helsinki 1966, S. 477ff.

289 *Heintschel von Heinegg*, Internationales öffentliches Umweltrecht, in: Ipsen (Hrsg.), Völkerrecht, S. 973ff., 1050.

290 *Kloepfer*, Umweltrecht, § 9 Rn. 32 (S. 644).

291 *Kloepfer*, Umweltrecht, § 9 Rn. 32 (S. 644).

292 *World Commission on Environment and Development*, Our Common Future, S. 43: *„development that meets the needs of the present without compromising the ability of future generations to meet their own needs.”*

293 *Sands*, Principles of International Environmental Law, S. 253.

294 *Sands*, Principles of International Environmental Law, S. 254.

verbindlichen und unverbindlichen internationalen Übereinkommen sowie in der Praxis internationaler Spruchkörper auf.[295] Sein Inhalt lässt sich nicht exakt bestimmen, denn sichere Aussagen über den Grad und die Entwicklung der globalen Umweltgefährdung lassen sich nach derzeitigem Stand der Wissenschaft nicht treffen.[296] Ebenso wenig besteht Klarheit über die genauen Kausalzusammenhänge von Umweltschädigungen und geeigneten Abhilfemaßnahmen.[297] Fest steht lediglich, dass das Vorsorgeprinzip den Staaten hinsichtlich der Vermeidung von Umweltschädigungen positive Maßnahmen abverlangt.[298] Dabei sind das Risiko des Schadenseintritts und der zu erwartende Schaden angemessen zu berücksichtigen.[299] Das Vorsorgeprinzip bildet eine wichtige Grundlage für die Einhaltung des Verbots grenzüberschreitender Schädigungen.

C.I.3.e Verursacherprinzip

Das Verursacherprinzip (*polluter pays principle*) besagt nach der Erläuterung des Prinzips 16 der Rio-Deklaration Folgendes:

> „Nationale Behörden sollten sich bemühen, die Einbeziehung von Umweltausgaben und die Verwendung wirtschaftlicher Instrumente zu fördern gemäß dem Ansatz, dass der Schädiger grundsätzlich die Kosten der Verschmutzung zu tragen hat bei angemessener Berücksichtigung des öffentlichen Interesses und ohne den internationalen Handel und Investitionen zu beeinträchtigen."[300]

Nach diesem Grundsatz soll also der Verursacher einer Umweltverschmutzung die finanzielle Verantwortung für diese tragen. Das Verursacherprinzip ist in diversen bindenden internationalen Abkommen sowie im internationalen *soft law* zu finden, kann aber (noch) nicht dem Völkergewohnheitsrecht zugewiesen werden.[301]

---

295 *De Sadeleer*, Environmental Principles. *From Political Slogans to Legal Rules*, S. 93ff.

296 Vgl. *Epiney/Scheyli*, Umweltvölkerrecht. *Völkerrechtliche Bezugspunkte des schweizerischen Umweltrechts*, S. 85.

297 *Epiney/Scheyli*, Umweltvölkerrecht. *Völkerrechtliche Bezugspunkte des schweizerischen Umweltrechts*, S. 85.

298 *De Sadeleer*, Environmental Principles. *From Political Slogans to Legal Rules*, S. 221f.

299 *De Sadeleer*, Environmental Principles. *From Political Slogans to Legal Rules*, S. 149f.

300 *„National authorities should endeavour to promote the internalization of environmental costs and the use of economic instruments, taking into account the approach that the polluter should, in principle, bear the cost of pollution, with due regard to the public interest and without distorting international trade and investment."*

301 *De Sadeleer*, Environmental Principles. *From Political Slogans to Legal Rules*, S. 25.

C.I.3.f „Gemeinsame, aber unterschiedliche Verantwortung“

Dieser Grundsatz der „gemeinsamen aber unterschiedlichen Verantwortung“ (*common but differentiated responsibility*) findet sich ebenfalls in der Rio-Erklärung im Prinzip 7:

> „Staaten sollen im Zeichen globaler Partnerschaft zusammenarbeiten, um die Gesundheit und Integrität des Ökosystems Erde zu erhalten, zu schützen und wiederherzustellen. Angesichts der unterschiedlichen Beiträge zur weltweiten ökologischen Degeneration haben die Staaten gemeinsame, aber unterschiedliche Verantwortlichkeiten. Die entwickelten Staaten erkennen ihre Verantwortung beim internationalen Streben nach nachhaltiger Entwicklung an vor dem Hintergrund des Drucks, den ihre Gesellschaften auf die globale Umwelt ausüben, und der Technologien und finanziellen Ressourcen, über die sie verfügen.“[302]

Der jeweilige Grad an Verantwortung für die globale Umwelt soll nach diesem Grundsatz zum einen dem Anteil entsprechen, den ein Staat an der Entstehung ökologischer Schäden hat; zum anderen soll er an der Fähigkeit der Staaten gemessen werden, entsprechende Maßnahmen zu ergreifen.[303] Der Grad der wirtschaftlichen Entwicklung eines Landes spielt gemäß Prinzip 7 der Rio-Deklaration eine große Rolle. So sollen z. B. entwickelte Länder wegen ihrer Wirtschaftskraft, mit der sie den internationalen Umweltschutz vor immer neue Herausforderungen stellen und die ihnen gleichzeitig die Möglichkeit gibt, diesen Herausforderungen entgegenzuwirken, stärker in die Verantwortung genommen werden.[304] Das „Prinzip der gemeinsamen aber unterschiedlichen Verantwortung“ ist vielfach in multilateralen Verträgen verankert,[305] seine gewohnheitsrechtliche Geltung aber ist umstritten und eher abzulehnen.[306]

---

302 *„States shall cooperate in a spirit of global partnership to conserve, protect and restore the health and integrity of the Earth's ecosystem. In view of the different contributions to global environmental degradation, States have common but differentiated responsibilities. The developed countries acknowledge the responsibility that they bear in the international pursuit of sustainable development in view of the pressures their societies place on the global environment and of the technologies and financial resources they command.“*

303 *Sands*, Principles of International Environmental Law, S. 286.

304 Vgl. *Sands*, Principles of International Environmental Law, S. 287ff.

305 Vgl. *Kiss/Shelton*, International Environmental Law, S. 107.

306 *Brunnée*, Common Areas, Common Heritage, and Common Concern, in: Bodansky/Brunnée/Hey (Hrsg.), The Oxford Handbook of International Environmental Law, S. 550ff., 567.

C.I.3.g *Zusammenfassung*

Das Umweltvölkerrecht ist stark durch vertragliche Regelungen geprägt. Es hat sich in weiten Teilen noch kein Gewohnheitsrecht entwickelt, da es sich um eine sehr junge Materie des Völkerrechts handelt.[307] Des Weiteren zeigt die hier dargestellte Auswahl wichtiger allgemeiner Prinzipien, dass abstrakte Regeln im Umweltvölkerrecht oftmals sehr weit gefasst sind und daher einen großen Interpretationsspielraum lassen. Der Grund ist, dass umweltrechtliche Maßnahmen häufig präventiv zu ergreifen sind und ihre Effizienz nicht mit Gewissheit bestimmt werden kann. Zudem kann Umweltschutz nicht abstrakt, sondern muss im Zusammenhang mit wirtschaftlichen, sozialen und anderen Implikationen betrachtet werden.

C.I.4 Umwelt und Menschenrechte

Die Resolution 45/94 der UN-Generalversammlung von 1990 erkannte ausdrücklich an, dass eine gesunde Umwelt die Verwirklichung der Menschenrechte begünstigt und schlechtere ökologische Rahmenbedingungen die menschliche Lebensgrundlage bedrohen.[308] Sie nahm dabei auf die Stockholmer Deklaration Bezug,[309] die ein Recht auf eine lebenswerte Umwelt proklamierte. Ebenso sprach die Rio-Deklaration in ihrem Prinzip 1 von einem Recht des Menschen auf eine qualitativ hochwertige Umwelt. Sowohl die Deklarationen von Stockholm und Rio de Janeiro als auch die Resolution 45/94 stellen allerdings unverbindliches *soft law* dar. Dies gilt sowohl für die individualrechtliche als auch für die kollektivrechtliche Komponente[310] eines solchen Umwelt-Menschenrechts. Ein verbindliches, unmittelbar einklagbares Recht auf eine saubere, gesunde, sichere oder nachhaltige Umwelt kann im Völkerrecht nicht nachgewiesen werden.[311]

---

307 *Sands*, Principles of International Environmental Law, S. 289; vgl. auch *Bodansky*, Customary (and Not So Customary) International Environmental Law, in: 3 Ind. J. Global Legal Stud. 1995, S. 105ff., 115f., der die Annahme von Gewohnheitsrecht im Umweltbereich wegen des Auseinanderfallens von Staatenverhalten und -erklärungen oft für verfehlt hält.

308 GV-Resolution vom 14.12.1990, UN Doc. A/RES/45/94, 3. und 5. Erwägungsgrund.

309 GV-Resolution vom 14.12.1990, UN Doc. A/RES/45/94, 4. Erwägungsgrund.

310 *Marks*, Emerging Human Rights: A New Generation for the 1980s?, in: 33 Rutgers Law Review 1981, S. 435ff., 444.

311 *Beyerlin*, Umweltvölkerrecht, S. 298, Rn. 580; vgl. auch *Sands*, Principles of International Environmental Law, S. 297, 305.

Denkbar erscheint jedoch, dass Menschenrechte der bereits anerkannten ersten und zweiten Dimension auch umweltrechtliche Implikationen aufweisen; z. B. die Rechte auf Leben, Privatleben und Familie, Gesundheit, Eigentum und Information.[312] So hatte der Europäische Gerichtshof für Menschenrechte (EGMR) sich mit diversen einschlägigen Fällen zu befassen. Er erkannte z. B. in der Rechtssache *López Ostra v. Spanien* auf eine Verletzung des Art. 8 der Europäischen Menschenrechtskonvention (EMRK)[313] wegen Emissionen einer Abfallverwertungsanlage, welche die Gesundheit der nur wenige Meter entfernt wohnenden Familie der Klägerin beeinträchtigten.[314]

Auf innerstaatlicher Ebene sehen inzwischen über 100 nationale Verfassungen weltweit nicht nur umweltrechtliche Bestimmungen, sondern auch ökologische Individualrechte vor.[315] Nationale Bestimmungen können, wenn sie in allen oder zumindest den meisten Verfassungen übereinstimmen, als allgemeine Rechtsgrundsätze im Sinne des Artikels 38 (I) (c) IGH-Statut Völkerrecht begründen. Dazu müssen sie allerdings für die einzelstaatlichen Rechtssysteme grundlegend sein,[316] was bisher auf umweltrechtliche Bestimmungen nicht zutrifft. Obwohl auch auf regionaler, staatenübergreifender Ebene zunehmend konkretere Vorgaben entstehen,[317] bleibt insgesamt weiterhin ungeklärt, wo und wie im Völkerrecht die Grenze für eine Verletzung von Umweltrechten gezogen werden kann.

C.I.5 Umwelt, Entwicklung und Menschenrechte

Der Zusammenhang zwischen (wirtschaftlicher) Entwicklung und Umweltschutz ist nicht offensichtlich.[318] Gegen einen solchen Zusammenhang wird insbesondere argumentiert, dass ökologische Rücksichtnahme nur dann durchsetzbar ist,

---

312 Vgl. *Kiss/Shelton*, International Environmental Law, S. 240 sowie *Sands*, Principles of International Environmental Law, S. 289.

313 Konvention zum Schutze der Menschenrechte und Grundfreiheiten vom 04.11.1950, BGBl. 1952 II, S. 685, 953, in der Fassung vom 11.05.1994, BGBl. 2002 II, S. 1055, Art. 8 (1): „Jede Person hat das Recht auf Achtung ihres Privat- und Familienlebens, ihrer Wohnung und ihrer Korrespondenz."

314 *EGMR*, López Ostra v. Spain, Urteil vom 09.12.1994, Ser. A Nr. 303-C, Rn. 58.

315 Vgl. *Kiss/Shelton*, International Environmental Law, S. 238.

316 *Heintschel von Heinegg*, Die weiteren Quellen des Völkerrechts, in: Ipsen (Hrsg.), Völkerrecht, S. 210ff., 231f.

317 *Sands*, Principles of International Environmental Law, S. 294, 299; vgl. auch *Marks*, Emerging Human Rights: A New Generation for the 1980s?, in: 33 Rutgers Law Review 1981, S. 435ff., 443f.

318 Vgl. *Louka*, International Environmental Law, S. 54.

wenn wirtschaftliche Entwicklung bereits in einem gewissen Maß verwirklicht wurde.[319] Jedoch müssen wirtschaftliche Entwicklung und Umweltschutz im Wege praktischer Konkordanz in Einklang gebracht werden, denn beide Ziele sind rechtliche Verpflichtungen, die nebeneinander bestehen. Es ist auch tatsächlich nicht denkbar, nachhaltige wirtschaftliche Entwicklung zu erreichen, ohne gleichzeitig ökologische Belange einzubeziehen. Schließlich sinkt mit zunehmender Verschlechterung der Umwelt die Lebensqualität, und die Erhaltung des Lebensstandards wird schwieriger. Gleichzeitig ist es leichter, aktiven Umweltschutz zu betreiben, wenn die menschlichen Grundbedürfnisse befriedigt sind. Zusammenfassend stehen Umweltschutz und wirtschaftliche Entwicklung in einer Wechselbeziehung zueinander, bedingen und fördern sich gegenseitig.

Aus dem unauflöslichen Zusammenhang zwischen Umweltschutz und Menschenrechten sowie zwischen Umweltschutz und Entwicklung ergibt sich die Konstellation, dass Umweltschutz, Menschenrechtsschutz und Entwicklung sich gegenseitig bedingen und fördern. Kein Element dieses Dreigespanns kann ohne die anderen vollends verwirklicht werden. Wirtschaftliche Entwicklungsansätze müssen daher ganzheitlich, d. h. unter Berücksichtigung von Umweltschutz und Menschenrechten gestaltet werden.

C.II Umweltschutz in der Weltbank

C.II.1 Problemverstärker und Lösungsansätze

Weltbankfinanzierte Projekte haben sehr oft starke ökologische Auswirkungen; dies betrifft im Besonderen die Bereiche Land- und Energiewirtschaft, Transportwesen und Industrie.[320] So haben z. B. der Bau eines Staudammes zur Energiegewinnung bzw. Trinkwasserversorgung oder Infrastrukturmaßnahmen zur Erschließung abgelegener Gebiete auch ökologische Implikationen. Lange Zeit kam der Weltbank beim Umweltschutz die Rolle eines Problemverstärkers zu: Projekte, die ohne Rücksicht auf ökologische Auswirkungen durchgeführt wurden, verursachten verheerende Umweltschäden.[321]

---

319 *Ayer*, Droit international de l'environnement: responsabilité de l'État pour inactivité législative et droits des particuliers, S. 79.

320 *Shihata*, The World Bank's Contribution to the Development of International Environmental Law, in: Liber Amicorum Professor Ignaz Seidl-Hohenveldern, S. 631ff., 640.

321 Siehe Teile B.IV.1 „Das Polonoroeste-Projekt" und B.IV.2 „Das Sardar-Sarovar-Projekt" sowie *Guruswamy*, International Environmental Law, S. 63 und *Sands*, Principles of International Environmental Law, S. 1026.

Die Weltbank richtete 1970 den Posten eines Umweltberaters (*Environmental Adviser*) sowie 1988 eine Umweltabteilung (*Environmental Department*) ein, da sie sich letztlich den Auswirkungen der von ihr geförderten Projekte für die Umwelt nicht verschließen konnte.[322] Im Vergleich mit anderen Entwicklungsorganisationen hatte die Weltbank, was den Umweltschutz angeht, eine Vorreiterrolle inne[323]. So band sie sich 1980 an die „Erklärung über Umweltrichtlinien und Verfahrensvorschriften im Zusammenhang mit wirtschaftlicher Entwicklung" (*Declaration of Environmental Policies and Procedures Relating to Economic Development*),[324] welche die besondere Verantwortung der Entwicklungsorganisationen für nachhaltige Entwicklung anerkennt.[325] Hervorzuheben ist vor allem die Verpflichtung der Unterzeichner dieser Erklärung, den Entwicklungsländern bei Bedarf umwelttechnische Unterstützung zu leisten.[326] Des Weiteren führte die Weltbank in den 1980er Jahren als erste Entwicklungsorganisation die Schutzrichtlinien (*safeguard policies*), d. h. verbindliche Umweltrichtlinien für das Projektmanagement ein, deren Bedeutung seitdem stetig gewachsen ist und die ständig verbessert und aktualisiert worden sind.[327] Im Weltentwicklungsbericht von 1992 erläutert die Bank ausführlich die Wechselwirkungen zwischen Umweltschutz und nachhaltiger wirtschaftlicher Entwicklung.[328] Nicht zuletzt ist die Weltbank Initiatorin und Begründerin der Globalen Umweltfazilität (*Global Environment Facility*, GEF),[329] die 1991 ihre Arbeit aufnahm und finanzielle Unterstützung für Umweltschutzprojekte und die Umsetzung umweltvertraglicher Verpflichtungen leistet.[330] Im Jahr 2001 veröffentlichte die Weltbank einen auf Nachhaltigkeit angelegten Umweltstrategiebericht, in dem klargestellt wird,

---

322 *Birnie/Boyle/Redgwell*, International Law & the Environment, S. 80; vgl. auch *Shihata*, The World Bank and Human Rights: An Analysis of the Legal Issues and the Record of Achievements, in: 17 Den. J. Int'l L. & Pol'y 1988, S. 39ff., 61.

323 *World Commission on Environment and Development*, Our Common Future, S. 337.

324 Declaration of Environmental Policies and Procedures Relating to Economic Development vom 14.09.1979, in: 6 Environmental Policy and Law 1980, S. 104f.

325 Erwägungsgrund 6.

326 Operativer Punkt 4.

327 *The World Bank*, Mainstreaming the Environment, S. 119ff.

328 *The World Bank*, Development and the Environment, S. 8, 25, 34, 178.

329 Vgl. *Shihata*, The World Bank in a Changing World, Bd. 1, S. 128.

330 Siehe http://www.thegef.org/gef/Areas_work (letzter Zugriff: 01.06.2012); Näheres zur GEF unter http://www.thegef.org/gef/whatisgef (letzter Zugriff: 01.06.2012); siehe auch *Shihata*, The World Bank's Contribution to the Development of International Environmental Law, in: Liber Amicorum Professor Ignaz Seidl-Hohenveldern, S. 631ff., 645ff.

dass der Umweltschutz in allen Bereichen der Weltbanktätigkeit eine Rolle spielen muss.[331] Mittlerweile hat sich nachhaltiger Umweltschutz, so schnell wie kein anderer Aufgabenbereich, zu einem Hauptziel der Weltbank neben Wirtschaftswachstum und Armutsreduzierung entwickelt.[332]

All diese positiven Entwicklungen sollten allerdings mit Zurückhaltung betrachtet werden. Sie bewegen sich in die richtige Richtung; inwieweit sie aber Verbindlichkeiten begründen und so substantiell nachhaltige Entwicklung begünstigen, bleibt im Folgenden zu klären.

C.II.2 Umweltschutz bei der Kreditvergabe

C.II.2.a Relevanz und Umweltschutzklauseln

Bereits bei der Bearbeitung eines Kreditantrags und Vorbereitung eines Projekts spielen Umweltschutzaspekte eine Rolle: Das gesamte Projekt wird ökologisch ausgewertet.[333] In der Regel wird die Aufnahme von Aktionsmaßnahmen zum Umweltschutz in den Projektplan erwartet.[334] So sah z. B. der Darlehensvertrag, welcher 1992 mit Pakistan für das „Nationale Energieressourcen-Projekt" (*Domestic Energy Resources Development Project*) vereinbart wurde, vor, dass eine „Umweltmanagement-Einheit" (*Environmental Management Unit*) eingerichtet wird[335]. Diese Institution diente dazu, die Projektumsetzung zu überwachen und dafür zu sorgen, dass die Projektziele im Bereich der nachhaltigen Entwicklung von Kohlenwasserstoffvorkommen effizient erreicht würden.[336]

Umweltmaßnahmen werden mitunter zur Bedingung für die Aufnahme von Vertragsverhandlungen gemacht, als Vertragsbestimmungen in die Kreditvereinbarung aufgenommen oder ihre Durchführung zur aufschiebenden

---

331 *The World Bank,* Making Sustainable Commitments. An Environment Strategy for the World Bank, S. 35.

332 *Wade,* Greening the Bank: The Struggle over the Environment, 1970-1995, in: Kapur/Lewis/Webb (Hrsg.), The World Bank. Its First Half Century, Bd. 2: Perspectives, S. 611ff., 611f.

333 Siehe detailliert dazu unten Teil C.III.2.c „Inhalt der Schutzrichtlinie".

334 *Shihata,* The World Bank's Contribution to the Development of International Environmental Law, in: Liber Amicorum Professor Ignaz Seidl-Hohenveldern, S. 631ff., 641; *Shihata,* The World Bank in a Changing World, Bd. 3, S. 535.

335 Domestic Energy Resources Development Project between Islamic Republic of Pakistan and International Bank for Reconstruction and Development vom 01.12.1992, Darlehensnummer 3500-PAK (Darlehensvertrag 3500-PAK), verfügbar unterhttp://go.worldbank.org/PG4ZXEFUH0 (ständige URL), Plan 2, Teil B (1) (ii).

336 Vgl. Darlehensvertrag 3500-PAK, Anhang 2.

Bedingung für das Wirksamwerden des Abkommens.[337] Beispielhaft ist das „Ceará Stadtentwicklungs- und Wasserressourcen-Management-Projekt (*Ceará Urban Development and Water Resources Management Project*) zu nennen, welches 1994 mit Brasilien zur Verbesserung der Wasserversorgung vereinbart wurde. Im Ergänzungsvertrag zur entsprechenden Kreditvereinbarung wird die Auszahlung von Teilleistungen für Unterprojekte an die Einhaltung von Umweltvorgaben geknüpft.[338] Es kommt auch vor, dass zu einzelnen Umweltklauseln in den Kreditverträgen konkrete Durchführungsprogramme erstellt werden, die ebenfalls Teil des Abkommens sind.[339] Dies war z. B. der Fall beim „Guangdong-Provinz Schnellstraßenprojekt" (*Guangdong Provincial Highway Project*), das die chinesische Provinz Guangdong mit Weltbankunterstützung durchführte. Der entsprechende Kreditvertrag enthielt am Ende bereits einen detaillierten Durchführungsplan für die Umweltvorgaben.[340]

C.II.2.b Sanktionen und weitergehende Förderung

Die Einhaltung der Vertragsbestimmungen mit Umweltbezug wird durch ein Berichts- und Überwachungssystem kontrolliert.[341] Wenn dieses System versagt, können als *ultima ratio* die Auszahlung eines Kredits suspendiert, das Darlehen gekündigt oder die Rückzahlungsbedingungen verschärft werden.[342]

---

337 *Shihata*, The World Bank's Contribution to the Development of International Environmental Law, in: Liber Amicorum Professor Ignaz Seidl-Hohenveldern, S. 631ff., 641f.

338 Ceará Urban Development and Water Resources Management Project - Amendment to the Loan Agreement (vom 19.09.1997, Darlehensnummer 3789-BR) vom 16.12.1994, verfügbar unter http://go.worldbank.org/MI48IQZB30 (ständige URL), Anhang 1, Plan 1, Absatz 3 (c), (e).

339 *Shihata*, The World Bank's Contribution to the Development of International Environmental Law, in: Liber Amicorum Professor Ignaz Seidl-Hohenveldern, S. 631ff., 642.

340 Guangdong Provincial Highway Project between International Bank for Reconstruction and Development and Guangdong Province vom 16.12.1992, Darlehensnummer 3530-CHA, verfügbar unterhttp://go.worldbank.org/HQ40K2IJV0 (ständige URL), Plan 2.

341 *Shihata*, The World Bank's Contribution to the Development of International Environmental Law, in: Liber Amicorum Professor Ignaz Seidl-Hohenveldern, S. 631ff., 642f.; vgl. *The World Bank*, General Conditions Applicable to Loan and Guarantee Agreements for *Single Currency Loans* vom 30.05.1995, Abschnitt 9.07.

342 *The World Bank*, General Conditions Applicable to Loan and Guarantee Agreements for *Single Currency Loans* vom 30.05.1995, Abschnitte 6.02 (c), (d), 6.03, 7.01 (e).

Diese Maßnahmen werden aber sowohl von Seiten der Weltbank als auch von Seiten der Kreditnehmer möglichst vermieden; während die Empfängerstaaten vorwiegend aus wirtschaftlichen Gründen an einer guten Zusammenarbeit interessiert sind, möchte die Weltbank im Interesse nachhaltiger Entwicklung auch langfristig positiven Einfluss auf ökologische Entwicklungen nehmen können.[343]

Im Rahmen einer guten Zusammenarbeit kann die Weltbank auch über die eigentlichen Kreditvorgaben hinaus insbesondere mittels intensiven Dialogs positive Akzente setzen; es handelt sich in der Gesamtschau von Umweltmaßnahmen bei Weltbankkrediten um ein Zusammenspiel von positiver wie negativer Anreizsteuerung[344] mit verbindlichen und unverbindlichen Maßnahmen.[345] Bisweilen werden sogar gezielt Umweltprojekte gefördert, wie z. B. im Fall des „Umwelteinrichtungen-Entwicklungsprojekt“ (*Environmental Institutions Development Project*) in Chile sowie des „Umweltentwicklungsprojekt“ (*Environmental Development Project*) in Honduras, in deren Rahmen ein institutionelles Gerüst für nationale Umweltschutzbelange geschaffen werden sollte[346]. Tatsächlich konnten die Projekte in beiden Ländern die Verabschiedung nationaler Umweltgesetzbücher befördern.[347]

---

343 *Shihata*, The World Bank's Contribution to the Development of International Environmental Law, in: Liber Amicorum Professor Ignaz Seidl-Hohenveldern, S. 631ff., 645; *Shihata*, The World Bank in a Changing World, Bd. 3, S. 534f.

344 Vgl. auch *Moris*, The World Bank and Human Rights: Indispensable Partnership or Mismatched Alliance?, in: 4 ILSA Journal of International and Comparative Law 1997, S. 173ff., 174f.

345 *Shihata*, The World Bank in a Changing World, Bd. 3, S. 535; *Shihata*, The World Bank's Contribution to the Development of International Environmental Law, in: Liber Amicorum Professor Ignaz Seidl-Hohenveldern, S. 631ff., 645.

346 Environmental Institutions Development Project between Republic of Chile and International Bank for Reconstruction and Development vom 15.12.1992, Darlehensnummer 3529-CH, verfügbar unterhttp://go.worldbank.org/HVRSHCWZF0 (ständige URL) und Environmental Development Project between Republic of Honduras and International Development Association vom 21.06.1995, Kreditnummer 2693-HO, verfügbar unter http://go.worldbank.org/LVCFPC7L40 (ständige URL), jeweils Plan 2.

347 Vgl. *Shihata*, The World Bank in a Changing World, Bd. 2, S. 213. Chile: Ley 19.300 Sobre Bases Generales Del Medio Ambiente, geändert durch Gesetz 20.173 2007, verfügbar unter http://www.fima.cl/2009/11/27/ley-19-300-de-bases-generales-del-medio-ambiente (letzter Zugriff: 01.06.2012); Honduras: Ley General del Ambiente vom 27.05.1993, verfügbar unter http://www.glin.gov/view.action?glinID=39981 (letzter Zugriff: 01.06.2012).

C.III Die Schutzrichtlinien

C.III.1 Operative Richtlinien und Verfahrensvorschriften

Die Durchführung der Tagesgeschäfte obliegt in der Weltbank gemäß Satzung den Exekutivdirektoren.[348] Zur Erfüllung dieser Aufgabe werden seit langem die operativen Richtlinien (OPs) und Verfahrensrichtlinien (BPs) eingesetzt, an denen sich die Weltbankmitarbeiter orientieren sollen.[349] Während die OPs Verwaltungsvorschriften darstellen, welche die materiellen Grundsätze für die Weltbankgeschäfte festlegen, enthalten die BPs die dabei von den Weltbankmitarbeitern zu beachtenden Verfahrensvorgaben.[350] Seit 1997 werden die Richtlinien für Umwelt- und Sozialbelange als Schutzrichtlinien zusammengefasst, da diesen für eine qualitativ hochwertige Projektdurchführung besondere Bedeutung zukommt.[351] Innerhalb der Weltbankgruppe sehen dabei alle Institutionen ähnliche Schutzrichtlinien vor.[352] Unter den internationalen Entwicklungsorganisationen kam und kommt der Weltbank im Bereich des Schutzes von Sozial- und Umweltstandards nach eigenen Angaben eine Vorreiterrolle zu.[353]

C.III.2 Bedeutung der Schutzrichtlinien

Die Schutzrichtlinien sollen sicherstellen, dass negative Folgen von Weltbankprojekten in ökologischer und sozialer Hinsicht möglichst verhindert werden.[354]

---

348 Art. V Abschn. 4 lit. (a) IBRD-Satzung, Art. VI Abschn. 4 lit. (a) IDA-Satzung.

349 *Freestone*, The Environmental and Social Safeguard Policies of the World Bank and the Evolving Role of the Inspection Panel, in: Kiss/Shelton/Ishibashi (Hrsg.), Economic Globalization and Compliance with International Environmental Agreements, S. 139ff., 142.

350 *Freestone*, The Environmental and Social Safeguard Policies of the World Bank and the Evolving Role of the Inspection Panel, in: Kiss/Shelton/Ishibashi (Hrsg.), Economic Globalization and Compliance with International Environmental Agreements, S. 139ff., 143.

351 *The World Bank*, Safeguard Policies: Framework for Improving Development Effectiveness, Washington, D. C., 2002, verfügbar unterhttp://go.worldbank.org/E5V2XXAT41 (ständige URL), S. 1.

352 *The World Bank*, Safeguard Policies: Framework for Improving Development Effectiveness, Washington, D. C., 2002, verfügbar unterhttp://go.worldbank.org/E5V2XXAT41 (ständige URL), S. 1.

353 *The World Bank*, Safeguard Policies: Framework for Improving Development Effectiveness, Washington, D. C., 2002, verfügbar unterhttp://go.worldbank.org/E5V2XXAT41 (ständige URL), S. iii.

354 *Hamad*, Weltbank kann nationale Normen nutzen, in: 45 E + Z 2004, S. 384f., 384.

Sie enthalten u. a. Konsultationspflichten und Bestimmungen zu Schadensersatzleistungen und Schlichtungsverfahren.[355] Zwar werden sie nur bei den Investitionsprojekten angewendet, jedoch existieren auch bei den Strukturprojekten Mechanismen, die ein vergleichbares Schutzniveau gewährleisten.[356] Da die Schutzrichtlinien aber nur weltbankintern gelten, richten sie sich weder direkt an die Mitgliedstaaten noch haben sie zum Ziel, allgemeinverbindliche Vorgaben aufzustellen.[357] Die Kreditnehmerländer werden allerdings indirekt durch die Schutzrichtlinien beeinflusst, da sie in die Kreditverträge aufgenommen werden und Projekte im Falle ihrer Nichteinhaltung nicht fortgeführt werden dürfen.[358] Darüber hinaus werden ihre Vorgaben häufig von Staaten im nationalen Recht und auch von Privaten für deren jeweiligen Tätigkeitsbereich übernommen.[359] So haben sich aus den Schutzrichtlinien der Weltbank z. B. auch die sog. Äquator-Prinzipien entwickelt.[360] Diese sind Umwelt- und Sozialrichtlinien eines internationalen Netzwerks von Institutionen, die Projektfinanzierungen tätigen.[361]

Derzeit gibt es zehn Schutzrichtlinien, die folgende Bereiche betreffen: die Umweltprüfung (*environmental assessment*), Wälder (*forests*), unfreiwillige Umsiedlung (*involuntary resettlement*), indigene Bevölkerungen (*indigenous peoples*), Sicherheit von Stauanlagen (*safety of dams*), Umgang mit Schädlingen (*pest management*), Materielle Kulturgüter (*physical cultural resources*), Natürliche Lebensräume (*natural habitats*), Projekte in umstrittenen Gebieten (*projects in disputed areas*, Projekte in internationalen Wasserwegen (*projects in international waterways*).

---

355 Vgl. Jahresbericht des deutschen Exekutivdirektors bei der Weltbank. Geschäftsjahr 2007, Washington, D. C., 2007, verfügbar unterhttp://go.worldbank.org/EZXES0U6K0 (ständige URL), S. 63.

356 Jahresbericht des deutschen Exekutivdirektors bei der Weltbank. Geschäftsjahr 2007, Washington, D. C., 2007, verfügbar unterhttp://go.worldbank.org/EZXES0U6K0 (ständige URL), S. 63f.

357 *Freestone*, The Environmental and Social Safeguard Policies of the World Bank and the Evolving Role of the Inspection Panel, in: Kiss/Shelton/Ishibashi (Hrsg.), Economic Globalization and Compliance with International Environmental Agreements, S. 139ff., 144.

358 Vgl. *Hamad*, Weltbank kann nationale Normen nutzen, in: 45 E + Z 2004, S. 384f., 384.

359 *Freestone*, The Environmental and Social Safeguard Policies of the World Bank and the Evolving Role of the Inspection Panel, in: Kiss/Shelton/Ishibashi (Hrsg.), Economic Globalization and Compliance with International Environmental Agreements, S. 139ff., 144.

360 *Hamad*, Weltbank kann nationale Normen nutzen, in: 45 E + Z 2004, S. 384f., 384.

361 Siehe http://www.equator-principles.com/index.php/about-ep (letzter Zugriff: 01.06.2012).

C.III.3 Die Umweltprüfung

Die Umweltprüfung wird heutzutage als unerlässliche Voraussetzung für effizientes Umweltmanagement und nachhaltige Entwicklung angesehen.[362] Dabei werden die Begriffe „Umweltprüfung" und „Umweltverträglichkeitsprüfung" (*environmental impact assessment*) häufig synonym verwendet. Tatsächlich ergibt sich aus der begrifflichen Vielfalt kein inhaltlicher Unterschied, denn eine Umweltprüfung erfolgt stets im Hinblick auf die Umweltverträglichkeit eines beliebigen Regelungssystems.

Die nach dem Ort ihrer Verabschiedung benannte Espoo-Konvention der „UN-Wirtschaftskommission für Europa" (*United Nations Economic Commission for Europe*, UNECE) stellt folgende Definition auf: „Die „Umweltverträglichkeitsprüfung" ist ein innerstaatliches Verfahren zur Beurteilung der möglichen Auswirkungen einer vorgeschlagenen Maßnahme auf die Umwelt".[363] Dabei bezeichnet die Umweltprüfung sowohl eine besondere Verfahrenstechnik, als auch das Verfahren selbst.[364] Im Wesentlichen geht es darum, dass das Bestmögliche getan wird, um potentielle Schädigungen der Umwelt bereits im Vorfeld zu verhindern.[365] Dazu gehört, die Risiken ökologischer Nachteile abzuschätzen, entsprechende Maßnahmen zu ergreifen oder vorzusehen und den Austausch mit betroffenen Gruppen und gegebenenfalls Experten während des gesamten Prozesses sicherzustellen.

C.III.3.a Völkerrechtliche Regelungen

Die Umweltprüfung ist die verfahrensrechtliche Ergänzung des oben dargestellten Vorsorgeprinzips.[366] Noch ist umstritten, ob die Pflicht, eine

362 *Bell/McGillivray*, Environmental Law, S. 507, 547.

363 Übereinkommen über die Umweltverträglichkeitsprüfung im grenzüberschreitenden Rahmen vom 25.02.1991, BGBl. II 2002, S. 1406, Art. 1 Abs. (vi): „‚Environmental impact assessment' means a national procedure for evaluating the likely impact of a proposed activity on the environment".

364 *Bell/McGillivray*, Environmental Law, S. 508.

365 *Bell/McGillivray*, Environmental Law, S. 507f.

366 *Kloepfer*, Umweltrecht, § 9 Rn. 35 (S. 646.); ablehnend aber *Knox*, The Myth and Reality of Transboundary Environmental Impact Assessment, in: 96 Am. J. Int'l L. 2002, S. 291ff., insbes. 291, 296ff., 301, 311ff., der eine Pflicht, grenzüberschreitende Umweltverträglichkeitsprüfungen durchzuführen, eher als Übertragung bzw. Ausweitung nationaler Bestimmungen auf grenzüberschreitende Sachverhalte ansieht, welche auf dem Prinzip der Nichtdiskriminierung beruhen. Zum Vorsorgeprinzip siehe Teil C.I.3.d „Vorsorgeprinzip".

Umweltverträglichkeitsprüfung durchzuführen, bereits gewohnheitsrechtlich anerkannt ist.[367] Dagegen spricht, dass zwar möglicherweise eine Pflicht existiert, überhaupt Umweltprüfungen durchzuführen, diese aber zu unbestimmt ist, um tatsächlich als Rechtsnorm anerkannt zu werden.[368]

Zum Teil wird angenommen, dass die Pflicht zur Umweltprüfung als allgemeiner Rechtsgrundsatz des Völkerrechts etabliert ist; auch dies ist nicht eindeutig.[369] Als allgemeiner Rechtsgrundsatz des Völkerrechts wird eine ungeschriebene Rechtsnorm verstanden, die in den nationalen Rechtsordnungen weltweit Ausdruck findet und auf die internationale Ebene übertragbar ist.[370] Die Umweltprüfung hat sich zunächst in den 1970er Jahren als nationales Instrument entwickelt, wurde vorrangig innerstaatlich geregelt und die Pflicht zu ihrer Durchführung ist seitdem von zahlreichen Ländern weltweit in nationale Gesetze aufgenommen worden.[371] Die Grundelemente und die Anwendung der Umweltprüfung stimmen in den nationalen Rechtsordnungen weitgehend überein[372] und lassen sich auch auf das Umweltvölkerrecht projizieren, weshalb die Pflicht zur Umweltprüfung durchaus als allgemeiner Rechtsgrundsatz qualifiziert werden kann.

Zahlreiche Übereinkommen enthalten Verpflichtungen zur Umweltprüfung.[373] Ein sehr umfassendes und auch rechtlich verbindliches ist die bereits erwähnte Espoo-Konvention der UNECE zu nennen.[374] Sie hat 45 Vertragsparteien, zu denen neben zumeist europäischen Staaten auch die Europäische

---

367 Ablehnend *Birnie/Boyle/Redgwell*, International Law & the Environment, S. 167; eher befürwortend *Bell/McGillivray*, Environmental Law, S. 510.

368 So *Craik*, The International Law of Environmental Impact Assessment, S. 90, der eine entsprechende völkergewohnheitsrechtliche Verpflichtung aber insgesamt skeptisch sieht (S. 89).

369 *Kloepfer*, Umweltrecht, § 9 Rn. 35 (S. 646.); *Bell/McGillivray*, Environmental Law, S. 510.

370 *Pellet*, Article 38, in: Zimmermann/Tomuschat/Oellers-Frahm (Hrsg.), The Statute of the International Court of Justice, S. 677ff., 766.

371 Vgl. *International Law Commission* (ILC), Draft articles on Prevention of Transboundary Harm from Hazardous Activities, with commentaries, in: United Nations (Hrsg.), Yearbook of the International Law Commission 2001, Bd. II Teil 2, New York et al. 2007, S. 146ff., Art. 7, Kommentar Abs. 4 (S. 158).

372 *Birnie/Boyle/Redgwell*, International Law & the Environment, S. 166.

373 Siehe *Craik*, The International Law of Environmental Impact Assessment, Appendix 1, S. 283ff. für eine Auflistung von Umweltprüfungspflichten im Völkerrecht.

374 Übereinkommen über die Umweltverträglichkeitsprüfung im grenzüberschreitenden Rahmen vom 25.02.1991, BGBl. II 2002, S. 1406.

Union zählt.[375] Einzelne außereuropäische Staaten wie Kanada und die Russische Föderation haben das Abkommen ebenfalls ratifiziert, nachdem es seit 2001 auch Nicht-UNECE-Staaten offen steht. Die Espoo-Konvention macht den Zusammenhang zwischen der Pflicht, Umweltprüfungen durchzuführen, und dem Vorsorgeprinzip klar, indem sie verlangt, dass „[d]ie Vertragsparteien alle angemessenen und effektiven Maßnahmen ergreifen sollen, um erhebliche nachteilige grenzüberschreitende Auswirkungen durch vorgeschlagene Aktivitäten zu verhindern, zu reduzieren und zu kontrollieren."[376] Grenzüberschreitende negative Umweltauswirkungen können nur vermieden werden, wenn im Vorfeld auch eine entsprechende Risikoprüfung und die dazugehörigen Maßnahmen durchgeführt werden.

Unter den internationalen Vertragswerken mit Umweltprüfungs-Inhalten ist Artikel 7 der Vorschriften zur Verhinderung grenzüberschreitender Schädigungen durch gefährliche Aktivitäten der ILC (*International Law Commission*) wichtig. Auch er sieht in seinem Anwendungsbereich eine Umweltprüfung vor: „Jede Entscheidung hinsichtlich der Genehmigung einer Aktivität, die in den Anwendungsbereich der vorliegenden Bestimmungen fällt, soll insbesondere auf eine Prüfung der möglichen grenzüberschreitenden Schädigungen durch diese Aktivität gestützt werden, einschließlich jeglicher Umweltverträglichkeitsprüfung."[377] Die ILC-Artikel sind bisher zwar noch nicht verbindlich, Artikel 7 reflektiert aber Gewohnheitsrecht.[378]

C.III.3.b Information und Konsultation

Ein weiteres Verfahrensprinzip ist die Beachtung von Mitteilungspflichten; es stellt zudem einen sehr wichtigen Bestandteil der Umweltprüfung dar.[379] Diese sind das Gegenstück zum Informations- und Mitwirkungsrecht sowohl der betroffenen

---

375 Stand: 05.06.2012.

376 *„The Parties shall [...] take all appropriate and effective measures to prevent, reduce and control significant adverse transboundary environmental impact from proposed activities."*

377 *ILC*, Draft articles on Prevention of Transboundary Harm from Hazardous Activities, with commentaries, in: United Nations (Hrsg.), Yearbook of the International Law Commission 2001, Bd. II Teil 2, New York et al. 2007, S. 146ff., Art. 7 (S. 157): *„Any decision in respect of the authorization of an activity within the scope of the present articles shall, in particular, be based on an assessment of the possible transboundary harm caused by that activity, including any environmental impact assessment."*

378 *Birnie/Boyle/Redgwell*, International Law & the Environment, S. 169.

379 Vgl. *Bell/McGillivray*, Environmental Law, 6. Auflage, S. 541.

Staaten als auch der Öffentlichkeit bei der Umweltverträglichkeitsprüfung.[380] Dahinter steckt die Überlegung, dass eine Umweltprüfung nur angemessen sein kann, wenn ihr alle notwendigen Informationen zugrunde liegen; dies ist nur gegeben, wenn betroffene Gruppen wirksam in den Entscheidungsprozess einbezogen worden sind.[381]

Je nach Perspektive des die Umweltprüfung durchführenden Staates oder der Anspruchsinhaber handelt es sich um Beteiligungspflichten oder Beteiligungsrechte. Ihr Status als Völkergewohnheitsrecht kann noch nicht eindeutig nachgewiesen werden.[382] Im Bereich internationaler Übereinkommen werden diese Rechte und Pflichten jedoch verbindlich durch die nach dem Ort ihrer Unterzeichnung benannte Aarhus-Konvention der UNECE von 1998[383] garantiert, welche derzeit 44 Vertragsstaaten hat. Sie gesteht erstmals jedem Individuum das Recht auf Zugang zu Informationen, auf Öffentlichkeitsbeteiligung an Entscheidungsverfahren und auf Zugang zu Gerichten in Umweltangelegenheiten zu.[384] Auch die Rio-Deklaration und einige weitere unverbindliche internationale Verträge gewähren Umweltinformations- und -beteiligungsrechte.[385] Zwar binden sie die UN-Mitgliedstaaten rechtlich nicht, können aber starke Indikatoren für einen möglichen Nachweis von Völkergewohnheitsrecht sein.[386] Das gleiche gilt für diverse internationale Gerichtsentscheidungen,[387] die primär nur

---

380 *Birnie/Boyle/Redgwell*, International Law & the Environment, S. 177; *Bell/McGillivray*, Environmental Law, S. 541.

381 *Bell/McGillivray*, Environmental Law, S. 541; vgl. *Birnie/Boyle/Redgwell*, International Law & the Environment, S. 177.

382 *Birnie/Boyle/Redgwell*, International Law & the Environment, S. 177; vgl. *Kloepfer*, Umweltrecht, § 9 Rn. 35 (S. 647.).

383 Übereinkommen über den Zugang zu Informationen, die Öffentlichkeitsbeteiligung an Entscheidungsverfahren und den Zugang zu Gerichten in Umweltangelegenheiten (Aarhus-Konvention) vom 25.06.1998, 38 ILM 1999, S. 517; Näheres unter http://www.unece.org/env/pp/welcome.html (letzter Zugriff: 01.06.2012) sowie unter http://www.aarhus-konvention.de (letzter Zugriff: 01.06.2012).

384 Aarhus-Konvention, Art. 1.

385 Rio-Deklaration, Prinzip 19; siehe auch beispielhaft ILC Draft articles on Prevention of Transboundary Harm from Hazardous Activities, Artt. 8f.

386 *Birnie/Boyle/Redgwell*, International Law & the Environment, S. 177.

387 *Lac Lanoux Arbitration* (France v. Spain), Schiedsspruch vom 16.11.1957, 24 ILR 101, 119, 126, 128ff., 140f.; *IGH*, Gabčíkovo-Nagymaros Project (Hungary v. Slovakia), Urteil vom 25.09.1997, ICJ Reports 1997, S. 7ff., Rn. 141; *Trail Smelter Arbitration* (USA v. Canada), Schiedssprüche vom 16.04.1938 und 11.03.1941, 3 RIAA 1905.

die beteiligten Parteien binden, jedoch zum Nachweis von Völkergewohnheitsrecht beitragen können.

C.III.3.c Inhalt der Schutzrichtlinie

Die Schutzrichtlinie zur Umweltprüfung (OP 4.01 in Verbindung mit BP 4.01)[388] existiert in überarbeiteter Form seit 1989 und bildet das Herzstück der Schutzrichtlinien. Sie dient dazu, weltbankfinanzierte Projekte in ökologischer Hinsicht möglichst unschädlich und nachhaltig zu gestalten und so die Qualität des Projektmanagements zu verbessern.[389] Die Schutzrichtlinie legt ein einheitliches Verfahren hinsichtlich materieller Umweltschutzanforderungen fest, das alle Bankprojekte durchlaufen müssen.[390] Es handelt sich um eine Basis-Richtlinie, die immer dann greift, wenn Umweltbelange im Spiel sind, und die für den Bereich der spezielleren Schutzrichtlinien die Mindestvoraussetzungen aufstellt.[391]

Grundsätzlich sind die Empfängerländer für die Umweltprüfung verantwortlich.[392] Zu ihrer Durchführung sind verschiedene Mittel vorgesehen, z. B. regionale Umweltprüfungen oder Umweltmanagementpläne.[393] Alle Projekte, die unter die OP / BP 4.01 fallen, werden nach ihrer Art und ihren möglichen Umweltauswirkungen einer Kategorie (A, B, C oder F1) zugeordnet; dabei erfasst Kategorie A Projekte mit besonders schwerwiegenden Umweltrisiken, Kategorie C zieht keine weiteren Maßnahmen nach sich.[394] Die Kategorie F1 betrifft Projekte, die erfordern, dass Bank-Gelder über einen Drittvermittler in potentiell umweltschädigende Unterprojekte investiert werden.[395] Für spezielle Projektarten wie z. B. Eilverfahren stellt die Schutzrichtlinie besondere Vorgaben auf und befasst sich auch mit dem Fall, dass ein Kreditnehmerland rechtlich oder tatsächlich nicht in der Lage ist, eine Umweltprüfung durchzuführen.[396]

---

388 OP / BP 4.01 - Environmental Assessment vom Januar 1999, http://go.worldbank.org/K7F3DCUDD0 bzw.http://go.worldbank.org/9MIMAQUHN0 (ständige URLs).

389 OP 4.01, Abs. 1.

390 *Shihata*, The World Bank's Contribution to the Development of International Environmental Law, in: Liber Amicorum Professor Ignaz Seidl-Hohenveldern, S. 631ff., 633.

391 Vgl. OP 4.01, Abs. 3 S. 1.

392 BP 4.01, Abs. 1 S. 1.

393 OP 4.01, Abs. 7.

394 OP 4.01, Abs. 8.

395 OP 4.01, Abs. 8 lit. d.

396 OP 4.01, Abs. 9-13.

Des Weiteren schreibt OP 4.01 vor, dass die Projektverantwortlichen während der gesamten Projektdurchführung Austausch mit den jeweils betroffenen Gruppen und lokalen Nichtregierungsorganisationen (NGOs) zu pflegen haben.[397] Dazu gehört, dass die Details des Vorhabens sowie der zugehörigen Umweltprüfung für die Betroffenen in der regionalen Sprache und an einem öffentlich zugänglichen Ort einsehbar sind.[398] Zudem sind die relevanten Informationen auch innerhalb der Bank und nach außen über den InfoShop, das Öffentliche Informationszentrum der Weltbankgruppe, zu verbreiten.[399] Nicht zuletzt stellt OP 4.01 klar, dass die Umweltprüfung nicht mit der Annahme des Projekts endet, sondern während der gesamten Projektdurchführung zu aktualisieren ist und ständiger Überprüfung unterliegt.[400]

C.III.3.d Bedeutung für das Umweltvölkerrecht

Seit der Einführung der operativen Direktive (*operational directive*, OD) 4.01, einer Vorgängerin der OP 4.01,[401] im Jahr 1989 muss die Umweltprüfung bei jeder Geschäftstätigkeit der Bank durchgeführt werden, wobei Informations- und Beteiligungspflichten zunächst keine Rolle spielten.[402] Der Anwendungsbereich der Umweltprüfungs-Schutzrichtlinie erstreckt sich auf alle Fälle, in denen Projekte möglicherweise umweltschädigende Auswirkungen haben. Die Schutzrichtlinie ist daher allgemein gehalten und enthält keine Vorgaben, welche Umweltschutzmaßnahmen konkret ergriffen werden sollen. Betrachtet man den oben dargestellten Inhalt der Schutzrichtlinie und vergleicht ihn mit anderen internationalen und nationalen Vorgaben, ist die Umweltprüfung der Weltbank hinsichtlich des Verfahrensablaufs sehr konkret und detailliert ausgestaltet.[403] Die Bank leistet so einen Beitrag zur weiteren Entwicklung des Inhalts der Umweltprüfung.

Hervorzuheben sind darüber hinaus Absatz 3 Satz 3 und 4 der OP 4.01, welche bestimmen, dass die Umweltprüfung die Verpflichtungen des Kreditnehmerlandes aus internationalen Umweltverträgen zu beachten hat und die Bank Projektmaßnahmen, welche diesen Verpflichtungen zuwider laufen, nicht

397 OP 4.01, Abs. 14.
398 OP 4.01, Abs. 15
399 OP 4.01, Abs. 18.
400 OP 4.01, Abs. 19.
401 Siehe http://go.worldbank.org/3LBMXIFF20 (ständige URL).
402 Vgl. *Gray*, International Environmental Impact Assessment, in: 11 Colo. J. Int'l Envtl. L. & Pol'y 2000, S. 83ff., 110f.
403 *Craik*, The International Law of Environmental Impact Assessment, S. 109.

unterstützt. Dies trägt erheblich zu einer Stärkung des Völkervertragsrechts im Bereich des Umweltschutzes bei, da finanzielle bzw. wirtschaftliche Anreize in der Regel effiziente Stimuli darstellen.

Ferner stärkt die Schutzrichtlinie die Pflicht zur Durchführung von Umweltprüfungen und damit alle verbindlichen und unverbindlichen Regelungen des Völkerrechts, die entsprechende Regelungen enthalten. Zu diesen zählt insbesondere das Prinzip 17 der Rio-Deklaration: „Die Umweltverträglichkeitsprüfung als eine innerstaatliche Maßnahme soll für vorgeschlagene Aktivitäten durchgeführt werden, die wahrscheinlich erhebliche nachteilige Auswirkungen auf die Umwelt haben werden und Gegenstand einer sachkundigen nationalen Behördenentscheidung sind."[404]

Hinsichtlich gewisser Informations- und Konsultationspflichten sind die Bestimmungen zur Information und Einbindung der Öffentlichkeit in die Projektdurchführung ein Indiz dafür, dass entsprechendes Völkergewohnheitsrecht besteht, oder können zumindest einen Beitrag zu dessen Entstehung in der Zukunft leisten.

C.III.3.e Ergänzende Quellen

Die Umweltprüfung gemäß der OP / BP 4.01 wird ergänzt durch die im „Handbuch zur Vermeidung und Bekämpfung von Umweltverschmutzung" (*Pollution Prevention and Abatement Handbook*) enthaltenen Richtlinien für Weltbankmitarbeiter. Das Handbuch enthält zusätzliche Vorgaben, die allerdings vor dem Hintergrund der Ergebnisse der individuellen Umweltprüfungen auszulegen sind.[405] Zudem hat die Weltbank zur Umweltprüfung eine Quellensammlung (*Environmental Assessment Sourcebook*) herausgegeben, die laufend aktualisiert wird und alle in der Bank bestehenden Vorgaben und Informationen zur Umweltprüfung zusammenfasst und systematisch aufbereitet.[406] Auch wenn sie keine verbindliche Rechtsquelle darstellt, fungiert die Sammlung als Muster und Vorbild für die Durchführung von Umweltprüfungen in den Mitgliedstaaten. Ähnliches gilt für die „Richtlinie zur Offenlegung von Informationen" (*Policy on Disclosure of Information*) der Weltbank, die im Juli 2010 durch die „Richtli-

---

404 *„Environmental impact assessment, as a national instrument, shall be undertaken for proposed activities that are likely to have a significant adverse impact on the environment and are subject to a decision of a competent national authority."*

405 *The World Bank*, Pollution Prevention and Abatement Handbook 1998, S. vii.

406 *The World Bank*, Environmental Assessment Sourcebook, Washington, D. C., verfügbar unter http://go.worldbank.org/LLF3CMS1I0 (ständige URL).

nie über den Zugang zu Informationen“ (*Policy on Access to Information*) ersetzt wurde.[407] Sie basiert auf dem Grundsatz der größtmöglichen Transparenz, die erforderlich ist, um Good Governance und effiziente Entwicklung zu fördern, Verantwortung zu stärken sowie Misswirtschaft und Korruption entgegenzuwirken.[408] Dazu beschreibt sie detailliert Ausnahmen vom Offenlegungsgrundsatz, legt einen Klassifizierungsstandard für Dokumente fest und sieht Rechtsschutzmöglichkeiten vor.[409] Die Richtlinie gilt zwar nur für die Geschäftstätigkeit der Weltbank, sie kann aber aufgrund ihrer Detailtiefe auch als gutes Beispiel für die Mitgliedstaaten dienen.

C.III.4 Wälder

Der gesonderten Behandlung von Wäldern durch eine spezielle Schutzrichtlinie (OP 4.36 in Verbindung mit BP 4.36)[410] liegt die Überlegung zugrunde, dass nachhaltige wirtschaftliche und soziale Entwicklung ohne die Bewahrung der Wälder und der in ihnen enthaltenen Ökosysteme nicht denkbar ist.[411] Wälder machen ca. ein Drittel der Landfläche der Erde aus[412] und erfüllen zahlreiche Funktionen, z. B. Schutz vor Landerosion, Beherbergung des Großteils der weltweiten Pflanzen- und Tierarten und als Kohlenstoffsenken.[413] In sozialer Hinsicht dienen sie z. B. wegen der Regulierung des Wasserhaushalts oder der Reinhaltung der Luft auch dem Schutz und der Erholung der Bevölkerung.[414]

---

407 *The World Bank*, The World Bank Policy on Access to Information (World Bank Information Policy), Washington, D. C., verfügbar unterhttp://documents.worldbank.org/curated/en/2010/07/12368161/world-bank-policy-access-information (letzter Zugriff: 01.06.2012)

408 World Bank Information Policy, Abs. 1.

409 World Bank Information Policy, Abs. 7-17, 19, 28-30, 36-40.

410 OP / BP 4.36 - Forests vom November 2002, http://go.worldbank.org/MCF2I0UEX0 bzw.http://go.worldbank.org/LOWOSMRMU0 (ständige URLs).

411 OP 4.36, Abs. 1 S. 1.

412 *Food and Agriculture Organization of the United Nations*, Global Forest Resources Assessment 2005, Rom 2006, verfügbar unter http://www.fao.org/forestry/fra/fra2005/en/ (letzter Zugriff: 01.06.2012) -> Main Report, S. 12.

413 Vgl. *Brunnée*, A Conceptual Framework for an International Forests Convention: Customary Law and Emerging Priciples, in: Canadian Council on International Law (Hrsg.), Global Forests and International Environmental Law, S. 41ff, 45ff.

414 Vgl. beispielhaft § 1 Nr. 1 BWaldG vom 02.05.1975, BGBl. 1975 I, S. 1037, in der Fassung vom 31.07.2010, BGBl. 2010 I, S. 1050.

C.III.4.a Völkerrechtliche Regelungen

Im Völkerrecht gibt es bisher keine umfassenden verbindlichen Regelungen zur Forstpolitik. Die von der UN-Generalversammlung verabschiedete Waldgrundsatzerklärung ist dem *soft law* zuzurechnen; dies verdeutlicht bereits der offizielle Titel der Erklärung: „Rechtlich nicht verbindliche maßgebende Erklärung der Prinzipien für einen globalen Konsens über das Management, die Erhaltung und die nachhaltige Entwicklung aller Arten von Wäldern".[415] Seit Dezember 2011 entfaltet zumindest das „Internationale Regenwaldabkommen" (*International Tropical Timber Agreement*) von 2006 Rechtskraft,[416] das aber lediglich Regelungen zum Umgang mit den tropischen Regenwäldern enthält.

Die Staaten mit Waldbeständen beanspruchen in der Regel eine souveräne wirtschaftliche Nutzung der auf ihrem Gebiet befindlichen Wälder, z. B. was den Handel mit Holz- und Nichtholzprodukten oder den Waldfeldbau, d. h. die kombinierte forst- und landwirtschaftliche Nutzung, angeht; im Widerstreit dazu steht zumeist das globale Interesse an der Erhaltung des weltweiten Waldbestandes.[417] Diese widerstreitenden Interessen dürften wohl wesentlicher Grund für das Fehlen allgemeingültiger und bindender Vorgaben im Völkervertrags- und auch im Völkergewohnheitsrecht sein.

C.III.4.b Inhalt der Schutzrichtlinie

Die Schutzrichtlinie dient nicht nur dazu, die Wälder und ihren Wert für die globale Umwelt zu schützen, sondern auch Empfängerländer dabei zu unterstützen, nachhaltige Entwicklung unter Nutzung ihrer jeweiligen Waldbestände zu fördern.[418] Sie greift immer dann ein, wenn die Integrität der Wälder selbst gefährdet ist oder Menschen im Zusammenhang mit Wäldern betroffen sind sowie bei Veränderungen im Waldmanagement.[419] Dabei betrachtet die Schutzrichtlinie Wälder nicht losgelöst von anderen Entwicklungsfaktoren, sondern

---

415 Non-legally binding authoritative statement of principles for a global consensus on the management, conservation and sustainable development of all types of forests vom 14.08.1992, UN Doc. A/CONF.151/26 (Vol. III).

416 *United Nations Conference on Trade and Development (UNCTD)*, International Tropical Timber Agreement vom 27.01.2006, UN Doc. TD/TIMBER.3/12.

417 Vgl. *Brunnée*, A Conceptual Framework for an International Forests Convention: Customary Law and Emerging Priciples, in: Canadian Council on International Law (Hrsg.), Global Forests and International Environmental Law, S. 41.

418 OP 4.36, Abs. 1 S. 2.

419 OP 4.36, Abs. 3.

in Verbindung mit allgemeinen ökologischen, sozialen und wirtschaftlichen Aspekten.[420] Die Finanzierung von Projekten, welche schwerwiegende negative Auswirkungen auf Wälder haben und diese z. B. als Ökosysteme schädigen können, lehnt die Bank ab, wobei Ausnahmen möglich sind.[421] Projekte, die internationale vertragliche Verpflichtungen verletzen, werden aber ausnahmslos nicht unterstützt.[422]

Die Schutzrichtlinie enthält auch spezielle und sehr detaillierte Bestimmungen für das kommerzielle Abholzen von Wäldern. Ökonomisch orientierte Waldnutzung unterliegt ab einem gewissen Umfang erhöhten Prüf- und Ausführungsstandards.[423] In kleinerem Rahmen sind die Anforderungen geringer, jedoch legt die Schutzrichtlinie dann großen Wert auf die Beteiligung betroffener lokaler Gruppen.[424]

Die Wälder-Schutzrichtlinie steht nicht allein, sondern bezieht sich explizit auf weitere Schutzrichtlinien. Dazu gehören nicht nur diejenige zur Umweltprüfung, welche - wie oben dargestellt - im Umweltbereich stets eingreift, sondern auch diejenigen zu natürlichen Lebensräumen, indigenen Bevölkerungen und unfreiwilliger Umsiedlung,[425] die im Folgenden noch näher darzustellen sind. Dies verdeutlicht einmal mehr, welche engen Verbindungen und Wechselwirkungen zwischen den einzelnen Schutzrichtlinien bestehen.

C.III.4.c Bedeutung für das Umweltvölkerrecht

Wie die Schutzrichtlinie zur Umweltprüfung ist auch die Schutzrichtlinie zu Wäldern sehr allgemein gehalten. Da es sich bei den Schutzrichtlinien um Vorgaben handelt, deren Anwendungsbereich nicht z. B. regional nach Gebieten, sondern nach dem Regelungsgegenstand eingegrenzt ist, erscheint eine konkretere Fassung der Schutzrichtlinien generell nur schwer möglich.

Erfreulich ist, dass OP 4.36 in ihrem Absatz 6 klar die Förderung von Projekten ablehnt, die gegen relevante internationale Umweltabkommen verstoßen. Dieses Erfordernis läuft jedoch weitgehend ins Leere, da es im Bereich des Forstschutzes und der Forstwirtschaft kaum verbindliche internationale Regelungen gibt. Jedoch macht die Schutzrichtlinie deutlich, dass Waldpolitik keine alleinige und auf das jeweilige Territorium beschränkte Aufgabe der einzelnen Staaten

420 Vgl. OP 4.36, Abs. 4.
421 OP 4.36, Abs. 5.
422 OP 4.36, Abs. 6.
423 OP 4.36, Abs. 8-11.
424 OP 4.36, Abs. 12.
425 OP 4.36, Abs. 13, 10 lit. b); BP 4.36, Abs. 3, 4 S. 3 und 4.

sein kann, sondern im Sinne nachhaltiger ökologischer und ökonomischer Entwicklung global angegangen werden muss.[426] Dies spiegelt auch die Gesamtkonzeption der Waldgrundsatzerklärung wider, die sich insbesondere dadurch auszeichnet, dass sie einen weltumspannenden Ansatz für nachhaltige Waldnutzung und -konservierung bietet.[427] Es wird so das in der Waldgrundsatzerklärung enthaltene *soft law* gestärkt, was eine Entwicklung zu einem rechtsverbindlichen Status fördern kann. Zudem ist positiv, dass im Rahmen kommerzieller Abholzungsvorhaben gemäß Absatz 10 a) und b) der OP 4.36 auch entsprechende innerstaatliche Normen zu beachten sind.

Schließlich spielen auch in dieser Schutzrichtlinie Konsultations- und Informationsrechte eine bedeutende Rolle. Absatz 12 der OP 4.36, welcher Nutzungsvorhaben kleinerer Grundbesitzer regelt, verlangt eine „sinnvolle Beteiligung" (*meaningful participation*) der Betroffenen. Die Schutzrichtlinien der Weltbank erläutern selbst nicht, welche Elemente eine sinnvolle Beteiligung beinhaltet. Gemäß einer Projektstudie, die 2007 im Auftrag der Weltbank erstellt wurde, muss Beteiligung institutionalisiert werden, um sinnvolle Beteiligung langfristig zu gewährleisten. Dazu muss sie gesetzlich und subjektiv-rechtlich abgesichert und in die politischen Strukturen eines Staates eingepasst sein sowie durch geeignete Interessenvertreter gewahrt werden.[428] Absatz 9 der BP 4.36 fordert zudem, dass das Kreditnehmerland die Ergebnisse aller Umweltprüfungen veröffentlicht.

Die Wälder-Schutzrichtlinie vermischt zwei Prinzipien des Umweltvölkerrechts: die Souveränität über natürliche Ressourcen und das Prinzip der fairen Aufteilung. Die Souveränität wird durch das Verbot grenzüberschreitender Schädigungen eingeschränkt[429] und steht hier im Kontext der fairen Nutzungsaufteilung der Ressourcen. Es geht nicht darum, dass wie im Wasserrecht mehrere Staaten die gleiche Ressource teilen, denn bei den Wäldern ist klar, dass ein Staat innerhalb seiner Staatsgrenzen diese Souveränität genießt. Vielmehr

---

426 OP 4.36, Abs. 1 S. 1: „*The management, conservation, and sustainable development of forest ecosystems and their associated resources are essential for lasting poverty reduction and sustainable development, whether located in countries with abundant forests or in those with depleted or naturally limited forest resources.*"

427 Vgl. Waldgrundsatzerklärung, Abs. 4, 7 lit. a), 8 lit. a)-d), 9 lit. a) und b), 12 lit. b), 13 lit. a)-c), 14, 15 und Präambel, Punkte d), e).

428 *Eberlei*, Accountability in Poverty Reduction Strategies: The Role of Empowerment and Participation, S. 2ff.

429 Siehe oben Teil C.I.3.a „Souveränität hinsichtlich natürlicher Ressourcen und Verbot grenzüberschreitender Umweltbeeinträchtigungen".

haben die Waldbestände der Erde große Bedeutung für das globale ökologische Gleichgewicht und sind deshalb von internationalem Interesse. Staaten mit Waldvorkommen dürfen daher nur insoweit souverän über diese verfügen, als sie der globalen Umwelt keinen Schaden zufügen.

C.III.5 Unfreiwillige Umsiedlung

Die Schutzrichtlinie zur unfreiwilligen Umsiedlung (OP 4.12 in Verbindung mit BP 4.12)[430] ist ein Sozialstandard, der mögliche negative Auswirkungen der Projekte auf Dritte behandelt und eine entsprechende Verbesserung des Projektmanagements gewährleisten soll. Sie steht in engem Zusammenhang mit nachhaltigem Umweltschutz, wie sie es selbst anerkennt.[431]

Der Begriff der unfreiwilligen Umsiedlung im Entwicklungskontext ist vom allgemeinen völkerrechtlichen Begriff zu unterscheiden. Grundsätzlich sind im Völkerrecht unter einer unfreiwilligen Umsiedlung „dem Staat unmittelbar oder mittelbar zurechenbare Maßnahmen bzw. solche oppositioneller Kräfte zu verstehen, die zur erzwungenen Verlegung des Aufenthaltsortes innerhalb der Grenzen des jeweiligen Staates führen."[432] Im Weltbankkontext wird der Begriff der unfreiwilligen Umsiedlung aber weiter ausgelegt. Jede, also auch durch private Akteure, die nicht in Opposition zum Staat stehen, durchgeführte Verlegung des Aufenthaltsortes ohne oder gegen Willen der Umgesiedelten bzw. der Anwohner des neuen Siedlungsgebietes fällt darunter.[433]

C.III.5.a Völkerrechtliche Regelungen

Das Gegenstück zu einem Verbot von unfreiwilligen Umsiedlungen besteht in einem entsprechenden Bleiberecht. Dieses garantieren zahlreiche völkerrechtliche Verträge, z. B. als Wohnsitzfreiheit,[434] als Recht auf Unverletzlichkeit

---

430 OP / BP 4.12 - Involuntary Resettlement vom Dezember 2001, http://go.worldbank.org/GM0OEIY580 bzw.http://go.worldbank.org/NTU2XSY770 (ständige URLs).

431 OP 4.12, Abs. 1 S. 1: „*Bank experience indicates that involuntary resettlement under development projects, if unmitigated, often gives rise to severe economic, social, and environmental risks*".

432 *Geißler*, Der völkerrechtliche Schutz der Internally Displaced Persons, S. 114f.; *Bassiouni*, Crimes Against Humanity in International Criminal Law, S. 301.

433 *Roos*, Der internationale Menschenrechtsschutz vor entwicklungsbedingten Zwangsumsiedlungen und seine Sicherstellung durch Recht und Praxis der Weltbank, S. 31, 34ff.

434 Siehe z. B. Artt. 12 Abs. 1 IPbpR, 13 Abs. 1 AEMR.

der Wohnung,[435] als Eigentumsrecht[436] oder als Recht auf angemessene Unterbringung[437].[438] Darüber hinaus sind im Falle von unfreiwilligen Umsiedlungen eine Reihe weiterer Menschenrechte wie z. B. die Berufsfreiheit[439] oder das Recht auf Gesundheit[440] betroffen, die in ihrer Zusammenschau ein völkerrechtliches Bleiberecht begründen können.[441] Auch völkergewohnheitsrechtlich ist ein solches Recht und damit verbunden das Verbot von unfreiwilligen Umsiedlungen zumindest dem Grundsatz nach etabliert.[442]

C.III.5.b Inhalt der Schutzrichtlinie

Es kann durch die Projektdurchführung selbst, aber auch durch die mit dem Projekt verbundenen unfreiwilligen Umsiedlungen zu Umweltschädigungen kommen.[443] Zu den typischen Folgen von unfreiwilligen Umsiedlungen gehören u. a. die Beeinträchtigung von Waldflächen sowie die ungleichmäßige und daher nicht nachhaltige Nutzung von landwirtschaftlichen Produktionsflächen.[444] Die Schutzrichtlinie zur unfreiwilligen Umsiedlung erwähnt zwar Umweltrisiken, dient aber vornehmlich dem Schutz der von unfreiwilligen Umsiedlungen betroffenen Personen und deren Belangen.[445] Die Umweltthematik wird in dieser Schutzrichtlinie nicht weiter aufgegriffen.

---

435 Siehe z. B. Artt. 17 Abs. 1 Alt. 3 IPbpR, 8 Abs. 1 Alt. 2 der Europäischen Konvention zum Schutze der Menschenrechte und Grundfreiheiten (EMRK) vom 04.11.1950, BGBl 1952 II, S. 685, 953, in der Fassung vom 17.05.2002, BGBl. 2002 II, S. 1054.

436 Siehe z. B. Artt. 1 Abs. 1 ZP 1 zur EMRK, 21 Abs. 1 S. 1 der Amerikanischen Menschenrechtskonvention (AMRK) vom 22.11.1969, 1144 UNTS 123.

437 Siehe z. B. Artt. 12 Abs. 1 IPwskR, 11 der Europäischen Sozialcharta vom 18.10.1961, BGBl. 1964 II, S. 1262.

438 *Roos*, Der internationale Menschenrechtsschutz vor entwicklungsbedingten Zwangsumsiedlungen und seine Sicherstellung durch Recht und Praxis der Weltbank, S. 44-124.

439 Siehe z. B. Art. 6 IPwskR.

440 Siehe z. B. Art. 12 Abs. 1 IPwskR,

441 *Roos*, Der internationale Menschenrechtsschutz vor entwicklungsbedingten Zwangsumsiedlungen und seine Sicherstellung durch Recht und Praxis der Weltbank, S. 124f.

442 *Roos*, Der internationale Menschenrechtsschutz vor entwicklungsbedingten Zwangsumsiedlungen und seine Sicherstellung durch Recht und Praxis der Weltbank, S. 141.

443 *Cernea*, Involuntary Resettlement in Development Projects, in: The World Bank (Hrsg.), Technical Paper Nr. 80, S. 28.

444 Vgl. *Cernea*, Involuntary Resettlement in Development Projects, in: The World Bank (Hrsg.), Technical Paper Nr. 80, S. 28f.

445 Vgl. OP 4.12, Abs. 2 lit. (b) und (c), 3ff.

C.III.5.c *Bedeutung für das Umweltvölkerrecht*

Die OP / BP 4.12 tragen dazu bei, den völkerrechtlichen Schutz vor unfreiwilligen Umsiedlungen zu verbessern.[446] In dem Ausmaß, in dem dabei Umweltschutzaspekte wichtig sind, stärkt die Schutzrichtlinie auch entsprechende umweltvölkerrechtliche Standards. Da sie jedoch vorrangig einen Sozialstandard darstellt, liegt ihr Fokus auf sozialen Interessen. Ihre Bedeutung für das Umweltvölkerrecht ist demnach eher eingeschränkt.

C.III.6 Indigene Bevölkerungen

Weltweit gibt es über weite Flächen verteilt grob ca. 300 Millionen Angehörige indigener Bevölkerungen.[447] Die innerhalb der Vereinten Nationen gebräuchlichste Definition des Begriffs der indigenen Bevölkerungen geht auf einen Vorschlag des UN-Sonderberichterstatters Martínez Cobo[448] zurück. Nach dieser Definition zeichnen sich indigene Bevölkerungen insbesondere dadurch aus, dass sie ihr Territorium schon vor Kolonialisierung und Völkerwanderung bewohnt haben, sich als von der auf diesem Territorium dominierenden Gesellschaft verschieden betrachten und bestrebt sind, ihre ethnische Identität sowie ihr kulturelles, soziales und rechtliches Erbe an die nachfolgenden Generationen weiterzugeben.[449] Diese Definition ist nicht unumstritten; so wird z. B. kritisiert, dass vor dem Hintergrund internationaler Menschenrechtsnormen die Nicht-Dominanz kein geeignetes Unterscheidungsmerkmal sei, da es im Kern um Gleichheit gehen müsse.[450] Eine allgemein anerkannte Definition des Begriffs ist zurzeit nicht vorhanden.[451]

---

446 Vgl. *Roos*, Der internationale Menschenrechtsschutz vor entwicklungsbedingten Zwangsumsiedlungen und seine Sicherstellung durch Recht und Praxis der Weltbank, S. 346f.

447 *Centre for Human Rights*, The Rights of Indigenous Peoples, in: United Nations (Hrsg.), Human Rights Fact Sheet Nr. 9, S. 3.

448 José Martínez Cobo, UN-Sonderberichterstatter der Sub-Commission on Prevention of Discrimination and Protection of Minorities (ab 1999 Sub-Commission on the Promotion and Protection of Human Rights, aufgelöst im Jahr 2006).

449 *Martínez Cobo*, Study of the Problem of Discrimination against Indigenous Populations, Bd. 5, UN Doc. E/CN.4/Sub.2/1986/7/Add.4.

450 *Brownlie*, Treaties and Indigenous Peoples, in: Brookfield (Hrsg.), The Robb Lectures 1991, S. 60.

451 Vgl. OP 4.10 - Indigenous Peoples vom Juli 2005, http://go.worldbank.org/UBJJIRUDP0 (ständige URL), Abs. 3 S. 1.

Der Schutz indigener Bevölkerungen mitsamt ihren Traditionen und Kulturen hat große Bedeutung für die globale Umwelt. Den verschiedenen indigenen Gruppen ist ihr besonderes Verhältnis zur sie umgebenden Umwelt gemein, auch wenn konkrete Praktiken und Philosophien wegen der unterschiedlichen natürlichen Gegebenheiten individuell sind.[452] In ihrer Weltsicht muss die Natur respektiert statt ausgebeutet werden, da sie nicht nur die wirtschaftliche und kulturelle, sondern auch die spirituelle und allgemeine Lebensgrundlage bildet.[453] Indigenes Leben und eine gesunde Umwelt bedingen sich gegenseitig: Zum einen kann mithilfe indigener Traditionen ein Ausgleich zwischen Nutzung und Schutz der Natur gefunden werden, zum anderen brauchen indigene Bevölkerungen eine intakte Umwelt, um ihre Traditionen bewahren zu können.[454]

C.III.6.a Völkerrechtliche Regelungen

Die Interessen indigener Bevölkerungen rückten nach der Gründung der Vereinten Nationen in der Phase der zunehmenden Dekolonialisierung immer mehr in den Fokus des internationalen Menschenrechtsschutzes.[455] Die „Konvention über die indigenen und Stammes-Bevölkerungen“ (*Indigenous and Tribal Populations Convention*) von 1957[456] und die dazugehörige Empfehlung

---

452 *UN Commission on Human Rights*, Discrimination against Indigenous Peoples. Report of the United Nations Technical Conference on Practical Experience in the Realization of Sustainable and Environmentally Sound Self-Development of Indigenous Peoples vom 18.-22.05.1992, UN Doc. E/CN.4/Sub.2/1992/31, Absätze 17, 19 (S. 6), 34 (S. 10).

453 *UN Commission on Human Rights*, Discrimination against Indigenous Peoples. Report of the United Nations Technical Conference on Practical Experience in the Realization of Sustainable and Environmentally Sound Self-Development of Indigenous Peoples vom 18.-22.05.1992, UN Doc. E/CN.4/Sub.2/1992/31, Absätze 17, 19.

454 Vgl. *UN Commission on Human Rights*, Discrimination against Indigenous Peoples. Report of the United Nations Technical Conference on Practical Experience in the Realization of Sustainable and Environmentally Sound Self-Development of Indigenous Peoples vom 18.-22.05.1992, UN Doc. E/CN.4/Sub.2/1992/31, Absätze 19 (S. 6), 30 (S. 9) sowie *Das*, Human Rights and Indigenous Peoples, S. 70.

455 *Anaya*, Indigenous Peoples in International Law, S. 53f.

456 *ILO*, Übereinkommen Nr. 107 vom 26.06.1957, Indigenous and Tribal Populations Convention, http://www.ilo.org/ilolex/cgi-lex/convde.pl?C107 (letzter Zugriff: 01.06.2012).

Nr. 104[457] der ILO[458] sind wegen ihrer Forderung nach Assimilation stark kritisiert worden. So lehnte der „Weltrat Indigener Bevölkerungen" (*World Council of Indigenous Peoples*, WCIP) sie grundsätzlich ab, weil sie z. B. nicht die Zustimmung der Betroffenen zu Integrationsprogrammen, sondern lediglich Zusammenarbeit verlangten oder besondere Schutzmaßnahmen nur vorübergehend ergriffen werden sollten, um Segregation zu verhindern.[459] Jedoch haben sich durch sie Fragen zu indigenen Bevölkerungen als Thema des internationalen Menschenrechtsschutzes etabliert.[460] Die Konvention von 1957 ist mittlerweile überarbeitet und im Jahre 1989 durch eine neue Fassung ersetzt worden.[461] Diese setzt im Gegensatz zu ihrer Vorgängerversion viel stärker auf Respekt für Besonderheiten der indigenen und auch der sog. Stammesgruppen (*tribal peoples*) und ist in der Folge von der internationalen Staatengemeinschaft auch sehr viel besser angenommen worden.[462] So konnte das Übereinkommen auf vielerlei Art und Weise den Schutz indigener und Stammesgruppen positiv beeinflussen und vorantreiben.[463]

Das Übereinkommen über die biologische Vielfalt[464], welches mit 193 Vertragsparteien und 168 Unterzeichnungen[465] weitgehende internationale

---

457 *ILO*, Empfehlung Nr. 104 vom 26.06.1957, Indigenous and Tribal Populations Recommendation, http://www.ilo.org/ilolex/cgi-lex/convde.pl?R104 (letzter Zugriff: 01.06.2012).

458 International Labour Organization (ILO), zu Deutsch Internationale Arbeitsorganisation; Näheres unter www.ilo.org.

459 *Sanders*, The Re-Emergence of Indigenous Questions in International Law, in: 3 Canadian Human Rights Yearbook 1983, S. 3ff., 19f.; auch in: Anaya (Hrsg.), International Law and Indigenous Peoples, S. 55ff., 71f.

460 *Anaya*, Indigenous Peoples in International Law, S. 56.

461 *ILO*, Übereinkommen Nr. 169 vom 27.06.1989, Indigenous and Tribal Populations Convention, http://www.ilo.org/ilolex/cgi-lex/convde.pl?C169 (letzter Zugriff: 01.06.2012).

462 *Swepston*, A New Step in the International Law on Indigenous and Tribal Peoples: ILO Convention No. 169 of 1989, in: 15 Oklahoma City University Law Review 1990, S. 677ff., 678, 690, 695; auch in: Anaya (Hrsg.), International Law and Indigenous Peoples, S. 329ff., 330, 342, 347.

463 *Swepston*, The Indigenous and Tribal Peoples Convention (No. 169): Eight Years After Adoption, in: Price Cohen (Hrsg.), Human Rights of Indigenous Peoples, 17ff., 34ff.

464 Convention on Biological Diversity vom 05.06.1982 (Biodiversitäts-Konvention), BGBl. 1993 II, S. 1742 sowie 31 ILM 1992, S. 822 und 1760 UNTS 79; Näheres unter http://www.cbd.int.

465 Siehe http://www.cbd.int/convention/parties/list/ (letzter Zugriff: 01.06.2012).

Anerkennung genießt, bezieht sich in seinem Artikel 8 (j) ausdrücklich auf indigene Bevölkerungen:

> „Jede Vertragspartei soll durch nationale Gesetzgebung Wissen, Neuerungen und Bräuche indigener und lokaler Gemeinschaften, die traditionelle Lebensstile pflegen, welche für die Wahrung und nachhaltige Nutzung biologischer Vielfalt wichtig sind, respektieren, erhalten und unterstützen und die breitere Anwendung dieser Lebensstile fördern mit dem Einverständnis und unter Einbeziehung dieser Gemeinschaften sowie die angemessene Verteilung der Vorteile voranbringen, die aus der Nutzung solchen Wissens, solcher Neuerungen und Bräuche resultieren.[466]

In ihm kommt zum Ausdruck, dass zum einen der Beitrag anerkannt wird, den indigene Erfahrungen und Erkenntnisse zu ökologisch nachhaltiger Entwicklung leisten können. Zudem stellt Artikel 8 (j) klar, dass diese Erfahrungen und Erkenntnisse in Kooperation mit indigenen Bevölkerungen verbreitet werden sollen und ihre Nutzung den indigenen Gemeinschaften auch in angemessener Weise zugute kommen soll.

Weiteres verbindliches Völkerrecht spezifisch zu indigenen Bevölkerungen ist weder im Gewohnheitsrecht[467] noch im Vertragsrecht[468] zu finden. Erst seit 1982 existiert ein System zur speziellen Berücksichtigung der Interessen indigener Bevölkerungen innerhalb der Vereinten Nationen.[469] Mit einer Resolution der UN-Generalversammlung wurden die Jahre 1994-2004 sogar zur „Internationalen Dekade der indigenen Bevölkerungen der Welt" erklärt, die dazu diente, Probleme indigener Gemeinschaften insbesondere im Bereich von

---

466 *„Each Contracting Party shall [... s]ubject to its national legislation, respect, preserve and maintain knowledge, innovations and practices of indigenous and local communities embodying traditional lifestyles relevant for the conservation and sustainable use of biological diversity and promote their wider application with the approval and involvement of the holders of such knowledge, innovations and practices and encourage the equitable sharing of the benefits arising from the utilization of such knowledge, innovations and practices"*.

467 *Anaya*, Indigenous Peoples in International Law, S. 72.

468 Die UN Declaration on the Rights of Indigenous Peoples, GV-Res. vom 13.09.2007, UN Doc. A/RES/61/295, existiert z. B. nur als Entwurf.

469 Working Group on Indigenous Populations, http://www2.ohchr.org/english/issues/indigenous/groups/groups-01.htm (letzter Zugriff: 01.06.2012), 2008 ersetzt durch den Expert Mechanism on the Rights of Indigenous Peoples, http://www.ohchr.org/EN/Issues/IPeoples/EMRIP/Pages/EMRIPIndex.aspx (letzter Zugriff: 01.06.2012); vgl. *Pritchard*, Working Group on Indigenous Populations: mandate, standard-setting activities and future perspectives, in: Pritchard (Hrsg.), Indigenous Peoples, the United Nations and Human Rights, S. 40ff., 40.

Menschenrechten, Umwelt, Entwicklung, Bildung und Gesundheit auf internationaler Ebene anzugehen.[470]

C.III.6.b *Inhalt der Schutzrichtlinie*

Die aktuelle Schutzrichtlinie (OP 4.10 in Verbindung mit BP 4.10)[471] zu indigenen Bevölkerungen ist im Kern wie diejenige zur unfreiwilligen Umsiedlung ein Sozialstandard. Sie enthält eine ausführliche Beschreibung der besonderen Schutzbedürftigkeit indigener Bevölkerungen,[472] erkennt die Partikularität der verschiedenen indigenen Bevölkerungen an und erklärt deshalb ausdrücklich, dass die für ihren engen Kontext zweckmäßig vorgegebene Definition des Begriffs „indigene Bevölkerungen" (*indigenous peoples*) keine Allgemeingültigkeit entfalten soll.[473] Nach dieser Definition sind unter indigenen Bevölkerungen „sich von anderen unterscheidende, verletzliche soziale und kulturelle Gruppen" zu verstehen, die (a) sich als solche identifizieren und identifiziert werden, (b) eine kollektive Bindung zu einem bestimmten natürlichen Lebensraum sowie (c) eigene kulturelle, wirtschaftliche, soziale oder politische Systeme haben und (d) eine indigene Sprache sprechen.[474] Schließlich betont die Schutzrichtlinie die wechselseitigen Zusammenhänge zwischen der Förderung indigener Interessen und nachhaltiger wirtschaftlicher und ökologischer Entwicklung.[475]

Es ist wichtig, dass die Projektverantwortlichen indigene Gemeinschaften in Entscheidungsprozesse einbeziehen, was darin zum Ausdruck kommt, dass die Schutzrichtlinie eine qualifizierte Beteiligung indigener Bevölkerungen verlangt: In jeder Phase der Projektdurchführung muss sichergestellt werden, dass die Betroffenen ohne äußeren Druck und bereits im Vorfeld nach fachlicher Beratung zu Rate gezogen werden.[476] Dies geht sogar soweit, dass die Bank nur bereit ist, ein Projekt zu unterstützen, wenn eine solche qualifizierte Beteiligung zu einer breiten Akzeptanz des Projektes innerhalb der indigenen Bevölkerungsgruppen

---

470 International Decade of the World's Indigenous People, GV-Resolution vom 21.12.1993, UN Doc. A/RES/48/164, Absätze 1, 2.

471 OP/BP4.10-IndigenousPeoplesvomJuli2005,http://go.worldbank.org/UBJJIEUDP0 bzw.http://go.worldbank.org/PG4KQSUDI0 (ständige URLs).

472 OP 4.10, Abs. 2.

473 OP 4.10, Abs. 3, 4.

474 OP 4.10, Abs. 4 lit. a)-(d).

475 OP 4.10, Abs. 2 S. 1 und 6.

476 „[F]ree, prior and informed consultation"; OP 4.10, Abs. 1 S. 2 und 3, 6 lit. (c), 8, 10, 12 Satz 1, 15; BP 4.10, Abs. 2, 6 lit. (a).

geführt hat.[477] Als Ergänzung zum Beteiligungserfordernis müssen die relevanten Berichte und Pläne auf angemessene Weise für die Betroffenen publik gemacht werden; die allgemeine Veröffentlichung erfolgt durch die Bank gemäß ihren Richtlinien.[478]

Bemerkenswert ist, dass die Schutzrichtlinie „Spezielle Überlegungen" (*special considerations*) enthält, welche noch einmal die außerordentliche Situation indigener Bevölkerungen detailliert erläutern und diese in den Fällen faktischer Landrechte, kommerzieller Entwicklung und Umsiedlung besonders schützen.[479] Die Schutzrichtlinie ermöglicht außerdem für zahlreiche Fälle eine finanzielle Förderung von Projekten durch die Weltbank, wenn die Mitgliedstaaten entsprechende Anfragen stellen und die vorgeschlagenen Projekte dem Schutz indigener Bevölkerungen dienen.[480] Wenngleich allen Schutzbereichen der Schutzrichtlinien eine hohe Sensibilität zuzusprechen ist, deutet dies auf eine besondere Bedeutung des Schutzes indigener Bevölkerungen im Bereich von Sozial- und Umweltstandards der Bank hin.

C.III.6.c Bedeutung für das Umweltvölkerrecht

Die Weltbank war 1982 die erste internationale Entwicklungsorganisation, welche die Probleme indigener Bevölkerungen in den Blickpunkt rückte.[481] Das Verständnis von indigenen Belangen innerhalb der Weltbank hatte sich nach anfänglichen Fehlannahmen verbessert, so dass indigene Interessen besser gefördert werden konnten.[482] Ein wesentlicher Grund dafür ist, dass die Beteiligung indigener Vertreter an Entscheidungsprozessen im Laufe der Zeit stetig intensiviert und ausgeweitet worden ist,[483] was die Schutzrichtlinie auch reflektiert.

Die Schutzrichtlinie bestätigt viele Bestimmungen der „Konvention über die indigenen und Stammes-Bevölkerungen" (*Indigenous and Tribal Populations Convention*) von 1989. Die Konvention diente den Experten für indigene Bevölkerungen und den Experten der ILO, die eine Vorgängerversion der heutigen Schutzrichtlinie

---

477 OP 4.10, Abs. 1 S. 3, 11; BP 4.10, Abs. 7.

478 OP 4.10, Abs. 15; BP 4.10, Abs. 9.

479 OP 4.10, Abs. 16-21.

480 OP 4.10, Abs. 22.

481 *Davis*, The World Bank and Indigenous Peoples, in: van de Fliert (Hrsg.), Indigenous Peoples and International Organizations, S. 75ff., 75.

482 Vgl. *Davis*, The World Bank and Indigenous Peoples, in: van de Fliert (Hrsg.), Indigenous Peoples and International Organizations, S. 75ff., 75f., 78f.

483 *Davis*, The World Bank and Indigenous Peoples, in: van de Fliert (Hrsg.), Indigenous Peoples and International Organizations, S. 75ff., 82.

im Jahr 1991 gemeinsam überarbeiteten, als Rahmen.[484] Die Übereinstimmungen betreffen insbesondere die Anerkennung der besonderen Lebensumstände indigener Bevölkerungen und ihrer Schutzbedürftigkeit, z. B. auch durch Teil II der Konvention,[485] welcher Landfragen regelt und der speziellen Verbindung von indigenen Gemeinschaften mit dem natürlichen Gebiet, das sie bewohnen, Tribut zollt. Des Weiteren enthält die Konvention Normen zur angemessenen Beteiligung indigener Gruppen, die sich hinsichtlich der genauen Art der Beteiligung mit den Vorgaben der Schutzrichtlinie ergänzen. Die Schutzrichtlinie und die Konvention zeichnen ein sehr konkretes Bild davon, wie eine angemessene Beteiligung indigener Bevölkerungen an politischen, rechtlichen und wirtschaftlichen Entscheidungsprozessen auszusehen hat. So verlangt die Konvention freie und gleiche Mitwirkung bei allen legislativen und administrativen Entscheidungsprozessen, die indigene Bevölkerungen betreffen. Die Regierungen sollen die notwendigen Mittel zur Verfügung stellen, damit indigene Bevölkerungen ihre eigenen Einrichtungen und Initiativen voll entwickeln können. Sie sollen selbst über Prioritäten entscheiden und möglichst weitgehend ihre wirtschaftliche, soziale und kulturelle Entwicklung selbst kontrollieren können. Die Verbesserung ihrer Lebens- und Arbeitsbedingungen sowie ihrer Bildungsmöglichkeiten soll durch Zusammenarbeit mit ihnen besonders gefördert und ihre Umwelt geschützt werden.[486] Die Schutzrichtlinie fordert ebenfalls eine freie Mitwirkung und darüber hinaus frühzeitige und informierte (*prior and informed*) Anhörungen bzw. Beratungen mit den indigenen Bevölkerungen. Dazu werden die Vertragspartner der Bank verpflichtet, entsprechende angemessene Vorkehrungen zu treffen, um diese zu ermöglichen. Solche Vorkehrungen umfassen z. B. eine spezielle Prüfung des jeweiligen Projekts auf seine möglichen negativen Auswirkungen hinsichtlich indigener Interessen und ein Informationssystem, das besondere Rücksicht auf Genderinteressen nimmt und alle Generationen einbezieht.[487] Es ist also eine Stärkung sowie Konkretisierung und wechselseitige Ergänzung des Völkervertragsrechts zu erkennen.

---

484 *Operations Policy and Country Services Vice Presidency* [der Weltbank], Implementation of the World Bank's Indigenous Peoples Policy. A Learning Review (FY 2006-2008), S. 1.

485 *ILO*, Übereinkommen Nr. 169 vom 27.06.1989, Indigenous and Tribal Populations Convention, http://www.ilo.org/ilolex/cgi-lex/convde.pl?C169 (letzter Zugriff: 01.06.2012), Artt. 4f., 13-19, insbesondere 13, 14, 15 Abs. 1, 16.

486 *ILO*, Übereinkommen Nr. 169 vom 27.06.1989, Indigenous and Tribal Populations Convention, http://www.ilo.org/ilolex/cgi-lex/convde.pl?C169 (letzter Zugriff: 01.06.2012), Artt. 6 Abs. 1 (a) und (b), 7.

487 OP 4.10, Abs. 10.

Die Schutzrichtlinie kräftigt die Aussagen des Prinzips 22 der Rio-Deklaration:

> „Indigene Bevölkerungen, ihre Gemeinschaften und andere lokale Gemeinschaften spielen wegen ihres Wissens und ihrer traditionellen Bräuche eine entscheidende Rolle im Umweltmanagement und in der ökologischen Entwicklung. Die Staaten sollten ihre Identität, ihre Kultur und ihre Interessen anerkennen und gebührend fördern sowie ihre effektive Beteiligung bei der Umsetzung nachhaltiger Entwicklungsmaßnahmen ermöglichen."[488]

Das Prinzip ist bisher nur dem *soft law* zuzurechnen und sehr allgemein gehalten. Die Stärkung von *soft law* zu indigenen Gemeinschaften, welches Prinzip 22 und einige weitere Bestimmungen umfasst, kann aber die Herausbildung weiteren verbindlichen Völkerrechts im Bereich indigener Interessen fördern.

C.III.7 Sicherheit von Stauanlagen

Die verheerenden ökologischen Auswirkungen, welche der Bau von Stauanlagen mit sich bringen kann, sind am Beispiel des Narmadatal-Projekts bereits angesprochen worden.[489] Es werden häufig nicht nur das betroffene Öko- und Fließwassersystem durch Stauanlagen verändert und Böden geflutet,[490] sondern auch Wasserverschmutzung und Hangabgänge verursacht. Problematisch ist auch, dass die Mehrzahl insbesondere der größeren Stauanlagen erst in den letzten Jahrzehnten gebaut wurde[491] und ihre Auswirkungen auf die Umwelt noch nicht vollständig erfasst werden können.[492]

C.III.7.a Inhalt der Schutzrichtlinie

Wegen der großen Risiken, die mit Stauanlagen verbunden sind, stellt die Schutzrichtlinie (OP 4.37 in Verbindung mit BP 4.37)[493] klar, dass der Eigentümer für

---

488 *„Indigenous people and their communities and other local communities have a vital role in environmental management and development because of their knowledge and traditional practices. States should recognize and duly support their identity, culture and interests and enable their effective participation in the achievement of sustainable development."*

489 Siehe Teil B.IV.2 „Das Sardar-Sarovar-Projekt".

490 *Williams*, Introduction, in: Goldsmith/Hildyard (Hrsg.), The Social and Environmental Effects of Large Dams, S. 9.

491 *Khagram*, Dams and Development, S. 5f.

492 Vgl. *Williams*, Introduction, in: Goldsmith/Hildyard (Hrsg.), The Social and Environmental Effects of Large Dams, S. 9.

493 OP / BP 4.37 - Safety of Dams vom Oktober 2001, http://go.worldbank.org/5SGWNY6II0 bzw. http://go.worldbank.org/64PC5P7NA0 (ständige URLs).

ihre Sicherheit verantwortlich ist.[494] Sie unterscheidet zwischen neu zu errichtenden Stauanlagen und bereits bestehenden oder im Bau befindlichen. Des Weiteren sind bei neuen Stauanlagen große und kleine zu unterscheiden. Die Grenze wird bei 15 m Höhe gezogen, wobei unter gewissen Umständen auch 10 m hohe oder sogar kleinere Dämme als große qualifiziert werden können.[495] Es wird verlangt, dass Spezialisten die Stauanlagen entwerfen und ihren Bau überwachen sowie der Eigentümer weitere Sicherheitsvorkehrungen trifft.[496] Im Falle großer Anlagen sind weitere Sicherheitsmaßnahmen durchzuführen, die Prüfungen durch unabhängige Experten, ausführliche Sicherheitspläne, Qualitätsnachweise der beteiligten Bauunternehmen und regelmäßige unabhängige Sicherheitsüberprüfungen nach Fertigstellung einschließen.[497] Handelt es sich um bereits existierende oder im Bau befindliche Stauanlagen, ist es ebenfalls erforderlich, mindestens einen unabhängigen Experten für die Sicherheitsprüfung hinzuzuziehen oder einen mit dessen Beratung vergleichbaren Sicherheitsstandard nachzuweisen.[498]

C.III.7.b Bedeutung für das Umweltvölkerrecht

Wegen steigenden internationalen Drucks richtete die Weltbank im Mai 1998 zusammen mit der Weltnaturschutzunion[499] die sog. Welttalsperrenkommission (*World Commission on Dams*, WCD)[500] ein. Diese war eine unabhängige internationale Expertenkommission, welche die Auswirkungen von großen Stauanlagen untersuchen und international anerkannte Standards und Richtlinien vorgeben sollte. Im November 2000 veröffentlichte die Kommission ihren abschließenden Bericht, mit dessen Vollendung sie sich auflöste. In dem Bericht stellte die Kommission fest, dass große Stauanlagen zwar in vielen Teilen der Welt die Wasser- und Energieversorgung erheblich verbessert haben, jedoch oftmals auch schwerwiegende negative Auswirkungen auf die Umwelt und die Lebensbedingungen der Umgesiedelten mit sich brachten.[501] Ihre Errichtung erfolgte häufig

494 OP 4.37, Abs. 1.

495 OP 4.37, Abs. 3.

496 OP 4.37, Abs. 2.

497 OP 4.37, Abs. 4; BP 4.37, Abs. 9 lit. (c).

498 OP 4.37, Abs. 8, 9.

499 International Union for Conservation of Nature (IUCN), Näheres siehe unter http://www.iucn.org.

500 Näheres siehe unter http://www.unep.org/DAMS/WCD (letzter Zugriff: 01.06.2012).

501 Siehe zusammenfassend *WCD*, Dams and Development, London 2000, S. xxviii, xxxi.

auch langsamer und kostenintensiver als geplant, oder sie erzielten nicht den gewünschten Effekt.[502] Sehr problematisch sah die Kommission, dass die von den negativen Konsequenzen des Dammbaus Betroffenen zumeist andere waren als diejenigen, die von den Vorteilen der Anlagen profitierten.[503] In der Zukunft sollten Fairness hinsichtlich der Verteilung von Nutzen und Risiken (*equity*), Effizienz (*efficiency*), Nachhaltigkeit (*sustainability*) und verantwortungsvolles und -bewusstes Handeln (*accountability*) in jeder Phase eines Stauanlagenprojekts entscheidend sein.[504] Ein ebenso wesentlicher Aspekt für zukünftige Dammprojekte ist die qualifizierte Beteiligung der betroffenen Gruppen (*participatory decision-making*).[505]

Spezielles Umweltvölkerrecht zum Thema Stauanlagen existiert nicht. Jedoch gibt es eine Nichtregierungsorganisation, die Internationale Kommission für große Talsperren (*International Commission on Large Dams,* ICOLD), welche ein internationales Forum für den Austausch über technische Fragen zu Stauanlagen bietet. Bisher vereinigt sie Experten aus mehr als 90 Ländern weltweit.[506] Die Kategorisierung von Stauanlagen, welche die Weltbank vornimmt, orientiert sich an ihrem „Weltdammregister" (*World Register of Dams*).[507] Die Bank trägt so dazu bei, dass die an technischen Erkenntnissen orientierten Standards der ICOLD international mehr Aufmerksamkeit und Geltung erlangen.

Bei großen Anlagen gehört zu den Sicherheitsvorkehrungen obligatorisch das Aufstellen eines „Notfallvorbereitungsplans" (*emergency preparedness plan*).[508] Auch wenn es die Schutzrichtlinie nicht ausdrücklich erwähnt, kann ein solcher Plan angesichts der potentiellen verheerenden Auswirkungen von Dammbrüchen u. ä. nur dann wirksam sein, wenn die Öffentlichkeit gut informiert und sensibilisiert wird. Damit werden implizit gute Informationspolitik gefördert und in diesem Zusammenhang Informationsrechte der Bevölkerung gestärkt. Das entspricht den im Jahr 2000 aufgestellten Forderungen der WCD und verschafft ihnen damit unveränderte Aktualität.

---

502 Siehe zusammenfassend *WCD,* Dams and Development, London 2000, S. xxxi.

503 Siehe zusammenfassend *WCD,* Dams and Development, London 2000, S. xxviii, xxxi.

504 Siehe zusammenfassend *WCD,* Dams and Development, London 2000, S. xxxiii.

505 Siehe zusammenfassend *WCD,* Dams and Development, London 2000, S. xxxiii-xxxv.

506 Näheres unter http://www.icold-cigb.net (letzter Zugriff und Stand: 01.06.2012).

507 *International Commission on Large Dams,* World Register of Dams, http://www.icold-cigb.org/GB/World_register/world_register.asp (letzter Zugriff: 01.06.2012).

508 OP 4.37, Abs. 4 lit. b).

Die große Besorgnis der Weltbank um die von Stauanlagen ausgehenden Gefahren, welche in der Schutzrichtlinie zum Ausdruck kommt, zeigt, wie wichtig sichere Dämme und Talsperren für die Umwelt und damit auch für die Menschheit sind. Die Schutzrichtlinie trägt somit zur Bewusstseinsstärkung hinsichtlich der großen, mit Stauanlagen verbundenen Gefahren in der internationalen Öffentlichkeit bei. Die Klarstellung, die Eigentümer seien für die Sicherheit der Stauanlagen verantwortlich, kann auch als Ausdruck des völkergewohnheitsrechtlichen Verursacherprinzips gesehen werden.[509]

C.III.8 Umgang mit Schädlingen

Die Schutzrichtlinie zum Umgang mit Schädlingen (OP 4.09 in Verbindung mit BP 4.01, Annex C)[510] ist eine besondere Ausprägung der allgemeinen Umweltprüfung und umfasst die möglichst umweltfreundliche Bekämpfung sowohl von Schädlingen in der Landwirtschaft, als auch von Seuchen, die die öffentliche Gesundheit gefährden.[511] Zur Bewertung von Projektvorhaben in diesem Bereich nimmt die Bank Bezug auf die Klassifizierungskriterien und -maßstäbe der Weltgesundheitsorganisation (*World Health Organization*, WHO).[512] Hinsichtlich der Herstellung, Verpackung, des Vertriebs, der Lagerung und Entsorgung von Pestiziden verweist die Schutzrichtlinie auf die Richtlinien der Ernährungs- und Landwirtschaftsorganisation der Vereinten Nationen (*Food and Agriculture Organization*, FAO)[513] als Mindeststandard.[514] Indem die Bank sich auf die Vorgaben von WHO und FAO bezieht, verschafft sie ihnen breitere internationale Anerkennung und stärkt ihre Geltung. Dies gilt auch für das Verbot grenzüberschreitender Schädigungen, welches hier losgelöst vom Ressourcenmanagement bedeutsam ist. Die Bedeutung der Schutzrichtlinie zum Umgang

---

509 Vgl. Teil C.I.3.e „Verursacherprinzip".

510 OP 4.09 - Pest Management vom Dezember 1998, http://go.worldbank.org/QNORFLUFR0 (ständige URL); BP 4.01 - Environmental Assessment, Annex C - Application of EA to Projects Involving Pest Management vom Januar 1999, http://go.worldbank.org/VSE6CTUEG0 (ständige URL).

511 OP 4.09, Abs. 1.

512 The WHO Recommended Classification of Pesticides by Hazard and Guidelines to Classification 2009, http://www.who.int/ipcs/publications/pesticides_hazard_2009.pdf (letzter Zugriff: 01.06.2012); zwar bezieht sich Absatz 6 Satz 2 der OP 4.09, die selbst von 1998 datiert, auf die Ausgabe der Publikation von 1995; es ist jedoch davon auszugehen, dass im täglichen Bankgeschäft die aktuellste Auflage verwendet wird.

513 Näheres unter http://www.fao.org/ (letzter Zugriff: 01.06.2012).

514 OP 4.09, Abs. 7 S. 1 (Fn. 7).

mit Schädlingen als reine Spezifikation der allgemeinen Umweltprüfung ist an der Schutzrichtlinie zur Umweltprüfung zu messen.

C.III.9 Materielle Kulturgüter

Die Schutzrichtlinie zu Materiellen Kulturgütern (OP 4.11 in Verbindung mit BP 4.11)[515] wird innerhalb der Weltbank eher als Sozial- denn als Umweltstandard eingeordnet. Mögliche negative Auswirkungen von Projekten auf materielle Kulturgüter werden jedoch im Rahmen der Umweltprüfung ermittelt.[516] Projekte, welche die Integrität materieller Kulturgüter gefährden können, sollen als solche identifiziert und geeignete Schutzmaßnahmen ergriffen werden.[517] Unter materiellen Kulturgütern sind dabei „bewegliche oder unbewegliche Objekte, Anlagen, Bauwerke, Gruppen von Bauwerken, natürliche Gegebenheiten und Landschaften zu verstehen, die archäologische, paläontologische, historische, architektonische, religiöse, ästhetische oder andere kulturelle Bedeutung haben" zu verstehen.[518] Ihre Bedeutung kann dabei kommunaler oder internationaler, wissenschaftlich-historischer, wirtschaftlich-sozialer oder kultureller Natur sein.[519]

Im Hinblick auf Beteiligungsverfahren und Bekanntmachungen verweist die Schutzrichtlinie auf OP 4.01 zur Umweltprüfung.[520] Alle Schutzrichtlinien müssen naturgemäß recht allgemein gehalten sein, da sie für eine unbegrenzte Zahl von Fällen gelten. Dies gilt auch für OP / BP 4.11, da jedes Kulturgut zwar sehr speziell oder sogar einzigartig ist, aber wegen der Vielzahl an Kulturgütern weltweit nicht individuell in der Schutzrichtlinie berücksichtigt werden kann. Hinzu kommt noch, dass viele materielle Kulturgüter nicht offiziell erfasst oder rechtlich geschützt sind, so dass der öffentlichen Beteiligung besonderer Wert zukommt.[521] Nur bei angemessener Information und Beteiligung der Bevölkerung, die ihre Kulturgüter im Zweifel besser kennt als die Weltbankmitarbeiter,

---

515 OP 4.11 - Physical Cultural Resources vom Juli 2006, http://go.worldbank.org/IHM9G1FOO0 und BP 4.11 - Physical Cultural Resources vom Juni 2006, http://go.worldbank.org/5SLEKEUDY0 (ständige URLs).

516 OP 4.11, Abs. 4.

517 OP 4.11, Abs. 3 Satz 1 und 7f.

518 OP 4.11, Abs. 1 S. 1: „*movable or immovable objects, sites, structures, groups of structures, and natural features and landscapes that have archaeological, paleontological, historical, architectural, religious, aesthetic, or other cultural significance*".

519 OP 4.11, Abs. 1 S. 2, 2.

520 OP 4.11, Abs. 11f.

521 Vgl. BP 4.11, Abs. 7.

erscheint eine möglichst schonende Durchführung der geplanten Entwicklungsmaßnahmen realisierbar.

Grundsätzlich ist OP 4.11 wie OP 4.09 zum Umgang mit Schädlingen als wesentlicher Bestandteil der Umweltprüfung an deren Bedeutung für das Umweltvölkerrecht zu messen. Jedoch ist hervorzuheben, dass OP 4.11 die Beachtung internationaler umweltrechtlicher Verpflichtungen des Kreditnehmerlandes einfordert und dabei beispielhaft auf die Welterbekonvention (*Convention for the Protection of the World Cultural and Natural Heritage*) der UNESCO verweist.[522] Dadurch verschafft die Schutzrichtlinie dieser Konvention international größere Beachtung und schafft einen positiven Befolgungsanreiz.

C.III.10 Natürliche Lebensräume

Das Thema der natürlichen Lebensräume betrifft nicht nur die Erhaltung der Flora und Fauna in einem bestimmten Gebiet, sondern besonders auch den Schutz der globalen Umwelt für eine nachhaltige Entwicklung im Allgemeinen. Grundlage dafür ist die in der zweiten Hälfte des 20. Jahrhunderts entstandene Erkenntnis, dass natürliche Lebensräume nicht nur für sich genommen schützenswert sind, sondern die Konservierung jedes einzelnen Ökosystems, Biotops o. ä. mit dem Erhalt der globalen Umwelt wechselseitig zusammenhängt.[523]

C.III.10.a Völkerrechtliche Regelungen

Der Bereich des Artenschutzes im Völkerrecht ist im Wesentlichen vertragsrechtlich geprägt und neben dem internationalen Wasserrecht[524] wohl der Teil des Umweltvölkerrechts, welcher auf die frühesten zwischenstaatlichen Verträge zurückblickt.[525] Dies liegt daran, dass Menschen schon seit sehr langer Zeit die Nutzung von Tieren auf verschiedene Weise in ihre Lebensführung integriert

---

522 OP 4.11, Abs. 3 S. 2, Fußnote; Convention for the Protection of the World Cultural and Natural Heritage vom 16.11.1972, 1037 UNTS 151.

523 *Wolfrum*, International Environmental Law: Purposes, Principles and Means of Ensuring Compliance, in: Morrison/Wolfrum (Hrsg.), International, Regional and National Environmental Law, S. 3ff., 43f.

524 Siehe unten Teil C.III.12 „Projekte in internationalen Wasserwegen".

525 *Muffett*, International Protection of Wildlife, in: Morrison/Wolfrum (Hrsg.), International, Regional and National Environmental Law, S. 343ff., 343; beispielhaft kann die Declaration for the Protection of Birds Useful to Agriculture vom 5./29.11.1875 (Österreich-Ungarn/Italien), in: Rüster/Simma (Hrsg.), International Protection of the Environment, Bd. 4, S. 1561ff. genannt werden; dort finden sich auch zahlreiche weitere Verträge.

haben; Konfliktpotential besteht, wenn Tierarten Staatsgrenzen überqueren oder in internationalen Gewässern beheimatet sind.[526] Der Schutz natürlicher Lebensräume bildet mit der Regulierung von Nutzung und von Handel die drei Säulen, welche den weltweiten Artenschutz heute tragen.[527]

Wichtig ist das Berner Übereinkommen, dessen Zweck es ist, den Schutz wildlebender Tiere und Pflanzen sowie ihrer natürlichen Lebensräume zu gewährleisten.[528] Das Übereinkommen stützt sich auf die „Erkenntnis, dass wildlebende Pflanzen und Tiere ein Naturerbe von ästhetischem, wissenschaftlichem, kulturellem, erholungsbezogenem, wirtschaftlichem und ideellem Wert darstellen, das erhalten und an künftige Generationen weitergegeben werden muss", und dass sie für biologische Gleichgewichte entscheidend sind.[529] Für den Schutz wildlebender Pflanzen und Tiere ist wiederum „die Erhaltung natürlicher Lebensräume ein lebenswichtiges Element".[530] Hervorzuheben ist auch die Biodiversitäts-Konvention, die „die Erhaltung der biologischen Vielfalt, die nachhaltige Nutzung ihrer Bestandteile und die ausgewogene und gerechte Aufteilung der sich aus der Nutzung der genetischen Ressourcen ergebenden Vorteile" bezweckt. Sie schützt als erstes Abkommen global lebende Organismen jeglicher Herkunft und Ökosysteme jeglicher Art.[531] Des Weiteren ist die Welterbekonvention der Organisation der Vereinten Nationen für Erziehung, Wissenschaft und Kultur (*United Nations Educational, Scientific and Cultural Organization*, UNESCO) zu nennen. Diese definiert den Begriff des Naturerbes, erkennt seinen Schutz als Aufgabe der gesamten Staatengemeinschaft an und fordert entsprechende Maßnahmen.[532] Im Bereich des Arten- und Naturschutzes

---

526 *Muffett*, International Protection of Wildlife, in: Morrison/Wolfrum (Hrsg.), International, Regional and National Environmental Law, S. 343ff., 344.

527 *Muffett*, International Protection of Wildlife, in: Morrison/Wolfrum (Hrsg.), International, Regional and National Environmental Law, S. 343ff., 347: *„regulating harvest, regulating trade, and protecting habitat"*.

528 Berner Übereinkommen über die Erhaltung der europäischen wildlebenden Pflanzen und Tiere in ihren natürlichen Lebensräumen vom 19.09.1979 (Berner Übereinkommen), BGBl. II 1984, S. 620, Art. 1.

529 Berner Übereinkommen, Präambel, 4. und 5. Erwägungsgrund.

530 Berner Übereinkommen, Präambel, 7. Erwägungsgrund.

531 Convention on Biological Diversity vom 05.06.1982 (Biodiversitäts-Konvention), BGBl. 1993 II, S. 1742 sowie 31 ILM 1992, S. 822 und 1760 UNTS 79, Artt. 1, 2 Abs. 2.

532 Übereinkommen zum Schutz des Kultur- und Naturerbes der Welt (Welterbekonvention) vom 16.11.1972, BGBl. II 1977, S. 215, Artt. 2, 5-7.

sowie des Schutzes natürlicher Lebensräume gibt es darüber hinaus zahlreiche weitere internationale Abkommen.[533]

C.III.10.b Inhalt der Schutzrichtlinie

Die Schutzrichtlinie (OP 4.04 in Verbindung mit BP 4.04)[534] versteht unter natürlichen Lebensräumen „Land- und Wassergebiete, wo (i) die biologischen Gemeinschaften der Ökosysteme weitgehend durch arteigene Pflanzen- und Tierarten geformt werden und (ii) menschliche Aktivitäten die primären ökologischen Funktionen des Gebiets noch nicht wesentlich verändert haben."[535] Sie zeichnen sich dadurch aus, dass ihr Bestand für die globale Umwelt und das weltweite biologische, soziale und wirtschaftliche Gefüge von Bedeutung ist.[536]

Die Schutzrichtlinie regelt, dass Projekte, die nach einer Einzelfall-Beurteilung der Bank wichtige (*critical*) natürliche Lebensräume erheblich verändern oder belasten, nicht gefördert werden.[537] Als grobe Richtwerte können 10.000 Hektar betroffene natürliche Lebensräume oder 1% des jeweiligen Typs von Ökosystem als Grenzwerte für erhebliche Schädigungen angesehen werden.[538] Förderungswürdig erscheinen dagegen Projekte, die als Ziel den Schutz natürlicher Lebensräume, ihre nachhaltige Nutzung und vorbeugende Maßnahmen haben oder entsprechende Überlegungen in einem allgemeinen Entwicklungsplan berücksichtigen.[539] Es wird die Einbeziehung von Experten und Betroffenen bzw. NGOs und lokalen Gruppen erwartet.[540] Die Schutzrichtlinie gilt auch für Unterprojekte und Subunternehmer.[541]

---

533 Siehe *Kloepfer*, Umweltrecht, § 9 Rn. 37 (S. 650.) für eine Auflistung weiterer internationaler Abkommen im Bereich des Natur- und Tierschutzes sowie zum Schutz der biologischen Vielfalt.

534 OP / BP 4.04 - Natural Habitats vom Juni 2001, http://go.worldbank.org/PS1EF2UHY0 bzw.http://go.worldbank.org/BFOEUOUD10 (ständige URLs).

535 OP 4.04, Annex A - Definitions vom Juni 2001, http://go.worldbank.org/326G2UUHO0 (ständige URL), Abs. 1 lit. (a) S. 1: „*land and water areas where (i) the ecosystems' biological communities are formed largely by native plant and animal species, and (ii) human activity has not essentially modified the area's primary ecological functions.*"

536 OP 4.04, Annex A - Definitions, Abs. 1 lit. (a) S. 2.

537 OP 4.04, Abs. 4 i. V. m. Annex A, Abs. 1 lit. (b)-(d).

538 *Ledec*, Natural Habitats (OP 4.04), in: The World Bank, Safeguard Policies - Draft Matrices vom September 2006, S. 20f., 20.

539 OP 4.04, Abs. 3, 1 S. 3.

540 OP 4.04, Abs. 7, 10.

541 OP 4.04, Abs. 8.

C.III.10.c *Bedeutung für das Umweltvölkerrecht*

Die Schutzrichtlinie greift mit den natürlichen Lebensräumen nur einen einzelnen Aspekt des völkerrechtlichen Arten- und Naturschutzregimes und des Schutzes biologischer Vielfalt auf. Dies verwundert, da die bisher behandelten Schutzrichtlinien zwar ebenfalls sehr konkrete Schutzbereiche betreffen, aber nicht in so offensichtlichem Kontext mit bestimmten Materien des Umweltvölkerrechts stehen wie die natürlichen Lebensräume. Eine Erklärung ist, dass das über allem stehende Ziel ökologisch nachhaltiger Entwicklung einen umfassenden Ansatz erfordert, der alle wechselwirksamen Aspekte integriert. Nichtsdestotrotz sollte die Bank auch die Ausnutzung von und den Handel mit Erzeugnissen wildlebender Flora und Fauna in ihren Schutzrichtlinien gesondert berücksichtigte.

Die einschlägigen internationalen Verträge erwähnt die Schutzrichtlinie nicht einmal. Sie fördert aber materiell die in diesen Übereinkommen verfolgten Zwecke.[542]

C.III.11 Projekte in umstrittenen Gebieten

C.III.11.a *Legalrichtlinie und Bedeutung*

Die Schutzrichtlinie zu Projekten in umstrittenen Gebieten[543] stellt eine Richtlinie zur Festlegung rechtlicher Bestimmungen (Legalrichtlinie / *legal policy*) dar. Als solche bezweckt sie, Unstimmigkeiten zwischen der Weltbank und den betroffenen Staaten so früh wie möglich zu begegnen.[544] Denn die Bank hat nicht nur ihre eigenen und die Interessen des Empfängerstaates, sondern auch die Gesamtinteressen der Mitgliedstaaten zu wahren[545] und so Rechtssicherheit zu gewährleisten. Dies entspricht Artikel 3 Abschnitt 4 (v) Satz 2 IBRD-Satzung, gemäß dem die Bank „[i]m Interesse sowohl des Mitgliedes, in dessen Gebiet das Vorhaben durchgeführt wird, wie im Interesse der Gesamtheit der Mitglieder [...] mit Umsicht vorgehen [soll].“ Weder die Schutzrichtlinie noch die Satzung erläutern allerdings, wie sich die Interessen der Gesamtheit der Mitgliedstaaten bestimmen. Die Schutzrichtlinie 7.60 ist für umweltrechtliche Belange von geringerer Bedeutung, jedoch aus dem Grund unerlässlich mit den Sozial- und

542 *Holstein*, Der Umweltschutz in der Tätigkeit der Weltbankgruppe, S. 128.
543 OP / BP 7.60 - Projects in Disputed Areas vom Juni 2001, http://go.worldbank.org/BNX4KXDJT0 bzw.http://go.worldbank.org/Y9N9B29S70 (ständige URLs).
544 OP 7.60, Abs. 1 S. 2; BP 7.60, Abs. 1 S. 1.
545 *Salman*, The World Bank Policy for Projects on International Waterways, S. 203.

Umweltstandards verknüpft, dass Territorialstreitigkeiten die Durchführung eines Projekts erheblich behindern können.[546]

C.III.11.b Inhalt der Schutzrichtlinie

Um entsprechenden Konflikten begegnen zu können, müssen diese zunächst als solche erkannt und als für die Projektdurchführung relevant klassifiziert werden. Ein Konflikt liegt insbesondere vor, wenn mindestens zwei Staaten öffentlich Ansprüche auf dasselbe Gebiet erheben, wenn kollidierende Ansprüche in mindestens zwei Staaten vor nationalen Gerichten geltend gemacht werden, wenn Explorationsrechte für dasselbe Gebiet von mindestens zwei Staaten gewährt werden bzw. der Gewährung solcher Rechte widersprochen wird oder wenn ein Schlichtungsverfahren eingeleitet worden ist bzw. die Streitigkeiten nach einem solchen Verfahren andauern.[547] Ein Projekt kann (weiter) umgesetzt werden, wenn entweder keinerlei Einwände erhoben werden[548] oder besondere Umstände vorliegen, die eine Projektfortführung auch gegen Widerstände rechtfertigen. Diese liegen dann vor, wenn das Projekt die Interessen der Beteiligten nicht beeinträchtigt oder der Konflikt international nicht anerkannt ist bzw. nicht aktiv verfolgt wird.[549] Dabei enthält die Schutzrichtlinie keine näheren Hinweise z. B. darauf, unter welchen Voraussetzungen ein Konflikt als international anerkannt gilt. In jedem Fall muss die Projektdokumentation einen Hinweis enthalten, dass die Weltbank mit der Durchführung des Projekts keine rechtliche oder sonstige Bewertung des Territorialstatus' abgibt.[550] Generell versucht die Bank in Fällen umstrittener Gebiete zu vermeiden, dass Landkarten erstellt werden, um nicht unnötig den Unmut der betroffenen Staaten zu provozieren.[551]

C.III.11.c Abgrenzung zu internationalen Wasserwegen

Die Verfahrensregelungen für Projekte in internationalen Wasserwegen bilden die Grundlage für die Richtlinie zu Projekten in umstrittenen Gebieten.[552] Diese betrifft von mehreren Staaten beanspruchte Gebiete jedweder Art, d. h. Land- und Wassergebiete sowie Lufträume. Um ihren Anwendungsbereich von

546 *Salman*, The World Bank Policy for Projects on International Waterways, S. 204.
547 *Salman*, The World Bank Policy for Projects on International Waterways, S. 205ff.
548 OP 7.60, Abs. 3 S. 1 und 2 lit. (a), 2.
549 OP 7.60, Abs. 3 S. 1 und 2 lit. (b).
550 OP 7.60, Abs. 3 S. 2 lit. (b) (ii) S. 2.
551 *Salman*, The World Bank Policy for Projects on International Waterways, S. 212; BP 7.60, Abs. 5.
552 *Salman*, The World Bank Policy for Projects on International Waterways, S. 208.

demjenigen der nachfolgend behandelten Richtlinie zu Projekten in internationalen Wasserwegen zu unterscheiden, muss zwischen Streitigkeiten um die genaue Einteilung eines Wasserweges und solchen um die Souveränität über den Wasserweg unterschieden werden; nur letztere werden von der Schutzrichtlinie 7.60, die hier behandelt wird, erfasst. Bei der Einteilung eines Wasserwegs geht es in der Regel darum, wie viel Wasser jedem Anrainer genau zusteht.[553] Souveränitätsstreitigkeiten betreffen dagegen Grundsatzfragen der Nutzungsrechte an einem Gewässer und sind um einiges komplizierter, weil die Beteiligten wegen ihres Souveränitätsanspruchs oft erst gar keinen Konflikt anerkennen oder den Konflikt nicht von Dritten klären lassen wollen.[554]

C.III.12 Projekte in internationalen Wasserwegen

Staatsgrenzen verliefen seit jeher häufig durch natürliche Wasserwege. Dementsprechend haben sich betroffene Staaten schon seit langem in Bezug auf die Aufteilung der Wassernutzung einigen müssen, um Konflikte zu vermeiden. Neben wirtschaftlichen und politischen Aspekten ist heutzutage für das internationale Wasserrecht zunehmend die Erkenntnis prägend, dass Wasser als lebensnotwendige Ressource für das menschliche Dasein nicht in unbegrenztem Umfang zur Verfügung steht.

C.III.12.a Völkerrechtliche Regelungen

Das internationale Wasserrecht der heutigen Zeit hat sich im Wesentlichen erst in den vergangenen zwei Jahrzehnten geformt.[555] Im Völkergewohnheitsrecht lassen sich dabei hauptsächlich drei Prinzipen ausmachen: das Prinzip der eingeschränkten Souveränität bzw. fairen Nutzung internationaler Wasserwege (*limited sovereignty / equitable utilization*), d. h. solcher Wasserwege, die mindestens zwei Anrainerstaaten haben; das Verbot grenzüberschreitender Schädigungen (*no harm*) sowie die Pflicht, Konflikte friedlich zu lösen (*peaceful resolution of disputes*).[556] Diese drei Prinzipien sind spezielle Ausprägungen allgemeiner Prinzipien des Umweltvölkerrechts für das Wasserrecht. Sie konkretisieren die

553 *Salman*, The World Bank Policy for Projects on International Waterways, S. 204f.

554 *Salman*, The World Bank Policy for Projects on International Waterways, S. 205, 209f.

555 *Dellapenna/Gupta*, The Evolution of Global Water Law, in: Dellapenna/Gupta (Hrsg.), The Evolution of the Law and Politics of Water, S. 3ff., 10.

556 *Dellapenna/Gupta*, The Evolution of Global Water Law, in: Dellapenna/Gupta (Hrsg.), The Evolution of the Law and Politics of Water, S. 3ff., 11.

Souveränität hinsichtlich natürlicher Ressourcen und das Verbot grenzüberschreitender Umweltbeeinträchtigungen[557] sowie das Prinzip der fairen Aufteilung natürlicher Ressourcen.[558] Die Pflicht, Konflikte friedlich zu lösen, ist auch Teil der allgemeinen Pflicht zur friedlichen Streitbeilegung aus der UN-Charta[559]. Sie hängt außerdem eng mit dem Vorsorgeprinzip[560] zusammen, denn im Falle zwischenstaatlicher Konflikte geraten Umweltschutzbelange leicht gegenüber aktuellen politischen Interessen in den Hintergrund.

Im Bereich des Völkervertragsrechts sind die UN- und UNECE-Wasserkonventionen zu nennen. Die UN-Konvention über die nicht-nautische Nutzung internationaler Wasserläufe wurde 1997 von der UN-Generalversammlung verabschiedet und soll dem nachhaltigen Schutz der internationalen Wasserläufe dienen.[561] Zwar ist sie mangels ausreichender Ratifikationen noch nicht in Kraft[562] und daher nicht bindend. Jedoch hat sie rechtliche Entwicklungen in diesem Bereich auf regionaler Ebene gefördert[563] und ist ein erster Schritt hin zu einem umfassenden internationalen Wasserschutzregime. Die UNECE-Konvention zum Schutz und zur Nutzung grenzüberschreitender Wasserläufe und internationaler Seen[564] ist zwar bisher nur ein regionales Abkommen, dafür aber bereits rechtlich bindend. Zu ihren Vertragsparteien gehören 36 UNECE-Mitgliedstaaten sowie die Europäische Union.[565] Seit 2003 ist sie auch für Staaten außerhalb der UNECE zum Beitritt zugänglich. Beide Übereinkommen differenzieren nicht zwischen Süß- und Salzwasser. Des Weiteren dient das Seerechtsübereinkommen der Vereinten Nationen, welches verschiedene Bereiche

---

557 Siehe Teil C.I.3.a „Souveränität hinsichtlich natürlicher Ressourcen und Verbot grenzüberschreitender Umweltbeeinträchtigungen".

558 Siehe Teil C.I.3.b „Faire Aufteilung".

559 Gesamtkonzept der Charta der Vereinten Nationen vom 26.06.1945 (UN-Charta), BGBl. 1973 II, S. 431, in der Fassung vom 28.08.1980, BGBl. 1980 II, S. 1252, insbesondere Artt. 1, 2, 33ff.

560 Siehe Teil C.I.3.d „Vorsorgeprinzip".

561 Convention on the Law of the Non-navigational Uses of International Watercourses vom 21.05.1997, UN Doc. A/RES/51/229, Annex, vgl. Art. 5.

562 Stand: 01.06.2012, http://treaties.un.org/pages/ShowMTDSGDetails.aspx?src=UNTSONLINE&tabid=2&mtdsg_no=XXVII-12&chapter=27&lang=en#Participants.

563 *Dellapenna/Gupta*, The Evolution of Global Water Law, in: Dellapenna/Gupta (Hrsg.), The Evolution of the Law and Politics of Water, S. 3ff., 11.

564 *United Nations Economic Commission for Europe* (UNECE), Übereinkommen zum Schutz und zur Nutzung grenzüberschreitender Wasserläufe und internationaler Seen vom 17.03.1992, BGBl. II 1994, S. 2333.

565 Stand: 01.06.2012, http://www.unece.org/env/water/text/text.html.

der Meere klar abgrenzt sowie die jeweiligen Rechte und Pflichten kodifiziert, auch dem Meeresschutz. Das Seerechtsübereinkommen erfasst auch Meeresstraßen, d. h. internationale (Salz-)Wasserstraßen.[566] Ein universelles Abkommen, das die Nutzung internationaler Wasserwege verbindlich regelt, existiert bisher nicht.[567]

Das Feld internationaler Wasserwege ist auch durch einige prominente Gerichtsentscheidungen geprägt worden. Zu nennen sind insbesondere die Urteile *Lac Lanoux* und *Gabčíkovo-Nagymaros Project*. Der Fall *Lac Lanoux* wurde 1957 zwischen Frankreich und Spanien von einem Schiedsgericht entschieden. Das Gericht stellte fest, dass bei Streitigkeiten über gemeinsame Wasserressourcen im Zweifel allgemeine Regeln des Völkerrechts anzuwenden sind, wenn es um die Auslegung vertraglicher Bestimmungen geht. Es gebe keine einzig richtige Auslegungsmethode, sondern die Genese eines Vertrages könne ebenso herangezogen werden wie das Gewohnheitsrecht.[568] Im Urteil zum *Gabčíkovo-Nagymaros Project* bestätigte der IGH 1997 das völkergewohnheitsrechtliche Recht der Anrainerstaaten auf anteilige, angemessene Nutzung eines Gewässers.[569]

C.III.12.b Inhalt der Schutzrichtlinie

Diese Schutzrichtlinie (OP 7.50 in Verbindung mit BP 7.50)[570] hat zwei Ziele: Erstens sollen Konflikte zwischen der Bank und den Anrainerstaaten oder zwischen den Anrainerstaaten der internationalen Wasserwege, gleich ob sie Mitgliedstaaten der Weltbank sind oder nicht, vermieden werden. Zweitens sollen die effiziente Nutzung und der Schutz der Wasserwege sichergestellt werden.[571] Die Schutzrichtlinie legt sehr genau fest, welche Arten von Wasserwegen und Projekten sie erfasst. Sie gilt vor allem für Flüsse, Kanäle, Seen und ihre Zuflüsse, die zu zwei

---

566 Seerechtsübereinkommen der Vereinten Nationen vom 10.12.1982, BGBl. II 1994, S. 1799, Artt. 192ff., 34ff., 233.

567 Siehe auch *Salman*, The World Bank Policy for Projects on International Waterways, S. 66. Für eine Auflistung weiterer internationaler Abkommen zum Gewässerschutz siehe *Kloepfer*, Umweltrecht, § 9 Rn. 37 (S. 649f.).

568 *Lac Lanoux Arbitration* (France v. Spain), Schiedsspruch vom 16.11.1957, 24 ILR 101, 121.

569 *IGH*, Gabčíkovo-Nagymaros Project (Hungary v. Slovakia), Urteil vom 25.09.1997, ICJ Reports 1997, S. 7ff., Rn. 85.

570 OP / BP 7.50 - Projects on International Waterways vom Juni 2001, http://go.worldbank.org/LYIKQ2JTV0 bzw.http://go.worldbank.org/K0GGGT9K90 (ständige URLs).

571 Vgl. OP 7.50, Abs. 3 S. 1 und 2.

oder mehr Staaten gehören sowie für Buchten, Meerengen u. ä., die an mindestens zwei Staaten grenzen. Dabei fallen alle Projekte in den Anwendungsbereich der Schutzrichtlinie, die die Nutzung oder potentielle Verschmutzung internationaler Wasserwege betreffen.[572] In einigen Fällen, z. B. für Definitionen von Buchten oder Kanälen, greift die Bank jedoch auf andere Quellen wie das UN-Seerechtsübereinkommen und dessen Interpretationen zurück.[573]

Die Schutzrichtlinie regelt auch, dass mögliche negative Auswirkungen eines Projekts, d. h. die Verschmutzung eines internationalen Wasserweges[574] schnellstmöglich anzugehen ist und die betroffenen Staaten informiert werden müssen.[575] Ein Projekt wird durch die Bank nicht weiterverfolgt, wenn das Kreditnehmerland sich gegen dieses Mitteilungserfordernis sperrt, es sei denn, eine Ausnahme von der Informationspflicht liegt vor. Dies ist der Fall, wenn bestehende Projekte nur geringfügig ergänzt oder geändert werden und dadurch nach der Beurteilung der Weltbank kein Anrainerstaat Nachteile erfährt. Weitere Ausnahmen bestehen, wenn Gewässerbewirtschaftungs- oder Durchführbarkeitsgutachten beigebracht werden oder wenn das Projekt einen Nebenfluss betrifft, der nur durch einen Staat fließt, welcher zudem der am weitesten stromabwärts gelegene Anrainer ist.[576] Die Schutzrichtlinie enthält des Weiteren detaillierte Regelungen zum weiteren Verfahren, insbesondere wenn die notifizierten Anrainer Einwände gegen das Projekt erheben; in diesem Fall können unabhängige Experten zu Rate gezogen werden.[577] Bi- oder multilaterale Vereinbarungen und zwischenstaatlich errichtete Regelungsmechanismen haben aber Vorrang.[578]

C.III.12.c Bedeutung für das Umweltvölkerrecht

Die Weltbank tat sich zunächst sehr schwer, adäquate Regelungen für den Umgang mit Projekten in internationalen Wasserwegen zu finden, was daran lag, dass umfassende Regime im Völkerrecht nicht existierten und bis heute nicht existieren.[579] Indem die Bank im Jahr 1985 mit der operativen Dienstanweisung

572 OP 7.50, Abs. 1, 2.

573 *Salman*, The World Bank Policy for Projects on International Waterways, S. 82.

574 Vgl. OP 7.50, Abs. 2 lit. (a).

575 OP 7.50, Abs. 4 S. 1 und 2; BP 7 50, Abs. 1 S. 1 und 3.

576 OP 7.50, Abs. 4 S. 3-5, 7; BP 7.50, Abs. 3.

577 OP 7.50, Abs. 6; BP 7.50, Abs. 4-12.

578 Vgl. OP 7.50, Abs. 5: „*The Bank ascertains whether the riparians have entered into agreements or arrangements or have established any institutional framework for the international waterway concerned. […]*"

579 Vgl. *Salman*, The World Bank Policy for Projects on International Waterways, S. 65f.

(*operational manual statement*, OMS) 2.32 die erste, seitdem nur wenig veränderte Vorgängerversion der OP / BP 7.50 aufstellte, in die mehr als 30 Jahre Erfahrungen einflossen, errichtete sie ein wegweisendes Instrument zur Lösung von Konflikten um internationale Wasserwege.[580]

Konkret trägt die Schutzrichtlinie wesentlich dazu bei, die Zusammenarbeit und Kommunikation zwischen den Anrainerstaaten internationaler Wasserwege zu stärken. Dies ist ganz im Sinne der völkergewohnheitsrechtlichen Pflicht, eine friedliche Konfliktlösung anzustreben. Insbesondere sind die Regelungen in der OP / BP 7.50 bedeutsam, welche festlegen, die Bank werde ein Projekt nicht weiter unterstützen, wenn der Empfängerstaat sich weigert, gewisse Mitteilungspflichten einzuhalten. Wirtschaftliche Motive sind meist der beste Anreiz für Staaten, gewisse Verhaltenspflichten einzuhalten. Die Schutzrichtlinie fördert auch, dass Staaten Risiken grenzüberschreitender Schädigungen möglichst vermeiden, denn wenn es Widerstand von Seiten anderer Anrainer gegen ein Projekt gibt, ist es möglich, dass die Bank von einer Fortsetzung des Projekts absieht.[581] Die Tatsache, dass es eine eigene Schutzrichtlinie für die Behandlung und den Schutz internationaler Wasserwege gibt, stärkt insgesamt auch die durch internationale Verträge verfolgten Ziele im Wasserrecht.

C.III.13 Ergebnis zu den Schutzrichtlinien

Die Schutzrichtlinien adressieren sehr ausgewählte Bereiche des Umweltrechts; lediglich die Schutzrichtlinie zur Umweltprüfung ist in Bezug auf ökologische Belange weiter gefasst. In den Bereichen, welche die Schutzrichtlinien behandeln, tragen sie häufig dazu bei, völkerrechtliche Bestimmungen zu stärken oder zu konkretisieren. Dies betrifft sowohl vertragliche Regelungen, verbindlicher oder mangels genügender Ratifikationen unverbindlicher Natur, als auch völkergewohnheitsrechtliche Normen oder solche des *soft law*. Verbindliche Regelungen des Völkervertrags- oder -gewohnheitsrechts werden auf diese Art bekräftigt. Aber auch unverbindliche Bestimmungen erfahren durch die Anwendung der Schutzrichtlinien eine Bestätigung. Dies kann bewirken, dass diese Bestimmungen stärker in das Bewusstsein der internationalen Öffentlichkeit rücken und so der moralische Druck hinsichtlich ihrer Einhaltung erhöht wird. Zudem kann die Förderung unverbindlicher Normen dazu beitragen, dass sie schneller oder erstmalig einen verbindlichen Status erreichen, sei es vertrags- oder gewohnheitsrechtlich.

---

580 *Salman*, The World Bank Policy for Projects on International Waterways, S. 66.
581 Vgl. OP 7.50, Abs. 6 S. 2.

Die Bedeutung der Schutzrichtlinien für das Umweltvölkerrecht ist erst auf den zweiten Blick zu erkennen. Ein entscheidender Grund dafür ist, dass sie interne Verwaltungsvorschriften darstellen, die nur von den Weltbankmitarbeitern beachtet werden müssen. Zwar werden sie regelmäßig auch in die Vereinbarungen mit den Darlehensnehmern integriert, jedoch wirken sie nach außen als individualvertraglich festgelegte Bestimmungen. Die Schutzrichtlinien sind aber auch darüber hinaus bedeutsam. Alle Schutzrichtlinien enthalten starke Elemente kontinuierlichen Dialogs und intensiver Zusammenarbeit mit den vom jeweiligen Projekt erfassten Mitgliedstaaten. Der Einfluss dieser Elemente wird meist nicht in handfesten Beiträgen zur Bildung oder Stärkung von Völkerrecht sichtbar. Es ist aber zumindest davon auszugehen, dass durch Dialog und Kooperation das Bewusstsein der Mitgliedstaaten für umweltrechtliche Problematiken und Lösungsansätze erweitert wird. Mitunter übernehmen die Staaten auch freiwillig Regelungen der Schutzrichtlinien in nationales Recht, so dass der Weltbank insoweit eine Vorbildfunktion zukommt.

C.IV Das Aufsichtsgremium

Die Bedeutung der Weltbank-Schutzrichtlinien für die Menschenrechte kann nur vollständig erfasst werden, wenn auch die vom Aufsichtsgremium untersuchten Fälle betrachtet werden. Das Aufsichtsgremium ist eine unabhängige, bankinterne Kontrollinstanz, die auf Antrag von Betroffenen die Einhaltung der operativen Richtlinien und Verfahrensvorschriften, zu denen die Schutzrichtlinien zählen, überprüft. Die Analyse seiner Untersuchungen gewährt Einsicht in die tatsächliche Umsetzung der Vorgaben der Schutzrichtlinien.

C.IV.1 Grundlagen

C.IV.1.a Allgemeines zum Aufsichtsgremium

Das Aufsichtsgremium wurde im September 1993 von den Exekutivdirektoren der Weltbank als unabhängige Kontrollinstanz eingerichtet und nahm ein Jahr später seine Arbeit auf. Es entstand zu einer Zeit, in der Weltbankprojekte wegen ihrer ökologischen und sozialen Auswirkungen starker externer und interner Kritik ausgesetzt waren.[582] Der das Sardar-Sarovar- bzw. Narmadatal-Projekt untersuchende Morse-Bericht hatte stark die fehlende Verantwortlichkeit und

582 Siehe Teile B.IV.2 „Das Sardar-Sarovar-Projekt“ und B.IV3 „Morse- und Wapenhans-Bericht“.

Transparenz der Bank kritisiert.[583] Auch der bankinterne Wapenhans-Bericht hatte Mängel in der Geschäftstätigkeit der Bank dokumentiert.[584] In Reaktion darauf stellte die Bank einen Aktionsplan auf, der die im Wapenhans-Bericht aufgezeigten Defizite beseitigen sollte. Darin hieß es, dass „den Interessen der Bank am besten gedient wäre durch die Einrichtung eines unabhängigen Untersuchungsverfahrens zur Ergänzung der bestehenden Überwachungs-, Revisions- und Evaluationsaktivitäten der Bank."[585]

Die Gründungsresolution für das Aufsichtsgremium wurde im September 1993 verabschiedet.[586] Aufgabe des Gremiums ist die Verbesserung der Qualitätskontrolle im Projektbereich, indem es auf Antrag von betroffenen Gruppen oder deren Vertretern unabhängig darüber entscheidet, ob und inwieweit die Bank ihre eigenen operativen Richtlinien und Verfahrensvorschriften[587] eingehalten hat.[588] Die Betroffenen müssen geltend machen, dass sie in Rechten oder Interessen verletzt wurden und dadurch einen materiellen Schaden erlitten haben.[589] Die genauen Abläufe werden in den Verfahrensrichtlinien des Aufsichtsgremiums festgelegt.[590] Das Gremium setzt sich aus drei Mitgliedern unterschiedlicher Nationalität zusammen, die von den Exekutivdirektoren ausgewählt und vom Weltbankpräsidenten für einen Fünfjahresterm ernannt werden.[591]

---

583 Vgl. *Berger*, The World Bank's Independent Review of India's Sardar Sarovar Projects, in: 9 Am. U. J. Int'l L. & Pol'y 1993, S. 33ff., 44f.

584 Siehe Teil B.IV.3 „Morse- und Wapenhans-Bericht".

585 *The World Bank*, Progress Report on the Implementation of "Portfolio Management: Next Steps. A Program of Actions", Washington, D. C., 1994, Abs. 85 S. 1 (S. 43): "*the interests of the Bank would be best served by the establishment of an independent inspection function to complement the Bank's standing supervision, audit, and evaluation activities.*"

586 *IBRD/IDA*, Resolution No. 93-10. Resolution No. IDA 93-6. The World Bank Inspection Panel (Gründungsresolution) vom 22.09.1993, in: The Inspection Panel, The Inspection Panel at 15 Years, Washington, D. C., 2009, Appendix VI (S. 202ff.)

587 Die Gründungsresolution meint damit die Schutzrichtlinien bzw. ihre Vorgänger, Abs. 12 letzter Satz.

588 *Shihata*, The World Bank Inspection Panel, S. 36f.; vgl. auch Gründungsresolution, Abs. 12 S. 1.

589 Gründungsresolution, Abs. 12 S. 3.

590 Operating Procedures of the Inspection Panel vom 19.08.1994, in: *Shihata*, The World Bank Inspection Panel: In Practice, Annex I-1-2, S. 278ff.; für eine allgemeine Beschreibung und einen Überblick über die einzelnen Phasen des Verfahrens siehe auch *The Inspection Panel*, The Inspection Panel at 15 Years, S. 23ff.

591 Gründungsresolution, Abs. 2-11, insbes. 2f.

Das Aufsichtsgremium stellte zu diesem Zeitpunkt als internes Kontrollsystem insbesondere im Hinblick auf das Antragsrecht von Gruppen von Individuen unter den internationalen Organisationen eine Neuheit dar.[592] Seit seiner Gründung haben einige andere Internationale Finanzinstitutionen ähnliche Kontrollsysteme eingeführt.[593] Eine wichtige Arbeitsbedingung für das Aufsichtsgremium wurde 1994 mit der Überarbeitung der Richtlinie zur Offenlegung von Informationen der Weltbank[594] geschaffen.[595] Gemäß den überarbeiteten Vorschriften wurde ein öffentliches Informationszentrum (*Public Information Center*, PIC) eingerichtet, das Informationsanfragen der Öffentlichkeit beantworten sollte.[596] Der Nutzen des PIC ist einerseits formaler Natur, da Betroffene sich informieren und ihre Anliegen vorbringen können; der praktische Nutzwert besteht darin, dass sie ihre Beschwerden beim Aufsichtsgremium auf diese Informationen stützen und damit auf eine sachlich fundierte Grundlage stellen können.[597]

C.IV.1.b Beschwerdebefugnis

Der genaue Wortlaut der Gründungsresolution des Aufsichtsgremiums, der seine Aufgabe betrifft, lautet:

---

592 *Clark*, Understanding the World Bank Inspection Panel, in: Clark/Fox/Treakle (Hrsg.), Demanding Accountability, S. 1ff., 9; vgl. *Fox*, The World Bank Inspection Panel and the Limits of Accountability, in: Pincus/Winters (Hrsg.), Reinventing the World Bank, S. 131ff., 131.

593 Vgl. z. B. das Office of Evaluation and Oversight (OVE) der Inter-American Development Bank (IDB) von 1994, Näheres unter http://www.iadb.org/ove; das Office of Anticorruption and Integrity (OAI) der Asian Development Bank (ADB) von 1995, Näheres unter http://www.adb.org/Integrity; das Independent Evaluation Office (IEO) des Internationalen Währungsfonds (IWF) von 2001, Näheres unter http://www.ieo-imf.org; sowie den Independent Recourse Mechanism (IRM) der European Bank for Reconstruction and Development (EBRD) von 2003, seit 2010 ersetzt durch den Project Complaint Mechanism, Näheres unter http://www.ebrd.com/pages/project/pcm.shtml (alle zuletzt aufgerufen am 01.06 2012).

594 *The World Bank*, The World Bank Policy on Disclosure of Information, Washington, D. C.

595 *Schlemmer-Schulte*, Building an International Grievance System: The World Bank Inspection Panel - Selected Issues, in: Bröhmer (Hrsg.), Festschrift für Georg Ress, S. 249ff., 255.

596 *The World Bank*, The World Bank Policy on Disclosure of Information, Washington, D. C., S. 4.

597 Vgl. *Schlemmer-Schulte*, Building an International Grievance System: The World Bank Inspection Panel - Selected Issues, in: Bröhmer (Hrsg.), Festschrift für Georg Ress, S. 249ff., 255.

„Die betroffene Partei muss darlegen, dass ihre Rechte oder Interessen zumindest wahrscheinlich durch ein Tun oder Unterlassen der Bank direkt beeinträchtigt worden sind als Folge einer Missachtung der operativen Richtlinien der Bank hinsichtlich der Gestaltung, der Genehmigung und / oder der Umsetzung eines weltbankfinanzierten Projekts. [...] In jedem Fall muss eine solche Missachtung zu einem erheblichen Schaden geführt haben oder zumindest geeignet gewesen sein, einen erheblichen Schaden herbeizuführen."[598]

Damit macht die Resolution deutlich, dass die jeweils betroffene Zivilbevölkerung Ausgangspunkt einer jeden Untersuchung des Aufsichtsgremiums ist. Eine (völker-)rechtliche Beziehung geht die Weltbank allerdings nur mit den Darlehensnehmern, also den Mitgliedstaaten ein. Die durch Bankprojekte benachteiligten bzw. geschädigten, aber auch profitierenden Bürger sind aus Sicht der Bank dritte Parteien, zu denen kein rechtliches Verhältnis besteht.[599] Es ist bemerkenswert, dass die Zivilgesellschaft dennoch eine Möglichkeit erhält, schädigende Maßnahmen der Weltbank anzugreifen. Die Beschwerden müssen sich dabei gegen die Bank als internationale Organisation und nicht gegen einzelne Mitarbeiter richten, da diese im Allgemeinen gemäß der Bank-Satzung Immunität gegen rechtliche Verfahren genießen.[600]

Es muss jedoch bedacht werden, dass die zahlreichen Richtlinien und Verfahrensvorschriften der Bank, die während eines Projektzyklus zu beachten sind, rein administrative Vorschriften darstellen. Sie erlangen nur innerhalb der Bank Geltung, wenn sie nicht in die Vereinbarungen mit dem Empfängerstaat aufgenommen werden.[601] Dies erschwert den Nachweis einer Beschwerdebefugnis vor dem Aufsichtsgremium.

---

598 Gründungsresolution, Abs. 12 S. 3: *„The affected party must demonstrate that its rights or interests have been or are likely to be directly affected by an action or omission of the Bank as a result of a failure of the Bank to follow its operational policies and procedures with respect to the design, appraisal and/or implementation of a project financed by the Bank [...] provided in all cases that such failure has had, or threatens to have, a material adverse effect."*

599 *Schlemmer-Schulte*, The World Bank Inspection Panel: A Model for Other International Organizations?, in: Blokker/Schermers (Hrsg.), Proliferation of International Organizations: Legal Issues, S. 483ff., 505, 508.

600 Art. VII, Abschn. 8 (i) IBRD-Satzung sowie Art. VIII, Abschn. 8 (i) IDA-Satzung: *„All governors, executive directors, alternates, officers and employees of the [Bank/Association...] shall be immune from legal process with respect to acts performed by them in their official capacity except when the [Bank/Association] waives this immunity"*.

601 *Schlemmer-Schulte*, The World Bank Inspection Panel: A Model for Other International Organizations?, in: Blokker/Schermers (Hrsg.), Proliferation of International Organizations: Legal Issues, S. 483ff., 507.

C.IV.1.c Rechtsnatur

Es können gerichtliche, nicht-gerichtliche und quasi-gerichtliche Überwachungsorgane im Völkerrecht unterschieden werden. Gerichte urteilen unabhängig und rechtlich verbindlich in einem rechtsstaatlichen Verfahren.[602] Beispiele sind der IGH, der EGMR und der Europäische Gerichtshof (EuGH). Nicht-gerichtliche Überwachung erfolgt durch politisch abhängige Organe einer internationalen Organisation, deren Kompetenzen und Verfahrensnormen satzungsmäßig bestimmt sind.[603] Unter quasi-gerichtlichen Überwachungsorganen sind *de jure* unabhängige Spruchkörper zu verstehen, die in einem ordentlichen Verfahren nach rechtlichen Regeln entscheiden; ihre Entscheidungen müssen abschließend, aber nicht unbedingt bindend sein.[604] Das Aufsichtsgremium ist gemäß seiner Gründungsresolution unabhängig und entscheidet in einem nach seinen Verfahrensrichtlinien geregelten Verfahren abschließend über die Einhaltung der operativen Richtlinien der Bank.[605] Damit kann es als quasi-gerichtliches Überwachungsorgan betrachtet werden.[606] Jedoch können die Exekutivdirektoren selbst entscheiden, ob eine Überprüfung gegebenenfalls sogar des eigenen Verhaltens durchgeführt wird oder nicht.[607] Insofern ist das Aufsichtsgremium als eher schwaches Kontrollorgan, in Richtung eines nicht-gerichtlichen Organs einzuordnen.[608]

Das Aufsichtsgremium garantiert Verantwortlichkeit (*accountability*);[609] sie betrifft ethische, institutionelle und auch rechtliche Regeln.[610] Diese

---

602 *Van Hoof/de Vey Mestdagh*, Mechanisms of International Supervision, in: van Dijk (Hrsg.), Supervisory Mechanisms in International Economic Organisations, S. 1ff., 15ff.

603 *Van Hoof/de Vey Mestdagh*, Mechanisms of International Supervision, in: van Dijk (Hrsg.), Supervisory Mechanisms in International Economic Organisations, S. 1ff., 18ff.

604 *Van Hoof/de Vey Mestdagh*, Mechanisms of International Supervision, in: van Dijk (Hrsg.), Supervisory Mechanisms in International Economic Organisations, S. 1ff., 18.

605 Vgl. auch Gründungsresolution, Abs. 1, 12 S. 3 und 6, 22, 24-26.

606 *Bradlow*, International Organizations and Private Complaints: The Case of the World Bank Inspection Panel, in: 34 Va. J. Int'l L 1994, Nr. 3, S. 553ff., 602.

607 Gründungsresolution, Abs. 19 S. 1 und 2.

608 *Bradlow*, International Organizations and Private Complaints: The Case of the World Bank Inspection Panel, in: 34 Va. J. Int'l L 1994, Nr. 3, S. 553ff., 602.

609 *Bissell*, Institutional and Procedural Aspects of the Inspection Panel, in: Alfredsson/Ring (Hrsg.), The Inspection Panel of the World Bank: A Different Complaints Procedure, S. 107ff., 112.

610 *Schlemmer-Schulte*, The World Bank Inspection Panel: A Model for Other International Organizations?, in: Blokker/Schermers (Hrsg.), Proliferation of International Organizations: Legal Issues, S. 483ff., 508.

Verantwortlichkeit bewegt sich zwischen den Konzepten der rechtlichen Haftbarkeit und der (schwächeren) internationalen Verantwortlichkeit, da die Entscheidungen des Aufsichtsgremiums nicht zu durchsetzbaren Ansprüchen auf ein bestimmtes Handeln führen.[611]

C.IV.1.d Anfängliche Kritik

Die Einrichtung des Aufsichtsgremiums ist im Allgemeinen, insbesondere von Seiten nichtstaatlicher Akteure, positiv bewertet worden.[612] Kritik wurde insbesondere von Seiten der NGOs in den westlichen Staaten laut, noch bevor das Aufsichtsgremium überhaupt seine Arbeit aufgenommen hatte.[613]

Einer ihrer Kritikpunkte war, dass das Gremium organisatorisch in die Bank eingebunden ist, und sie äußerten Zweifel an seiner Unabhängigkeit.[614] Einer möglichen Abhängigkeit von Bank-Interessen beugt die Gründungsresolution vor: Zwar werden die Mitglieder des Aufsichtsgremiums von den Exekutivdirektoren ausgewählt und vom Weltbankpräsidenten ernannt (Abs. 2 S. 2), sie sind aber nach dem Grad ihrer Unabhängigkeit vom Bank-Management auszuwählen (Abs. 4 S. 1) und dürfen nicht wiedergewählt werden (Abs. 3 S. 2). Zudem dürfen ehemalige Bank-Mitarbeiter erst zwei Jahre nach der Beendigung ihrer Bank-Tätigkeit in das Aufsichtsgremium gewählt (Abs. 5 S. 1) und nicht an Verfahren beteiligt werden, die mit persönlichen Interessen kollidieren oder vergangene Aufgaben betreffen (Abs. 6). Die Mitglieder des Gremiums werden von der Bank bezahlt (Abs. 10 S. 2 und 3), jedoch dürfen sie nach ihrer Amtszeit im Aufsichtsgremium nicht mehr für die Weltbankgruppe tätig werden (Abs. 10 S. 4).

Kritisiert wurde auch, dass nur Gruppen und keine einzelnen Individuen, außerdem nur Betroffene auf dem Gebiet des Kreditnehmerlandes eine Untersuchung durch das Aufsichtsgremium beantragen können.[615] Beteiligtenfähig sind Betroffene auf dem Gebiet des Kreditnehmers, z. B. Organisationen, Vereinigungen,

---

611 *Schlemmer-Schulte*, The World Bank Inspection Panel: A Model for Other International Organizations?, in: Blokker/Schermers (Hrsg.), Proliferation of International Organizations: Legal Issues, S. 483ff., 508f.

612 Vgl. *Bradlow*, Lessons from the NGO Campaign Against the Second Review of the World Bank Inspection Panel: A Participant's Perspective, 7 ILSA J. Int'l & Comp. L. 2001, Nr. 2, S. 247ff., 249.

613 *Shihata*, The World Bank Inspection Panel: In Practice, S. 205.

614 *Hunter/Udall*, The World Bank's New Inspection Panel: Will It Increase the Bank's Accountability?, in: CIEL Brief No. 1 1994, verfügbar unter http://www.ciel.org/Publications/issue1.html (letzter Zugriff: 01.06.2012), Abs. 12f.

615 Vgl. *Shihata*, The World Bank Inspection Panel: In Practice, S. 207.

Gesellschaften oder andere Verbünde von Personen, sowie bevollmächtigte Vertreter, die in der Regel ortsansässig sind und einen schriftlichen Nachweis der Vollmacht erbringen.[616] Grund für diese Regelung ist, dass unseriöse und auch eine mögliche Flut von Beschwerden im Sinne der Funktionsfähigkeit des Aufsichtsgremiums ausgeschlossen werden sollen.[617] Popularklagen im öffentlichen Interesse sollen durch das territoriale Betroffenheitserfordernis vermieden werden.[618]

Ein weiterer Kritikpunkt war die Regelung, dass das Aufsichtsgremium nur auf Anweisung der Exekutivdirektoren hin eine Untersuchung durchführen darf (Abs. 20 S. 1, Abs. 19 S. 1),[619] ohne dass Kriterien für die Erforderlichkeit der Anweisung aufgestellt werden. Des Weiteren wurde die mangelnde Verbindlichkeit der abschließenden Untersuchungsberichte des Aufsichtsgremiums (*reports*, Abs. 22), denen es schon dem Wortlaut nach an rechtlicher Durchsetzungskraft fehlt, bemängelt.[620] Schließlich gab auch die Bestimmung, dass die Abschlussberichte des Gremiums erst zwei Wochen nach seiner Erörterung durch die Exekutivdirektoren öffentlich gemacht werden (Abs. 25 S. 2), Anlass zur Kritik.[621]

C.IV.1.e Erste Revision der Gründungsresolution

Absatz 27 der Gründungsresolution sieht vor, dass eine Überprüfung der Arbeit des Aufsichtsgremiums nach zwei Jahren seit der Ernennung seiner ersten

---

616 Gründungsresolution, Abs. 12 S. 1 und 2: "*The Panel shall receive requests for inspection presented to it by an affected party in the territory of the borrower which is not a single individual (i.e., a community of persons such as an organization, association, society, or other grouping of individuals), or by the local representative of such party or by another representative in the exceptional cases where the party submitting the request contends that appropriate representation is not locally available and the Executive Directors so agree at the time they consider the request for inspection. Any such representative shall present to the Panel written evidence that he is acting as agent of the party on behalf of which the request is made.*"

617 *Shihata*, The World Bank Inspection Panel: In Practice, S. 208f.

618 *Shihata*, The World Bank Inspection Panel: In Practice, S. 208f.

619 *Hunter/Udall*, The World Bank's New Inspection Panel: Will It Increase the Bank's Accountability?, in: CIEL Brief No. 1 1994, verfügbar unter http://www.ciel.org/Publications/issue1.html (letzter Zugriff: 01.06.2012), Abs. 16 S. 4.

620 *Hunter/Udall*, The World Bank's New Inspection Panel: Will It Increase the Bank's Accountability?, in: CIEL Brief No. 1 1994, verfügbar unter http://www.ciel.org/Publications/issue1.html (letzter Zugriff: 01.06.2012), Abs. 16 S. 5f.

621 *Hunter/Udall*, The World Bank's New Inspection Panel: Will It Increase the Bank's Accountability?, in: CIEL Brief No. 1 1994, verfügbar unter http://www.ciel.org/Publications/issue1.html (letzter Zugriff: 01.06.2012), Abs. 14f.

Mitglieder stattzufinden hat. Die anfängliche Sorge, diese Kontrollvorkehrung könnte zu einer Einstellung der Arbeit des Gremiums führen, ist durch die Realität widerlegt worden.

Diese in der Resolution vorgesehene erste Revision führte zur Verabschiedung einer „Klarstellung“[622] einzelner Bestimmungen durch die Exekutivdirektoren im Oktober 1996 unter Berücksichtigung der Vorschläge von NGOs.[623] Sie ergab erstens, dass das Aufsichtsgremium schon in der Phase vor der Zulässigkeitserklärung eine erste materielle Prüfung vornehmen durfte, um die vollständige Überprüfung der Angelegenheit zu vermeiden, wenn sie nicht erforderlich ist. Bei einer solchen ersten Prüfung stellt das Aufsichtsgremium fest, ob die Beschwerde *prima facie* gerechtfertigt ist und eine vollständige Überprüfung erfordert. In dieser Phase untersucht es noch nicht, ob eine erhebliche Verletzung einer Bank-Richtlinie tatsächlich zu Schäden geführt hat.[624] Zweitens stellte die Revision klar, dass bereits ein Zusammenschluss von zwei Personen antragsberechtigt ist und nur die Einhaltung von projektbezogenen Bank-Richtlinien überprüft wird.[625] Drittens setzte sie die Frist zur Veröffentlichung von Antworten des Bank-Managements zu Untersuchungsanträgen auf drei Tage ab Zulässigkeitserklärung fest.[626] Verstreicht die Frist ohne Reaktion, obliegt es dem Exekutivdirektorium, angemessene Maßnahmen zu ergreifen.

C.IV.1.f Zweite Revision der Gründungsresolution

Wegen anhaltender Kritik kamen die Exekutivdirektoren etwa ein Jahr nach der ersten Revision im September 1997 überein, eine zweite Revision durchzuführen.[627] Diese fand im April 1999 statt und bestätigte grundsätzlich die Geltung

---

622 1996 Review of the Resolution Establishing the Inspection Panel. Clarification of Certain Aspects of the Resolution vom 17.10.1996 (1996 Review), in: *The Inspection Panel*, The Inspection Panel at 15 Years, Appendix VII (S. 207f.).

623 *Shihata*, The World Bank Inspection Panel: In Practice, S. 156f.

624 1996 Review, in: *Shihata*, The World Bank Inspection Panel: In Practice, Annex I-2, The Panel's Function (S. 320f.).

625 1996 Review, in: *Shihata*, The World Bank Inspection Panel: In Practice, Annex I-2, Eligibility and Access (S. 321).

626 1996 Review, in: *Shihata*, The World Bank Inspection Panel: In Practice, Annex I-2, Outreach (S. 322).

627 *Bradlow*, Lessons from the NGO Campaign Against the Second Review of the World Bank Inspection Panel: A Participant's Perspective, 7 ILSA J. Int'l & Comp. L. 2001, Nr. 2, S. 247ff., 249f.

der Resolution.[628] Sie bewirkte aber auch einige Neuerungen, die nach massiver öffentlicher Kritik an einem ersten Entwurf der für die Revision zuständigen Arbeitsgruppe unter Beteiligung von NGOs und Vertretern der Zivilgesellschaft entstanden sind.[629]

Konkret führte die zweite Revision dazu, dass die Zulässigkeitsprüfung auf eine rein formale Prüfung reduziert wurde; Inhaltliches darf in diesem Stadium des Verfahrens noch nicht geprüft werden.[630] Das Bank-Management wird in dieser ersten Phase streng auf die ihm in der Gründungsresolution zugedachten Möglichkeiten verwiesen.[631] Außerdem wurde festgelegt, dass ein strenger Ansatz hinsichtlich Fristen in der Resolution zu verfolgen ist und die Veröffentlichung von Informationen so schnell wie möglich erfolgen soll.[632] Schließlich bekräftigte die zweite Revision das Ziel, die Arbeit des Aufsichtsgremiums in den Empfängerländern besser bekannt zu machen und Informationen soweit wie möglich auch in lokalen Sprachen zur Verfügung zu stellen.[633]

Damit errangen die damals beteiligten NGOs einen beachtlichen Erfolg.[634] Sie kritisierten jedoch, dass das Aufsichtsgremium weiterhin zur Feststellung eines Schadens die tatsächliche Situation mit einer Situation ohne das betreffende Projekt vergleichen soll,[635] statt die hypothetische Erfüllung aller Richtlinien und Verfahrensvorschriften als Maßstab zu nehmen.[636] Laut der Auslegung durch die zweite Revision soll sich das Aufsichtsgremium aber an den Richtlinien und

628 Second Review of the Resolution Establishing the Inspection Panel. 1999 Clarification of the Board's Second Review of the Inspection Panel vom 20.04.1999 (1999 Review), in: *The Inspection Panel*, The Inspection Panel at 15 Years, Appendix VIII (S. 209ff.), Abs. 1.

629 *Bradlow*, Lessons from the NGO Campaign Against the Second Review of the World Bank Inspection Panel: A Participant's Perspective, 7 ILSA J. Int'l & Comp. L. 2001, Nr. 2, S. 247ff., 252f.

630 1999 Review, Abs. 6 S. 1, 7 S. 1, 11.

631 1999 Review, Abs. 2-4, 15.

632 1999 Review, Abs. 8, 18 S. 1.

633 1999 Review, Abs. 17, 18 S. 2.

634 *Bradlow*, Lessons from the NGO Campaign Against the Second Review of the World Bank Inspection Panel: A Participant's Perspective, 7 ILSA J. Int'l & Comp. L. 2001, Nr. 2, S. 247ff., 252.

635 1999 Review, Abs. 14 S. 1, 2.

636 *Bradlow*, Lessons from the NGO Campaign Against the Second Review of the World Bank Inspection Panel: A Participant's Perspective, 7 ILSA J. Int'l & Comp. L. 2001, Nr. 2, S. 247ff., 252, 254.

Verfahrensvorschriften orientieren, so dass diese doch wieder als Leitlinien fungieren.[637]

C.IV.2 Die Fälle

Seitdem das Aufsichtsgremium 1994 seine Arbeit aufgenommen hat, sind 79 Untersuchungsanträge eingegangen.[638] In einer ersten, vorbereitenden Phase prüft das Aufsichtsgremium die Zulässigkeit der Anträge (*eligibility phase*).[639] Ein Antrag ist zulässig, wenn er eine Missachtung von operativen Richtlinien durch die Bank im Zusammenhang mit einem bankfinanzierten Projekt rügt, die Antragsteller gemäß der Gründungsresolution klagebefugt sind (Abs. 12 der Gründungsresolution) und das Projekt noch nicht abgeschlossen ist (Abs. 14 lit. (c)).[640]

Bisher sind neun Anträge wegen offensichtlicher Unzulässigkeit gar nicht erst registriert worden.[641] Unter den Anträgen, deren Zulässigkeit geprüft wurde, erklärte das Exekutivdirektorium 33 für unzulässig. Dies geschah mitunter gegen die Empfehlung des Aufsichtsgremiums,[642] wegen Verfahrensfehlern[643] oder weil die Sachlage nicht eindeutig war und weitere Entwicklungen abgewartet werden mussten.[644] Auf die übrigen Anträge hin hat das Aufsichtsgremium Untersuchungen durchgeführt, von denen im Folgenden eine Auswahl dargestellt wird.[645] Die Untersuchungen schließen in der Regel Vor-Ort-Begehungen ein, es

637 1999 Review, Abs. 14 S. 3: „*As the assessment of material adverse effect in the context of the complex reality of a specific project can be difficult, the Panel will have to exercise carefully its judgment on these matters, and be guided by Bank policies and procedures where relevant.*"

638 Stand: 01.06.2012, http://go.worldbank.org/2HG4E0MLV0 (ständige URL).

639 *The World Bank*, Accountability at the World Bank, S. 18.

640 *The World Bank*, Accountability at the World Bank, S. 18f.

641 Dies betrifft die Anträge Nr. 2 (Äthiopien 1995), Nr. 5 (Chile 1995), Nr. 21 (Indien 2000), Nr. 29 (Kamerun 2003), Nr. 35 (Burundi 2004), Nr. 50 (Kamerun 2007), Nr. 59 (Kenia 2009), Nr. 68 (Polen 2010) und Nr. 77 (Argentinien 2011).

642 Anträge Nr. 4 (Brasilien 1995), Nr. 7 (Argentinien 1996), Nr. 9 (Brasilien 1997) und Nr. 11 (Indien 1998).

643 Anträge Nr. 28 (Philippinen 2003), Nr. 42/43 (Argentinien 2006), Nr. 52 (Kolumbien 2007) und Nr. 70 (Usbekistan 2010).

644 Anträge Nr. 30 (Mexico 2004), Nr. 39 (Rumänien 2006), Nr. 45 (Indien 2007), Nr. 53/56 (Panama 2009), Nr. 54/55/63 (Kongo 2009), Nr. 57 (Jemen 2009) und Nr. 67 (Chile 2010).

645 Die Dokumente zu den einzelnen Projekten sind verfügbar unter http://go.worldbank.org/6OB0MLOJ20 (ständige URL).

ist aber auch schon vorgekommen, dass eine reine „Schreibtisch-Untersuchung“ aus der Ferne durchgeführt wurde.[646] Derzeit sind noch zwei Untersuchungen im Gange und zwei Anträge in Bearbeitung.[647]

C.IV.2.a Arun-III-Projekt (Antrag Nr. 1)

Am 21. Juni 1995 stellte das Aufsichtsgremium seinen ersten Untersuchungsbericht fertig.[648] Dabei ging es um ein Projekt, das im Arun-Tal in Nepal angesiedelt war und in dem eine Zugangsstraße zu einer zukünftigen Damm-Baustelle gelegt werden sollte. Die sog. „Arun-Betroffenen-Gruppe“ (*Arun Concerned Group*), Anwohner des betroffenen Sankhuwa-Sava Distrikts und weitere nepalesische Staatsbürger hatten am 24. Oktober 1994 einen Untersuchungsantrag eingereicht. Sie bemängelten, dass neben anderen Richtlinien die Richtlinie zur Offenlegung von Informationen sowie die Schutzrichtlinien zur Umweltprüfung (damals OD 4.01), unfreiwillige Umsiedlung (damals OD 4.30), zu indigenen Bevölkerungen (damals OD 4.20) und natürlichen Lebensräumen (damals *wildlands*, OP 4.04) nicht eingehalten worden sind.[649]

In Bezug auf unfreiwillige Umsiedlungen war das Aufsichtsgremium der Auffassung, dass einige betroffene Familien um Unterstützung gebeten, diese aber nicht erhalten hatten; es ist zudem wahrscheinlich, dass weitere Betroffene gar nicht erst erfasst worden sind.[650] Die meisten der 1635 enteigneten Familien sind allerdings entschädigt worden, wobei die Übereignung nur in 15-20% der Fälle und die tatsächliche Besitzübergabe überhaupt nur in 18 Fällen stattgefunden hat.[651] Das Aufsichtsgremium empfahl daher festzustellen, welche Grundstücke tatsächlich für das Projekt benötigt wurden, und die Betroffenen gegebenenfalls zu „rück-enteignen“, um ihnen Rechtssicherheit zu geben und

---

646 Siehe unten Teil C.IV.2.b „NTPC-Projekt (Antrag Nr. 10)“.

647 Es befinden sich in der Untersuchungsphase: Anträge Nr. 71 (Libanon 2010) und Nr. 73 (Argentinien 2011); in der Zulässigkeitsprüfung: Anträge Nr. 78 (Kosovo 2012) und Nr. 79 (Kenia 2012); Stand: 01.06.2012.

648 *The Inspection Panel*, Investigation Report. Proposed Arun III Hydroelectric Project and Credit 2029-NEP Investigation Report vom 21.06.1995 (Arun-III-Untersuchungsbericht), http://siteresources.worldbank.org/EXTINSPECTIONPANEL/Resources/Investigation_Report_62195.pdf (letzter Zugriff: 01.06.2012).

649 *Arun Concerned Group*, Request for Inspection vom 24.10.1994, http://siteresources.worldbank.org/EXTINSPECTIONPANEL/Resources/ARUNRequest.pdf (letzter Zugriff: 01.06.2012), Punkte 2.C/4.C (S. 1/3f.), 2.D/4.D (S. 1/4ff.), 2.E/4.E (S. 2/6f.), 2.F/4.F (S. 2/7f.), 2.G (S. 2).

650 Arun-III-Untersuchungsbericht, Punkt 7. Findings, Abs. 7 Sätze 1 und 2 (S. 33).

651 Arun-III-Untersuchungsbericht, Punkt 7. Findings, Abs. 8 Sätze 1 und 2 (S. 33).

Planungssicherheit zu ermöglichen.[652] Dringender Handlungsbedarf bestand auch bezüglich Vorkehrungen für Arbeitsplätze sowie Aus- und Weiterbildung der Umgesiedelten und der Bewohner des betroffenen Arun-Tals.[653] Insgesamt hat die IDA ihre Überwachungsverantwortung im Hinblick auf Umsiedlungsaspekte regelmäßig und sträflich missachtet, weshalb auch die Kreditvereinbarungen unzureichend gewesen sind.[654]

Hinsichtlich indigener Bevölkerungen stellte das Aufsichtsgremium fest, dass „Indigene" im Verständnis der darlehensgebenden IDA über das betroffene Gebiet verstreut und unter ähnlichen Bedingungen wie Nicht-Indigene lebten; insofern sollten die vom Management vorgesehenen Maßnahmen auf alle Bewohner des betroffenen Arun-Tals ausgedehnt werden.[655] Im Übrigen sah das Aufsichtsgremium die entsprechende Richtlinie als eingehalten an.[656]

Schließlich hielt das Gremium die „substanziellen Bemühungen" des Bank-Managements nach Beginn der Untersuchung für ausreichend, um die Einhaltung der operativen Richtlinien und Verfahrensvorschriften zu gewährleisten,[657] insbesondere im Hinblick auf die Umweltprüfung.[658] Es war allerdings bezüglich Umweltschutzmaßnahmen der Auffassung, dass Projekte häufig bereits im Vorfeld zeitlich und finanziell unterschätzt wurden und die Durchführung an mangelnder institutioneller Kapazität und Kontrolle litt.[659]

Aufgrund der Untersuchungsergebnisse des Aufsichtsgremiums führte die Weltbank eine unabhängige Nachprüfung der wirtschaftlichen Rechtfertigung des Projekts durch. Deren Befund und der Bericht des Aufsichtsgremiums veranlassten die Bank dazu, ihre Unterstützung für das Projekt zu beenden.[660]

C.IV.2.b NTPC-Projekt (Antrag Nr. 10)

Der zweite Untersuchungsbericht des Aufsichtsgremiums datiert vom 22. Dezember 1997,[661] wurde also erst über zwei Jahre nach dem Arun-III-Bericht erstellt.

---

652 Arun-III-Untersuchungsbericht, Punkt 7. Findings, Abs. 9 Sätze 3-5, 10 (S. 33f.).

653 Arun-III-Untersuchungsbericht, Punkt 7. Findings, Abs. 9 Satz 2 (S. 33).

654 Arun-III-Untersuchungsbericht, Punkt 7. Findings, Abs. 9 Satz 7, 12 (S. 34); vgl. auch Abs. 21 Satz 2 (S. 36).

655 Arun-III-Untersuchungsbericht, Punkt 7. Findings, Abs. 13f. (S. 34).

656 Vgl. Arun-III-Untersuchungsbericht, Punkt 7. Findings, Abs. 14, S. 2. (S. 34).

657 Arun-III-Untersuchungsbericht, Punkt 7. Findings, Abs. 1 Sätze 2-4, 2 (S. 32).

658 Vgl. Arun-III-Untersuchungsbericht, Punkt 7. Findings, Abs. 3-6 (S. 32f.).

659 Arun-III-Untersuchungsbericht, Punkt 7. Findings, Abs. 21 Satz 3 (S. 36).

660 *The Inspection Panel*, The Inspection Panel at 15 Years, S. 87.

661 The Inspection Panel, Investigation Report. India: NTPC Power Generation Project (Loan 3632-IN). Report on Investigation vom 22.12.1997

In dem untersuchten Projekt ging es um eine Vergrößerung der Leistungsfähigkeit zweier Wärmekraftanlagen, die von der „Nationalen Heizkraftgesellschaft" (*National Thermal Power Corporation*, NTPC) in der Singrauli-Region in Indien betrieben wurden. Am 01. Mai 1997 reichte eine Vertreterin der Bewohner der betroffenen Region einen Untersuchungsantrag ein, der hauptsächlich nachteilige Auswirkungen durch Umsiedlungen rügte.[662]

Das Aufsichtsgremium bestätigte den Antrag in allen Punkten. Es befand, dass das Regionalmanagement der Bank Druck ausgeübt hat, um die Projektbewilligung zu beschleunigen, was zu Lasten einer gründlichen Durchführung der „Umsiedlungs- und Resozialisierungsrichtlinie" (*resettlement and rehabilitation policy*; Bestandteil der damaligen OD 4.30) ging.[663] Die Bewilligung ist des Weiteren trotz mangelnder Leistungsfähigkeit seitens des Schuldners und der Bank erfolgt.[664] Beteiligungs- und Beratungspflichten sowie vor allem Überwachungspflichten sind verletzt worden.[665] Schließlich ist auch die OD 4.01 wegen fehlender Berücksichtigung von Alternativen zu Flugasche-Ausstößen durch die Kraftwerke missachtet worden.[666]

Dieser Bericht des Aufsichtsgremiums entstand auf der Grundlage einer „Schreibtisch-Untersuchung", die vom Hauptsitz der Weltbank in Washington, D. C., durchgeführt wurde, weil die Exekutivdirektoren sich gegen eine vollständige Untersuchung inklusive Vor-Ort-Begehungen entschieden hatten.[667] Das Weltbank-Direktorium reagierte damit, außenstehende Experten zur Beseitigung der aufgezeigten Mängel einzuschalten, ohne jedoch das Aufsichtsgremium im weiteren Verfahren zu beteiligen.[668] Das Bank-Management, das bereits seit Einleitung der Untersuchung Defizite in der Projektumsetzung eingeräumt hatte, gab nach Abschluss des Projekts bekannt, die bis dahin nur

(NTPC-Untersuchungsbericht), http://siteresources.worldbank.org/EXTINSPECTIONPANEL/Resources/NTPCInvestigationReport.pdf (letzter Zugriff: 01.06.2012).

662 *Madhu Kohli*, Request for Inspection vom 01.05.1997, http://siteresources.worldbank.org/EXTINSPECTIONPANEL/Resources/NTPCRequestforInspection.pdf (letzter Zugriff: 01.06.2012), insbes. Abs. 15ff. (S. 6ff.), 25ff. (S. 10ff.).

663 NTPC-Untersuchungsbericht, Abs. 16 (S. 8f.), 19 (S. 10), 22 (S. 11).

664 NTPC-Untersuchungsbericht, Abs. 17 (S. 9).

665 NTPC-Untersuchungsbericht, Abs. 18 (S. 9f.); 21f. (S. 10f.).

666 NTPC-Untersuchungsbericht, Abs. 20 (S. 10).

667 *Umaña*, The World Bank Inspection Panel: The First Four Years (1994-1998), S. 273: „*Desk Investigation*".

668 *The World Bank*, Accountability at the World Bank. The Inspection Panel 10 Years On, S. 46.

unzureichend beachteten Richtlinien zur unfreiwilligen Umsiedlung zukünftig besser umzusetzen.[669]

C.IV.2.c *Qinghai-Projekt (Antrag Nr. 16)*

Bei diesem in China durchgeführten Projekt handelt es sich um ein Teilprojekt des „Westlichen Armutsreduzierungsprojekts" (*Western Poverty Reduction Project*). Das Aufsichtsgremium hatte es mit einem Antrag der „Internationalen Kampagne für Tibet" (*International Campaign for Tibet*) zu tun, die (potentielle) Verletzungen der Richtlinien zur Offenlegung von Informationen, Umweltprüfung, zu indigenen Bevölkerungen, Umsiedlungen und zum Umgang mit Schädlingen anprangerte.[670] Ziel des Gesamtprojekts war die Verbesserung der Lebensqualität in abseits gelegenen Dörfern dreier schlecht erschlossener Provinzen in China, wovon rund 1,7 Millionen Menschen profitieren sollten; das Aufsichtsgremium hatte sich lediglich mit dem Teil des Projekts zu befassen, der die Provinz Qinghai betraf.[671]

Der Untersuchungsbericht deckte Unzulänglichkeiten in der Leistung des Bank-Managements auf. Im Bereich der Umweltrichtlinien stellte das Aufsichtsgremium fest, dass eine zu enge Auslegung des Umweltbegriffs die erforderliche Gründlichkeit der Umweltprüfung (damals OD 4.01) verhindert hat. Insbesondere sei die „sekundär indizierte Entwicklung" (*induced development*), auch „Boomstadt-Effekte" (*boomtown effects*) genannt, nicht berücksichtigt worden. Darunter ist das sekundäre Wachstum von Siedlungen und Infrastruktur durch Zuwanderung mit seinen oft erheblichen ökologischen Auswirkungen zu verstehen.[672] Zahlreiche weitere Mängel tragen zu dem Ergebnis bei, dass die Umweltprüfung insgesamt wenig zufrieden stellend durchgeführt worden ist.[673] Zu diesen Mängeln zählt z. B. die unzureichende Bestandsaufnahme von Vegetation

---

669 Vgl. *The World Bank*, Accountability at the World Bank. The Inspection Panel 10 Years On, S. 46.

670 *International Campaign for Tibet*, Request for Inspection vom 18.06.1999, http://siteresources.worldbank.org/EXTINSPECTIONPANEL/Resources/ChinaRequest.pdf (letzter Zugriff: 01.06.2012).

671 *The Inspection Panel*, Investigation Report. The Qinghai Project. A Component of the China: Western Poverty Reduction Project (Credit No. 3255-CHA and Loan No. 4501-CHA) vom 28.04.2000 (Qinghai-Untersuchungsbericht), http://siteresources.worldbank.org/EXTINSPECTIONPANEL/Resources/CHINA-InvestigationReport.pdf (letzter Zugriff: 01.06.2012), Abs. 1 (S. 2).

672 Qinghai-Untersuchungsbericht, Abs. 194f. (S. 77f.).

673 Qinghai-Untersuchungsbericht, Abs. 187ff. (S. 76ff.), 237 (S. 94).

und Biodiversität im Projektgebiet.[674] Auch fehlte es an einer sozial- und ökologisch-demographischen Analyse, um tatsächlich Entwicklungsfortschritte erzielen zu können.[675] Während die OP / BP 4.37 zur Sicherheit von Stauanlagen als eingehalten bewertet wurden,[676] kritisierte das Aufsichtsgremium, dass keine Maßnahmen zum Umgang mit Schädlingen durchgeführt wurden und wichtige natürliche Lebensräume Schaden erleiden.[677] Hinsichtlich indigener Bevölkerungen waren die Hauptkritikpunkte, dass zwischen den verschiedenen indigenen Bevölkerungsgruppen im Projektbericht nicht unterschieden wird.[678] Den Betroffenen sind Informationen vorenthalten worden, so dass keine Beteiligung am Entwicklungsprozess möglich gewesen ist.[679] Schließlich weist das Projekt große Schwächen bezüglich Umsiedlungsaspekten auf;[680] diese betreffen u. a. unzureichende Entschädigungen und Beteiligungsprozesse[681] sowie die Tatsache, dass viel mehr Personen betroffen sind, als im Projektplan berücksichtig werden.[682]

Es fällt auf, dass der Untersuchungsbericht zum Qinghai-Bericht bereits sehr viel umfangreicher war als die anfänglichen Berichte des Aufsichtsgremiums. Die Beachtung der verschiedenen Richtlinien und Verfahrensvorschriften durch das Bank-Management wurden gründlicher und umfassender geprüft. Nach Abschluss der Untersuchung durch das Aufsichtsgremium versuchte das Management, die aufgezeigten Mängel zu beseitigen.[683] Seine Bemühungen genügten dem Direktorium jedoch nicht, so dass sich die Weltbank aus dem Projekt zurückzog.[684]

C.IV.2.d Tschad-Kamerun-Pipelineprojekt (Antrag Nr. 22)

Das Tschad-Kameruner Ölpipelineprojekt war zum Zeitpunkt der Untersuchung des Aufsichtsgremiums das größte Infrastruktur-Entwicklungsprojekt in Afrika

674 Qinghai-Untersuchungsbericht, Abs. 200ff. (S. 79ff.), 208ff., 210 (S. 81f.).
675 Qinghai-Untersuchungsbericht, Abs. 211ff. (S. 83ff.), 223 (S. 87).
676 Qinghai-Untersuchungsbericht, Abs. 238ff. (S. 95f.).
677 Qinghai-Untersuchungsbericht, Abs. 241ff. (S. 96f.), 244 (S. 97) und Abs. 245ff. (S. 97ff.), 254 (S. 99)
678 Qinghai-Untersuchungsbericht, Abs. 255ff. (S. 101ff.), 276 (S. 108), 280 (S. 110), 293 (S. 116).
679 Qinghai-Untersuchungsbericht, Abs. 294ff. (S. 116ff.), 336f. (S. 129f.), 340 (S. 131).
680 Qinghai-Untersuchungsbericht, Abs. 349ff. (S. 136ff.), 407f. (S. 154f.).
681 Qinghai-Untersuchungsbericht, Abs. 369ff. (S. 142ff.), 389ff. (S. 149ff.).
682 Qinghai-Untersuchungsbericht, Abs. 364 (S. 141).
683 *The Inspection Panel*, The Inspection Panel at 15 Years, S. 87.
684 *The Inspection Panel*, The Inspection Panel at 15 Years, S. 87.

im Energiebereich.[685] Dabei ging es darum, 300 Ölquellen in der Doba-Region im Tschad zu erschließen und eine 1100 km lange Pipeline durch Kamerun zu legen.[686] Ngarlejy Yorongar, ein Oppositionsabgeordneter des Tschader Parlaments, reichte für sich und in Vertretung von mehr als 100 weiteren Personen, die in der Umgebung des Projektgebietes lebten, am 22. Mai 2001 einen Untersuchungsantrag ein. In diesem rügte er die Nichteinhaltung zahlreicher Richtlinien und Verfahrensvorschriften, insbesondere seien keine angemessene Umweltprüfung durchgeführt und Informations- und Beteiligungsrechte verletzt worden sowie die Entschädigungsleistungen unzureichend gewesen.[687]

Das Aufsichtsgremium stellte fest, dass die durchgeführte Umweltprüfung Mängel aufweist, insbesondere in Bezug auf mögliche Risiken in Verbindung mit anderen Ölgewinnungsvorhaben in der Region und weitere konkrete Umstände vor Ort; es stufte diese aber insgesamt nicht als schwerwiegend ein.[688] Insbesondere fand es keine Verletzung der OD 4.01 bezüglich ölspezifischer Aspekte, einer Verschmutzung des Tschadsees bzw. des Grundwassers und Luftverschmutzung.[689] Auch die Schutzrichtlinien zu natürlichen Lebensräumen, Wäldern, unfreiwilligen Umsiedlungen und dem Umgang mit Schädlingen sowie zur „Verwaltung des kulturellen Eigentums" (*management of cultural property*; damals der OPN[690] 11.03) sah das Aufsichtsgremium als eingehalten an, die Schutzrichtlinie zu indigenen Bevölkerungen war zudem nicht einschlägig.[691] Während die Veröffentlichung von Informationen ebenfalls nicht zu

---

685 *The Inspection Panel*, Investigation Report. Chad-Cameroon Petroleum and Pipeline Project (Loan Number 4558-DC); Petroleum Sector Management Capacity Building Project (Credit No. 3373-CD); and Management of the Petroleum Economy (Credit No. 3316-CD) vom 17.07.2002 (Tschad-Kamerun-Untersuchungsbericht), http://siteresources.worldbank.org/EXTINSPECTIONPANEL/Resources/ChadInvestigationReporFinal.pdf (letzter Zugriff: 01.06.2012), Abs. 1 Satz 1 (S. 2).

686 Tschad-Kamerun-Untersuchungsbericht, Abs. 1 Satz 2 (S. 2).

687 *Ngarlejy Yorongar*, Request for Inspection, http://siteresources.worldbank.org/EXTINSPECTIONPANEL/Resources/RequestEnglishtranslation.pdf (letzter Zugriff: 01.06.2012), Abs. 4 (S. 2ff.).

688 Vgl. Tschad-Kamerun-Untersuchungsbericht, Abs. 25ff. (S. 10ff.), 63 (S. 21f.), 69 (S. 23f.), 82 (S. 27); Mängel: Abs. 27, 29 (S. 11), 33 (S. 12), 37ff. (S. 13f.), 42 (S. 14), 44ff. (S. 15f.), 65f. (S. 22f.), 70 (S. 24), 83 (S. 27).

689 Tschad-Kamerun-Untersuchungsbericht, Abs. 85ff. (S. 27ff.), 92 (S. 29), 93ff. (S. 29ff.), 104 (S. 33), 105ff. (S. 33ff.), 107 (S. 33).

690 Operativer Leithinweis (*operative policy note*).

691 Tschad-Kamerun-Untersuchungsbericht, Abs. 109ff. (S. 34f.), 114 (S. 35), 115ff. (S. 36f.), 118 (S. 37), 119ff. (S. 37f.), 122 (S. 38), 143ff. (S. 45ff.), 162 (S. 50), 170ff.

beanstanden war, verstieß aber die zumindest bis 1997 verfolgte Praxis, Beratungen mit Betroffenen in Anwesenheit von Sicherheitspersonal durchzuführen, gegen Bank-Richtlinien.[692]

Bemerkenswert ist, dass das Aufsichtsgremium sich auch zu „Governance und Menschenrechten“ äußert: Es ist zwar nicht befugt, dazu allgemein eine Bewertung abzugeben, jedoch verpflichtet, die projektbezogenen Aspekte von Governance und Menschenrechten zu prüfen, welche durch die Richtlinien und Verfahrensvorschriften der Bank indiziert sind. Das Aufsichtsgremium stellt fest, dass der Begriff des „Good Governance“ nicht eindeutig zu definieren ist, beschreibt aber einige seiner Elemente, welche die Weltbank im Tschad fördert. Dazu gehören die Verbesserung der Transparenz und Verantwortlichkeit (*transparency and accountability*) in der öffentlichen Finanzverwaltung generell sowie ein spezielles Finanzmanagement-Programm für die Einnahmen aus der geplanten Pipeline.[693] Zwar ist ein Zusammenhang mit Weltbank-Richtlinien erforderlich, um eine Prüfung durch das Aufsichtsgremium zu rechtfertigen, und stellt das Verfahren des Aufsichtsgremiums die *ultima ratio* dar für den Fall, dass die Kommunikation zwischen der Weltbank und den jeweiligen Betroffenen festgefahren ist.[694] Gemessen an der bisherigen Weltbank-Linie in Sachen Menschenrechte sind die Existenz und Arbeit des Aufsichtsgremiums jedoch als wichtiger Schritt in Richtung größerer Verantwortlichkeit der Bank zu bewerten.[695] Das Aufsichtsgremium schränkt das bisherige Verständnis des nichtpolitischen Mandats der Weltbank-Satzung etwas ein.

Im konkreten Fall stufte das Aufsichtsgremium die Governance- und Menschenrechtslage im Tschad als bedenklich ein.[696] Diese Einschätzung wird bestätigt durch die Tatsache, dass ein Antragsteller wegen seiner Proteste gegen das Projekt gefoltert wurde.[697] Die umweltbezogenen Beschwerden der Antragsteller betrachtete das Aufsichtsgremium dagegen weitgehend als unbegründet. Ein wichtiger Appell an das Bank-Management, der sich durch den gesamten

(S. 52f.), 175 (S. 52), 178 (S. 53), 193 (S. 56), 194ff. (S. 56ff.), 202 (S. 58), 203ff. (S. 58ff.), 209 (S. 60).

692 Tschad-Kamerun-Untersuchungsbericht, Abs. 125ff. (S. 39ff.), 135 (S. 42), 137ff. (S. 42f.), 140f. (S. 43).

693 Tschad-Kamerun-Untersuchungsbericht, Abs. 210ff., 211, 214f. (S. 60ff.).

694 *McBeth*, International Economic Actors and Human Rights, S. 227.

695 Vgl. *McBeth*, International Economic Actors and Human Rights, S. 227.

696 Tschad-Kamerun-Untersuchungsbericht, Abs. 217 (S. 63).

697 *The Inspection Panel*, The Inspection Panel at 15 Years, S. 50.

Untersuchungsbericht zieht, zielt auf kontinuierliche Überwachung und Kontrolle des gesamten Projekts auch nach Auszahlung des Darlehens ab.[698]

Das Bank-Management stellte in Reaktion auf den Bericht des Aufsichtsgremiums einen Aktionsplan auf. Dieser sah u. a. vor, enger mit den lokalen Behörden zusammenzuarbeiten, die Überwachungsmechanismen zu verbessern und den Zugang zu Informationen zu erleichtern, indem z. B. regelmäßig Informationswagen in die Dörfer des Projektgebiets fahren.[699] Wegen der Menschenrechtsproblematik in diesem Fall gibt es inzwischen die Möglichkeit, die Identität der Antragsteller auf Anfrage geheim zu halten oder Untersuchungsanträge durch Vertreter stellen zu lassen.[700] Außerdem ist das Aufsichtsgremium seit dieser Untersuchung für Situationen sensibilisiert, in denen die Antragsteller bedrängt oder unter Druck gesetzt werden.[701] Praktisch bedeutet dies, dass das Aufsichtsgremium das Bank-Management über solche Situationen informiert, welches dann Kontakt mit den betroffenen Regierungen aufnimmt.[702] Direkte Auswirkungen auf die Auszahlung der Darlehen oder die Durchführung der Projekte gibt es aber nach den zu den Untersuchungen verfügbaren Dokumenten nicht, ohne dass das Aufsichtsgremium oder die Bank dies erklären würden.

C.IV.2.e Kamerun-Pipelineprojekt (Antrag Nr. 27)

Kein Jahr später ging es wieder um die Entwicklung von Ölfeldern in der Tschader Doba-Region sowie den Bau einer 1070 km langen Pipeline durch Kamerun. Es handelte sich zum Untersuchungszeitpunkt um die größte Investition im subsaharischen Afrika unter Beteiligung der Privatwirtschaft.[703] Das „Zentrum für Umwelt und Entwicklung" (*Centre for the Environment and*

---

698 Tschad-Kamerun-Untersuchungsbericht, Abs. 92 (S. 29), 104 (S. 33), 107 (S. 33f.), 217 (S. 63), 299ff. (S. 92ff.), 308 (S. 95).

699 *The World Bank*, Accountability at the World Bank. The Inspection Panel 10 Years On, S. 98.

700 *The Inspection Panel*, The Inspection Panel at 15 Years, S. 51.

701 *The Inspection Panel*, The Inspection Panel at 15 Years, S. 51.

702 Vgl. *The Inspection Panel*, Eligibility Report. Liberia: Development Forestry Sector Management Project (Trust Funds Nos. TF057090-LR; TF096154-LR; and TF096170-LR) vom 07.02.2011, http://siteresources.worldbank.org/EXTINSPECTIONPANEL/Resources/LIBERIA_ELIG_REPORT.pdf (letzter Zugriff: 01.06.2012), Abs. 116 (S. 26f.).

703 *The Inspection Panel*, Investigation Report. Cameroon: Petroleum Development and Pipeline Project (Loan No. 7020-CM) and Petroleum Environment Capacity Enhancement (CAPECE) Project (Credit No. 3372-CM) vom 02.05.2003 (Kamerun-Pipeline-Untersuchungsbericht), http://siteresources.worldbank.org/

Development, CED) reichte im Namen von Anwohnern der Projektregion und Mitarbeitern eines Subunternehmens den Untersuchungsantrag ein wegen der Verletzung von Informations- und Beteiligungspflichten, unzureichender Entschädigungsleistungen sowie Missachtung von Arbeitsrechten, Gesundheitsproblemen und sexueller Ausbeutung im Zusammenhang mit dem Projekt.[704]

Wie auch in dem Ölpipeline-Bericht aus dem Jahr 2002 beanstandete das Aufsichtsgremium, dass die Umweltprüfung kumulative Effekte mit ähnlichen Vorhaben in der Region sowie geographische Besonderheiten und weitere regionale Eigenheiten nicht berücksichtigt.[705] Keine größeren Mängel sah das Panel in den Bereichen ölspezifische Risiken, Wasserverschmutzung, Süßwasserfischerei, Treibhausgasemissionen, Lärmbelästigung, Staubemissionen und natürliche Lebensräume.[706] Es betrachtete auch die Entschädigungsleistungen im Rahmen von Umsiedlungsmaßnahmen sowie die Behandlung der Interessen indigener Gruppen im Wesentlichen als angemessen.[707] Als angemessen sieht das Aufsichtsgremium eine Entschädigung an, die von der örtlichen Bevölkerung als billig betrachtet wird, den Grundsätzen der Gleichbehandlung und größtmöglichen Transparenz Rechnung trägt und den Lebensstandard der Betroffenen verbessert oder zumindest aufrechterhält.[708] Die Kriterien für eine angemessene Entschädigung sind, dass Selbst im Hinblick auf Informations- und Beteiligungspflichten stellte das Gremium keine erheblichen Verfehlungen der Bank fest, sondern sah Missverständnisse und teilweise das Verhalten der beteiligten Privatakteure als ursächlich für Beschwerden der Betroffenen an.[709] Die Überwachung der einzelnen Projektphasen durch die Weltbank wurde etwas besser bewertet als im zuvor betrachteten Ölpipeline-Bericht, jedoch besteht auch hier Verbesserungsbedarf.[710]

EXTINSPECTIONPANEL/Resources/CAMInvestigationRptEnglish.pdf (letzter Zugriff: 01.06.2012), Abs. 2 Satz 1 (S. vi).

704 *Centre for the Environment and Development*, Request for Inspection, http://siteresources.worldbank.org/EXTINSPECTIONPANEL/Resources/RFIEnglish.pdf (letzter Zugriff: 01.05.2012), Abs. 4 (S. 4ff.).

705 Kamerun-Pipeline-Untersuchungsbericht, Abs. 17ff. (S. 9ff.), 37 (S. 14f.), 53ff. (18f.).

706 Kamerun-Pipeline-Untersuchungsbericht, Abs. 76 (S. 23), 81 (S 28), 86 (S. 29), 89 (S. 29), 93, 95 (S. 31), 97, 101 (S. 31f.), 118 (S. 36.).

707 Kamerun-Pipeline-Untersuchungsbericht, Abs. 179 (S. 58), 193 (S. 63f.), 219f., 223 (S. 69f.).

708 Kamerun-Pipeline-Untersuchungsbericht, Abs. 156 (S. 51).

709 Kamerun-Pipeline-Untersuchungsbericht, Abs. 127ff. (S. 39f.).

710 Kamerun-Pipeline-Untersuchungsbericht, Abs. 229ff. (S. 72f.).

Trotz der Vielzahl an Richtlinien und Verfahrensvorschriften, auf welche sich die Antragsteller berufen, hat das Aufsichtsgremium recht wenige schwerwiegende Negativaspekte gefunden.[711] Insgesamt fällt positiv auf, dass auch das Verhalten der beteiligten Privatunternehmen überprüft wurde und das Gremium diese konsultierte,[712] wenngleich seine Bewertung als weltbankinterne Kontrollinstanz für die Unternehmen keine unmittelbaren Auswirkungen hatte.

C.IV.2.f Cartagena-Projekt (Antrag Nr. 31)

Cartagena ist die fünftgrößte Stadt Kolumbiens und in den vergangenen Jahren Ziel starker Landflucht gewesen.[713] 84% der Einwohner beziehen niedriges bis mittleres Einkommen, wovon wiederum 31% unter extrem armen Verhältnissen leben.[714] Cartagena grenzt an die Karibik, die Bucht von Cartagena und an Ciénaga de la Virgen, ein Sumpfgebiet; es ist ferner von miteinander verbundenen Wasserläufen durchzogen. Alle diese Gewässer sind stark durch Abwasser verschmutzt, was die ohnehin schlechten Lebensbedingungen in der Stadt weiter verschlechtert.[715] Das Weltbank-Projekt bezweckte daher, die Wasserversorgungs- und Abwassersysteme insbesondere in den ärmeren Gegenden Cartagenas zu verbessern und auszuweiten.[716] Die „Vertretung Ehrbares Cartagena“ (*Corporación Cartagena Honesta*, CCH), eine örtliche NGO, reichte im eigenen und im Namen von 424 Anwohnern der Region im April 2004 einen Untersuchungsantrag ein. In diesem machte sie Verschmutzungen der Meeresumwelt, Nachteile für indigene Gemeinschaften sowie weitere soziale und wirtschaftliche Schäden durch Nichtbefolgen der Weltbank-Richtlinien geltend.[717]

---

711 Vgl. Kamerun-Pipeline-Untersuchungsbericht, Abs. 16 (S. 6ff.), 151 (S. 48ff.), 225 (S. 71); zu den nicht-ökologischen Beschwerdepunkten siehe Kamerun-Pipeline-Untersuchungsbericht, Abs. 131ff. (S. 41ff.).

712 Vgl. z. B. Kamerun-Pipeline-Untersuchungsbericht, Abs. 39 (S. 15): Das IP stellt unzureichende Informations- und Beteiligungspolitik eines beteiligten Unternehmens fest.

713 *The Inspection Panel*, Investigation Report. Colombia: Cartagena Water Supply, Sewerage and Environmental Management Project (Loan No. 4507-CO) vom 24.05.2005 (Cartagena-Untersuchungsbericht), http://siteresources.worldbank.org/EXTINSPECTIONPANEL/Resources/PanelInvestigationReportFinal.pdf (letzter Zugriff: 01.06.2012), Abs. 4 Satz 1, 5 Sätze 1 und 2 (S. 2).

714 Cartagena-Untersuchungsbericht, Abs. 5 Satz 3 (S. 2).

715 Cartagena-Untersuchungsbericht, Abs. 6 Sätze 2ff. (S. 3).

716 Cartagena-Untersuchungsbericht, Abs. 9 (S. 4).

717 *Corporación Cartagena Honesta*, Request for Inspection vom 19.04.2004, http://siteresources.worldbank.org/EXTINSPECTIONPANEL/Resources/Colombiarequestforinspection.pdf (letzter Zugriff: 01.06.2012), S. 2ff., 8ff.

Das Aufsichtsgremium war der Auffassung, dass die meisten möglichen Alternativen zum gewählten unterseeischen Abwasserkanal hinsichtlich der wesentlichen Parameter geprüft worden sind und die Weltbank-Richtlinie diesbezüglich eingehalten wurde. Es beanstandete jedoch, dass die Alternativen gründlicher zu prüfen und systematisch zu vergleichen gewesen wären, die Umweltprüfung sich aber auf den unterseeischen Abwasserkanal konzentrierte.[718] Außerdem weist das Aufsichtsgremium darauf hin, dass die Bank die Sicherheit der Abwasserentsorgung nicht hinreichend geprüft hat, weil der Einfluss des Windes auf oberflächennahe Strömungen in geschichteten Wassersäulen nicht berücksichtigt wurde. Unter Anwendung einer anderen Prüfmethode hätten die möglichen Sicherheitsrisiken besser erfasst werden können.[719] Des Weiteren berücksichtigte der Projektplan eventuelle Notfallsituationen für den über Land verlaufenden Teil der Abwasserleitung nicht.[720] Das Aufsichtsgremium fand keine Mängel in den Bereichen natürlicher Lebensräume und des Wasserressourcen-Managements (*water resources management*, damals OD 4.07).[721] Jedoch hätten die Afro-Kolumbianer in der Region vernünftigerweise als indigene Gruppe eingestuft werden können, so dass die Bank spezifische Maßnahmen zu ihrem Schutz hätte ergreifen sollen.[722] Information und Einbeziehung der betroffenen Bevölkerungsgruppen hinsichtlich ökologischer Auswirkungen des Projekts seien zudem fehlerhaft erfolgt. So belegten Dokumente, dass Betroffene zu einer Zeit angehört wurden, als die Projektvorbereitung bereits abgeschlossen war und die Exekutivdirektoren das Darlehen bereits genehmigt hatten. Belege für eine rechtzeitige Einbeziehung der Betroffenen vor Erlass der Kreditentscheidung existierten dagegen nicht.[723] Die Projektüberwachung hielt das Aufsichtsgremium wiederum für zufrieden stellend.[724]

Insgesamt hat das Aufsichtsgremium in diesem Fall einige Bank-Verfehlungen festgestellt.[725] Nennenswert ist, dass die Antragsteller auch die Verletzung internationaler Abkommen auf Seiten Kolumbiens rügten. Das relevante „Protokoll

718 Cartagena-Untersuchungsbericht, Abs. 47ff. (S. 15ff.), 76 (S. 23).
719 Cartagena-Untersuchungsbericht, Abs. 47ff. (S. 15ff.), 107f. (S. 33).
720 Cartagena-Untersuchungsbericht, Abs. 133ff. (S. 41ff.), 135 (S. 41f.).
721 Cartagena-Untersuchungsbericht, Abs. 153ff., 162 (S. 47ff.), 163ff., 166 (S. 50).
722 Cartagena-Untersuchungsbericht, Abs. 181ff. (S. 59ff.), 191 (S. 62), 196 (S. 63).
723 Cartagena-Untersuchungsbericht, Abs. 226ff. (S. 73ff.), 233 (S. 76), 237 (S. 77), 242 (S. 78), 248 (S. 80); zur Bewertung weiterer sozialer Aspekte siehe Abs. 148ff. (S. 46f.), 198ff. (S. 64ff.).
724 Cartagena-Untersuchungsbericht, Abs. 143ff. (S. 44ff.), 147 (S. 45f.), 395ff., 398 (S. 138f.).
725 Vgl. Cartagena-Untersuchungsbericht, Annex A, S. 141ff.

zur Cartagena-Konvention über die Verschmutzung durch landgebundene Quellen und Handlungen" war und ist jedoch für Kolumbien mangels Ratifikation nicht bindend.[726] Dennoch überprüfte das Aufsichtsgremium die Einhaltung des Protokolls im Detail, da das Projekt an seine Bestimmungen angepasst werden muss, sobald es für Kolumbien rechtlich bindend wird.[727] Das Bank-Management erstellte einen Aktionsplan zur Beseitigung der genannten Mängel; gemäß seinen eigenen Angaben war er im September 2006 bereits weitgehend umgesetzt.[728]

C.IV.2.g EESRSP-Projekt (Antrag Nr. 37)

Die Demokratische Republik Kongo ist ein von Konflikten in den vergangenen Jahrzehnten und der Mobutu-Diktatur[729] gezeichneter Staat, der mehr als 200 ethnische Gruppen beheimatet und den nach dem Amazonas zweitgrößten Regenwald der Erde beherbergt. Das „Notfallprojekt zur Unterstützung der wirtschaftlichen und sozialen Wiedervereinigung" (*Emergency Economic and Social Reunification Support Project*, EESRSP) zielte darauf ab, die damalige Regierung bei ihren Vorhaben zur wirtschaftlichen und sozialen Wiedervereinigung des Landes zu unterstützen, um eine gewisse Stabilität zurückzugewinnen.[730] Ein Teil des EESRSP wird finanziell durch die „Übergangs-Projektbeihilfe für wirtschaftlichen Aufschwung" (*transitional support for economic recovery grant operation*,

---

726 Das Protocol to the Cartagena Convention Concerning Pollution from Land-Based Sources and Activities vom 06.10.1999, verfügbar unter http://www.cep.unep.org/cartagena-convention/lbs-protocol (letzter Zugriff: 01.06.2012) setzt Artikel 7 der „Cartagena-Konvention für den Schutz und die Entwicklung der Meeresumwelt der weiteren Karibik-Region" (Cartagena Convention for the Protection and Development of the Marine Environment of the Wider Caribbean Region) vom 24.03.1983, verfügbar unter http://www.cep.unep.org/cartagena-convention (letzter Zugriff: 01.06.2012), um; Stand: 01.06.2012.

727 Cartagena-Untersuchungsbericht, Abs. 175ff. (S. 54ff.), 180 (S. 57).

728 *The World Bank*, Progress in Implementing the Action Plan vom 04.09.2006, Washington, D. C., 2006, http://siteresources.worldbank.org/EXTINSPECTIONPANEL/Resources/Cartagena_Porgress_Report_2006.pdf (letzter Zugriff: 01.06.2012), S. 9.

729 Joseph-Désiré Mobutu, 1930-1997, Präsident Zaïres von März 1966 bis Mai 1997.

730 *The Inspection Panel*, Investigation Report. Democratic Republic of Congo: Transitional Support for Economic Recovery Grant (TSERO) (IDA Grant No. H 1920-DRC) and Emergency Economic and Social Reunification Support Project (EESRSP) (Credit No. 3824-DRC and Grant No. H 064-DRC) vom 31.08.2007 (EESRSP-Untersuchungsbericht), http://siteresources.worldbank.org/EXTINSPECTIONPANEL/Resources/FINALINVREPwhole.pdf (letzter Zugriff: 01.06.2012), Abs. 13 (S. 5).

TSERO) getragen, ein IDA-Darlehen aus dem Bereich der Strukturkredite.[731] Im Oktober 2005 reichten die „Organisationen Indigener Pygmäen" (*Indigenous Pygmy Organizations*) und die „Organisationen für die Unterstützung von Pygmäen in der Demokratischen Republik Kongo" (*Pygmy Support Organizations in the Democratic Republic of Congo*) für sich und weitere Pygmäen-Gemeinschaften der betroffenen Region einen Untersuchungsantrag ein. Sie sahen Vorgaben der Richtlinien über indigene Bevölkerungen und die Umweltprüfung als nicht erfüllt an.[732]

Im Untersuchungsbericht zum EESRSP-Projekt drückte das Aufsichtsgremium seine Sorge aus, ob genügend zum Schutz der Regenwaldbestände im Sinne einer nachhaltigen Nutzung getan wird, und betonte die diesbezügliche Verantwortung der Weltbank.[733] Es kritisiert, dass der Schutz dieser Wälder in ihrer spezifischen Eigenart als natürliche Lebensräume für eine Vielzahl von Tier- und Pflanzenarten nicht ausreichend bedacht wird.[734] Auch hätte die Vereinbarkeit des Projekts mit einschlägigen internationalen Abkommen überprüft werden müssen, was nicht geschehen ist.[735] In Bezug auf indigene Bevölkerungen berücksichtigte die Bank die Belange der Pygmäen-Gruppen nicht ausreichend: Sie identifizierte diese teilweise überhaupt nicht als gefährdete Gruppierungen und ignorierte, dass die Pygmäen in den Regenwäldern ihre Lebens- und kulturelle Grundlage finden, weshalb sie nicht adäquat über das Projekt aufgeklärt wurden.[736]

Das Aufsichtsgremium stellte außerdem fest, dass die Umweltprüfung den Gefährdungsgrad einiger Teile des Projekts gar nicht oder als zu niedrig einstufte, so dass es nicht möglich war, angemessene Maßnahmen vorzusehen.[737]

---

731 EESRSP-Untersuchungsbericht, Abs. 31f. (S. 9).

732 *Indigenous Pygmy Organizations and Pygmy Support Organizations in the Democratic Republic of Congo*, Request for Inspection vom 30.10.2005, http://siteresources.worldbank.org/EXTINSPECTIONPANEL/Resources/RequestforInspectionEnglish.pdf (letzter Zugriff: 01.06.2012), S. 2.

733 EESRSP-Untersuchungsbericht, Abs. 91ff., (S. 21ff.), 119 (S. 28), 128 (S. 30), 153ff. (S. 38ff.), 165f. (S. 40f.), 169ff. (S. 41ff.), 204 (S. 49), 206ff., 208 (S. 50f.), 542 (S. 132).

734 EESRSP-Untersuchungsbericht, Abs. 349ff., 350 (S. 85f.), 395ff. (S. 95f.).

735 Es hätten die Welterbekonvention und das Übereinkommen über den internationalen Handel mit gefährdeten Arten frei lebender Tiere und Pflanzen (vom 03.03.1973, BGBl. II 1975, S. 773) beachtet werden müssen; EESRSP-Untersuchungsbericht, Abs. 386ff., 387 (S. 93ff.).

736 EESRSP-Untersuchungsbericht, Abs. 216ff. (S. 52ff.), 227, 231 (S. 55f.), 237, 243 (S. 58f.), 244ff. (S. 59ff.), 282 (S. 68), 283ff. (S. 69ff.), 292f. (S. 70f.), 321ff., 325 (S. 77ff.)

737 EESRSP-Untersuchungsbericht, Abs. 336ff., 341, 346 (S. 82ff.), 361f. (S. 88).

Sie ist ferner zu spät fertiggestellt und veröffentlicht worden.[738] Schließlich widmete das Aufsichtsgremium große Teile seines Berichts den kongolesischen Regelungen zur wirtschaftlichen Nutzung der Regenwälder, von deren Um- und Durchsetzung letztlich auch die Einhaltung der OP 4.36 zu Wäldern abhänge.[739] Dies unterstreicht, wie wichtig es ist, eine Balance zwischen der lukrativen kommerziellen Waldnutzung und dem für die globale Umwelt unerlässlichen Schutz der weltweiten (Regen-)Waldbestände in Form nachhaltiger Nutzung zu finden.

In seinen abschließenden Bemerkungen äußert das Aufsichtsgremium große Bedenken hinsichtlich der Weltbank-Performance.[740] Nicht nur, dass die Bank die sozialen und ökologischen Auswirkungen der waldbezogenen Projektaspekte unterschätze, sie habe v. a. auch essentielle Vorgaben der Schutzrichtlinien zu indigenen Bevölkerungen und zur Umweltprüfung missachtet, was weitere Fehlleistungen mit beträchtlichem Schädigungspotential nach sich zog.[741] Am Ende machte das Aufsichtsgremium noch einmal seine Zweifel deutlich, ob die wirtschaftliche Nutzung der Regenwälder auch den Menschen in den Waldgebieten zugute kommt und Ausbeutung vermieden werden kann, zumal die institutionellen Kontroll- und Durchsetzungskapazitäten fehlten.[742]

Das Aufsichtsgremium beendet seine Aufgabe grundsätzlich mit dem Fertigstellen des Untersuchungsberichts. Seit 2004 bespricht und diskutiert es seine Erkenntnisse aber regelmäßig mit den Antragstellern und anderen Beteiligten vor Ort.[743] Dieses Vorgehen verbesserte im EESRSP-Fall nicht nur die Kommunikation zwischen der Weltbank und den Projektbetroffenen, sondern bewirkte auch, dass die Antragsteller sich neu organisierten und in die Umsetzung des vom Bank-Management vorgeschlagenen Aktionsplans eingebunden wurden.[744] Im Fortschrittsbericht zur Umsetzung des Aktionsplans vom März 2009 stellte das Management fest, dass nach neuerlicher Projektprüfung erheblich weniger Waldflächen abgeholzt werden als ursprünglich vorgesehen.[745] Auch wenn die

---

738 EESRSP-Untersuchungsbericht, Abs. 363ff., 367 (S. 88f.).

739 Vgl. z. B. EESRSP-Untersuchungsbericht, Abs. 368ff., (S. 89ff.), 375 (S. 91), 448ff. (S. 110ff.), 511ff. (S. 125ff.), 519ff. (127ff.).

740 EESRSP-Untersuchungsbericht, Abs. 530ff. (S. 129ff.); vgl. auch Annex I, S. 133ff.

741 EESRSP-Untersuchungsbericht, Abs. 532 (S. 130).

742 EESRSP-Untersuchungsbericht, 533 (S. 130), 536 (S. 131), 540 (S. 132).

743 Vgl. *The Inspection Panel*, The Inspection Panel at 15 Years, S. 57f.

744 *The Inspection Panel*, The Inspection Panel at 15 Years, S. 59.

745 *The World Bank*, Progress Report to the Board of Executive Directors On the Implementation of the Management's Action Plan In Response to the Democratic Republic of Congo Inspection Panel Investigation Report on Transitional Support

Pygmäen-Vertreter trotzdem erhebliche Rechtsverletzungen geltend machten,[746] erhöhte das Untersuchungsverfahren zumindest die öffentliche Aufmerksamkeit für die Interessen der Pygmäen-Bevölkerung und nachhaltige Nutzungsmöglichkeiten der Wälder.[747]

C.IV.2.h Honduras-Landverwaltungsprojekt (Antrag Nr. 38)

In diesem Projekt geht es um die Förderung einer umfassenden administrativen Umstrukturierung der Grundstückseigentumsverhältnisse in Honduras, um eine sichere und stabile Rechtslage zu schaffen.[748] Die „Schwarze Bruderschaft Honduras" (*Organización Fraternal Negra Honduras*, OFRANEH) reichte im Januar 2006 im Namen der indigenen Garifuna-Gemeinschaften und mit Unterstützung zweier italienischer Anwälte einen Untersuchungsantrag ein. Die Beschwerde richtete sich v. a. gegen die Art der Ausführung der Beteiligungsverfahren sowie der Richtlinien zur Umweltprüfung, zu indigenen Bevölkerungen und natürlichen Lebensräumen.[749]

Die Garifuna-Indigenen leben alle an der zur Karibik gewandten Nordküste in Honduras. Ihre wirtschaftliche, soziale, kulturelle und religiöse Existenz ist sehr stark an die von ihnen besiedelten Strand- und Waldgebiete gebunden.[750] Die Integrität dieser Territorien ist tatsächlich und rechtlich in den letzten Jahrzehnten erheblich durch äußere Einflüsse beeinträchtigt worden, insbesondere durch das Interesse der Tourismusbranche an den Stränden und die Entdeckung der Waldflächen für die industrielle Nutzung.[751] Zu dem von der

---

for Economic Recovery Project and the Emergency Social and Economic Reunification Project vom 11.03.2009, http://siteresources.worldbank.org/EXTINSPECTIONPANEL/Resources/DRC_Forests_First_Progress_Report.pdf (letzter Zugriff: 01.06.2012), Punkte 3.3, 3.5 (S. 7f.).

746 *The Inspection Panel*, The Inspection Panel at 15 Years, S. 85f.

747 *The Inspection Panel*, The Inspection Panel at 15 Years, S. 85.

748 *The Inspection Panel*, Investigation Report. Honduras: Land Administration Project (IDA Credit 3858-HO) vom 12.06.2007 (Honduras-Untersuchungsbericht), http://siteresources.worldbank.org/EXTINSPECTIONPANEL/Resources/HondurasFINALINVESTIGATIONREPORTrevised.pdf (letzter Zugriff: 01.06.2012), Abs. 46f. (S. 9); vgl. auch Abs. 101ff. (S. 27f.).

749 *Organización Fraternal Negra Honduras*, Request for Inspection vom 03.01.2006, http://siteresources.worldbank.org/EXTINSPECTIONPANEL/Resources/RequestforInspectionHonduras-English.pdf (letzter Zugriff: 01.06.2012), S. 3ff., 5ff., 8ff.

750 Honduras-Untersuchungsbericht, Abs. 85f. (S. 19f.), 90 Sätze 4-6 (S. 21).

751 Honduras-Untersuchungsbericht, Abs. 91, 93 (S. 21f.), 95ff. (S. 23f.), 105 (S. 28f.), 108ff., 110 (S. 30ff.).

Weltbank eingesetzten Ausschuss zur Vertretung der Garifuna, dem *Mesa Regional Garífuna*, befand das Aufsichtsgremium, dass er von den Garifuna weder akzeptiert wird, noch mit ihren bereits bestehenden Vertretungsorganen zusammenarbeitet, weshalb keine angemessene Beteiligung stattfand.[752] Des Weiteren wurden keine adäquaten Maßnahmen zum Schutz indigener Landrechte ergriffen. Im Kern geht es darum, dass Nicht-Indigene die Ländereien indigener Vorfahren oft mittels Betrug oder Gewalt in Besitz genommen haben und funktionale Lebensräume indigener Bevölkerungen zu Touristengebieten erklärt oder unter Verkennung indigener Eigentumsrechte landwirtschaftlich ausgebeutet wurden. Zwar hat die Bank u. a. Maßnahmen zur Konfliktbewältigung, wie die Einführung von Güte- und Schiedsverfahren, sowie zur Rechtsberatung und Rechtsausbildung ergriffen. Jedoch enthielt das „Eigentumsgesetz" (*Property Law*), das im Zusammenhang mit der Projektdurchführung erlassen wurde, einige kontroverse Regelungen, die die Rechte nicht-indigener Besitzer von indigenen Ländereien stärkten. Außerdem beanstandete das Aufsichtsgremium, dass nur die zweite Projektphase das Bestehen eines gesetzlichen Rahmens für den Schutz indigener Landrechte voraussetzt, die erste Projektphase aber ohne entsprechende gesetzliche Regelungen durchgeführt werden konnte.[753] Hinsichtlich der Schutzrichtlinien zur Umweltprüfung, zu indigenen Bevölkerungen und natürlichen Lebensräumen fand das Aufsichtsgremium keine nennenswerten Mängel.[754]

Im März 2009 stellte das Bank-Management fest, dass alle Punkte des Aktionsplans, der die genannten Defizite beseitigen sollte, umgesetzt sind.[755] Auch die Antragsteller bestätigten, dass ihre Beschwerden beim Aufsichtsgremium etwas für den Schutz ihrer Rechte bewirkt haben.[756]

C.IV.2.i Albanien-Energiesektor-Projekt (Antrag Nr. 46)

Dieses in Albanien durchgeführte Projekt bezweckte Verbesserungen im Energiesektor, indem eine Wärmekraftanlage gebaut und Änderungen struktureller

752 Honduras-Untersuchungsbericht, Abs. 136ff. (S. 38ff.), 148 (S. 42), 151ff. (S. 43ff.), 183, 188, 198 (S. 52ff.).

753 Honduras-Untersuchungsbericht, Abs. 199ff. (S. 56ff.), 206ff. (S. 58ff.), 221 (S. 62), 223ff. (S. 63f.), 377ff. (S. 103ff.), 385 (S. 105).

754 Honduras-Untersuchungsbericht, Abs. 285ff. (81ff.), 296 (S. 83), 297ff. (S. 83f.).

755 *The World Bank*, Honduras Land Administration Project (Credit No. 3858-HO). Progress Report Implementation of Management's Action Plan in Response to the Inspection Panel Investigation Report vom 09.03.2009, Punkt 16 (S. 11).

756 Vgl. *The Inspection Panel*, The Inspection Panel at 15 Years, S. 89f.

und institutioneller Art vorgenommen werden sollten.[757] Ein Bürgerzusammenschluss von betroffenen Anwohnern reichte im April 2007 einen Untersuchungsantrag ein, in dem er die Verletzung von Weltbank-Richtlinien zum Schutz von Umwelt, Beteiligungsrechten und albanischem Kulturerbe sowie die Nichteinhaltung nationaler Vorschriften rügte.[758] Verfahrensrechtlich interessant ist, dass die Antragsteller bereits zuvor den Compliance-Ausschuss (*Compliance Committee*) zur Aarhus-Konvention angerufen hatten,[759] welcher ihre Beschwerde v. a. hinsichtlich Informations-, Beratungs- und Beteiligungsrechten bestätigte.[760] Ferner hatten sie die entsprechenden Überwachungsorgane der Europäischen Bank für Wiederaufbau und Entwicklung (*European Bank for Reconstruction and Development*, EBRD)[761] und der Europäischen Investitionsbank (EIB)[762] eingeschaltet,[763] da das Projekt von EBRD und EIB mitfinanziert wurde.

Das Aufsichtsgremium stellte fest, das Bank-Management hätte im Rahmen von OP / BP 4.01 nicht denselben Gutachter für die Standort- und Umsetzbarkeitsanalyse sowie auch für die Umweltprüfung zulassen dürfen.[764] Des Weiteren ist die Schutzrichtlinie zur Umweltprüfung mangels ausreichender Einbeziehung möglicher Alternativen nicht eingehalten worden.[765] Es ist aber entgegen der Ansicht der Antragsteller keine Gefährdung natürlicher Lebensräume auszumachen, so dass die OP / BP 4.04 nicht einschlägig sind.[766] Ferner sind zwar mögliche Luftverschmutzungen in der Umweltprüfung ausreichend

757 *The Inspection Panel*, Investigation Report. Albania: Power Sector Generation and Restructuring Project (IDA Credit No. 3872-ALB) vom 07.08.2009 (Albanien-Energiesektor-Untersuchungsbericht), http://siteresources.worldbank.org/EXTINSPECTIONPANEL/Resources/ALB_Power_Investigation_Report_whole.pdf (letzter Zugriff: 01.06.2012), Abs. 6f. (S. 1f.).

758 *Civic Alliance for the Protection of the Bay of Vlora*, Request for Inspection vom 30.04.2007, http://siteresources.worldbank.org/EXTINSPECTIONPANEL/Resources/ALB_Power_Request_for_Inspection.pdf (letzter Zugriff: 01.06.2012), Abs. 3f. (S. 4).

759 Nähere Informationen zum Aarhus Convention Compliance Committee (ACCC) unter http://www.unece.org/env/pp/ccBackground.htm (letzter Zugriff: 01.06.2012).

760 Vgl. Albanien-Energiesektor-Untersuchungsbericht, Abs. 15 (S. 4).

761 *Project Complaint Mechanism* (PCM) der EBRD, Näheres unter http://www.ebrd.com/pages/project/pcm/about.shtml (letzter Zugriff: 01.06.2012).

762 *Complaints Mechanism Policy* (CMP) der EIB, Näheres unter http://www.eib.org/about/publications/complaints-mechanism-policy.htm (letzter Zugriff: 01.06.2012).

763 Albanien-Energiesektor-Untersuchungsbericht, Abs. 15 Satz 2 (S. 4).

764 Albanien-Energiesektor-Untersuchungsbericht, Abs. 108ff. (S. 25ff.), 129 (S. 31).

765 Albanien-Energiesektor-Untersuchungsbericht, Abs. 130ff. (S. 31ff.), 136, 139 (S. 32f.).

766 Albanien-Energiesektor-Untersuchungsbericht, Abs. 148ff. (S. 35ff.), 160 (S. 38).

berücksichtigt worden, nicht jedoch das Risiko von austretendem Öl und damit verbundene Umweltschädigungen.[767] Ebenso wenig sind kumulative Auswirkungen im Zusammenhang mit anderen energiebezogenen Projekten in der Region und einer möglichen Erweiterung der geplanten Wärmekraftanlage bedacht worden.[768] Das Aufsichtsgremium bemängelte ebenfalls, dass der Schutz natürlicher Kulturgüter in der Umweltprüfung und im Allgemeinen nicht ausreichend gewürdigt wurde.[769] Schließlich deckte das Gremium zahlreiche Mängel in der sozialen und wirtschaftlichen Analyse des Projekts auf; diese ist insbesondere hinsichtlich Kosten für soziale und ökologische Auswirkungen des Projekts unzureichend gewesen.[770] Nicht zuletzt wies das Projektmanagement der Bank schwerwiegende Mängel im Beteiligungsprozess auf: Es fand keine sinnvolle Beteiligung der Betroffenen statt, sie sind nicht rechtzeitig oder angemessen informiert und konsultiert worden, und die Veröffentlichung der Informationen war unzureichend.[771] Bemerkenswert ist dabei vor allem, dass das Aufsichtsgremium wegen der durch den Compliance-Ausschuss festgestellten Nichteinhaltung der Aarhus-Konvention auch die OP 4.01 verletzt sah, welche die Erfüllung der einschlägigen völkerrechtlichen Verpflichtungen des Kreditnehmerlandes verlangt.[772]

In seinem Fortschrittsbericht von Juni 2010 trägt das Weltbank-Management vor, die Umsetzung des Aktionsplans, den es auf den Untersuchungsbericht des Aufsichtsgremiums hin erstellt hatte, sei bereits so weit fortgeschritten, dass kein weiterer Fortschrittsbericht notwendig sei.[773] Bemerkenswert ist, dass die Bank Albanien dabei unterstützt, die Aarhus-Konvention umzusetzen, indem

767 Albanien-Energiesektor-Untersuchungsbericht, Abs. 161ff. (S. 38ff.), 169 (S. 40), 179f. (S. 43).

768 Albanien-Energiesektor-Untersuchungsbericht, Abs. 181ff. (S. 43ff.), 184 (S. 44), 194 (S. 46).

769 Albanien-Energiesektor-Untersuchungsbericht, Abs. 197ff. (S. 47ff.), 224ff. (S. 52f.).

770 Albanien-Energiesektor-Untersuchungsbericht, Abs. 140ff. (33ff.), 195ff. (S. 47ff.), 227ff. (33ff.), 236ff. (S. 55f.), 246 (S. 57), 253f. (S. 58f.) - Sozialanalyse; Abs. 257ff. (S. 61ff.), 282f. (S. 64), 306 (S. 70) - Wirtschaftsanalyse.

771 Albanien-Energiesektor-Untersuchungsbericht, Abs. 307ff. (S. 71ff.), 344 (S. 82), 349, 352 (S. 83), 355 (S. 84), 377 (S. 88).

772 Albanien-Energiesektor-Untersuchungsbericht, Abs. 330ff. (S. 79); OP 4.01, Abs. 3 S. 3f.

773 *The World Bank*, Progress Report to the Board of Executive Directors on the Implementation of the Management Action Plan in Response to the Inspection Panel Investigation Report on the Albania Power Sector Generation and Restructuring Project (IDA Credit No. 3872-ALB) vom 22.06.2010 (Albanien-Energiesektor-Fortschrittsbericht), http://siteresources.worldbank.org/EXTINSPECTIONPANEL/

ein „Institutioneller Entwicklungsfonds" (*Institutional Development Fund*) finanziert wird.[774]

C.IV.2.j Albanische-Küste-Projekt (Anträge Nr. 47 / 48)

In diesem ebenfalls Albanien betreffenden Fall hatte es das Aufsichtsgremium mit einem ganzheitlich ausgerichteten Projekt zur Erhaltung der albanischen Küste zu tun; es umfasst sowohl regulative als auch Investitions- und spezifisch umweltschützende Maßnahmen.[775] Untersuchungsanträge stellten zum einen eine Gruppe von Individuen aus dem betroffenen Jal-Gebiet und zum anderen ein Vertreter der „Vereinigung von Touristenführern" (*Association of Tourist Operators*, CTO) und weiterer Individuen. Erstere machte v. a. eine Verletzung von Überwachungspflichten seitens der Weltbank geltend,[776] letzterer berief sich auf Richtlinien zu Umweltschutz, Beteiligungspflichten, Kulturerbe und Nichtdiskriminierung.[777]

Das Aufsichtsgremium befand, die Schutzrichtlinie zu unfreiwilligen Umsiedlungen wurde teilweise zu Unrecht nicht angewandt, teilweise falsch ausgelegt oder auf andere Art nicht eingehalten. Die albanische Regierung führte ein Programm durch, das den Abriss illegaler Bauten im Projektgebiet vorsah. Die Bank nahm zu Unrecht an, es bestehe kein Zusammenhang zwischen der Durchführung des Abrissprogramms und dem Bank-Projekt, denn das Projekt zielt darauf ab, eine nachhaltige Bewirtschaftung der Küstenregion zu erreichen, indem Bebauungspläne notfalls mit Zwang durchgesetzt werden. Des Weiteren ist die Annahme, der Abriss von illegal errichteten Häusern und der Verlust des Zugangs zu Grundstücken stellten keine Enteignung dar, falsch. Außerdem hieß

Resources/Albania_Power_6_22_2010_Management_progress_report.pdf (letzter Zugriff: 01.06.2012), Punkt 24 (S. 7).

774 Albanien-Energiesektor-Untersuchungsbericht, Punkte 15f. (S. 4f.).

775 *The Inspection Panel*, Investigation Report. Albania: Integrated Coastal Zone Management and Clean-Up Project (IDA-Credit No. 4083-ALB) vom 24.11.2008 (Albanische-Küste-Untersuchungsbericht), http://siteresources.worldbank.org/EXTINSPECTIONPANEL/Resources/Coastal_Full_Report_11_24_FINAL.pdf (letzter Zugriff: 01.06.2012), Abs. 6 (S. 2).

776 *Andon Koka et al.*, Request for Inspection vom 30.07.2007, http://siteresources.worldbank.org/EXTINSPECTIONPANEL/Resources/Request_for_Inspection_1.pdf (letzter Zugriff: 01.06.2012), S. 9f.

777 *Petrit Levendi*, Request for Inspection vom 05.08.2007, http://siteresources.worldbank.org/EXTINSPECTIONPANEL/Resources/Request_for_Inspection_2.pdf (letzter Zugriff:01.06.2012), S. 3.

es in der Projektbeurteilung, dass mit der albanischen Regierung vereinbart worden sei, weitere Zerstörungen zu unterlassen, bis ausreichende Schutzmechanismen für die Betroffenen eingerichtet seien. Es stellte sich aber heraus, dass eine solche Vereinbarung nicht existierte.[778] Darüber hinaus ist keine sonstige Unterstützung für die Betroffenen geleistet worden, obwohl diese im Grundsatz angestrebt war.[779] Zudem beanstandete das Aufsichtsgremium, dass die Faktenanalyse fehlerhaft und defizitär war und die Bank Überwachungsmängel zu verschulden hatte.[780] Auffällig ist, dass das Gremium ausdrücklich hervorhebt, wie schwierig in diesem Fall die Kooperation mit dem Bank-Management in vielerlei Hinsicht, z. B. beim Zusammentragen von Informationen und Fakten, gewesen ist.[781]

Das Bank-Management räumte die Ergebnisse des Aufsichtsgremiums vollständig ein. Es kam mit der albanischen Regierung überein, dass die Weltbank den Antragstellern die finanziellen Mittel zur Verfügung stellt, um ihre Schäden vor den albanischen Gerichten gegen den albanischen Staat geltend zu machen.[782] Die Bank selbst hat die Rolle eines neutralen Geldgebers, der nicht bei der Auswahl, Mandatierung und Einweisung der Rechtsanwälte beteiligt ist. Es wurde vereinbart, dass ein internationaler Experte als Unabhängiger Beobachter (*Independent Observer*) dem Bank-Management vertraulich über die Verfahren berichtet. Der Vizepräsident der Bank für den Bereich Recht wählte mit Unterstützung der Organisation für Sicherheit und Zusammenarbeit in Europa (OSZE) und der „Europäischen Hilfsmission für das Albanische Justizsystem“ (*European Assistance Mission to the Albanian Justice System*, Euralia) den pensionierten Vizepräsidenten des österreichischen Berufungsgerichts als Unabhängigen Beobachter aus.[783] Neun betroffene Familien haben Klageverfahren

---

778 Albanische-Küste-Untersuchungsbericht, Abs. 114ff. (S. 31ff.), 129ff. (S. 35ff.), 134ff. (S. 37f.), 142ff. (S. 38ff.), 165 (S. 44), 243 (S. 62).

779 Albanische-Küste-Untersuchungsbericht, Abs. 158 (S. 42).

780 Albanische-Küste-Untersuchungsbericht, Abs. 172ff. (S. 46ff.), 207 (S. 54), 227f., 229 (S. 59), 245, 247 (S. 63).

781 Albanische-Küste-Untersuchungsbericht, Abs. 249ff. (S. 64ff.).

782 *The World Bank*, Progress Report No. 2. Implementation of Management Action Plan in Response to Inspection Panel Investigation Report. Albania. Integrated Coastal Zone Management and Clean-Up Project (IDA Credit No. 4083-ALB) vom 26.02.2010 (Albanische-Küste-Fortschrittsbericht II), http://siteresources.worldbank.org/EXTINSPECTIONPANEL/Resources/AlbaniaICZMCP_ProgressReport2_02-26-10.pdf (letzter Zugriff: 01.06.2012), Punkte 4ff. (S. 3f.).

783 *The World Bank*, Albania - Integrated Coastal Zone Management and Clean-Up Project. Progress Report on the Implementation of the Management Action Plan in Response to the Inspection Panel Investigation Report (IDA Credit No. 4083-ALB)

eingeleitet, von denen zwei in erster Instanz einmal stattgebend und einmal abweisend entschieden wurden. Gegen beide Urteile sind Berufungen eingelegt worden. Die Bank hat Verzögerungen der Gerichtsverfahren wegen Krankheit, verspäteter Zustellung von Ladungen und anderer Gründe festgestellt, die aber in der albanischen Gerichtspraxis nicht ungewöhnlich zu sein scheinen.[784] Außerdem wurden die Kreditauszahlungen im Januar 2009 suspendiert; im Dezember 2009 begann die Restrukturierung des Projekts, die bis März 2010 andauerte. Im Juni 2010 hob das Exekutivdirektorium die Suspendierung auf und setzte den Abschluss des Projekts auf den 31. Dezember 2012 fest.[785]

C.IV.2.k UESP-II-Projekt (Antrag Nr. 49)

Dieser Fall, der mit einem Untersuchungsantrag aus dem Jahr 2007 eingeleitet wurde, betraf ein Projekt in Ghana, das der Verbesserung städtischer Lebensbedingungen insbesondere im Hinblick auf Umweltgesundheit, Sanitäreinrichtungen, Abwasser- und Müllentsorgung sowie Transportsysteme diente (*Second Urban Environmental Sanitation Project*, UESP II).[786] Der Antrag des COHRE (*Center on Housing Rights and Evictions*) als Vertreter der im Projektgebiet lebenden Agyemankata-Gemeinschaft betraf vorrangig Verletzungen der OP / BP 4.12 zu unfreiwilligen Umsiedlungen.[787]

---

vom 01.07.2009 (Albanische-Küste-Fortschrittsbericht I), http://siteresources.worldbank.org/EXTINSPECTIONPANEL/Resources/Albania_Progress_Report_Final_Version.pdf (letzter Zugriff: 01.06.2012), Punkte 6, 8, 13f. (S. 4ff.); Albanische-Küste-Fortschrittsbericht II, Punkte 7f. (S. 4f.).

784 *The World Bank*, Progress Report No. 3. Implementation of Management Action Plan in Response to Inspection Panel Investigation Report. Albania - Integrated Coastal Zone Management and Clean-Up Project (IDA Credit No. 4083-ALB) vom 16.02.2011 (Albanische-Küste-Fortschrittsbericht III), http://siteresources.worldbank.org/EXTINSPECTIONPANEL/Resources/ALBANIA3rdProgReport.PDF (letzter Zugriff: 01.06.2012), Punkte 5, 7 (S. 4).

785 Albanische-Küste-Fortschrittsbericht II, Punkte 14, 17 (S. 6f.); Albanische-Küste-Fortschrittsbericht III, Punkte 13f. (S. 6).

786 *The Inspection Panel*, Investigation Report. Ghana: Second Urban Environmental Sanitation Project (UESP II) (IDA Credit No. 3889-GH) vom 13.03.2009 (UESP-II-Untersuchungsbericht), http://siteresources.worldbank.org/EXTINSPECTIONPANEL/Resources/Ghana_Investigation_Report.pdf (letzter Zugriff: 02.01.2012), Abs. 1 Satz 1 (S. 1).

787 *Center on Housing Rights and Evictions*, Request for Inspection vom 16.08.2007, http://siteresources.worldbank.org/EXTINSPECTIONPANEL/Resources/RequestforInspection.pdf (letzter Zugriff:01.06.2012), Abs. 5 (S. 3f.).

Das Aufsichtsgremium befasste sich zunächst mit der Durchführung der Umweltprüfung. Dabei fand es folgende Mängel: Das Projektgebiet ist unzureichend eingegrenzt und keine Pufferzone eingerechnet worden.[788] Zudem hat die Bank die negativen Auswirkungen auf die Anwohner nicht ausreichend berücksichtigt und keine ordentliche Kontrolle und Beteiligung gewährleistet.[789] Die Fehler, welche in der Umweltprüfung gemacht wurden, führten dann zu Defiziten in der Umsiedlungsstrategie.[790] Unabhängig davon ist man in der Vorbereitungsphase des Projekts nicht gründlich genug vorgegangen, weshalb die „Umsiedlungsrichtlinien" (*resettlement policy framework*), die anstelle eines besser geeigneten Aktionsplanes aufgestellt wurden, mangelhaft waren.[791] Schließlich erfüllten die Weltbank-Mitarbeiter ihre Informations- und Überwachungspflichten teilweise nicht gut.[792]

Interessant ist, dass das Aufsichtsgremium auf einen gewissen Zeitdruck hinweist, dem sich manche Bank-Mitarbeiter in der Vorbereitungsphase des Projekts von Seiten des Darlehensnehmers ausgesetzt sahen und der die schlechte Qualität der Risikobewertung zumindest mitverursachte.[793] Die Umstände dieses Falles waren allerdings speziell: Das Projekt war 1999 mit finanzieller Unterstützung einer britischen Entwicklungseinrichtung, dem „Ministerium für Internationale Entwicklung" (*Department for International Development*, DfID), begonnen worden. Zu dieser Zeit war auch eine Umweltprüfung durchgeführt worden. Da das DfID jedoch vor Abschluss seine Unterstützung zurückzog, übernahm die Weltbank das Projekt, während die Ausführung bereits in vollem Gange war.[794] Sie führte im Rahmen der Projektübernahme im Jahr 2003 eine eigene Umweltprüfung durch, die allerdings auf der Prüfung des DfID von 1999 basierte.[795] Bis 2007, als der Untersuchungsantrag beim Aufsichtsgremium einging, veränderten sich die äußeren Umstände. Der Bericht des Aufsichtsgremiums und die Auseinandersetzung des Bank-Managements mit

788 UESP-II-Untersuchungsbericht, Abs. 107ff. (S. 28ff.), 143 (S. 36), 157f. (S. 39).

789 UESP-II-Untersuchungsbericht, Abs. 138 (S. 34), 169 (S. 41), 172 (S. 42).

790 UESP-II-Untersuchungsbericht, Abs. 185ff., 186 (S. 45f.); vgl. Abs. 199ff. (S. 48ff.)

791 UESP-II-Untersuchungsbericht, Abs. 199ff. (S. 48ff.), 222ff., 234 (S. 54f.), 242ff. (S. 57ff.), 261f. (S. 60f.).

792 UESP-II-Untersuchungsbericht, Abs. 271ff., 272 (S. 62ff.), 294 (S. 67); Abs. 295ff. (S. 69ff.), 302 (S. 70), 314, 317f. (S. 73f.); für einen Gesamtüberblick der UESP-II-Untersuchungsergebnisse siehe Annex A, S. 79ff.

793 UESP-II-Untersuchungsbericht, Abs. 232 Satz 1 (S. 55), 330 Sätze 1f. (S. 77).

794 UESP-II-Untersuchungsbericht, Abs. 17 (S. 4).

795 UESP-II-Untersuchungsbericht, Abs. 19 (S. 4).

den Beschwerden der Antragsteller führten letztlich dazu, dass eine erneute Umweltverträglichkeitsprüfung durchgeführt und die Umsiedlungsmaßnahmen solange ausgesetzt wurden.[796]

Das Bank-Management ließ sich im Wesentlichen auf die Beanstandungen des Aufsichtsgremiums ein. Sein weiteres Vorgehen konzentrierte sich darauf, mit der albanischen Regierung eine „Strategie für eine ganzheitliche Abfallbewirtschaftung" (*Integrated Solid Waste Management Strategy*) zu entwickeln und den Kreditbegünstigten bei einer erneuten Umweltprüfung zu unterstützen.[797]

C.IV.2.l Mumbai-Stadttransport-Projekt (Anträge Nr. 32 / 33 / 58)

Mumbai ist die größte Stadt Indiens und auch eine der bevölkerungsreichsten Städte weltweit. Wegen der hohen Bevölkerungsdichte und seiner geographischen Situation leidet die Stadt an erheblichen Transportproblemen, die das weltbankunterstützte Projekt zu lösen versucht.[798] Eine Vereinigung von Ladenbesitzern und drei Vereinigungen von Anwohnern im Projektgebiet haben im Jahr 2004 Untersuchungsanträge eingereicht, die Fehler der Weltbank hinsichtlich unfreiwilligen Umsiedlungen, Information und Beteiligung der Betroffenen sowie bei der Überwachung des Projekts beklagten.[799]

Seit 2004 sind zu diesem Projekt immer wieder Untersuchungsanträge wegen angeblichen Fehlverhaltens der Weltbank eingereicht worden. Sie beruhten allerdings nicht auf neuen Tatsachen, so dass keine weiteren Verfahren des Aufsichtsgremiums eingeleitet worden sind. Erst im Jahr 2009 ging ein Antrag beim

---

796 Vgl. *The World Bank*, Pressemitteilung Nr. 2008/421/AFR vom 19.06.2009, http://siteresources.worldbank.org/EXTINSPECTIONPANEL/Resources/UESPII_Board_PR.pdf (letzter Zugriff: 01.06.2012), S. 2.

797 *The World Bank*, Pressemitteilung Nr. 2008/421/AFR vom 19.06.2009, http://siteresources.worldbank.org/EXTINSPECTIONPANEL/Resources/UESPII_Board_PR.pdf (letzter Zugriff: 01.06.2012), S. 2.

798 *The Inspection Panel*, Investigation Report. India: Mumbai Urban Transport Project (IBRD Loan No. 4665-IN; IDA Credit No. 3662-IN) vom 21.12.2005 (Mumbai-Untersuchungsbericht), http://siteresources.worldbank.org/EXTINSPECTIONPANEL/Resources/IPNMUTPFINAL.pdf (letzter Zugriff: 01.06.2012), Abs. 55ff., 59 (S. 13f.).

799 *United Shop Owners Association*, Request for Inspection vom 20.04.2004, http://siteresources.worldbank.org/EXTINSPECTIONPANEL/Resources/OfficialRequest04282004.pdf (letzter Zugriff: 01.06.2012), Abs. 4, 6 lit. a), c), d) (S. 3ff.) sowie *Hanuman Welfare Society/Gazi Nagar Sudhar Samiti/Jai Hanuman Rahiwasi Sewa Sangh*, Request for Inspection vom 22.06.2004, http://siteresources.worldbank.org/EXTINSPECTIONPANEL/Resources/SecondRequestforInspectionIndiaMumbai.pdf (letzter Zugriff: 01.06.2012), Abs. 3f., 6f. (S. 2f.).

Gremium ein, der bis dahin nicht berücksichtigte Fakten betraf und auf dessen Initiative hin eine Zulässigkeitsempfehlung durch das Gremium ausgesprochen wurde. Da das Weltbank-Management und die Antragsteller zwischenzeitlich eine für beide Seiten zufrieden stellende Vereinbarung getroffen hatten, sprach sich das Aufsichtsgremium gegen eine Untersuchung des Antrags aus dem Jahr 2009 aus.[800]

Das Mumbai-Stadttransport-Projekt setzt sich aus zwei anfangs noch eigenständigen Projekten zusammen; eines betraf die Verbesserung der Infrastruktur, das andere die dadurch notwendigen Umsiedlungen.[801] Die beiden Projekte wurden im Jahre 1999 aus für das Aufsichtsgremium nicht nachvollziehbaren Gründen zu einem Großprojekt zusammengelegt.[802] Nachdem das Umsiedlungsprojekt schon vorher vernachlässigt worden war, ging die Zusammenführung der Projekte vor allem zulasten der Maßnahmen gegen nachteilige Auswirkungen der Umsiedlungen und war insgesamt ein Fehler.[803] Außerdem sind weder die Öffentlichkeit noch die Exekutivdirektoren der Weltbank angemessen informiert und beteiligt worden.[804] Die Schutzrichtlinie zu unfreiwilligen Umsiedlungen (damals OD 4.30) ist verletzt worden, weil die Weltbank keine hinreichende Risikoanalyse durchführte und die institutionellen Voraussetzungen für das Umsiedlungsmanagement fehlten.[805]

Des Weiteren kritisierte das Aufsichtsgremium, dass die Umsiedlungspolitik der Weltbank nicht ausreichend differenziert und umfassend gewesen ist.[806] Auch die Methodik der Datenerhebung sowie deren Überwachung durch die Weltbank waren unzulänglich und führten zu einer falschen Datengrundlage,[807] weshalb z. B. auch die Kostenberechnung nicht korrekt war.[808] Diese zuletzt genannten Mängel beträfen insbesondere die Gruppe der kleinen und mittelständischen

---

800 *The Inspection Panel*, Eligibility Report. India: Mumbai Urban Transport Project (Loan No. 4665-IN; Credit No. 3662-IN) vom 07.08.2009, http://siteresources.worldbank.org/EXTINSPECTIONPANEL/Resources/Mumbai_Powai_Eligibility.pdf (letzter Zugriff: 01.06.2012), Abs. 23-27 (S. 4f.).

801 Mumbai-Untersuchungsbericht, Abs. 100 (S. 26f.).

802 Mumbai-Untersuchungsbericht, Abs. 111 (S. 29), 119 (S. 31), 159ff. (S. 40ff.), 162f., 166ff. (S. 41f.), 174f. (S. 43), 181 (S. 45).

803 Mumbai-Untersuchungsbericht, Abs. 123ff. (S. 32), 151, 153 (S. 38), 128ff. (S. 33f.), 156ff. (S. 39f.), 185ff., 188 (S. 46f.), 750 (S. 196).

804 Mumbai-Untersuchungsbericht, Abs. 190f. (S. 47), 192ff. (S. 47ff.).

805 Mumbai-Untersuchungsbericht, Abs. 208f. (S. 51), 210ff. (S. 51ff.).

806 Mumbai-Untersuchungsbericht, Abs. 221ff. (S. 54ff.), 228, 230, 233 (S. 57f.).

807 Mumbai-Untersuchungsbericht, Abs. 251ff. (S. 62ff.), 277ff. (S. 67f.), 295, 297 (S. 71ff.), 279 (S. 68), 300 (S. 74).

808 Mumbai-Untersuchungsbericht, Abs. 305ff. (S. 75f.).

Ladenbesitzer.[809] Das Aufsichtsgremium übte zudem Kritik an der Informations- und Beteiligungspraxis der Weltbank[810] sowie an der Auswahl der Umsiedlungsgebiete.[811] Interessant ist, dass Umweltschutzaspekte dem Aufsichtsgremium zufolge teilweise gar nicht (z. B. hinsichtlich der Umsiedlung von Straßenanliegern im Gegensatz zu Bahntrassenanliegern), zu spät oder nur in unzureichendem Ausmaß (z. B. Alternativen zum Umsiedlungsgebiet) in die Projektprüfung einbezogen wurden.[812] Daneben sind der Weltbank zahlreiche Verletzungen ihrer Überwachungspflichten vorzuwerfen.[813]

Das Bank-Management erstellte einen Aktionsplan, dessen Umsetzung das Aufsichtsgremium überwacht hat. Nachdem die Zahlungen für das Projekt zwischenzeitlich eingestellt worden waren, konnten Fortschritte bei der Beseitigung von Projektmängeln erzielt werden.[814] Das Aufsichtsgremium stand bis zum Abschluss des Verfahrens im November 2011 als Ansprechpartner für die betroffenen Bürger zur Verfügung und tauschte sich regelmäßig mit dem Management aus.[815] Laut Angaben der Antragsteller konnten tatsächlich wesentliche Verbesserungen für die Betroffenen erreicht werden, auch wenn zukünftige Beschwerden nicht ausgeschlossen sind.[816]

C.IV.3 Ergebnis zu den Fällen des Aufsichtsgremiums

Wie bereits erläutert, übt das Aufsichtsgremium keine gerichtlichen Funktionen aus; es stellt vielmehr ein unabhängiges Organ zur Selbstkontrolle der Weltbank dar.[817] Daher erlässt es auch keine Urteile, sondern kommt lediglich zu Ergebnissen, die den Exekutivdirektoren und dem Weltbank-Präsidenten zugeleitet werden.[818] Das Direktorium kann dann dem Management verbindliche

809 Mumbai-Untersuchungsbericht, Abs. 313ff. (S. 77f.), 417ff. (S. 106ff.).

810 Mumbai-Untersuchungsbericht, Abs. 339ff. (S. 83ff.), 355 (S. 87), 361 (S. 89), 362ff. (S. 89ff.), 371f. (S. 91), 743f. (S. 193).

811 Mumbai-Untersuchungsbericht, Abs. 377ff. (S. 92ff.), 394 (S. 99).

812 Mumbai-Untersuchungsbericht, Abs. 640 (S. 167), 646 (S. 168), 649 (S. 169), 651ff. (S. 169ff.), 625, 629 (S. 162f.), 655ff., 657 (S. 170), 675 (S. 174).

813 Mumbai-Untersuchungsbericht, Abs. 676ff. (S. 177ff.), 687, 689f. (S. 180f.), 697 (S. 183), 708f., 712, 716 (S. 185ff.), 725, 728 (S. 188f.).

814 *The Inspection Panel*, The Inspection Panel at 15 Years, S. 80.

815 *The Inspection Panel*, The Inspection Panel at 15 Years, S. 80.

816 *The Inspection Panel*, The Inspection Panel at 15 Years, S. 80.

817 Vgl. Teil C.IV.1.a „Allgemeines zum Aufsichtsgremium“; Teil C.IV.1.c „Rechtsnatur“; Teil C.IV.1.d „Anfängliche Kritik“.

818 Gründungsresolution, Abs. 22.

Anweisungen geben, welche auch Maßnahmen zugunsten der Antragsteller betreffen können. Demnach trifft das Aufsichtsgremium selbst aber keine Entscheidung, die direkte Auswirkungen für die Betroffenen haben kann.

Zentrale Kritikpunkte, die immer wieder in den Beschwerden der Antragsteller auftauchen, sind die mangelhafte Information über das Projektvorhaben und die defizitäre Beteiligung daran. Des Weiteren stellt die Umweltprüfung in zweierlei Hinsicht einen Hauptkritikpunkt dar: Regelmäßig wird bemängelt, dass sie zu eng ausgestaltet ist und daher wesentliche Umweltschutzaspekte gar nicht erst erfasst. Die Auswertung und Berücksichtigung möglicher Durchführungsalternativen erscheint oft unzureichend.

C.IV.3.a Einfluss auf das Weltbank-Management

Generell ist und war das Verhältnis des Aufsichtsgremiums zum Bank-Management insbesondere in den ersten Jahren wegen seines unabhängigen und überwachenden Charakters konfliktreich. Im Laufe der Jahre haben sich die beiden Weltbankorgane angenähert, was daran liegt, dass das Aufsichtsgremium zunehmend einen interaktiven Ansatz zur Lösung der vorgebrachten Konflikte verfolgt.

Das Bank-Management ist in mehreren Stufen des Verfahrens vor dem Aufsichtsgremium involviert: So ist Zulässigkeitsvoraussetzung des Verfahrens, dass der Untersuchungsgegenstand dem Management zur Kenntnis gebracht worden und gegenwärtig ungeklärt ist.[819] Nachdem ein Untersuchungsantrag eingegangen ist, erhält das Management eine dreiwöchige Frist zur Stellungnahme, bevor das Aufsichtsgremium seine Untersuchungsempfehlung ausspricht.[820] Wenn das Gremium hinsichtlich der vorgebrachten Beschwerden zu einem abschließenden Ergebnis gekommen ist, hat das Management in Antwort auf dieses Ergebnis ebenfalls einen Bericht zu erstellen.[821] Dieser kontinuierliche Austausch des Bank-Managements mit dem Aufsichtsgremium, aber auch mit den Antragstellern im Rahmen des Untersuchungsverfahrens[822] ist wichtig, um das Bewusstsein der Weltbank für eigenes Fehlverhalten zu vergrößern und dadurch Fehler zu reduzieren.[823]

---

819 Gründungsresolution, Abs. 13 S. 1, 16 S. 1, 19 S. 1.

820 Gründungsresolution, Abs. 18.

821 Gründungsresolution, Abs. 23 S. 1.

822 Vgl. 1999 Review, Abs. 15 S. 1 und 3.

823 Vgl. *Boisson de Chazournes*, Compliance with Operational Standards: The Contribution of the World Bank Inspection Panel, in: Alfredsson/Ring (Hrsg.), The Inspection Panel of the World Bank: A Different Complaints Procedure, S. 57ff., 82f.

C.IV.3.b Verfahren nach dem Untersuchungsbericht

Der Untersuchungsbericht des Aufsichtsgremiums und die entsprechende Antwort des Managements werden den Exekutivdirektoren zugeleitet[824] und eine Sitzung des Direktoriums anberaumt.[825] In dieser werden die untersuchten Projekte sowie ihre Bedeutung im Gesamtkontext der Weltbank im Detail erörtert.[826] Die Sitzungen sind von erheblicher Bedeutung, da das Direktorium dem Management Maßnahmen auferlegt, wenn es Defizite in den Berichten ermittelt.[827] Im Falle geplanter Aktionsmaßnahmen hat das Direktorium schon häufig eine Überwachung dieser Maßnahmen durch das Aufsichtsgremium angeordnet, über welche ihm dann wiederum berichtet wird.[828]

Das Aufsichtsgremium konkretisiert mit seiner Auslegung die Richtlinien und Verfahrensvorschriften und trägt auf diese Weise auch zu größerer Rechtssicherheit bei.[829] Dies gilt sowohl nach innen als auch nach außen, denn die Untersuchungs- und Jahresberichte des Gremiums und die Antwort des Managements müssen veröffentlicht werden.[830] Dabei sind der Untersuchungsbericht und die Management-Antwort innerhalb von zwei Wochen nach der Direktoriumssitzung publik zu machen.[831] Häufig werden auch Pressemitteilungen über die Sitzungen der Exekutivdirektoren erlassen.[832]

C.IV.3.c Reaktionen der Zivilbevölkerung

Das Aufsichtsgremium hat bisher breite Unterstützung aus der Zivilbevölkerung erfahren. Seine Einrichtung und Tätigkeit haben das Bild der Weltbank in der Öffentlichkeit verbessern können. Überwiegend reagieren auch die Antragsteller

824 Gründungsresolution, Abs. 22 S. 1, 23 S. 1.

825 *The Inspection Panel*, The Inspection Panel at 15 Years, S. 42.

826 *The Inspection Panel*, The Inspection Panel at 15 Years, S. 42f.

827 *The Inspection Panel*, The Inspection Panel at 15 Years, S. 43.

828 *The Inspection Panel*, The Inspection Panel at 15 Years, S. 44.

829 Vgl. *Boisson de Chazournes*, Compliance with Operational Standards: The Contribution of the World Bank Inspection Panel, in: Alfredsson/Ring (Hrsg.), The Inspection Panel of the World Bank: A Different Complaints Procedure, S. 57ff., 82f.

830 Gründungsresolution, Abs. 25 S. 2, 26 S. 2.

831 Gründungsresolution, Abs. 25 S. 2.

832 Siehe beispielhaft zum UESP-II-Projekthttp://siteresources.worldbank.org/EXTINSPECTIONPANEL/Resources/UESPII_Board_PR.pdf (letzter Zugriff: 01.06.2012) oder zum Albanische-Küste-Projekt http://siteresources.worldbank.org/EXTINSPECTIONPANEL/Resources/ALB_PressRelease.pdf (letzter Zugriff: 01.06.2012).

positiv auf die Arbeit des Gremiums. Dies liegt an konkreten Folgen wie z. B. Entschädigungsleistungen[833] oder auch Änderungen der Planung und Durchführung eines Projekts.[834] Viele würdigen aber auch, dass sie eine Möglichkeit bekommen, ihre Anliegen öffentlich zu machen, und dass ihre Anfragen tatsächlich zumindest mittelbar etwas bewirken können. Negative Reaktionen wie z. B. im Fall des UESP-II-Projekts, mit dessen Untersuchungsergebnis ein Teil der Antragsteller nicht zufrieden war,[835] bilden eher Ausnahmen.

C.IV.3.d Bedeutung für das Völkerrecht

Das Aufsichtsgremium verleiht zwei jüngeren Entwicklungen im Völkerrecht Ausdruck: der immer stärkeren Rolle internationaler Organisationen auf dem globalen Parkett und der zunehmenden Bedeutung des Individuums. Die Anerkennung einzelner Personen als Völkerrechtssubjekte hat erst nach dem Zweiten Weltkrieg begonnen. Sie betrifft nicht nur ihre Rechte z. B. vor internationalen Menschenrechtsorganen,[836] sondern auch ihre Pflichten, über die sie z. B. vor dem Internationalen Strafgerichtshof Rechenschaft ablegen müssen.[837]

In Bezug auf Individualrechte ist die Weltbank im Bereich internationaler Organisationen Vorreiterin: Das Verfahren vor dem Aufsichtsgremium ermöglicht Individuen, Maßnahmen der Bank überprüfen zu lassen, und die zu überprüfenden Maßnahmen sind operativer, nicht lediglich administrativer Art.[838] Die Regularien des Aufsichtsgremiums sehen keine besondere Form der eingehenden Anträge vor; sie müssen nur schriftlich eingehen und Informationen zum

833 Vgl. Teil C.IV.2.j „Albanische-Küste-Projekt (Anträge Nr. 47 / 48)".

834 Vgl. *Schlemmer-Schulte*, Building an International Grievance System: The World Bank Inspection Panel - Selected Issues, in: Bröhmer (Hrsg.), Festschrift für Georg Ress, S. 249ff., 261.

835 Vgl. *The World Bank*, News Release No. 2008/421/AFR, http://siteresources.worldbank.org/EXTINSPECTIONPANEL/Resources/UESPII_Board_PR.pdf (letzter Zugriff: 01.06.2012), S. 2; *The World Bank*, Management Report and Recommendation in Response to the Inspection Panel Investigation Report Ghana Second Urban Environmental Sanitation Project (IDA Credit No. 3889-GH) vom 24.04.2009, http://siteresources.worldbank.org/EXTINSPECTIONPANEL/Resources/GhanaUESPII_Management_Report_Final_May12009.pdf (letzter Zugriff: 01.06.2012), Abs. 40 (S. 11).

836 Vgl. beispielhaft das Fakultativprotokoll zu dem Internationalen Pakt über bürgerliche und politische Rechte vom 19.12.1966, BGBl. 1992 II, S. 1247, sowie Artt. 34ff. EMRK.

837 Vgl. z. B. Art. 25 des Römischen Statuts des Internationalen Strafgerichtshofs (Römisches Statut) vom 17.07.1998, BGBl. 2000 II, S. 1394, sowie 2187 UNTS 3.

838 *Shihata*, The World Bank Inspection Panel: In Practice, S. 263f.

Sachverhalt, dem beanstandeten Verhalten der Bank und den erlittenen Schäden enthalten.[839] Sie können auch in jeder beliebigen Sprache verfasst sein und müssen keine konkreten Bank-Richtlinien benennen.[840] Durch diese relativ schwachen Zugangsvoraussetzungen stärkt das Aufsichtsgremium den Status des Individuums als Völkerrechtssubjekt, zumal sich die Betroffenen direkt an das Gremium wenden können, ohne vorher nationale Verfahren angestrengt haben zu müssen.[841] Schließlich trägt die Arbeit des Aufsichtsgremiums auch der Tatsache Rechnung, dass neben den Staaten vermehrt internationale Organisationen das Völkerrecht prägen und deren Verantwortlichkeit entsprechend verbessert werden muss.

Das Aufsichtsgremium hat keine Kompetenz, Entscheidungen zu fällen, die den Individuen unmittelbar Ansprüche verleihen oder der Weltbank Pflichten auferlegen.[842] Jedoch kann seine bloße Existenz bereits einen positiven Effekt auf die Tätigkeit der Bank haben, indem die Führungskräfte und Mitarbeiter zur Vermeidung eines Kontrollverfahrens des Aufsichtsgremiums zur Einhaltung der Richtlinien und Verwaltungsvorschriften angehalten werden.[843] Die Arbeit des Aufsichtsgremiums stellt damit einen wichtigen Schritt dar auf dem Weg zu einer Stärkung der Interessen und, soweit diese auf Rechtspositionen beruhen, der Rechte der Einzelnen im Völkerrecht und zu größerer Verantwortlichkeit der internationalen Organisationen.

C.IV.3.e Bedeutung für das Umweltvölkerrecht

Da die Schutzrichtlinien die wichtigsten Untersuchungsgegenstände des Aufsichtsgremiums darstellen, trägt es mit seiner Arbeit wesentlich zur Bewusstseinsbildung im Hinblick auf ökologische und soziale Rechte insbesondere unter den Weltbank-Mitarbeitern bei.[844] Die folgenden Aspekte sind besonders hervorzuheben.

Beim Schutz indigener Bevölkerungen ist am Beispiel des Honduras-Landverwaltungsprojekts deutlich geworden, wie wichtig ihre echte und qualifizierte

839 Gründungsresolution, Abs. 16.

840 *The Inspection Panel*, The Inspection Panel at 15 Years, S. 47.

841 Vgl. *Fox*, The World Bank Inspection Panel and the Limits of Accountability, in: Pincus/Winters (Hrsg.), Reinventing the World Bank, S. 131ff., 135.

842 Vgl. auch *Fox/Treakle*, Concluding Propositions, in: Clark/Fox/Treakle (Hrsg.), Demanding Accountability, S. 279ff., 285.

843 *Shihata*, The World Bank Inspection Panel: In Practice, S. 264 vgl. *The Inspection Panel*, The Inspection Panel at 15 Years, S. 90ff.

844 Vgl. *Clark*, The World Bank Inspection Panel, in: Langford (Hrsg.), Social Rights Jurisprudence, S. 628ff., 640.

Einbeziehung in Entscheidungsprozesse ist.[845] Nur wenn Projektmaßnahmen von den betroffenen indigenen Gruppen akzeptiert werden, kann die Bank tatsächlich von ihrem Wissen und ihren Methoden lernen, und die Indigenen profitieren von der Bank-Unterstützung. So bestärkt das Aufsichtsgremium die Rechte indigener Gruppen.

Im Bereich von Umsiedlungen, die im Zuge der Projektdurchführung notwendig sind, ergreift die Weltbank regelmäßig äußerst umfassende Maßnahmen. So waren im UESP-II-Projekt z. B. nicht nur einzelne Regelungen, sondern Richtlinien zur Umsiedlungspolitik vorgesehen,[846] und im Mumbai-Stadttransport-Projekt widmete sich, wie oben ausführlich dargestellt, ein komplettes Teilprojekt den Umsiedlungsfragen.[847] Indem diese Maßnahmen zum Gegenstand von detaillierten Untersuchungen durch das Aufsichtsgremium werden, trägt es dazu bei, den völkerrechtlichen Rahmen für Fragen der (unfreiwilligen) Umsiedlung zu konkretisieren. So machte es z. B. im Rahmen des UESP-II-Projekts detaillierte Ausführungen zu den im Zusammenhang mit unfreiwilligen Umsiedlungen geltenden Informations- und Beteiligungsrechten. Von den Umsiedlungen Betroffene müssen rechtzeitig und über alle wichtigen Fakten in einer für sie verständlichen Sprache informiert sowie zu möglichen Alternativen angehört werden. Es muss ihnen ermöglicht werden, sich aktiv an der Planung, Durchführung und Überwachung der Umsiedlungen zu beteiligen. Außerdem müssen effiziente Beschwerdemechanismen angeboten und Entschädigungen auf der Grundlage von Verhandlungen mit den Betroffenen geleistet werden. Die Anforderungen sind umso höher, je schwächer die Betroffenen oder je unterschiedlicher die Machtverhältnisse sind.[848]

In den vom Aufsichtsgremium bearbeiteten Fällen spielen stets die Information und qualifizierte Beteiligung der Zivilbevölkerung eine große Rolle. Die hier dargestellten Fälle beinhalten als Kritik mangelnde Aufklärung und Einbindung der Bürger. Das Aufsichtsgremium hat diese Kritik jedes Mal bestätigt; Ausnahmen bilden lediglich das Tschad-Kamerun-Pipelineprojekt und das Kamerun-Pipelineprojekt, in denen es keine Verletzung fand.[849] Informations- und Beteiligungsrechte sind auch für andere Bereiche bedeutsam. Insbesondere für den Schutz von indigenen Bevölkerungen und den Umgang mit

845 Siehe Teil C.IV.2.h „Honduras-Landverwaltungsprojekt (Antrag Nr. 38)“.

846 Siehe Teil C.IV.2.k „UESP-II-Projekt (Antrag Nr. 49)“.

847 Siehe Teil C.IV.2.l „Mumbai-Stadttransport-Projekt (Anträge Nr. 32 / 33 / 58)“.

848 UESP-II-Untersuchungsbericht, Abs. 289ff. (S. 66ff.).

849 Siehe Teile C.IV.2.d „Tschad-Kamerun-Pipelineprojekt (Antrag Nr. 22)“ und C.IV.2.e „Kamerun-Pipelineprojekt (Antrag Nr. 27)“.

Umsiedlungserfordernissen ist es unerlässlich, Betroffene aktiv an Entscheidungen und Maßnahmen zu beteiligen, um für die Umwelt und die Gesellschaft bestmögliche Ergebnisse zu erzielen. Schließlich kann die immer wiederkehrende Kritik an der Konsultationspolitik der Bank wegen mangelnder Aufklärung und Einbindung der Bürger als Indiz dafür gesehen werden, dass sich Informations- und Beteiligungsrechte im Detail noch im Entwicklungsstadium befinden. Gleichzeitig helfen die kritischen Feststellungen des Aufsichtsgremiums, diese Entwicklung voranzutreiben.

C.IV.3.f Ausblick

In den Jahren 2009 und 2010 erreichten das Aufsichtsgremium mehr Untersuchungsanfragen als jemals zuvor: Es sind 19 Untersuchungsanträge zu 17 Projekten eingegangen. Dies könnte auf einen Trend hindeuten, dass immer mehr Fälle vorgebracht werden und daher auch die Verantwortlichkeit der Weltbank steigt. Gegen einen solchen positiven Trend spricht jedoch, dass im Jahr 2008 aus unklaren Gründen kein einziger Untersuchungsantrag gestellt wurde. Außerdem war die Zahl im Jahr 2011, als nur fünf Untersuchungsanträge gestellt wurden, wieder rückläufig.

Obwohl das mit drei Gremium-Mitgliedern und neun weiteren Mitarbeitern relativ kleine Büro des Aufsichtsgremiums mit der bisherigen Menge an Anfragen ausgelastet ist, sollte man bedenken, dass die Zahl der Untersuchungsanträge bei derzeit mehr als 1.800 laufenden Weltbankprojekten[850] sehr gering ist. Ein Grund ist, dass viele Projektbetroffene in den Mitgliedstaaten von der Existenz des Aufsichtsgremiums nichts wissen oder nicht genügend über seine Funktion und Arbeitsweise aufgeklärt sind.[851] Wenn die Bank schon über Projektdetails nicht ausreichend informiert, mangelt es erst recht an Informationen über Kontrollmöglichkeiten. Das Potential des Aufsichtsgremiums ist trotz positiver Entwicklungen sicher noch nicht ausgeschöpft.

C.V Ergebnis zu den Umweltrechten

Umweltschutzaspekte spielen eine große Rolle in der Weltbank. Dies ist daran erkennbar, dass es für Umwelt- und Sozialvorgaben eigens die Schutzrichtlinien gibt, welche überwiegend auf Umweltbelange ausgerichtet sind. Der Inhalt der Schutzrichtlinien beschränkt das Tätigkeitsfeld des Aufsichtsgremiums im

850 Stand 19.01.2012, http://go.worldbank.org/M7ARDFNB60 (ständige URL).
851 Vgl. *The Inspection Panel*, The Inspection Panel at 15 Years, S. 47f.

Umweltbereich, welches lediglich auf Rügen der Nichteinhaltung von Bank-Richtlinien reagiert.

C.V.1 Rechtliche Wirkungen

Sowohl die Schutzrichtlinien selbst als auch die Ergebnisse des Aufsichtsgremiums tragen dazu bei, dass internationale Verträge und Völkergewohnheitsrecht eine inhaltliche Konkretisierung erfahren, wenn die entsprechenden Schutzrichtlinien oder Berichte des Aufsichtsgremiums in bestimmten Punkten detaillierte Vorgaben enthalten. Auch wenn die Schutzrichtlinien und Berichte nicht genauer ausgestaltet sind als das Umweltvölkerrecht, tragen sie dennoch dazu bei, seine Inhalte und Zielsetzungen zu stärken, indem sie auf völkerrechtliche Regelungen Bezug nehmen oder deren Inhalte wiedergeben, ohne sie explizit zu benennen. Besondere Bedeutung hat es im Falle des unverbindlichen *soft law*, da seine Bestätigung durch die Weltbank dazu beitragen kann, es einem verbindlichen Status, sei es als Konventionen oder als Völkergewohnheitsrecht, näher zu bringen.

Die allgemeinen materiellen Prinzipien des Umweltvölkerrechts kommen in unterschiedlich starkem Maß in den Schutzrichtlinien bzw. beim Aufsichtsgremium zur Geltung. Konkrete umweltrechtliche Bestimmungen sind häufig Ausdruck mehrerer Prinzipien, die sich gegenseitig ergänzen, einschränken oder bedingen. Einen großen Beitrag zur Gestaltung des Umweltvölkerrechts leistet die Weltbank bei den verfahrensrechtlichen Prinzipien. Zu diesen zählen die Umweltprüfung sowie Informations- und Beteiligungsrechte der Zivilbevölkerung. Die Schutzrichtlinien und die Empfehlungen des Aufsichtsgremiums enthalten zu beiden Grundsätzen ausführliche Konkretisierungen. Dabei ist die Umweltprüfung wesentlicher Bestandteil der Vorbereitung eines jeden weltbankfinanzierten Projekts, und Informations- und Beteiligungsrechte der Zivilbevölkerung bilden ein entscheidendes Element nicht nur der Umweltprüfung, sondern auch anderer Umweltschutzmaßnahmen, wie z. B. in den Bereichen indigener Interessen und bei unfreiwilligen Umsiedlungen.

C.V.2 Chance und Verantwortung

Die Schutzrichtlinien stellen bankinterne Vorschriften dar, die unmittelbar nur das Weltbankpersonal binden, und treten nach außen vornehmlich durch die Arbeit des Aufsichtsgremiums in Erscheinung. Hierbei ist zu betonen, dass die Zahl der Fälle des Aufsichtsgremiums gemessen an der Gesamtprojektzahl der Bank sehr gering ist. Um die Wahrnehmung des Gremiums in der breiten

Öffentlichkeit zu stärken, muss jedoch nicht unbedingt die Quantität der Beschwerden ausschlaggebend sein. Es kommt vielmehr auf die Qualität der Anträge, der Untersuchungen und Untersuchungsergebnisse sowie auf die Folgen für die Betroffenen und ihre Reaktionen an. Konkret bedeutet dies für das Aufsichtsgremium, dass seine Existenz und Funktion zwar immer noch recht unbekannt sind, seine bisherige Tätigkeit aber durchaus geeignet gewesen ist in der internationalen Öffentlichkeit Aufmerksamkeit zu erregen. Je größer die Öffentlichkeitswirkung, desto stärker kann auch sein Einfluss auf die Rechtsansichten der internationalen Staatengemeinschaft sein. Daher ist die Arbeit des Aufsichtsgremiums auch über die untersuchten Einzelfälle hinaus wichtig für den internationalen Umweltschutz.

Entscheidende Voraussetzung für den Einfluss der Weltbank auf das internationale Umweltrecht ist die universale Anwendung der Umweltprüfung innerhalb der Bank. Dies in Verbindung mit ihrer wirtschaftlichen Machtposition eröffnet der Bank die Möglichkeit, zur Gestaltung des Umweltvölkerrechts beizutragen. Darin ist die Chance zu sehen, positive Entwicklungen im Umweltschutz zu fördern oder anzustoßen. Zugleich begründet diese Chance eine große Verantwortung der Weltbank in ihrer Rolle als Vorbild mit Leitfunktion.

D IFC und Arbeitsrechte

D.I Internationales Arbeitsrecht

D.I.1 Begriffe und Anfänge

Unter Arbeit sind „[m]enschliche Tätigkeiten [zu verstehen], bezahlt oder unbezahlt, die die Güter oder Dienstleistungen in einer Wirtschaft herstellen, oder für die Bedürfnisse einer Gemeinschaft oder den gewöhnlichen Lebensunterhalt einer Person sorgen.“[852]

Das internationale Arbeitsrecht umfasst die zwischenstaatlich anerkannten Regelungen und Vereinbarungen, welche greifen, wenn abhängige Arbeit geleistet wird.[853] Es beinhaltet materielle und verfahrensrechtliche Bestimmungen hinsichtlich seiner Annahme und Durchsetzung.[854] Der Zweck des Arbeitsrechts besteht darin, ausgeglichene Verhandlungspositionen zwischen Arbeitnehmern und Arbeitgebern sowie ein Minimum an angemessenen Arbeitsbedingungen zu gewährleisten.[855] Das internationale unterscheidet sich vom nationalen Arbeitsrecht darin, dass es nur die völkerrechtlichen Regelungen beinhaltet.

Der Gedanke an ein internationales Arbeitsrecht wurde bereits im Jahr 1818 als Ausgleich zu den negativen sozialen Auswirkungen der industriellen Revolution formuliert.[856] Geäußert wurde er nicht aus den Reihen der Arbeiter, sondern von Intellektuellen, Führungspersönlichkeiten in Politik und Wirtschaft, Ärzten, Gefängniswärtern und Arbeitgebern, die sich um das gesundheitliche Wohl der Arbeiter sorgten.[857] Dahinter stecken die Erkenntnis, dass gesunde und ausgeglichene Arbeitnehmer langfristig leistungsfähiger sind, und die Sorge, es könne

852 *ILO*, ILO Thesaurus, verfügbar unter http://www.ilo.org//thesaurus/defaulten.asp (letzter Zugriff: 01.06.2012): „Human activities, paid or unpaid, that produce the goods or services in an economy, or supply the needs of a community, or provide a person's accustomed means of livelihood“.

853 Vgl. *Bronstein*, International and Comparative Labour Law, S. 1f

854 *Valticos/Potobsky*, International Labour Law, Abs. 1 (S. 17).

855 *Bronstein*, International and Comparative Labour Law, S. 1f.

856 Vgl. *Ayusawa*, International Labor Legislation, S. 17ff.

857 *Servais*, International Labour Law, Abs. 5 (S. 21); *Betten*, International Labour Law, S. 1.

zu einem Arbeiteraufstand kommen.[858] Die Arbeiter selbst begannen erst später, sich zu organisieren: 1864 wurde die „Internationale Arbeitervereinigung" (*International Workers' Association*) in London gegründet und 1901 die „Internationale Vereinigung zum Rechtlichen Schutz der Arbeiter" (*International Association for the Legal Protection of Workers*) in Basel, welche als Vorgängerin der Internationalen Arbeitsorganisation (*International Labour Organisation*, ILO) angesehen wird.[859] Letztere bewirkte die Verabschiedung der ersten beiden völkerrechtlichen Arbeitsrechtsabkommen 1906 in Bern.[860]

D.I.2 Die Internationale Arbeitsorganisation

Der bedeutendste Meilenstein in der Geschichte des internationalen Arbeitsrechts war die Gründung der ILO. Sie wurde mit dem Friedensvertrag von Versailles ins Leben gerufen, der im Jahr 1919 formell den Ersten Weltkrieg beendete.[861] Teil XIII des Vertrags widmet sich dem Thema Arbeit und stellt zugleich die Verfassung der ILO dar.[862] In ihm wird der Zusammenhang zwischen Arbeit und dem Ausbruch von Krieg so erklärt, dass soziale Ungerechtigkeit und sozialer Mangel Unzufriedenheit schaffen, welche den Weltfrieden gefährden.[863] Um schlechte Arbeitsbedingungen zu beseitigen und ihnen vorzubeugen, ist die ILO als ständiger und unabhängiger Verband innerhalb der Organisationsstruktur des Völkerbundes gegründet worden.[864]

Die ILO bestand auch nach der Auflösung des Völkerbundes im April 1946 fort und stellte nicht nur die erste Sonderorganisation der Vereinten Nationen,

---

858 *Betten*, International Labour Law, S. 1f.

859 *Betten*, International Labour Law, S. 3f.

860 *Valticos/Potobsky*, International Labour Law, Abs. 2 (S. 18); International Convention Respecting the Prohibition of Night Work for Women in Industrial Employment vom 26.09.1906, in: 4 Am. J. Int'l L. 1910, Nr. 4, Supplement: Official Documents, S. 328ff. sowie International Convention on the Subject of the Prohibition of the Use of White (Yellow) Phosphorus in the Manufacture of Matches vom 26.09.1906, verfügbar unterhttp://training.itcilo.it/ils/CD_Use_Int_Law_web/Additional/Library/English/Recommendations/R006.HTM (letzter Zugriff: 01.06.2012), Annex.

861 Treaty of Versailles (Versailler Vertrag) vom 28.06.1919, in: Carnegie Endowment for International Peace (Hrsg.), The Treaties of Peace 1919 - 1923, Bd. I, New York 1924, S. 3ff., Art. 387 Satz 1 (S. 238).

862 *Rubin* (Hrsg.), Code of International Labour Law, Bd. I: Essentials of International Labour Law, Punkt 1.01.1 (S. 3).

863 Versailler Vertrag, Teil XIII Abschn. I.

864 Vgl. Versailler Vertrag, Teil XIII Abschn. I, Artt. 388, 392.

sondern auch die einzige dreigliedrige Organisation im UN-System dar.[865] Dies bedeutet, dass die Beschlussorgane der ILO, die Internationale Arbeitskonferenz und der Verwaltungsrat, zu gleichen Teilen aus Staaten und Vertretern von Arbeitgeber- und Arbeitnehmerorganisationen zusammengesetzt werden.[866] Die anfängliche Mitgliederzahl von 42 ist mittlerweile auf 185 Staaten gestiegen.[867]

Die ILO-Verfassung bildet die Grundlage für das moderne internationale Arbeitsrecht.[868] Nach 25 Jahren ihres Bestehens, im Jahr 1944, verabschiedete die ILO die nach dem Ort der Zusammenkunft benannte Erklärung von Philadelphia.[869] Diese ist mittlerweile in die ILO-Verfassung integriert und bekräftigt die leitenden Grundsätze der ILO:

> „a) Arbeit ist keine Ware.
> b) Freiheit der Meinungsäußerung und Vereinigungsfreiheit sind wesentliche Voraussetzungen beständigen Fortschritts.
> c) Armut, wo immer sie besteht, gefährdet den Wohlstand aller.
> d) Der Kampf gegen die Not muß innerhalb jeder Nation und durch ständiges gemeinsames internationales Vorgehen unermüdlich weitergeführt werden, wobei die Vertreter der Arbeitnehmer und der Arbeitgeber sich gleichberechtigt mit den Vertretern der Regierungen in freier Aussprache und zu demokratischen Entscheidungen zusammenfinden, um das Gemeinwohl zu fördern.“[870]

Sie geht außerdem über die ursprüngliche Verfassung hinaus, indem sie klarstellt:

> „Alle Menschen, ungeachtet ihrer Rasse, ihres Glaubens und ihres Geschlechts, haben das Recht, materiellen Wohlstand und geistige Entwicklung in Freiheit und Würde, in wirtschaftlicher Sicherheit und unter gleich günstigen Bedingungen zu erstreben.“[871]

---

865 *Gilbert*, The International Labor Organization, in: Keller (Hrsg.), International Labor and Employment Laws, S. 40-1ff., 40-1f.

866 ILO-Verfassung (entspricht in ihrer ursprünglichen Form Teil XIII des Versailler Vertrages), BGBl. 1957 II, S. 318, in der Fassung vom 27.06.1972, BGBl. 1975 II, S. 2208, Artt. 3 Abs. 1, 7 Abs. 1.

867 Siehe *ILO*, http://www.ilo.org/public/english/standards/relm/country.htm (letzter Zugriff: 01.06.2012 / Stand: 01.06.2012).

868 *Rubin* (Hrsg.), Code of International Labour Law, Bd. I: Essentials of International Labour Law, Punkt 1.01.1 (S. 3).

869 *ILO*, Erklärung über die Ziele und Zwecke der Internationalen Arbeitsorganisation vom 10.05.1944, http://www.ilo.org/public/german/region/eurpro/bonn/download/philadelphia.pdf (letzter Zugriff: 01.06.2012).

870 ILO-Verfassung, Anlage, Abs. I.

871 ILO-Verfassung, Anlage, Abs. II lit. a).

Bemerkenswert ist, dass die ILO im Jahr 1969 für ihren Beitrag zu sozialem Frieden weltweit den Friedensnobelpreis erhalten hat.

D.I.3 Quellen

Das internationale Arbeitsrecht ist hauptsächlich völkervertragsrechtlich ausgestaltet. Dies liegt nicht zuletzt an der dominanten Rolle der ILO, die im Vergleich zu anderen internationalen Organisationen auf eine sehr lange Geschichte zurückblickt.

Die von der ILO entwickelten Übereinkommen und Empfehlungen bilden mit Abstand die Hauptquelle für arbeitsrechtliche Regelungen im Völkerrecht.[872] Bis heute hat das zuständige Organ der ILO, die Internationale Arbeitskonferenz, bereits 189 Übereinkommen und 201 Empfehlungen verabschiedet.[873] Während Übereinkommen die Mitgliedstaaten binden, erzeugen Empfehlungen keine Bindungswirkung, sondern stellen vielmehr Leitlinien dar. Falls nationale Stellen die Umsetzung eines nicht ratifizierten Übereinkommens ablehnen, begeht der jeweilige Mitgliedstaat keinen Völkerrechtsbruch, er ist aber zu weiteren Bemühungen in Richtung einer Ratifikation verpflichtet.[874] Empfehlungen sind der national zuständigen Stelle zur Umsetzung vorzulegen; über Gesetzgebung und Praxis im Bereich des Empfehlungsgegenstandes haben die Staaten der ILO regelmäßig zu berichten.[875] Die ILO-Verfassung sowie die Beschlüsse, Feststellungen und Entscheidungen der Internationalen Arbeitskonferenz bzw. der Fachausschüsse bilden weitere Quellen des internationalen Arbeitsrechts.[876]

Einige im UN-System entstandene Verträge mit anderweitiger Ausrichtung enthalten auch arbeitsrechtliche Bestimmungen, und es bestehen Arbeitsrechtsabkommen auf regionaler Ebene.[877] Daneben sind bilaterale Verträge, z. B. mit sozialversicherungsrechtlichem Inhalt zu nennen.[878] Das internationale Arbeitsrecht umfasst eine Vielzahl von Themenbereichen und Regelungen, die neben den im Folgenden näher betrachteten Kernbereichen z. B. auch

---

872 *Servais*, International Labour Law, Abs. 85 (S. 63).

873 Für eine Auflistung siehe http://www.ilo.org/ilolex/english/convdisp1.htm (Abkommen) bzw. http://www.ilo.org/ilolex/english/recdisp1.htm (Empfehlungen) (jeweils letzter Zugriff: 01.06.2012).

874 ILO-Verfassung, Art. 19 Abs. 5 lit. b), d), e).

875 ILO-Verfassung, Art. 19 Abs. 6 lit. b), d).

876 *Valticos/Potobsky*, International Labour Law, Abs. 121f. (S. 66), 128ff. (S. 68f.).

877 Vgl. beispielhaft Artt. 8, 22 IPbpR und Artt. 6-9 IPwskR sowie Artt. 4, 11 EMRK und die Europäische Sozialcharta vom 18.10.1961, BGBl. 1964 II, S. 1262.

878 Vgl. *Schmeisser/Krimphove*, Internationale Personalwirtschaft und Internationales Arbeitsrecht, S. 152f.

Beschäftigungspolitik, Arbeitszeit, Gesundheit und Sicherheit, Löhne, soziale Sicherheit und spezielle Gruppen wie z. B. Wanderarbeiter betreffen.[879]

D.I.4 Kernarbeitsnormen

Im Jahr 1998 verabschiedete die Internationale Arbeitskonferenz auf ihrer 86. Sitzung die ILO-Erklärung über grundlegende Rechte bei der Arbeit und ihre Folgemaßnahmen.[880] Sie schuf damit keine neuen Rechte, sondern bekräftigte die essentiellen, in der ILO-Verfassung enthaltenen Pflichten sowohl der Mitgliedstaaten als auch der ILO selbst und konkretisierte diese.[881] Zu den grundlegenden Arbeitsrechten gehören:

> „a) die Vereinigungsfreiheit und die effektive Anerkennung des Rechts zu Kollektivverhandlungen;
> b) die Beseitigung aller Formen von Zwangs- oder Pflichtarbeit;
> c) die effektive Abschaffung der Kinderarbeit;
> d) die Beseitigung der Diskriminierung in Beschäftigung und Beruf."[882]

Diese vier Grundprinzipien werden durch acht ILO-Übereinkommen ergänzt[883] und binden alle Mitgliedstaaten, auch wenn sie die entsprechenden

879 Für eine umfassendere und detailliertere Darstellung siehe z. B. *Valticos/Potobsky*, International Labour Law, Abs. 170ff. (S. 91ff.).

880 *ILO*, Erklärung über grundlegende Rechte bei der Arbeit und ihre Folgemaßnahmen (ILO-Erklärung über grundlegende Rechte bei der Arbeit) vom 18.06.1998, http://www.ilo.org/public/german/region/eurpro/bonn/download/ilo-erklaerung.pdf (letzter Zugriff: 01.06.2012).

881 Vgl. *Trebilcock*, The ILO Declaration on Fundamental Principles and Rights at Work: A New Tool, in: Blanpain/Engels (Hrsg.), The ILO and the Social Challenges of the 21st Century, S. 105ff., 105.

882 ILO-Erklärung über grundlegende Rechte bei der Arbeit, Abs. 2.

883 *ILO*, Übereinkommen Nr. 87 vom 17.06.1948, Übereinkommen über die Vereinigungsfreiheit und den Schutz des Vereinigungsrechtes; Übereinkommen Nr. 98 vom 08.06.1949, Übereinkommen über die Anwendung der Grundsätze des Vereinigungsrechtes und des Rechtes zu Kollektivverhandlungen; Übereinkommen Nr. 29 vom 10.06.1930, Übereinkommen über Zwangs- oder Pflichtarbeit; Übereinkommen Nr. 105 vom 05.06.1957, Übereinkommen über die Abschaffung der Zwangsarbeit; Übereinkommen Nr. 100 vom 06.06.1951, Übereinkommen über die Gleichheit des Entgelts männlicher und weiblicher Arbeitskräfte für gleichwertige Arbeit; Übereinkommen Nr. 111 vom 04.06.1958, Übereinkommen über die Diskriminierung in Beschäftigung und Beruf; Übereinkommen Nr. 138 vom 06.06.1973, Übereinkommen über das Mindestalter für die Zulassung zur Beschäftigung; Übereinkommen Nr. 182 vom 01.06.1999, Übereinkommen über das Verbot

Übereinkommen nicht ratifiziert haben.[884] Im Gegenzug ist die ILO verpflichtet, alle möglichen Maßnahmen zu ergreifen, um die Mitgliedstaaten bei der Verwirklichung dieser Rechte zu unterstützen.[885] Darüber hinaus sieht die Erklärung Folgemaßnahmen vor, welche ebenfalls die tatsächliche Umsetzung der Prinzipien fördern sollen.[886] Sie betreffen jährlich abzufassende Berichte über den Umsetzungsfortschritt hinsichtlich der vier arbeitsrechtlichen Kernbereiche.[887]

Diese „Arbeitsgrundrechte" der ILO sind als Menschenrechte zu qualifizieren, die sowohl politische als auch soziale und wirtschaftliche Dimensionen haben. Die politische Dimension ist, dass sie grundlegende Wertentscheidungen enthalten, mittels derer sie staatliche Stellen in die Pflicht nehmen. Gleichzeitig beinhalten sie eine soziale Komponente, da das Wohlergehen von Individuen und Gruppen von Individuen als schützenswert erachtet wird. Schließlich haben die „Arbeitsgrundrechte" auch wirtschaftlichen Charakter, denn sie stellen Rahmenbedingungen für Arbeitsverhältnisse auf, und wirtschaftliche Leistung beinhaltet immer auch - mehr oder weniger intensiv - den Einsatz von Arbeitskraft. Die Verwirklichung der Kernarbeitsrechte als Menschenrechte mit politischen und sozialen wie wirtschaftlichen Elementen ist für nachhaltige Entwicklung unverzichtbar und stellt ein wichtiges Mittel dar, um Armut zu reduzieren und langfristiges Wirtschaftwachstum zu erreichen.[888]

D.I.4.a Vereinigungsfreiheit

Die Vereinigungsfreiheit umfasst das Recht, sich zu einem bestimmten Zweck mit anderen zusammenzuschließen und diesem Zweck nachzugehen, sowie auch das Recht, einem bereits bestehenden Zusammenschluss beizutreten oder nicht beizutreten.[889] Für das Arbeitsrecht bedeutsam ist die Vereinigungsfreiheit in Form der Koalitionsfreiheit, d. h. des Rechts, sich zu Gewerkschaften

---

und unverzügliche Maßnahmen zur Beseitigung der schlimmsten Formen der Kinderarbeit, alle verfügbar unterhttp://www.ilo.org/public/german/region/eurpro/bonn/kernarbeitsnormen/index.htm (letzter Zugriff: 01.06.2012).

884 ILO-Erklärung über grundlegende Rechte bei der Arbeit, Abs. 2.

885 ILO-Erklärung über grundlegende Rechte bei der Arbeit, Abs. 3.

886 ILO-Erklärung über grundlegende Rechte bei der Arbeit, Abs. 4, Anhang, Abs. I 1.

887 ILO-Erklärung über grundlegende Rechte bei der Arbeit, Anhang, Abs. II, III.

888 *Trebilcock*, The ILO Declaration on Fundamental Principles and Rights at Work: A New Tool, in: Blanpain/Engels (Hrsg.), The ILO and the Social Challenges of the 21st Century, S. 105ff., 113f.; vgl. auch Teil B.III.3 „Menschenrechte und Entwicklung", S. 18.

889 *Lawyers Committee for Human Rights*, The Neglected Right: Freedom of Association in International Human Rights Law, S. 15ff., 26ff.

und Arbeitgeberverbänden zusammenzuschließen.[890] Zusätzlich nennt die ILO-Erklärung über grundlegende Rechte bei der Arbeit ausdrücklich das Recht zu Kollektivverhandlungen, welche Vertreter der Arbeitnehmer und Arbeitgeber durchführen.[891] Wesentliches Element dieses Rechts als besonders wirkungsvolles Mittel zur Demonstration der Arbeitnehmerstärke ist das Streikrecht.[892] Unter einem Streik wurde früher nur die vollständige Niederlegung der Arbeit verstanden,[893] aktuell wird jede systematische Reduzierung von Arbeit im Kollektiv, quantitativ oder qualitativ, als Streik angesehen.[894]

Die Vereinigungsfreiheit wird in zahlreichen internationalen Menschenrechtsverträgen geschützt.[895] Essentielle Instrumente sind zudem die Übereinkommen der ILO Nr. 87 über die Vereinigungsfreiheit und den Schutz des Vereinigungsrechtes[896] und Nr. 98 über die Anwendung der Grundsätze des Vereinigungsrechtes und des Rechtes zu Kollektivverhandlungen aus den Jahren 1948 und 1949.[897] Nach dem jüngsten Bericht der ILO zur Vereinigungsfreiheit sind seit der Verkündung der Erklärung über grundlegende Rechte bei der Arbeit Fortschritte hinsichtlich des Ratifizierungsstandes und der effizienten Umsetzung dieser Übereinkommen erzielt worden, jedoch müssten die Bemühungen weiter vorangetrieben werden.[898]

D.I.4.b Verbot der Zwangs- und Pflichtarbeit

In vielen nationalen Rechtsordnungen ist seit langem anerkannt, dass angemessene Arbeitsbedingungen nur herrschen können, wenn Arbeit nicht unter Zwang geleistet wird.[899] Die ILO stellt folgende Definition auf:

---

890 Vgl. *Löwer*, Art. 9 (Vereinigungsfreiheit, Koalitionsfreiheit), in: von Münch/Kunig (Hrsg.), Grundgesetz-Kommentar, Band 1 (Präambel bis Art. 19), S. 609ff., Rn. 73 (S. 651f.).

891 Siehe Teil D.I.4. „Kernarbeitsnormen".

892 Vgl. *International Labour Conference,* Freedom of Association in practice Lessons learned, Bericht Nr. I (B) der 97. Sitzung, Abs. 50 (S. 14).

893 *Ben-Israel*, Strikes, Lockouts and Other Kinds of Hostile Actions, in: Hepple (Hrsg.), International Encyclopedia of Comparative Law, Bd. XV Labour Law, Abs. 51 (S. 18).

894 *Novitz*, International and European Protection of the Right to Strike, S. 6.

895 Vgl. beispielhaft Artt. 20, 23 Abs. 4 AEMR, Art. 22 IPbpR, Art. 8 IPwskR.

896 *ILO*, Übereinkommen Nr. 87 vom 09.07.1948, verfügbar unter http://www.ilo.org/ilolex/german/docs/gc087.htm (letzter Zugriff: 01.06.2012).

897 *ILO*, Übereinkommen Nr. 98 vom 01.07.1949, verfügbar unter http://www.ilo.org/ilolex/german/docs/gc098.htm (letzter Zugriff: 01.06.2012).

898 *International Labour Conference,* Freedom of Association in practice: Lessons learned, Bericht Nr. I (B) der 97. Sitzung, Abs. 322ff. (S. 75ff.).

899 *Servais*, International Labour Law, Abs. 329 (S. 128).

> „Als „Zwangs- oder Pflichtarbeit“ im Sinne dieses Übereinkommens gilt jede Art von Arbeit oder Dienstleistung, die von einer Person unter Androhung irgendeiner Strafe verlangt wird und für die sie sich nicht freiwillig zur Verfügung gestellt hat.“[900]

Das ILO-Übereinkommen Nr. 29 über Zwangs- und Pflichtarbeit von 1930 verlangt, dass der „Gebrauch der Zwangs- oder Pflichtarbeit in allen ihren Formen möglichst bald zu beseitigen“ ist.[901] Damit verpflichtet es die Mitgliedstaaten nicht nur, selbst Maßnahmen zu unterlassen, die Zwangs- oder Pflichtarbeit beinhalten, sondern auch zu verhindern, dass andere solche Maßnahmen in ihrem Zuständigkeitsbereich ergreifen.[902] Des Weiteren erlegt das Übereinkommen den Staaten sogar ausdrücklich die Pflicht auf, positive Maßnahmen im Bereich des Strafrechts durchzuführen.[903] Unter den ILO-Dokumenten sind ferner das Übereinkommen Nr. 105 über die Abschaffung der Zwangsarbeit von 1957[904] sowie die Empfehlung 35 betreffend den mittelbaren Zwang zur Arbeit von 1930[905] zu nennen. Auch zur Zwangs- und Pflichtarbeit finden sich Bestimmungen in vielen internationalen Menschenrechtsabkommen.[906]

D.I.4.c Verbot der Kinderarbeit

Schon die Präambel der ILO-Verfassung von 1919 mahnte den Schutz der Kinder an. Im Zeichen stetig fortschreitender Globalisierung der internationalen Wirtschaftsverflechtungen ist das Thema Kinderarbeit wieder oder immer noch aktuell.[907] Obwohl das Verhältnis zwischen globalem Handel und Kinderarbeit

---

900 *ILO*, Übereinkommen Nr. 29 vom 28.06.1930, verfügbar unter http://www.ilo.org/ilolex/german/docs/gc029.htm (letzter Zugriff: 01.06.2012), Art. 2 Abs. 1; Abs. 2 enthält Ausnahmen.

901 *ILO*, Übereinkommen Nr. 29, Art. 1 Abs. 1.

902 *Servais*, International Labour Law, Abs. 335 (S. 130).

903 *ILO*, Übereinkommen Nr. 29, Art. 25: „Die unberechtigte Auferlegung von Zwangs- oder Pflichtarbeit ist unter Strafe zu stellen. Die Mitglieder, die dieses Übereinkommen ratifizieren, verpflichten sich, dafür zu sorgen, daß die ergriffenen Strafmaßnahmen wirksam sind und streng vollzogen werden.“

904 *ILO*, Übereinkommen Nr. 105 vom 25.06.1957, verfügbar unter http://www.ilo.org/ilolex/german/docs/gc105.htm (letzter Zugriff: 01.06.2012).

905 *ILO*, Empfehlung 35 betreffend den mittelbaren Zwang zur Arbeit vom 28.06.1930, verfügbar unter http://www.ilo.org/ilolex/german/docs/rec035.htm (letzter Zugriff: 01.06.2012).

906 Vgl. beispielhaft Art. 8 IPbpR, Art. 4 EMRK.

907 Vgl. *Pertile*, Introduction: The Fight Against Child Labour in a Globalized World, in: Nesi/Nogler/Pertile (Hrsg.), Child Labour in a Globalized World, S. 1ff., 5f.

seit den 1990er Jahren auf der Agenda internationaler Politik steht, wurden bisher keine verbindlichen Richtlinien festgelegt.[908]

Auf dem Gebiet der Kinderrechte ist das herausragende Instrument zu ihrem Schutz die Kinderrechtskonvention der Vereinten Nationen.[909] Sie zählt zu den bedeutendsten internationalen Menschenrechtsabkommen[910] und verzeichnet mit 193 Vertragsstaaten den höchsten Ratifizierungsstand.[911] Artikel 1 der Kinderrechtskonvention definiert als Kind

> „jede[n] Mensch[en], der das achtzehnte Lebensjahr noch nicht vollendet hat, soweit die Volljährigkeit nach dem auf das Kind anzuwendenden Recht nicht früher eintritt."

Die Konvention enthält eine ausdrücklich arbeitsrechtliche Bestimmung, die Kinderarbeit nicht verbietet, sondern nicht angemessene Kinderarbeit und wirtschaftliche Ausbeutung als unrechtmäßig qualifiziert.[912] Diese Regelung spiegelt einen Kompromiss der allgemeinen Diskussion darüber wider, ob Kinder grundsätzlich vor Arbeit geschützt werden sollen oder ob ihnen ein Recht auf Arbeit zuzugestehen ist.[913]

Die ILO hat zwei bedeutende Übereinkommen zum Schutz der Kinder verabschiedet: das Übereinkommen Nr. 138 über das Mindestalter für die Zulassung zur Beschäftigung von 1973[914] und das Übereinkommen Nr. 182 über das Verbot und unverzügliche Maßnahmen zur Beseitigung der schlimmsten Formen der

---

908 Vgl. *Cullen*, The Role of International Law in the Elimination of Child Labor, S. 189f.

909 Übereinkommens über die Rechte des Kindes (Kinderrechtskonvention) vom 20.11.1989, BGBl 1992 II, S. 122.

910 Zu diesen gehören außerdem: Internationaler Pakt über bürgerliche und politische Rechte; Internationaler Pakt über wirtschaftliche, soziale und kulturelle Rechte; Internationales Übereinkommen über die Beseitigung jeder Form von Rassendiskriminierung; Übereinkommen gegen Folter und andere grausame, unmenschliche oder erniedrigende Behandlung oder Strafe; Übereinkommens zur Beseitigung jeder Form von Diskriminierung der Frau; Internationales Übereinkommen zum Schutz der Rechte aller Wanderarbeitnehmer/innen und ihrer Familienangehörigen; Internationales Übereinkommen zum Schutz aller Personen vor dem Verschwindenlassen; Übereinkommen über die Rechte behinderter Menschen.

911 Stand: 01.06.2012, http://treaties.un.org/Pages/ViewDetails.aspx?src=TREATY&mtdsg_no=IV-11&chapter=4&lang=en#top (letzter Zugriff: 01.06.2012).

912 Kinderrechtskonvention, Art. 32.

913 *Dillon*, International Children's Rights, S. 143.

914 *ILO*, Übereinkommen Nr. 138 vom 26.06.1973, verfügbar unter http://www.ilo.org/ilolex/german/docs/gc138.htm (letzter Zugriff: 01.06.2012).

Kinderarbeit von 1999.[915] Zu diesen schlimmsten Formen der Kinderarbeit zählt das Übereinkommen

„a) alle Formen der Sklaverei oder alle sklavereiähnlichen Praktiken [...];
b) das Heranziehen, Vermitteln oder Anbieten eines Kindes zur Prostitution, zur Herstellung von Pornographie oder zu pornographischen Darbietungen;
c) das Heranziehen, Vermitteln oder Anbieten eines Kindes zu unerlaubten Tätigkeiten, insbesondere zur Gewinnung von und zum Handel mit Drogen [...];
d) Arbeit, die ihrer Natur nach oder aufgrund der Umstände, unter denen sie verrichtet wird, voraussichtlich für die Gesundheit, die Sicherheit oder die Sittlichkeit von Kindern schädlich ist."[916]

Das Verbot dieser schlimmsten Formen der Kinderarbeit gilt auch für den häuslichen Bereich, in dem Kinderarbeit am häufigsten vorkommt.[917] Die ILO hat 1992 ein Programm eingerichtet, das den Schutz von Kindern international fördern und die Mitgliedstaaten bei konkreten Projekten unterstützen soll, um die Beseitigung von Kinderarbeit weiter voranzutreiben.[918]

Das Verbot von Kinderarbeit kann auch als allgemeiner Rechtsgrundsatz des Völkerrechts angesehen werden, da es in den meisten nationalen Rechtsordnungen vorkommt.[919]

D.I.4.d Diskriminierungsverbot und Chancengleichheit

Diskriminierungsverbote sind zahlreich im Völkerrecht verankert. So enthalten neben vielen anderen die AEMR, der IPbpR und der IPwskR der Vereinten Nationen, die EMRK des Europarats, die Amerikanische Menschenrechtskonvention (AMRK)[920] der Organisation Amerikanischer Staaten (OAS)[921] und die „Banjul-Charta"[922] der Organisation für Afrikanische Einheit (OAU)[923]

---

915 *ILO*, Übereinkommen Nr. 182 vom 17.06.1999, verfügbar unter http://www.ilo.org/ilolex/german/docs/gc182.htm (letzter Zugriff: 01.06.2012).

916 *ILO*, Übereinkommen Nr. 182, Art. 3.

917 *Buck*, International Child Law, S. 97.

918 International Programme on the Elimination of Child Labour (IPEC), Näheres unter http://www.ilo.org/ipec (letzter Zugriff: 01.06.2012).

919 *Humbert*, The Challenges of Child Labour in International Law, S. 113f.; die Verfasserin qualifiziert das Verbot von Kinderarbeit sogar als *ius cogens*: S. 114ff.

920 AMRK vom 22.11.1969, 1144 UNTS 123.

921 Näheres unter http://www.oas.org/en/default.asp (letzter Zugriff: 01.06.2012).

922 Afrikanische Charta der Menschenrechte und der Rechte der Völker vom 27.06.1981, 1520 UNTS 217.

923 Näheres unter http://www.au.int/ (letzter Zugriff: 01.06.2012).

Diskriminierungsverbote.[924] Unter den ILO-Übereinkommen sind Nr. 100 über die Gleichheit des Entgelts männlicher und weiblicher Arbeitskräfte für gleichwertige Arbeit von 1951[925] und Nr. 111 über die Diskriminierung in Beschäftigung und Beruf von 1958 hervorzuheben.[926] Dies definiert Diskriminierung im Kern als

> „jede Unterscheidung, Ausschließung oder Bevorzugung, die auf Grund der Rasse, der Hautfarbe, des Geschlechts, des Glaubensbekenntnisses, der politischen Meinung, der nationalen Abstammung oder der sozialen Herkunft vorgenommen wird und die dazu führt, die Gleichheit der Gelegenheiten oder der Behandlung in Beschäftigung oder Beruf aufzuheben oder zu beeinträchtigen".[927]

Grundsätzlich können Beeinträchtigungen des Diskriminierungsverbots gerechtfertigt werden. Dazu muss die jeweilige Ungleichbehandlung, wenn keine ausdrücklichen Bestimmungen im Verbot selbst enthalten sind, auf objektiv nachvollziehbaren Gründen beruhen und verhältnismäßig sein.[928]

Die Erfahrung zeigt, dass die rechtliche Beseitigung von Diskriminierung in der Regel keinen äquivalenten praktischen Effekt hat.[929] Im Bereich des Diskriminierungsverbots sind positive Maßnahmen von Seiten der Staaten gefragt, um tatsächliche Gleichstellung zu fördern und strukturelle Ungleichheiten anzugehen.[930] Dabei ist offen, wie diese Maßnahmen auszugestalten sind,[931] zumal die rechtliche, soziale, wirtschaftliche und kulturelle Situation von Staat zu Staat variiert.

Die Einordnung des ILO-Übereinkommens Nr. 100 über die Gleichheit des Entgelts männlicher und weiblicher Arbeitskräfte für gleichwertige Arbeit als Ausprägung der Kernarbeitsrechte[932] zeigt, dass der Frauendiskriminierung ein besonderes Gewicht zukommt.[933]

---

924 Siehe z. B. Art. 2 AEMR; Art. 26 IPbpR; Art. 2 Abs. 2 IPwskR; Art. 14 EMRK; Art. 24 AMRK; Art. 2. der „Banjul-Charta".

925 *ILO*, Übereinkommen Nr. 100 vom 29.06.1951, verfügbar unter http://www.ilo.org/ilolex/german/docs/gc100.htm (letzter Zugriff: 01.06.2012).

926 *ILO*, Übereinkommen Nr. 111 vom 25.06.1958, verfügbar unter http://www.ilo.org/ilolex/german/docs/gc111.htm (letzter Zugriff: 01.06.2012).

927 *ILO*, Übereinkommen Nr. 111, Art. 1 Abs. 1 lit. a).

928 *Asscher-Vonk*, Towards One Concept of Objective Justification?, in: Loenen/Rodrigues (Hrsg.), Non-Discrimination Law: Comparative Perspectives, S. 39ff., 39.

929 *Bronstein*, International and Comparative Labour Law, S. 176.

930 Vgl. *Bronstein*, International and Comparative Labour Law, S. 176.

931 *Mulder*, How Positive Can Equality Measures Be?, in: Loenen/Rodrigues (Hrsg.), Non-Discrimination Law: Comparative Perspectives, S. 65ff., 75.

932 Siehe Teil D.I.4 „Kernarbeitsnormen".

933 Siehe dazu im Detail Teil E „Weltbank und Menschenrechte von Frauen".

D.I.5 Arbeitsrechte und Entwicklung

Das Recht auf Arbeit bildet den Ausgangspunkt für die Kernarbeitsnormen und alle weiteren und spezielleren Regelungen im Arbeitsrecht. Der IPwskR definiert es als

> „Recht jedes einzelnen auf die Möglichkeit, seinen Lebensunterhalt durch frei gewählte oder angenommene Arbeit zu verdienen."[934]

Dies schließt notwendig auch die Freiheit von Zwangs- und Pflichtarbeit sowie von Diskriminierung ein.[935]

Das Recht auf Arbeit stellt außerdem eines der grundlegenden Menschenrechte dar.[936] Grund dafür ist, dass es für die Bildung einer materiellen Lebensgrundlage und die Persönlichkeitsentwicklung der Einzelnen essentiell ist.[937] Zugleich ist es in einem breiteren, globalen Kontext zu sehen. Schon die ILO-Verfassung von 1919 erkannte, dass „[d]er Weltfriede [...] auf die Dauer nur auf sozialer Gerechtigkeit aufgebaut werden [kann]. Nun bestehen aber Arbeitsbedingungen, die für eine große Anzahl von Menschen mit so viel Ungerechtigkeit, Elend und Entbehrungen verbunden sind, daß eine Unzufriedenheit entsteht, die den Weltfrieden und die Welteintracht gefährdet."[938] Diese mehr als 90 Jahre alte Feststellung hat an Aktualität nichts eingebüßt.

D.II Die IFC

D.II.1 IFC statt Weltbank

Seit einigen Jahren führen die Weltbank und die ILO als Sonderorganisationen der Vereinten Nationen Gespräche über eine mögliche Pflicht der Bank, die fundamentalen Prinzipien der ILO bei ihrer Arbeit zu berücksichtigen.[939] Dies ist insofern bedeutsam, als Bank-Aktivitäten erhebliche Auswirkungen auf

---

934 Art. 6 Abs. 1 IPwskR.

935 *Kartashkin*, Economic, Social and Cultural Rights, in: Vasak (Hrsg.), The International Dimensions of Human Rights, Bd. 1, S. 111ff., 115.

936 *Kartashkin*, Economic, Social and Cultural Rights, in: Vasak (Hrsg.), The International Dimensions of Human Rights, Bd. 1, S. 111ff., 115.

937 *Kartashkin*, Economic, Social and Cultural Rights, in: Vasak (Hrsg.), The International Dimensions of Human Rights, Bd. 1, S. 111ff., 115.

938 ILO-Verfassung, Präambel, Abs. 1, 2 S. 1.

939 Vgl. *Swepston*, ILO Supervision and the World Bank Inspection Panel, in: Alfredsson/Ring (Hrsg.), The Inspection Panel of the World Bank: A Different Complaints Procedure, S. 249ff., 249.

die Ausübung von Arbeitsrechten haben.[940] Denn die Durchführung von Bankprojekten schließt in der Regel und in sehr großem Ausmaß die Nutzung von Arbeitskraft ein.[941] Die Weltbank scheint sich ihrer Verantwortung im Bereich essentieller Arbeitsrechte eher spät bewusst geworden zu sein. Bisher existieren keine verbindlichen Vorgaben der Bank im Bereich von Arbeitsstandards; dies wird sich wohl in naher Zukunft auch nicht ändern, weil bisher keine Bemühungen in diese Richtung unternommen werden.

Innerhalb der Weltbank-Gruppe verzeichnen bisher weder die IBRD noch die IDA, sondern die Internationale Finanz-Corporation den größten Fortschritt bei der Förderung von Arbeitsrechten. Die Bedeutung der IFC im internationalen Arbeitsrecht ist dabei nicht zu unterschätzen: Zwar erlangen ihre Anforderungen nur für das jeweilige Projekt Geltung und erzielen keine strukturellen Auswirkungen im jeweiligen Mitgliedstaat.[942] Jedoch können ihre Vorgaben oft weitaus wirkungsvoller sein als diejenigen der ILO, da sie mittels wirtschaftlicher Sanktionen durchgesetzt werden können und nicht einvernehmlich mit dem Darlehensnehmer ausgehandelt werden müssen.[943] Für den Bereich der Arbeitsrechte empfiehlt es sich daher, die Regelungen der IFC eingehend zu betrachten.

D.II.2 IFC und Menschenrechte

Internationale Politik und zwischenstaatliche politische Machtverhältnisse werden sehr stark von wirtschaftlichen Überlegungen beeinflusst. Immer häufiger prägen private Unternehmen, insbesondere international agierende Großunternehmen, soziale Strukturen; dies verleiht den privaten Unternehmen Macht, die aber auch mit einer großen Verantwortung verbunden ist.[944] Die IFC ist in der

940 *Swepston*, ILO Supervision and the World Bank Inspection Panel, in: Alfredsson/Ring (Hrsg.), The Inspection Panel of the World Bank: A Different Complaints Procedure, S. 249ff., 250.

941 *Swepston*, ILO Supervision and the World Bank Inspection Panel, in: Alfredsson/Ring (Hrsg.), The Inspection Panel of the World Bank: A Different Complaints Procedure, S. 249ff., 250.

942 *Swepston*, ILO Supervision and the World Bank Inspection Panel, in: Alfredsson/Ring (Hrsg.), The Inspection Panel of the World Bank: A Different Complaints Procedure, S. 249ff., 250.

943 Siehe auch *Swepston*, ILO Supervision and the World Bank Inspection Panel, in: Alfredsson/Ring (Hrsg.), The Inspection Panel of the World Bank: A Different Complaints Procedure, S. 249ff., 250f.

944 Vgl. *Woicke*, Putting Human Rights Principles into Development Practice through Finance: The Experience of the International Finance Corporation, in: Alston/

wichtigen Position, auf die Politik ihrer Vertragspartner unter Einschluss menschenrechtlicher Aspekte Einfluss nehmen zu können, da sie Kredite an private Unternehmen vergibt, die zu normalen Marktkonditionen keine erhalten.[945] Zwar enthält die Satzung der IFC wie die Satzungen der IBRD und der IDA ein nichtpolitisches Mandat,[946] dieses gilt jedoch nur in Bezug auf ihre Mitgliedstaaten, nicht auf private Unternehmen. Die IFC hat daher eine große Chance, Menschenrechte in den Mitgliedstaaten zu fördern, und will der damit verbundenen Verantwortung gerecht werden.[947] Neben den Schutzrichtlinien der Weltbank haben auch die entsprechenden Sozial- und Umweltvorgaben der IFC die Begründung der Äquator-Prinzipien bewirkt.[948]

D.III Arbeitsstandards in der IFC

D.III.1 Schutzrichtlinien

Im Jahr 1998 führte die IFC Schutzrichtlinien ein, die sehr stark an diejenigen der Weltbank angelehnt waren, darüber hinaus aber auch eine Richtlinie zu Zwangs- und Kinderarbeit umfassten. Diese bestand aus zwei sog. Richtlinien-Anweisungen (*policy statements*), welche im Vergleich zu den Schutzrichtlinien der Weltbank sehr kurz, aber dennoch klar gehalten waren.

Die Anweisung zu Zwangs- und schädlicher Kinderarbeit besagte, dass die IFC keine Projekte unterstützt, welche Zwangs- oder schädliche Kinderarbeit beinhalten.[949] Dabei definierte es Zwangsarbeit gemäß dem Übereinkommen Nr. 29 der ILO und schädliche Kinderarbeit gemäß der UN-Kinderrechtskonvention.[950] Die Regelung war in Vereinbarungen mit den Vertragspartnern umzusetzen[951]

Robinson (Hrsg.), Human Rights and Development. Towards Mutual Reinforcement, S. 327ff., 327.

945 *Van Putten*, Policing the Banks, S. 174.

946 IFC-Satzung, Art. III Abschn. 9.

947 Vgl. *Woicke*, Putting Human Rights Principles into Development Practice through Finance: The Experience of the International Finance Corporation, in: Alston/Robinson (Hrsg.), Human Rights and Development. Towards Mutual Reinforcement, S. 327ff., 327, 332.

948 *Van Putten*, Policing the Banks, S. 178ff.; vgl. Teil C.III.2 „Bedeutung der Schutzrichtlinien".

949 *IFC*, Policy Statement on Forced Labor and Harmful Child Labor vom März 1998, http://www.ifc.org/ifcext/enviro.nsf/AttachmentsByTitle/pol_ChildLabor/$FILE/ChildForcedLabor.pdf (letzter Zugriff: 01.06.2012), S. 2, Satz 1.

950 *IFC*, Policy Statement on Forced Labor and Harmful Child Labor, Sätze 3, 4.

951 *IFC*, Policy Statement on Forced Labor and Harmful Child Labor, Satz 5.

und verlangte die Einhaltung der relevanten nationalen Bestimmungen sowie der im jeweiligen Mitgliedstaat geltenden internationalen Abkommen.[952]

Diese Anweisung wurde durch die „Vorläufige Leitlinie zu schädlicher Kinderarbeit" ergänzt.[953] Diese lieferte detailliertere Informationen zu Kinderarbeit und deren Bekämpfung. Sie nahm dabei ausdrücklich Bezug auf die Vorgaben der ILO, insbesondere auf Übereinkommen Nr. 138.[954] Zudem erklärte sie noch einmal explizit, dass die IFC von einer Projektförderung absieht, wenn schädliche Kinderarbeit involviert ist, oder, falls das Projekt bereits läuft, die Angelegenheit bis zur Klärung verfolgt.[955] Die Leitlinie wies sogar auf die Gefahr von Kinderarbeit durch Einbeziehung von Zulieferern und Subunternehmen hin.[956]

Bemerkenswert ist, dass es keine entsprechende Bestimmung für Weltbank-Operationen gab und gibt und die Leitlinie schädliche Kinderarbeit kategorisch, auch schon für die Projektprüfungsphase, ausschloss.[957] Gerade ihre knappe Ausgestaltung stellte möglicherweise einen erheblichen Mangel dar,[958] jedenfalls war es ein Defizit, dass sie nur vorläufig wirksam war.

D.III.2 Nachhaltigkeitskonzept 2006 und 2012

Im April 2006 richtete die IFC ein neues, mehrstufiges System zur Wahrung von Umwelt- und Sozialstandards ein, das die Schutzrichtlinien ersetzte. Einer der Gründe für die Umstrukturierung bestand darin, dass die IFC ihre Wettbewerbsfähigkeit erhalten wollte, indem sie sich stärker ergebnisorientiert ausrichtete und einen größeren Fokus auf soziale und ökologische Aspekte legte.[959] Die Bestandteile des neueren Systems waren eine Nachhaltigkeitsrichtlinie und acht Ausführungsrichtlinien. Zum 01. Januar 2012 ist das Nachhaltigkeitskonzept überarbeitet und aktualisiert worden. Es besteht weiterhin aus einer

---

952 *IFC*, Policy Statement on Forced Labor and Harmful Child Labor, Satz 2.

953 *IFC*, Harmful Child Labor: Interim Guidance vom 08.07.1999, http://www.ifc.org/ifcext/enviro.nsf/AttachmentsByTitle/pol_ChildLabor/$FILE/ChildForcedLabor.pdf (letzter Zugriff: 01.06.2012), S. 3ff.

954 *IFC*, Harmful Child Labor: Interim Guidance, Abs. 3 S. 1f.

955 *IFC*, Harmful Child Labor: Interim Guidance, Abs. 5 S. 3 und 6

956 *IFC*, Harmful Child Labor: Interim Guidance, Abs. 7.

957 *McBeth*, International Economic Actors and Human Rights, S. 206ff.

958 So *McBeth*, International Economic Actors and Human Rights, S. 208.

959 *Halifax Initiative Coalition* (Hrsg.), One Step Forward, One Step Back, Ottawa 2006, www.halifaxinitiative.org/updir/IFC-Analysis-HI-Final.pdf (letzter Zugriff: 01.06.2012), S. 1.

Nachhaltigkeitsrichtlinie sowie acht Ausführungsrichtlinien und umfasst nunmehr auch die Informationszugangsrichtlinie.

D.III.2.a Nachhaltigkeitsrichtlinie

Die IFC-Richtlinie zu Sozialer und Ökologischer Nachhaltigkeit von 2006 erläutert, wie sozial und ökologisch nachhaltige Entwicklung im IFC-Rahmen praktisch erreicht werden soll. Wie bereits beschrieben, ist Ziel der IFC, durch zukunftsfähige Entwicklung der Privatwirtschaft in Entwicklungsländern die weltweite Armut zu verringern und die Lebensbedingungen zu verbessern. Zur Erreichung dieses Ziels hat die IFC eher eine ergänzende Aufgabe inne, vorrangig obliegt die Prüfung und Behandlung sozialer und ökologischer Belange den Vertragspartnern. Die IFC überprüft aber das Risikomanagement der Privatunternehmen und unterstützt sie dabei.[960]

Wenn zu erwarten ist, dass die Ausführungsrichtlinien nicht über einen bestimmten Zeitraum eingehalten werden können, qualifiziert sich das entsprechende Vorhaben nicht für eine IFC-Förderung. Die IFC-Kontrolle umfasst auch eine Kategorisierung der beantragten Projekte nach dem Grad möglicher negativer Auswirkungen; sie ist vergleichbar mit derjenigen, welche die Weltbank gemäß den Schutzrichtlinien im Rahmen der Umweltprüfung vornimmt. Wenn Projekte Auswirkungen auf die Gesellschaft als Ganzes haben können, z. B. in der Rohstoffindustrie oder im Infrastrukturbereich, kommt der Prüfung von Governance-Risiken und der Veröffentlichung von Informationen besondere Bedeutung zu. Die Nachhaltigkeitsrichtlinie 2006 nimmt auch Bezug auf den Ombudsmann der IFC.[961]

Die überarbeitete Nachhaltigkeitsrichtlinie von 2012 entspricht im Grundsatz der Vorgängerversion von 2006. Neu hinzugekommen ist, dass die IFC ausdrücklich die Verantwortung der Wirtschaft für Menschenrechte unabhängig von staatlichen Pflichten feststellt. Verletzungen von Menschenrechten sollen unterlassen und negative Auswirkungen wirtschaftlicher Aktivitäten auf die Menschenrechte sollen beseitigt werden. Ein effizientes Beschwerdesystem sei unerlässlich, um dieser Verantwortung gerecht zu werden. In der Nachhaltigkeitsrichtlinie 2012

---

960 *IFC*, Policy on Social and Environmental Sustainability vom 30.04.2006 (Nachhaltigkeitsrichtlinie 2006), verfügbar unterhttp://www1.ifc.org/wps/wcm/connect/5159190048855a4f85b4d76a6515bb18/SustainabilityPolicy.pdf?MOD=AJPERES&CACHEID=5159190048855a4f85b4d76a6515bb18 (letzter Zugriff: 01.06.2012), Abschn. 1 Abs. 2, 2 Abs. 6, 3 Abs. 10 und 11, 13ff., 26, 30.

961 Nachhaltigkeitsrichtlinie 2006, Abschn. 3 Abs. 17 S. 1, Abs. 18 und 21ff., 4 Abs. 31ff.; siehe im Detail zum *Compliance Advisor / Ombudsman* Teil D.IV.1 „Ombudsmann".

bekennt sich die IFC des Weiteren zur besonderen Förderung von Frauen, die für die Entwicklung der Privatwirtschaft, nachhaltige wirtschaftliche Entwicklung und die Reduzierung der Armut entscheidend sind. Gender-bezogene Risiken und auch nicht beabsichtigte Ungleichbehandlungen sollen minimiert werden. Die IFC bekennt sich dazu, ihre eigenen Tätigkeiten und Arbeitsabläufe ebenfalls den an die Unternehmen gestellten Anforderungen anzupassen.[962]

D.III.2.b Ausführungsrichtlinie Nr. 2

Die Ausführungsrichtlinien enthalten Sozial- und Umweltschutzvorgaben, welche die Vertragspartner der IFC während der Förderungszeit einhalten müssen.[963] Unter den Sozialvorgaben betrifft eine Ausführungsrichtlinie das Arbeitsrecht: die Ausführungsrichtlinie Nr. 2 zu Arbeitsbedingungen (*labor and working conditions*). Sie ist wie die Nachhaltigkeitsrichtlinie zum Jahr 2012 überarbeitet worden; im Folgenden wird ein Fokus auf die Untersuchung der Version von 2006 gelegt, da sich zur aktuellen Ausführungsrichtlinie Nr. 2 keine wesentlichen Änderungen ergeben haben und die im Folgenden untersuchten Ombudsmann-Fälle anhand der Vorgängerversion auszuwerten sind.[964]

Die Ausführungsrichtlinie Nr. 2/2006 basiert auf der Erkenntnis, dass faire, sichere und gesunde Arbeitsbedingungen auf lange Sicht nicht nur den Arbeitnehmern, sondern auch den Unternehmen zugute kommen, indem sie eine stabile Steigerung von Effizienz und Produktivität ermöglichen. Sie zielt darauf ab, ein

---

962 *IFC*, Policy on Environmental and Social Sustainability vom 01.01.2012 (Nachhaltigkeitsrichtlinie 2012), verfügbar unterhttp://www1.ifc.org/wps/wcm/connect/Topics_Ext_Content/IFC_External_Corporate_Site/IFC+Sustainability/Sustainability+Framework/Sustainability+Framework+-+2012/#SustainabilityPolicy (letzter Zugriff: 01.06.2012), Abschn. 2 Abs. 12f., 17.

963 *IFC*, Performance Standards on Social and Environmental Sustainability vom 30.04.2006, verfügbar unterhttp://www1.ifc.org/wps/wcm/connect/ac3381804886593bb892fa6a6515bb18/IFC%2BPerformance%2BStandards.pdf?MOD=AJPERES&attachment=true&id=1322803957411 (letzter Zugriff: 01.06.2012), Introduction, Abs. 1 (S. i).

964 *IFC*, Performance Standard 2. Labor and Working Conditions vom 30.04.2006 (Ausführungsrichtlinie Nr. 2/2006), verfügbar unterhttp://www1.ifc.org/wps/wcm/connect/a23dcb8048855663b9e4fb6a6515bb18/PS_2_LaborWorkingConditions.pdf?MOD=AJPERES&attachment=true&id=1322807958114 (letzter Zugriff: 01.06.2012); *IFC*, Performance Standard 2. Labor and Working Conditions vom 01.01.2012 (Ausführungsrichtlinie Nr. 2/2012), verfügbar unter http://www1.ifc.org/wps/wcm/connect/2408320049a78e5db7f4f7a8c6a8312a/PS2_English_2012.pdf?MOD=AJPERES (letzter Zugriff: 01.06.2012).

fruchtbares Verhältnis zwischen Arbeitnehmern und Arbeitgebern zu schaffen, grundlegende Interessen der Arbeitnehmer wie die Verbote von Zwangs- und Kinderarbeit, Nichtdiskriminierung und Chancengleichheit sowie angemessene Arbeitsbedingungen und die Einhaltung innerstaatlicher Arbeitsrechtsvorschriften zu wahren und schließlich sichere und gesunde Arbeitsbedingungen zu fördern. In seinen Anwendungsbereich fallen nicht nur direkte Arbeitnehmer des Vertragspartners, sondern auch andere unmittelbar oder mittelbar Beschäftigte, wenn diese für eine erhebliche Zeitspanne mit wichtigen Aufgaben betraut sind.[965]

Konkret stellt die Ausführungsrichtlinie Nr. 2/2006 folgende Anforderungen auf: Der Vertragspartner bzw. Klient (*client*) hat eine den Arbeitnehmern zugängliche und verständliche „Personalpolitik" (*human resources policy*) für ein strukturiertes Personalmanagement aufzustellen. Er ist dafür verantwortlich, seine Arbeitnehmer über ihre Rechte und Privilegien aufzuklären. Der Mindeststandard bemisst sich dabei nach den nationalen Rechtsvorschriften. Des Weiteren muss der Vertragspartner dafür sorgen, dass die Arbeitnehmer sich entweder frei zu Gewerkschaften zusammenschließen und kollektiv verhandeln können oder, wenn das nationale Recht dies verbietet, auf andere Weise Beschwerden vorbringen und ihre Rechte geltend machen dürfen. In jedem Fall darf der Klient eigenen Koalitionsbestrebungen der Arbeitnehmer nicht entgegenwirken und muss die daraus entstehenden Vereinigungen als Verhandlungspartner anerkennen.[966]

Die Ausführungsrichtlinie Nr. 2/2006 nimmt auf ein weiteres Kernarbeitsrecht Bezug, indem sie nicht-arbeitsbezogene Diskriminierung verbietet und Gleichberechtigung und Chancengleichheit fordert. Außerdem verbietet sie im Rahmen der Schutzmaßnahmen auch Kinder- und Zwangsarbeit: Kinder dürfen nicht wirtschaftlich ausgebeutet oder schädlicher bzw. gefährlicher Arbeit ausgesetzt werden. Unter Zwangsarbeit versteht die Ausführungsrichtlinie Nr. 2 jede unter Androhung von Zwang oder Strafe unfreiwillig geleistete Arbeit. Schließlich verpflichtet sie die Klienten im Bereich von Gesundheit und Sicherheit dazu, eine angemessene Arbeitsumgebung zu schaffen bzw. zu wahren.[967]

Die Ausführungsrichtlinie Nr. 2/2012 entwickelt ihre Vorgängerversion in einigen Details weiter. So bezieht sie ausdrücklich Wanderarbeiter, Arbeitnehmer, die bei Dritten angestellt sind, und alle Arbeitnehmer der Lieferkette ein.[968]

---

965 Ausführungsrichtlinie Nr. 2/2006, Abs. 1, Objectives, Abs. 4, 17.

966 Ausführungsrichtlinie Nr. 2/2006, Abs. 6, 7, 8, 9, 10 S. 1 und 2, 13.

967 Ausführungsrichtlinie Nr. 2/2006, Abs. 11, 14, 15, 16.

968 Ausführungsrichtlinie Nr. 2/2012, Objectives: „[...] migrant workers, workers engaged by third parties, and workers in the client's supply chain [...]", Abs. 11, 24ff., 27ff.

Sie differenziert drei Arten von Arbeitnehmern: „direkte Arbeitnehmer" (*direct workers*), die beim Vertragspartner der IFC angestellt sind, Zeitarbeitnehmer (*contracted workers*) und Arbeitnehmer der Lieferkette (*supply chain workers*). Hinsichtlich Nichtdiskriminierung und Gleichstellung präzisiert sie, dass die Vertragspartner Maßnahmen zu ergreifen haben, um Belästigung, Einschüchterung und Ausbeutung insbesondere von Frauen zu verhindern und zu unterbinden. Ferner konkretisiert die Ausführungsrichtlinie Nr. 2/2012 die engen Voraussetzungen für den Einsatz von minderjährigen Arbeitnehmern und stellt fest, dass Opfer von Menschenhandel nicht beschäftigt werden.[969]

D.III.2.c Zwischenergebnis zur Ausführungsrichtlinie Nr. 2

Die Ausführungsrichtlinien entfalten formell stärkere Außenwirkung als die Schutzrichtlinien der Weltbank. So legt die Ausführungsrichtlinie Nr. 2 fest, dass sie im Rahmen der Sozial- und Umweltprüfung anzuwenden ist, und verpflichtet die Vertragspartner zu Durchführungsmaßnahmen.[970] Dies unterscheidet sie wesentlich von den Schutzrichtlinien, da diese ausschließlich Weltbankmitarbeiter verpflichten. Die Ausführungsrichtlinie Nr. 2 ist auch sehr viel stärker materiellrechtlich ausgerichtet als die Schutzrichtlinien der Weltbank, die zahlreiche verfahrensrechtliche Bestimmungen enthalten. Die Klienten haben, wie generell bei der IFC-Kreditvergabe, einen aktiveren Anteil am Projektmanagement als die Darlehensnehmer der Weltbank.[971] Daher entfaltet die Ausführungsrichtlinie Nr. 2 eine erhebliche Bindungswirkung von Arbeitsrechten nach außen, namentlich für die Vertragspartner.

Die Ausführungsrichtlinie Nr. 2 stärkt die UN-Kinderrechtskonvention und die acht ILO-Übereinkommen, welche die vier Kernarbeitsnormen der ILO ergänzen, indem sie in ihrem Absatz 2 explizit auf sie Bezug nimmt. Nichtsdestotrotz spielen Arbeitsrechte bzw. Menschenrechte auch im IFC-Kontext eine eher untergeordnete Rolle.[972] Ihre Bedeutung beruht auf der oben erläuterten Erkenntnis, dass die Einhaltung von Arbeitsrechten für nachhaltiges Wirtschaftswachstum unabdingbar ist, und gerade nicht auf dem Charakter der Menschenrechte als aus der Menschenwürde fließend. Im Juni 2007 hat die IFC zusammen mit dem „Internationalen Forum führender Unternehmen" (*International Business Leaders Forum*, IBLF), einer gemeinnützigen

969 Ausführungsrichtlinie Nr. 2/2012, Abs. 4ff., 15, 21f.
970 Ausführungsrichtlinien Nr. 2/2006 und 2012, jeweils Abs. 3.
971 Vgl. *McBeth*, International Economic Actors and Human Rights, S. 218.
972 Vgl. *McBeth*, International Economic Actors and Human Rights, S. 218.

Nichtregierungsorganisation zur Förderung nachhaltiger Entwicklung,[973] den „Leitfaden zur Prüfung und Handhabung der Auswirkungen von Menschenrechten“ (*Guide to Human Rights Impact Assessment and Management*) entwickelt. Dieser soll Unternehmen dabei helfen, Herausforderungen im Bereich der Menschenrechte zu erkennen und aktiv anzugehen, stellt aber lediglich unverbindliche Richtlinien auf.[974]

D.III.2.d Informationszugangsrichtlinie

Die Informationszugangsrichtlinie (*Access to Information Policy*) von Januar 2012 ersetzt die Richtlinie über die Offenlegung von Informationen (*Policy on Disclosure of Information*) von April 2006. Beide Richtlinien stellen den Grundsatz auf, dass Informationen über die IFC und ihre Aktivitäten offenzulegen sind und auch ihre Vertragspartner größtmögliche Transparenz gewährleisten sollen. Dies beruht auf der Erkenntnis, dass Transparenz und Verantwortlichkeit entscheidend sind, um die verschiedenen Interessenvertreter angemessen zu beteiligen und auf diese Art Good Governance, Entwicklungseffizienz sowie langfristige Wirtschaftlichkeit zu fördern.[975] Detailliert definierte Ausnahmen von diesem Grundsatz sind möglich z. B. bei Geschäftsgeheimnissen, vertraulichen und persönlichen sowie sicherheitsrelevanten Informationen oder solchen, die den Willensbildungsprozess in der IFC, den Mitgliedstaaten oder ihren Kooperationspartnern betreffen. Die Richtlinien beschreiben des Weiteren genau, welche institutionellen, investitionsbezogenen und Informationen zu Beratungsdienstleistungen zu veröffentlichen sind.[976] Schon in der Richtlinie 2006 war eine Beschwerde gegen Entscheidungen, Informationen zu veröffentlichen, bei einem Beistand (*Advisor*) möglich, der dem Geschäftsführer (*Executive Vice President*) der IFC direkt Bericht erstattet. Mit der Richtlinie von 2012 wurde

---

973 Näheres unter http://www.iblf.org (letzter Zugriff: 01.06.2012).

974 *IBLF/IFC*, Guide to Human Rights Impact Assessment and Management, verfügbar unter http://www.guidetohriam.org/guide-to-human-rights-impact-assessment-and-management- (nach kostenloser Registrierung; letzter Zugriff: 01.06.2012); Näheres unter: http://www.guidetohriam.org/about-the-guide-ndash-in-brief.

975 *IFC*, Access to Information Policy vom 01.01.2012 (AIP), verfügbar unter: http://www1.ifc.org/wps/wcm/connect/89c0398049a79222b865faa8c6a8312a/AIP_English_2012.pdf?MOD=AJPERES (letzter Zugriff: 01.06.2012), Abs. 3f., 8, 10; *IFC*, Policy on Disclosure of Information vom 30.04.2006 (Disclosure Policy), verfügbar unter: http://www1.ifc.org/wps/wcm/connect/5adf3a004885574cbc04fe6a6515bb18/Disclosure2006.pdf?MOD=AJPERES&CACHEID=5adf3a004885574cbc04fe6a6515bb18 (letzter Zugriff: 01.06.2012), Abs. 1, 6, 8f.

976 AIP, Abs. 11, 17ff., 28ff., 43ff.; Disclosure Policy, Abs. 9, 11ff., 15ff., 22ff.

zusätzlich eine Berufungsinstanz gegen negative Entscheidungen des Beistands geschaffen, die nicht in einer einzelnen Person, sondern in einem Gremium besteht.[977]

Die Möglichkeit der Beschwerde für den Fall, dass der Zugang zu Informationen verwehrt wird, ist wichtig, um den Richtlinien zur Durchsetzung zu verhelfen. Insbesondere die Einrichtung der Berufungsinstanz mit der Richtlinie von 2012 ist zu begrüßen, zumal gegen die erstinstanzlichen Beschwerden der jeweilige Geschäftsführer, d.h. eine einzelne Person entscheidet. Jedoch fällt negativ auf, dass gewisse Dokumente aus der Phase des Willensbildungsprozesses nicht zugänglich gemacht werden. Zwar ist das Interesse der IFC nachvollziehbar, sich nicht durch die Veröffentlichung solcher Dokumente angreifbar zu machen. Gerade Informationen aus diesem Bereich können aber für die öffentliche Wahrnehmung, auf das die Begründung der Richtlinien abstellt, wesentlich sein, denn den Betroffenen dürfte es entscheidend darauf ankommen, dass ihre jeweiligen Interessen angemessen berücksichtigt werden.

D.IV Ombudsfälle

D.IV.1 Ombudsmann

D.IV.1.a Gründung

Im Jahre 1999 richteten die IFC und ihre Schwesterorganisation für multilaterale Investitions-Garantien, die MIGA, eine unabhängige Stelle zur Unterstützung, Überwachung und Beratung in Sozial- und Umweltangelegenheiten sowie zur Beilegung von Streitigkeiten ein: den Ombudsmann.[978] Hintergrund war das von der IFC unterstützte „Pangue-Wasserkrafterzeugungs-Projekt" (*Pangue Hydroelectric Power Generation Project*), bei dem es um den Bau eines großen Staudamms am Fluss Bío Bío in Chile ging, dem in weiteren Projekten einige kleinere Dämme folgten. Die Projekte um den Bío Bío waren wegen ihrer sozialen und ökologischen Auswirkungen z. B. auf indigene Bevölkerungen Gegenstand ungewöhnlich starker Kritik von Seiten chilenischer und internationaler NGOs.[979]

---

977 AIP, Abs. 59ff., 65ff., Disclosure Policy, Abs. 37.

978 *Compliance Advisor / Ombudsman*, Terms of Reference (Ombudsmann-Satzung), http://www.cao-ombudsman.org/about/whoweare/documents/TOR_CAO.pdf (letzter Zugriff: 01.06.2012), S. 1f.; Näheres zum Ombudsmann unter http://www.cao-ombudsman.org/ (letzter Zugriff: 01.06.2012).

979 *IFC*, Lessons Learned: Pangue Hydroelectric. Summary, Washington, D. C., 2008, verfügbar unter http://www1.ifc.org/wps/wcm/connect/topics_ext_content/

Da es bis dahin keinen unabhängigen Kontrollmechanismus für die Überwachung von Sozial- und Umweltstandards in IFC-Projekten gegeben hatte, sich das Aufsichtsgremium der Weltbank aber für unzuständig erklärte,[980] gab das Projekt den Anstoß für die Einrichtung des Ombudsmanns.[981]

D.IV.1.b Aufgaben

Der Ombudsmann wird vom Präsidenten der Weltbankgruppe für drei bis fünf Jahre berufen und ist nur diesem unmittelbar verantwortlich.[982] Seine Funktion ist dreigeteilt in eine Compliance-, Beratungs- und Ombudsrolle. Die Compliance-Aufgabe (*CAO compliance*) besteht darin, Tätigkeitsprüfungen der IFC und MIGA hinsichtlich Sozial- und Umweltbelangen ihrerseits zu überwachen, um die Einhaltung der entsprechenden IFC- bzw. MIGA-Bestimmungen zu gewährleisten.[983] Der Ombudsmann wird zudem beratend tätig, indem er dem Präsidenten der Weltbankgruppe sowie dem IFC- und MIGA-Management im Hinblick auf größere soziale und ökologische Zusammenhänge zum Zwecke struktureller Verbesserungen zur Seite steht (*CAO advisor*).[984]

Schließlich haben Individuen, Gruppen oder Organisationen, die von IFC- und MIGA-unterstützten Projekten betroffen sind, die Möglichkeit, sich direkt an den Ombudsmann zu wenden (*CAO ombudsman*).[985] Der Ombudsmann ist berechtigt, ein konkret projektbezogenes Verfahren im Rahmen der Compliance-Funktion zu initiieren. Indirekt beeinflusst er auch die allgemeine Politik

---

ifc_external_corporate_site/ifc+sustainability/publications/publications_loe_pangue__wci__1319578750067 (letzter Zugriff: 01.06.2012), S. 2; *van Putten*, Policing the Banks, S. 176.

980 *The Inspection Panel*, Chile: Financing of Hydroelectric Dams in the Bío-Bío River. Summary of Decision not to Register vom 17.11.1995, http://siteresources.worldbank.org/EXTINSPECTIONPANEL/Resources/Chile-Biobio.pdf (letzter Zugriff: 01.06.2012), S. 1.

981 *Van Putten*, Policing the Banks, S. 177.

982 Ombudsmann-Satzung, S. 2.

983 *Compliance Advisor / Ombudsman*, Operational Guidelines von April 2007 (Operative Richtlinien; zurzeit in der Überarbeitung, Stand: 25.06.2012), http://www.cao-ombudsman.org/about/whoweare/documents/EnglishCAOGuidelines06.08.07Web.pdf (letzter Zugriff: 01.06.2012), Teil 1.2 (S. 5).

984 *Compliance Advisor / Ombudsman*, Operative Richtlinien, Teil 1.2 (S. 5).

985 *Compliance Advisor / Ombudsman*, Operative Richtlinien, Teil 1.2 (S. 5).

in der Weltbankgruppe, indem Ombuds-Entscheidungen für seine Rolle als Berater von Bedeutung sein können.[986]

Da IFC- und MIGA-Operationen private Unternehmen betreffen,[987] gelten für ihre Informationspolitik andere Regeln als in der Weltbank. Zum Schutz unternehmerischer Geschäftsinteressen unterliegt die Öffentlichkeitsarbeit des Ombudsmanns gewissen Einschränkungen; innerhalb dieser Grenzen ist der Ombudsmann aber gehalten, größtmögliche Transparenz zu gewährleisten.[988]

D.IV.2 Ombudsrolle

Individuen, Gruppen, Organisationen und sonstige Parteien, die sich von den sozialen oder ökologischen Auswirkungen der IFC- und MIGA-Projekte betroffen fühlen, dürfen sich direkt oder durch Vertreter an den Ombudsmann wenden.[989] Die Beschwerdebefugnis ist dabei recht weit gefasst.[990] Eine Beschwerde sollte schriftlich und kann in jeder beliebigen Sprache eingereicht werden.[991] Sie sollte gewisse Informationen wie z. B. Namen und Kontaktinformationen der Beschwerdeführer enthalten sowie u. a. das fragliche Projekt, die Art der Schädigung und das gewünschte Ergebnis benennen.[992] Die Beschwerden werden innerhalb einer festgelegten bzw. vereinbarten Zeitspanne und nach einem bestimmten Muster bearbeitet.[993] Der Ombudsmann hilft bei der Sachverhaltsaufklärung, vermittelt zwischen den Parteien und fungiert als Mediator.[994] Falls gar keine einvernehmliche Lösung erreicht werden kann, leitet er die Angelegenheit an die Compliance-Stelle weiter.[995]

Obgleich zu seinen Aufgaben gehört, die Einhaltung der Richtlinien, Verfahrens- und sonstigen IFC- bzw. MIGA-Vorschriften einschließlich der Ausführungsrichtlinien zu überprüfen, ist die Funktion des Ombudsmanns wohl ergebnisorientierter ausgerichtet als das Aufsichtsgremium der Weltbank.[996] Dies bedeutet, dass es im Ombudsverfahren stärker darauf ankommt, eine für

986 *Compliance Advisor / Ombudsman*, Operative Richtlinien, Teil 1.2 (S. 5).

987 Im Wesentlichen gewährt MIGA Sicherheiten für Investitionen von Privaten; Näheres unter http://www.miga.org/.

988 *Compliance Advisor / Ombudsman*, Operative Richtlinien, Teil 1.5 (S. 8).

989 *Compliance Advisor / Ombudsman*, Operative Richtlinien, Teil 2.2.2 (S. 12).

990 *Compliance Advisor / Ombudsman*, Operative Richtlinien, Teil 2.2.1 (S. 11).

991 *Compliance Advisor / Ombudsman*, Operative Richtlinien, Teil 2.2.3 (S. 12).

992 *Compliance Advisor / Ombudsman*, Operative Richtlinien, Teil 2.2.4 (S. 12f.).

993 *Compliance Advisor / Ombudsman*, Operative Richtlinien, Teile 2.2.6 (S. 13ff.), 2.3 (S. 15ff.).

994 *Compliance Advisor / Ombudsman*, Operative Richtlinien, Teil 2.4.1 (S. 17).

995 *Compliance Advisor / Ombudsman*, Operative Richtlinien, Teil 2.4.4 (S. 18).

996 *McBeth*, International Economic Actors and Human Rights, S. 228.

alle Seiten zufrieden stellende Lösung zu finden, als lediglich die (mangelnde) Umsetzung der jeweiligen Bestimmungen zu überprüfen.[997]

D.IV.3 Arbeitsrechtsfälle

In den 13 Jahren seines Bestehens hat der Ombudsmann 95 Fälle registriert, von denen nur zwölf (auch) die MIGA betreffen, der Großteil die IFC. Die Zahl der Anfragen betrug von 2000 bis 2003 zwei bis vier pro Jahr; ein beträchtlicher Anstieg im Jahr 2004 ist mit einem Pipeline-Großprojekt in Georgien zu erklären, dessentwegen insgesamt 25 Anfragen eingereicht wurden. In den Jahren 2008 und 2009 fiel die Zahl der Beschwerden mit zwölf (inklusive zwei Pipeline-Fällen) bzw. sieben bereits ein wenig höher aus als in den Anfangsjahren. Im Jahr 2010 sind fünf Fälle zur Kenntnis des Ombudsmanns gebracht worden, 2011 waren es 16. Neunzehnmal konnte keine Einigung vor dem Ombudsmann erzielt werden, so dass die Angelegenheit an den Compliance-Bereich verwiesen werden musste; dreizehnmal ist nur die Compliance-Stelle mit der Prüfung befasst worden. Insgesamt weisen bisher zehn Fälle Bezüge zum Arbeitsrecht auf.[998]

D.IV.3.a NSEL-Fall

Bei diesem Projekt hatte die IFC der „Nicaragua Zuckerplantagen GmbH" (*Nicaragua Sugar Estates Limited*, NSEL) einen Kredit gewährt, um die Produktion und Verarbeitung von Zuckerrohr auszuweiten und eine Ethanolfabrik zu errichten.[999] Die am 31.03.2008 eingelegte Beschwerde einiger Gemeinden der Verwaltungsbezirke León und Chinandega betraf unter anderem die Einhaltung der Ausführungsrichtlinie Nr. 2 von 2006 hinsichtlich der Vereinigungsfreiheit, dem Verbot von Kinderarbeit und dem grundlegenden Recht auf nicht gesundheitsschädigende Arbeitsbedingungen.[1000]

Diese Beschwerdepunkte behandelte die erste Untersuchung im Detail nicht. Zur Bildung von Gewerkschaften innerhalb der NSEL stellte der Ombudsmann lediglich fest, dass im Mai 2008, also nur einige Wochen nach Initiierung

---

997 *McBeth*, International Economic Actors and Human Rights, S. 228.

998 Stand: 01.06.2012; Informationen zu allen Fällen sind verfügbar unter http://www.cao-ombudsman.org/cases/default.aspx (letzter Zugriff: 01.06.2012).

999 *Compliance Advisor / Ombudsman*, Stakeholder Assessment Report Regarding Community and Civil Society concerns in relation to activities of the Nicaragua Sugar Estates Limited (NSEL), Nicaragua, von Dezember 2008 (NSEL-Bericht), http://www.cao-ombudsman.org/cases/document-links/documents/AssessmentReport NSEL10_Dec_2008.pdf(letzter Zugriff: 01.06.2012), S. 2.

1000 NSEL-Bericht, S. 1.

des Ombudsverfahrens, eine Einigung zwischen NSEL und ihren beschwerdeführenden ehemaligen Arbeitnehmern erzielt werden konnte.[1001] Er schwieg jedoch über die Einzelheiten und Modalitäten dieser Einigung; das Thema der Kinderarbeit griff der Ombudsmann-Bericht gar nicht mehr auf. Vielmehr konzentrierte er sich auf die gesundheitsgefährdenden und -schädlichen Arbeitsbedingungen, denen die Arbeitnehmer der NSEL möglicherweise ausgesetzt waren.[1002] Schließlich empfahl der Ombudsmann mit Zustimmung aller Beteiligten, dass Verhandlungen geführt werden, die innerhalb eines grundsätzlich flexiblen, zunächst auf sechs Monate festgesetzten Zeitraums zur Konfliktlösung führen sollten.[1003] Die Fokussierung auf Arbeitnehmer-Gesundheitsaspekte kam auch im Fortschrittsbericht vom 15.05.2009 zum Ausdruck, der keinerlei Bezug auf die Bildung von Arbeitnehmer-Vereinigungen oder Kinderarbeit nahm.[1004]

D.IV.3.b Ambuklao-Binga-Fall

Hierbei ging es um die Privatisierung der Ambuklao- und Binga-Wasserkraftwerke auf den Philippinen, welche die IFC teilfinanzierte.[1005] Am 20.06.2008 reichten betroffene Gruppen ein Schreiben beim Ombudsmann ein, welches das Verfahren in Gang setzte. Sie machten darauf aufmerksam, dass die von der Privatisierung betroffenen Arbeitnehmer eine angemessene Abfindung erhalten sollten,[1006] was bis dahin nicht umgesetzt worden war. Im Wesentlichen zielte die Vermittlungsstrategie des Ombudsmanns in diesem Fall darauf ab, Betroffene besser in Entscheidungsprozesse einzubeziehen und konstruktive Dialoge zwischen den Parteien zu fördern.[1007]

Dieser Lösungsansatz beruhte auf der durch Nachforschungen vor Ort gewonnenen Erkenntnis, dass die eigentlichen Konflikte über das hinausgingen, was

---

1001 NSEL-Bericht, S. 8.

1002 NSEL-Bericht, S. 6, 8, 12.

1003 NSEL-Bericht, S. 13.

1004 *Compliance Advisor / Ombudsman*, Progress Report NSEL - Nicaragua, http://www.cao-ombudsman.org/cases/document-links/documents/May15_2009 ProgressReportENG.pdf (letzter Zugriff: 01.06.2012).

1005 *Compliance Advisor / Ombudsman*, Stakeholder Assessment and Framework Regarding the SN Aboitiz Power Ambuklao-Binga Project vom 30.07.2008 (Ambuklao-Binga-Bericht), http://www.cao-ombudsman.org/cases/document-links/documents/StakeholderassessmentandframeworkAug2008.pdf (letzter Zugriff: 01.06.2012), S. 2.

1006 Ambuklao-Binga-Bericht, S. 2.

1007 Vgl. Ambuklao-Binga-Bericht, S. 4ff.

konkret im ursprünglichen Beschwerdeschreiben genannt wurde.[1008] Sie wurzelten in seit Jahrzehnten bestehenden Streitigkeiten über Entschädigungszahlungen und angemessene Umsiedlung nach Landenteignungen.[1009] Im Grundsatz ging es den Betroffenen aber nicht um materielle Werte, sondern darum, dass ihre Traditionen, Werte und Lebensweise akzeptiert und sie insgesamt mit Respekt und Rücksicht behandelt werden.[1010] Alle Beteiligten wünschten sich eine Basis, auf der sie dauerhaft ehrlich und vertrauensvoll miteinander umgehen und Konflikte lösen könnten.[1011] Daher wurden Arbeitsstandards zwar in der Beschwerde noch thematisiert, im Abschlussbericht kamen sie aber nicht mehr vor. Wahrscheinlich gingen die Beteiligten davon aus, dass die Einhaltung der Standards im Zuge der strukturellen Verbesserungsmaßnahmen ebenfalls besser werden würde.

D.IV.3.c Standart-Profil-Fall

Standart Profil ist der größte Hersteller für Fahrzeug-Dichtungssysteme in der Türkei. Die „Konföderation türkischer Gewerkschaften“ (Türkiye Işçi Sendikalari Konfederasyonu, TÜRK-IS), der größte Verband türkischer Gewerkschaften,[1012] reichte im September 2008 eine Beschwerde im Zusammenhang mit zwei IFC-Projekten ein, die in den Jahren 2006 und 2007 initiiert wurden und Standart Profil finanziell unterstützen. TÜRK-IS und die ihm angehörende Fachgewerkschaft Petrol-Is reklamierten, Standart Profil habe ihre Rechte und Freiheiten verletzt.[1013] Konkret beanstandeten sie, dass Standart Profil erheblichen Druck unter Einschluss von Kündigungen, Versetzungen in schlechtere Arbeitsbedingungen und Drohungen auf die gewerkschaftlich engagierten Arbeitnehmer und ihre Familien ausgeübt habe.[1014] All dies habe dazu geführt, dass eine Ausübung der Gewerkschaftsrechte rechtlich nicht mehr möglich war und die nicht organisierten Arbeitnehmer von

---

1008 *Compliance Advisor / Ombudsman*, Ambuklao-Binga Hydroelectric Power Project, Philippines. Complaint Conclusion Report vom August 2009 (Ambuklao-Binga-Abschlussbericht), http://www.cao-ombudsman.org/cases/document-links/documents/Ambuklao-Binga_-_Conclusion_report_english.pdf (letzter Zugriff: 01.06.2012), S. 2.

1009 Ambuklao-Binga-Abschlussbericht, S. 1f.

1010 Ambuklao-Binga-Abschlussbericht, S. 2.

1011 Vgl. Ambuklao-Binga-Abschlussbericht, S. 2.

1012 Näheres unter http://www.turkis.org.tr/index.dyn?wapp=homepage (letzter Zugriff: 01.06.2012).

1013 *TÜRK-IS*, Beschwerde vom 09.09.2008 (Standart-Profil-Beschwerde), http://www.cao-ombudsman.org/cases/document-links/documents/01-Complaint.pdf (letzter Zugriff: 01.06.2012), S. 1.

1014 Standart-Profil-Beschwerde, S. 3 (Annex).

einer Mitgliedschaft in der Gewerkschaft abgeschreckt wurden.[1015] Der Ombudsmann erkannte daraufhin eine mögliche Verletzung der Ausführungsrichtlinie Nr. 2 von 2006 an.[1016]

Infolge der Nachforschungen vor Ort empfahl der Ombudsmann Folgendes: Standart Profil sollte seine Arbeitnehmer besser darauf aufmerksam machen, welche Rechte ihnen gemäß der Ausführungsrichtlinie Nr. 2 zustehen; dazu sollten standardisierte und leicht verständliche Erklärungen zu den in der Ausführungsrichtlinie Nr. 2 enthaltenen Kernarbeitsnormen gut einsehbar am Arbeitsplatz zur Verfügung gestellt werden.[1017] Der Ombudsmann selbst wollte die Arbeitnehmer und das Standart-Profil-Management bei der Durchführung eines Trainingsprogramms zum besseren Verständnis und zur besseren Umsetzung von Arbeitsrechtsstandards unterstützen.[1018] Schließlich forderte der Ombudsmann von Standart Profil, innerhalb von sechs Monaten eine unabhängige Kontrollstelle für arbeitsrechtliche Belange einzurichten, insbesondere für die in der Ausführungsrichtlinie Nr. 2 genormten Kernarbeitsrechte.[1019] Er würde bei der Umsetzung dieser Empfehlungen Hilfestellung leisten und den Durchführungsprozess überwachen.[1020] Insgesamt haben sich alle Beteiligten mit den vorgeschlagenen Maßnahmen einverstanden erklärt und die Angelegenheit damit vorläufig als erledigt angesehen.[1021]

Im Juni 2012 schloss der Ombudsmann das Verfahren nach dreijähriger Zusammenarbeit mit Standart Profil und seinen Arbeitnehmern ab und kam zu folgenden Erkenntnissen. Der Arbeitgeber hängte gut sichtbare Poster im Betrieb auf, die die Ausführungsrichtlinie Nr. 2 auf Türkisch erklären.[1022] Des Weiteren engagierte der Ombudsmann einen Arbeitsrechtsexperten, der das Trainingsprogramm durchgeführt hat, an dem 60 unter den Arbeitnehmern frei

1015 Standart-Profil-Beschwerde, S. 3 (Annex).

1016 *Compliance Advisor / Ombudsman*, Stakeholder Assessment Regarding Labor Rights Concerns at Standart Profil, Turkey, vom 02.02.2009 (Standart-Profil-Bericht),http://www.cao-ombudsman.org/cases/document-links/documents/09_February5-StakeholderAssessment.pdf (letzter Zugriff: 01.06.2012), S. 3.

1017 Standart-Profil-Bericht, S. 5.

1018 Standart-Profil-Bericht, S. 5.

1019 Standart-Profil-Bericht, S. 6.

1020 Standart-Profil-Bericht, S. 6.

1021 Standart-Profil-Bericht, S. 6.

1022 *Compliance Advisor / Ombudsman*, Ombudsman Conclusion Report - Standard Profil, Turkey von Juni 2012 (Standart-Profil-Abschlussprotokoll), http://www.cao-ombudsman.org/cases/document-links/documents/CAOStandardProfilCase-FinalConclusionReportJune2012ENGLISH.pdf (letzter Zugriff: 04.08.2012), S. 2.

gewählte Personen teilnahmen. Aus der Gruppe der Teilnehmer wurden zehn Vertreter der Arbeitnehmer und fünf Vertreter des Betriebsmanagements für einen Sozialdialog in Form des „Beratungsausschusses" (*Consultative Committee*) ausgewählt, der seit März 2010 regelmäßig getagt hat. Eine Überprüfung durch das Ombudsmann-Team im September 2010 ergab, dass es aus Sicht der Arbeitnehmer aufgrund des Sozialdialogs einige positive Veränderungen gegeben hat. Zugleich besteht aber noch erhebliches Misstrauen, ob das Betriebsmanagement ihre Interessen insbesondere in Bezug auf Arbeitsbelastung und Lohnpolitik ernst nimmt. Das Betriebsmanagement gab an, aufgrund der positiven Erfahrungen den Sozialdialog auch in anderen Betrieben des Unternehmens in der Türkei eingeführt zu haben und an Standorten in China und Südafrika einführen zu wollen.[1023] Im April 2011 ist auch die unabhängige Kontrollstelle für arbeitsrechtliche Angelegenheiten eingerichtet worden, die von einem außenstehenden Unternehmen betrieben wird.[1024] Ferner hat Standart Profil im Zuge des Dialogprozesses viele Leiharbeitnehmer übernommen, wie es dem Wunsch einer großen Zahl der Betroffenen entsprach.[1025]

In negativer Hinsicht stellt der Ombudsmann fest, dass das Verhältnis zwischen dem Betriebsmanagement und der Gewerkschaft unverändert angespannt ist. Standart Profil hatte sich von Beginn an geweigert, die Vertretung von Arbeitnehmern durch die Gewerkschaft Petrol-Is anzuerkennen, weil nach türkischem Recht mehr als 50% der Belegschaft dafür Mitglieder sein müssen. Dies hatte zur Folge, dass die Gewerkschaft am Ombudsverfahren nicht beteiligt war, was der Ombudsmann als Mangel einstuft. Wegen des Erfordernisses der Zustimmung aller Beteiligten zum Ombudsverfahren hätte die Zusammenarbeit mit der Gewerkschaft jedoch nicht erzwungen werden können. Derzeit wird, nachdem mehr Arbeitnehmer der Gewerkschaft beigetreten sind, eine Entscheidung des türkischen Arbeitsministeriums über die Vertretungsrechte von Petrol-Is erwartet.[1026]

D.IV.3.d Assan-Alüminyum-Fall

In einer weiteren Beschwerde machte TÜRK-IS auf die Verletzung von Gewerkschaftsrechten durch Assan Alüminyum A. S. (Assan) aufmerksam.[1027] Assan

1023 Standart-Profil-Abschlussprotokoll, S. 2ff.

1024 Standart-Profil-Abschlussprotokoll, S. 4.

1025 Standart-Profil-Abschlussprotokoll, S. 5.

1026 Standart-Profil-Abschlussprotokoll, S. 2, 6.

1027 *TÜRK-IS*, Beschwerde vom 22.09.2008 (Assan-Alüminyum-Beschwerde), http://www.cao-ombudsman.org/cases/document-links/documents/08_September22Complaint.pdf (letzter Zugriff: 01.06.2012).

betreibt eine türkische Aluminiumfabrik, und sein Kreditantrag bei der IFC war zur Zeit der Beschwerde noch in der Bearbeitungsphase. TÜRK-IS rügte, auch in Vertretung der Fachgewerkschaft „Türkisch Metall" (*Turkish Metal*), dass der Vorgänger von Assan gerichtlich gegen den Erwerb eines „Kompetenzzertifikats" durch „Türkisch Metall" vorgegangen sei, welches vom zuständigen Ministerium ausgestellt worden war und „Türkisch Metall" berechtigte, in dem Unternehmen tätig zu werden.[1028] Nachdem Assans Vorgänger damit erfolglos geblieben war, klagte Assan selbst im Oktober 2007 vor dem Arbeitsgericht gegen die Verleihung des Zertifikats, wobei die Klage zur Zeit der Ombudsmann-Beschwerde noch anhängig war.[1029] Assan habe die Ausübung von Kollektivrechten seit der Übernahme des Unternehmens kontinuierlich behindert.[1030] Dies sei unter anderem dadurch geschehen, dass gewerkschaftlich organisierte Arbeitnehmer systematisch entlassen, bedroht und zur Kündigung gezwungen sowie nichtorganisierte Arbeitnehmer bedrängt und eingeschüchtert worden seien.[1031] Außerdem bringe es Vorteile, wenn Arbeitnehmer auf eine Mitgliedschaft in der Gewerkschaft verzichteten.[1032]

Der Ombudsmann ging in diesem Fall so vor, dass er der IFC die Möglichkeit einräumte, selbst eine gründliche Prüfung der Angelegenheit durchzuführen.[1033] Diese Prüfung ergab, dass die Anzahl der gewerkschaftlich organisierten Arbeitnehmer nach innerstaatlichem türkischem Recht unterhalb des Schwellenwertes lag, der Assam verpflichten würde, Kollektivverhandlungen durchzuführen.[1034] Die Gewerkschaftszugehörigkeit unter den Arbeitnehmern von Assan war seit 2005 rückläufig gewesen, es blieb jedoch unklar, ob dies mit unlauteren Maßnahmen von Seiten des Arbeitgebers zusammenhing.[1035] Entgegen anders lautender Anschuldigungen bestritt Assan dies.[1036]

1028 Assan-Alüminyum-Beschwerde, Annex, S. 1.

1029 Assan-Alüminyum-Beschwerde, Annex, S. 1.

1030 Assan-Alüminyum-Beschwerde, Annex, S. 2.

1031 Assan-Alüminyum-Beschwerde, Annex, S. 2.

1032 Assan-Alüminyum-Beschwerde, Annex, S. 2.

1033 *Compliance Advisor / Ombudsman*, Stakeholder Assessment. Complaint regarding Labor Rights Concerns at Assan Aluminyum, Turkey, vom 22.07.2009 (Assan-Alüminyum-Bericht), http://www.cao-ombudsman.org/cases/document-links/documents/StakeholderAssessment_AssanAluminyum_080309.pdf(letzter Zugriff: 01.06.2012), S. 3.

1034 Assan-Alüminyum-Bericht, S. 3.

1035 Assan-Alüminyum-Bericht, S. 3.

1036 Assan-Alüminyum-Bericht, S. 3.

Auf der Grundlage dieser Erkenntnisse entwickelte die IFC gemeinsam mit dem Unternehmen einen Aktionsplan.[1037] Dieser wurde verbindlich in den Kreditvertrag aufgenommen[1038] und sah z. B. vor, dass die Personalabteilung von Assan an allen Standorten auf die mit der Vereinigungsfreiheit verbundenen Rechte der Arbeitnehmer aufmerksam zu machen hat.[1039] Des Weiteren bekannte das Unternehmen sich ausdrücklich zum Diskriminierungsverbot und zur Chancengleichheit.[1040] Assan verpflichtete sich, seine Arbeitnehmer am Arbeitsplatz gut sichtbar und leicht verständlich über ihre Kernarbeitsrechte aufzuklären.[1041] Alle Arbeitnehmer sollten innerhalb gewisser zeitnaher Fristen über ihre arbeitnehmerspezifischen Rechte und Pflichten insbesondere hinsichtlich des Rechts auf gewerkschaftliche Organisation durch spezielles Training aufgeklärt werden.[1042] Schließlich sollte Assan selbst dafür Sorge tragen, dass in allen Fabriken Arbeitnehmervertreter gewählt und diese geschult werden.[1043] Der Ombudsmann beschränkte sich darauf, die korrekte Umsetzung zu überwachen.[1044] Seine Beteiligung endete nach erfolgreicher Umsetzung des Aktionsplans im August 2010.

D.IV.3.e Maple-Fall

Im April 2010 leiteten die Einwohner zweier indigener Dörfer in der peruanischen Provinz Loreto mit ihrer Beschwerde gegen die „Maple Energie AG" (*Maple Energy plc*, Maple), die von der IFC unterstützt wird, das Ombudsverfahren ein. Die Beschwerdeführer machen geltend, dass Maple bei ihren geschäftlichen Aktivitäten in Peru u. a. erhebliche Verletzungen der Ausführungsrichtlinie Nr. 2 zu verantworten hat. Lokal angeheuerte Arbeiter Maples, die aus der indigenen Bevölkerung stammen, würden aufgrund ihrer Ethnie von anderen Maple-Mitarbeitern diskriminiert und verbal beleidigt.[1045] Pausenzeiten würden nicht eingehalten, Überstunden nicht bezahlt, notwendige Sicherheitsvorkehrungen

---

1037 Environmental and Social Action Plan (ESAP), in: Assan-Alüminyum-Bericht, S. 4.
1038 Assan-Alüminyum-Bericht, S. 5.
1039 ESAP, Punkt 4.
1040 ESAP, Punkt 5.
1041 ESAP, Punkt 6.
1042 ESAP, Punkt 7.
1043 ESAP, Punkt 9.
1044 Assan-Alüminyum-Bericht, S. 5.
1045 *Ciudadanos del pueblo indígena de Shipibo-Konibo de Canaán de Cachiyacu y Nuevo Sucre*, Beschwerde vom 06.04.2010 (Maple-Beschwerde), http://www.cao-ombudsman.org/cases/document-links/documents/MapleCAOComplaint_English_April2010.pdf (letzter Zugriff: 01.06.2012), S. 9.

unterlassen, und die Arbeiter erhielten keine Schulungen.[1046] Sie seien gezwungen, unter sklavischen Bedingungen zu arbeiten, und wenn sie sich beschwerten, würden sie nicht weiterbeschäftigt.[1047] Die Arbeiter der Region müssten sich auf unmenschliche Bedingungen einlassen, da sie sich mangels Alternativen in einer schlechten Verhandlungsposition befänden; diese sei aber von Maple mitverursacht.[1048] Die Beschwerdeführer berufen sich insbesondere auf die Absätze 11 (Nicht-Diskriminierung und Chancengleichheit, *non-discrimination and equal opportunity*), 16 (berufliche Gesundheit und Sicherheit, *occupational health and safety*) und 13 (Beschwerdesystem, *grievance mechanism*).[1049] Außerdem machen sie Verstöße gegen das Zwangsarbeitsverbot geltend.[1050] Für die genannten Verfehlungen verlangen sie Entschädigungsleistungen.[1051]

Nachdem der Ombudsmann die Prüfungsphase abgeschlossen und die Beteiligten sich über die Grundvoraussetzungen geeinigt hatten, fand von April bis August 2011 ein Dialogprozess statt. Die dargestellten arbeitsrechtlichen Beschwerdepunkte waren jedoch – von den Beschwerdeführern unbeanstandet – nicht Gegenstand des Dialogs. Dieser umfasste lediglich den Zugang zu sauberem Trinkwasser, die Verbesserung der Kommunikation zwischen den Parteien, Umwelt- und Gesundheitsstudien und die Überwachung des Projekts durch die Kommunen. Das Abschlussprotokoll des Ombudsmanns greift das Thema der Arbeitsrechte ebenfalls nicht auf und erklärt demnach auch nicht, weshalb diese Beschwerdepunkte keine Rolle mehr spielten.[1052] Als die Beteiligten sich über gewisse Punkte endgültig nicht einigen konnten, wurde der Dialog im Ombudsverfahren abgebrochen und der Fall an die Compliance-Stelle weitergeleitet. Diese kam im Mai 2012 zu dem Schluss, dass eine Überprüfung der Untersuchungs- und Überwachungstätigkeit der IFC nicht angezeigt sei.[1053]

1046 Maple-Beschwerde, S. 9.
1047 Maple-Beschwerde, S. 9.
1048 Maple-Beschwerde, S. 10, 18.
1049 Maple-Beschwerde, S. 23.
1050 Maple-Beschwerde, S. 23, 28.
1051 Maple-Beschwerde, S. 37.
1052 Vgl. *Compliance Advisor / Ombudsman*, Ombudsman Conclusion Report - Maple/Peru von Oktober 2011, http://www.cao-ombudsman.org/cases/document-links/documents/FINALConclusionReportOmbudsmanENGLISHOct312011.pdf (letzter Zugriff: 01.06.2012).
1053 *Compliance Advisor/Ombudsman*, Appraisal Report. Maple Energy Plc. Canaán and Nuevo Sucre, Peru vom 10.05.2012, http://www.cao-ombudsman.org/cases/document-links/documents/CAOAppraisalReport_C_I_R9_Y12_F155_ENG.pdf (letzter Zugriff: 01.06.2012).

D.IV.3.f Bujagali-Fall

Im März 2011 reichten elf ehemalige Arbeiter des italienischen, auf den Bau von Wasserkraftwerken spezialisierten Generalunternehmers Salini Costruttori[1054] im eigenen und im Namen von mehr als 30 weiteren ehemaligen Arbeitern Beschwerde beim Ombudsmann ein. Sie hatten an der Errichtung des Bujagali-Damms für den Bau eines Wasserkraftwerks am Nil in Uganda mitgearbeitet, das von Bujagali Energy Limited finanziert und von der IFC und der MIGA unterstützt wurde.[1055] Sie machten geltend, dass sie vor ihrer Einstellung medizinisch untersucht und für gesund befunden worden waren, jedoch in Ausführung ihrer Arbeit durch Unfälle schwere Verletzungen erlitten haben. Einige der Betroffenen, die aus diesem Grund arbeitsunfähig geworden sind, hätten keine Entschädigung bekommen, andere hätten Zahlungen in unzureichender Höhe und verbunden mit Einschüchterungen erhalten. Die Einschüchterungen hätten in der Drohung bestanden, die Betroffenen würden gar nichts bekommen, wenn sie die angebotene Entschädigung ausschlügen. Die abschließenden Sozialleistungen seien uneinheitlich und in zu geringer Höhe gezahlt worden und deren Berechnung nicht nachvollziehbar gewesen.[1056]

Der Ombudsmann nahm sich der Beschwerde an, indem er Projektunterlagen überprüfte, mit den Beteiligten Interviews, Besprechungen und Gruppendiskussionen durchführte und sich viermal selbst ein Bild von den Umständen vor Ort machte. Bis Dezember 2011, war die Zahl der Beschwerdeführer auf 80 angestiegen. Stand der Dinge im August 2012 ist, dass die Betroffenen, Bujagali Energy Limited und Salini Costruttori übereinkamen, gemeinsam und mithilfe des Ombudsmanns eine angemessene Lösung in Form einer klaren Vereinbarung zu finden.[1057]

1054 Näheres unter http://www.salini.it/en (letzter Zugriff: 01.06.2012).

1055 Näheres zum Projekt und zu Bujagali Energy Limited unter http://www.bujagali-energy.com/default.htm (letzter Zugriff: 01.06.2012).

1056 *Tigawalana/Sfari/Isabirye/Kamoga/Kauta/Masaba/Kyayi/Mutumba/Badiwamba/Osinya/Kabbala*, Complaint for unfair treatment, poor compensation and eventual termination by Salini Costruttori on Bujagali dam construction in Uganda vom 21.03.2011, http://www.cao-ombudsman.org/cases/document-links/documents/ComplaintBujagalidam_032111_forWEB.pdf (letzter Zugriff: 01.06.2012).

1057 *Compliance Advisor / Ombudsman*, Ombudsman Assessment Report. Fourth Complaint (Bujagali Energy-04) Regarding the Bujagali Energy Ltd. Project (IFC #24408 & MIGA #6732) Jinja, Uganda von Dezember 2011, http://www.cao-ombudsman.org/cases/document-links/documents/Bujagali-04_Assessment_Rpt_ENG.pdf (letzter Zugriff: 01.06.2012), S. 7f.

D.IV.3.g Kamerun-Pipeline-Fall

Das Tschad-Kamerun-Pipeline-Projekt beschäftigte nicht nur das Aufsichtsgremium der Weltbank, sondern auch der IFC-Ombudsmann hat sich mit Teilaspekten des Projekts auseinanderzusetzen, da die IFC das Projekt ebenfalls unterstützt. Die im Mai 2011 aus Kamerun eingereichte Beschwerde enthält diverse Themenkomplexe, deren Beschreibung eine sehr viel komplexere Problemlage nur veranschaulichen soll. Im Folgenden beschränkt sich die Darstellung jedoch auf die Beschwerdepunkte mit Arbeitsrechtsbezug. Hierzu erläutern die vier NGOs, die im Namen der Betroffenen die Beschwerde eingereicht haben, beispielhaft den Fall eines Installateurs, der bei der „Kamerun-Öltransport-Gesellschaft" (Cameroon Oil Transportation Company SA, COTCO), einer Vertragspartnerin der IFC, angestellt war und bei einem Arbeitsunfall eine Augenverletzung erlitt. Zunächst habe der Arbeitgeber nur einen kleinen Teil seiner Behandlungskosten erstattet und später zwar zugesagt, auch die weiteren Kosten zu übernehmen, dies sei aber nicht geschehen. Der Betroffene begehre auch Schadensersatz für die Zahlungsverzögerungen und Folgeschäden, denn seine Sehkraft habe sich infolge der Verletzung erheblich verschlechtert, so dass seine allgemeine Arbeitsfähigkeit vermindert sei.[1058]

Der Ombudsmann überprüfte die Projektunterlagen, führte Gespräche mit den Beteiligten und besuchte zweimal den Projektstandort. In seinem Bericht von Januar 2012 erläutert er, dass er sich nicht zur Begründetheit der Beschwerde äußert, sondern zunächst die Problembereiche absteckt. Er stellt ausdrücklich fest, dass er die Beschwerdepunkte nicht bewerten, die Beteiligten nicht beeinflussen und ihnen keine Plattform bieten möchte, um nur ihre Ansichten zu verteidigen. Stattdessen gehe es ihm darum, mit den verschiedenen Parteien zu einer einvernehmlichen und für alle akzeptablen Lösung zu kommen. Der Ombudsmann erklärt, dass er nur weiter handelt, wenn alle Beteiligten, d. h. auch die Beschwerdegegnerin, zustimmen.[1059]

1058 *Centre Africain de Recherches Forestières Appliquées pour le Développement (CARFAD)/Centre pour l'Environnement et le Développement (CED)/Fondation Camerounaise d'Actions Rationalisées et de Formation sur l'Environnement (FOCARFE)/Réseau de Lutte contre la Faim (RELUFA)*, Beschwerde vom 25.05.2011, http://www.cao-ombudsman.org/cases/document-links/documents/ComplaintWEB_English_May252011.pdf (letzter Zugriff: 01.06.2012), S. 3.

1059 *Compliance Advisor / Ombudsman*, Ombudsman Assessment Report Regarding Concerns from Community Members About the Chad-Cameroon Petroleum Development and Pipeline Project (#11124) in Cameroon von Januar 2011, http://www.

Die Parteien haben sich entschieden, den Konflikt durch ein Ombudsverfahren zu lösen, das derzeit noch im Gang ist.[1060]

D.IV.3.h Avianca-Fall

Aerovías del Continente Americano S. A. (Avianca) ist eine national und international agierende kolumbianische Fluggesellschaft. Die IFC unterstützt Aviancas Programm zur Flottenerneuerung mit bis zu 50 Mio. US-Dollar. Im November 2011 reichten zwei internationale Gewerkschaftsverbände in Absprache mit zwei kolumbianischen Gewerkschaften, die Arbeitnehmer von Avianca vertreten, eine Beschwerde beim Ombudsmann ein.[1061] Später schloss sich eine dritte kolumbianische Gewerkschaft der Beschwerde an. Sie machen geltend, Avianca habe die Ausführungsrichtlinie Nr. 2 von 2006, nationales Recht und Übereinkommen der ILO, die Kolumbien ratifiziert hat, durch Verstöße gegen die Vereinigungsfreiheit der Arbeitnehmer verletzt. Avianca diskriminiere Gewerkschaftsmitglieder regelmäßig, indem sie ihnen z. B. beliebte Flugstrecken vorenthält oder sie fälschlicherweise des Drogenhandels oder der Geldwäsche bezichtigt, wodurch Einreisen in die USA verhindert und Arbeitspläne durcheinander gebracht werden. Der Eintritt in eine Gewerkschaft werde häufig verboten oder unattraktiv gemacht, indem Nicht-Mitglieder z. B. höhere Sozialleistungen erhalten können.[1062] Die Beschwerdeführer erklären weiter, dass eine arbeitsrechtliche Kontrolle im Jahr 2009 durchgeführt wurde, ohne die Arbeitnehmer anzuhören, und die Ergebnisse der Kontrolle des Jahres 2010 nicht veröffentlicht wurden.[1063] Sie schlagen vor, die Überprüfung durch den Ombudsmann auszulassen und den Fall direkt der Compliance-Stelle vorzulegen, nachdem seit den ersten Beschwerden drei Jahre zuvor keine Verbesserung eingetreten und die Einschaltung der IFC ergebnislos gewesen sei.[1064]

---

cao-ombudsman.org/cases/document-links/documents/FINAL_Cameroon_Assessment_Report__English_Jan5_2012.pdf (letzter Zugriff: 01.06.2012), S. 4, 11ff., 14.

1060 Stand: 04.08.2012.

1061 *International Trade Union Confederation (ITUC)/International Transport Workers‘ Federation (ITF)*, Beschwerde vom 14.11.2011 (Avianca-Beschwerde), http://www.cao-ombudsman.org/cases/document-links/documents/Avianca-complaint_111411_web.pdf (letzter Zugriff: 01.06.2012).

1062 Avianca-Beschwerde, S. 1f.

1063 Avianca-Beschwerde, S. 2.

1064 Avianca-Beschwerde, S. 3.

Der Ombudsmann führte dennoch eine vollständige Prüfung durch. Er kam zu dem Ergebnis, dass es essentiell ist, den gegenseitigen Respekt, das gegenseitige Vertrauen sowie Treu und Glauben zwischen den Parteien wiederherzustellen, um eine stabile Zusammenarbeit zu ermöglichen. Nationale Gerichtsentscheidungen, die in den insgesamt zahlreichen Verfahren bereits ergangen sind, konnten nicht dazu beitragen, einer Lösung der Probleme zwischen den Beteiligten näher zu kommen.[1065] Avianca verweigert außerdem ihre Teilnahme an einem Ombudsverfahren, da die internen Mittel der Kommunikation und des Dialogs noch nicht ausgeschöpft seien.[1066] Dem Ombudsmann sind in dieser Situation die Hände gebunden, denn er hat keine Möglichkeit, ein Schlichtungsverfahren gegen den Willen der Parteien einzuleiten. Der Fall liegt zurzeit aber zumindest der Compliance-Stelle vor, die noch prüft, ob es das Verhalten der IFC einer umfassenden Untersuchung unterziehen wird.[1067]

D.IV.3.i Harmon-Hall-Fall und Baobab-Fall

Zwei Fälle mit arbeitsrechtlichen Bezügen befinden sich noch in der Prüfungsphase. Der erste betrifft die Harmon Hall, eine Kette von englischen Sprachschulen in Mexico, an der die IFC mit 7,9 Mio. US-Dollar beteiligt ist. Im Dezember 2011 erreichte den Ombudsmann eine Beschwerde wegen der Verletzung von Arbeitsrechten, insbesondere wegen schlechter Arbeitsbedingungen, unzureichender Löhne und übermäßiger Arbeitszeiten, die gegen mexikanisches Recht verstoßen.[1068] Der zweite Fall dreht sich um eine Beteiligung der IFC an der Baobab Investment Limited (Baobab), einer in Afrika und im Nahen Osten operierenden Gesellschaft für die Durchführung großer Infrastrukturprojekte mit Sitz auf Mauritius. Im März 2012 wandten sich Angestellte von Baobab wegen nicht bezahlter Löhne und sonstiger Spesen in mehreren Fällen an den Ombudsmann. Vor allem im Zusammenhang mit der Auflösung der Gesellschaft bemängeln sie des Weiteren die mangelhafte Informationspolitik.[1069] Bisher ist nur diese letzte, im Jahr 2012

1065 *Compliance Advisor / Ombudsman*, Ombudsman Assessment Report Regarding Concerns from Labour Unions on IFC's investment in the Avianca project (#25899) in Colombia von Mai 2012 (Avianca-Bericht), http://www.cao-ombudsman.org/cases/document-links/documents/Assessmentreport_Avianca_May2012.ENG.pdf (letzter Zugriff: 01.06.2012), S. 10.

1066 Avianca-Bericht, S. 11.

1067 Stand: 04.08.2012.

1068 Alle Informationen zum Fall unter http://www.cao-ombudsman.org/cases/case_detail.aspx?id=183 (letzter Zugriff: 01.06.2012).

1069 Alle Informationen zum Fall unter http://www.cao-ombudsman.org/cases/case_detail.aspx?id=186 (letzter Zugriff: 01.06.2012).

eingegangene Beschwerde anhand der Ausführungsrichtlinie Nr. 2 von 2012 zu prüfen, für alle anderen bildet die Ausführungsrichtlinie Nr. 2 von 2006 den Maßstab.

D.V Ergebnis zu den Arbeitsrechten

D.V.1 Vergleich mit der Weltbank

Der Arbeitsrechtsschutz in der IFC bietet ganz andere Voraussetzungen als der Umweltschutz in der Weltbank. Ein wesentlicher Unterschied besteht darin, dass die IFC mit privaten Akteuren zusammenarbeitet, während die Weltbank es mit staatlichen Stellen zu tun hat. Dies eröffnet der IFC die Möglichkeit, freier mit den Vertragspartnern zu verhandeln und daher auch sensible Themen wie z. B. die Einhaltung der Vereinigungsfreiheit, welche zu den klassischen politischen Menschenrechten zählt, anzusprechen. Souveränitätsansprüche und sonstige politische Überlegungen spielen für private Unternehmen eine sehr geringe Rolle; entscheidend ist wirtschaftliche Effizienz. Daher ist die Ausführungsrichtlinie Nr. 2 sehr viel präziser formuliert als die Schutzrichtlinien der Weltbank und entfaltet im Gegensatz zu diesen auch Außenwirkung.

Darüber hinaus verfolgt die IFC einen stärker integrativen Ansatz als die Weltbank. Da sie die Projektdurchführung weitgehend ihren Klienten überlässt, ist es wichtig und im Sinne des Projekterfolgs auch notwendig, dass die Unternehmen intensiv in das Projektmanagement eingebunden und grundlegende Vorgaben mit ihnen abgestimmt werden. Dadurch entsteht eine Situation, in der die IFC nicht als wirtschaftlich Stärkere „von oben" die Einhaltung arbeitsrechtlicher Standards durchsetzt, sondern die Unternehmen sind eigenverantwortlich für ihre Umsetzung verantwortlich und haben allgemeinen Spielraum im Projektmanagement. Dies fördert ihre Bereitschaft, die Vorgaben der IFC anzunehmen und als eigene Maßstäbe durchzusetzen.

Auch die Arbeitsweise des Ombudsmanns unterscheidet sich erheblich von der des Aufsichtsgremiums der Weltbank. Während dieses einen Kontrollmechanismus darstellt, der ein Gegengewicht zum Weltbank-Management darstellt, tritt der Ombudsmann als Vermittler zwischen dem IFC- bzw. MIGA-Management und den Antragstellern aus der Zivilbevölkerung auf. Im Ombudsmann-Prozess geht es nicht darum, Verfehlungen oder Missstände aufzuzeigen, sondern ihre Ursachen aufzuklären und eine nachhaltige Konfliktlösung zu finden. Wenn keine Lösung vor dem Ombudsmann erreicht werden kann, leitet er die Angelegenheit an die Compliance-Stelle weiter.

Die hier dargestellten Fälle verdeutlichen den mediativen Ansatz des Ombudsmanns gut. Er ist stets bemüht, die Kommunikation und Zusammenarbeit zwischen allen möglichen Beteiligten, insbesondere den Antragstellern, den

Unternehmen und der IFC zu stärken sowie gegenseitigen Respekt und Rücksichtnahme zu fördern. Auf eine Beschwerde folgt stets die Prüfungsphase, in der der Ombudsmann die Projektunterlagen analysiert, mit den Beteiligten spricht und sich vor Ort selbst ein Bild macht. Auf diese Weise verschafft er sich Klarheit über die verschiedenen Perspektiven und hält diese zusammen mit seiner Einschätzung, worin die wesentlichen Probleme liegen und wie sie am besten gelöst werden können, in einem Bericht fest. Dieser kann für ein sich anschließendes Ombudsverfahren als Arbeitsgrundlage dienen. Ziel des Ombudsverfahrens ist immer, dass die Parteien einvernehmlich zu einer Lösung gelangen und diese im Detail auch gemeinsam ausarbeiten. Die Unterstützung des Ombudsmanns endet, wenn eine Partei nicht zustimmt, auch wenn er sich weiter engagieren möchte. Dies hat den Vorteil, dass Ergebnisse stets mit der Anerkennung aller Beteiligten zustande kommen und daher mit hoher Wahrscheinlichkeit langfristig wirken. Problematisch ist jedoch, dass auf diese Weise die Interessen und Rechte der Beschwerdeführer nur eingeschränkt geschützt werden, weil sie die vollständige Durchführung des Ombudsverfahrens nicht erzwingen können. Ihnen bleibt in dieser Hinsicht nur, auf die Vernunft der Beschwerdegegner zu vertrauen sowie auf deren Sorge um einen Gesichtsverlust insbesondere gegenüber den Institutionen der Weltbankgruppe, die finanzielle Mittel und sonstige Unterstützung gewähren.

In der Zivilbevölkerung und unter den Betroffenen ist die Arbeit des Ombudsmanns nach seinen eigenen Angaben trotzdem positiv angenommen worden, zu einem großen Teil wohl gerade wegen seiner mediativen Herangehensweise.[1070] Die Tatsache, dass der Ombudsmann sich der Unterstützung lokaler Fachkräfte wie z. B. von Mediatoren und Beratern bedient, erhöht das Vertrauen bei den Betroffenen wahrscheinlich ebenfalls.

D.V.2 Bedeutung für das internationale Arbeitsrecht

Die IFC unterstützt selbst oder mittelbar mehr als 1.600 Projekte weltweit.[1071] Daran gemessen erscheint die Zahl von bisher 97 registrierten Anfragen beim Ombudsmann sehr gering; nur zehn Fälle enthalten Beschwerden zur Ausführungsrichtlinie Nr. 2.[1072] Der Einfluss der IFC und des Ombudsmanns auf das internationale Arbeitsrecht ist dennoch nicht klein. Zwar sieht der Ombudsmann

---

1070 Vgl. *Compliance Advisor / Ombudsman*, 2008-9 Annual Report, Washington, D. C., 2009, S. 27.

1071 Vgl. *IFC*, Where Innovation Meets Impact. Annual Report 2010, S. 5.

1072 Stand: 04.08.2012, http://www.cao-ombudsman.org/cases/default.aspx.

selbst noch erheblichen Bedarf, Kenntnis von seiner Existenz und seinen Zielsetzungen zu verbreiten,[1073] aber seine bisherige Arbeit hat international in Wissenschaft und Praxis einige Aufmerksamkeit erregt.

Die Ausführungsrichtlinie Nr. 2 kommt nicht nur indirekt durch Anträge beim Ombudsmann zur Geltung, sondern wird auch bei jedem IFC-Projekt direkt angewandt. Ihr entsprechende Regelungen in den Kreditverträgen binden die Vertragspartner, die auch unmittelbar verpflichtet sind, Maßnahmen zur Durchführung der Ausführungsrichtlinie Nr. 2 im Rahmen der allgemeinen Sozialprüfung zu ergreifen. Die Ausführungsrichtlinie Nr. 2 und die Ombudsmann-Empfehlungen konkretisieren die ILO-Kernarbeitsrechte nicht, tragen aber nach dem Vorgesagten zu ihrer Stärkung bei: Die Arbeitnehmer werden sich ihrer Rechte bewusst und lernen, wie sie sie, auch gerichtlich, geltend machen können. Unternehmen lernen ihrerseits, Arbeitsrechtsstandards einzuhalten und auch wirtschaftlichen Nutzen daraus zu ziehen. Dies verdeutlicht z. B. der Standart-Profil-Fall: Der Arbeitgeber empfand den Sozialdialog mit den Arbeitnehmern als derart konstruktiv, dass er ihn auch in anderen Betrieben des Unternehmens einführte und plante einzuführen. Die Unternehmen können das Völkerrecht allerdings in der Regel nur mittelbar beeinflussen, indem sie im Dialog mit Regierungen auf deren Verhalten und Rechtsansichten einwirken.

Die IFC kann ähnlich wie die Weltbank aufgrund ihrer wirtschaftlichen Machtposition starken Einfluss auf ihre Klienten ausüben und ist deswegen auch in der Verantwortung. Die Voraussetzungen für eine positive Einflussnahme sind bei der IFC besser, weil ihre Vertragspartner private Unternehmen sind, die hauptsächlich nach wirtschaftlichen Kriterien Entscheidungen treffen, und das Verbot der IFC-Satzung, sich in die Politik der Mitgliedstaaten einzumischen, nicht auf private Unternehmen übertragbar ist. Die Bestrebungen der IFC im Bereich der Menschenrechte[1074] zeugen davon, dass sie sich dieser Verantwortung bewusst ist. Inwieweit sie der Verantwortung aber auch gerecht werden kann, bleibt abzuwarten, zumal sich die angesprochenen Bestrebungen noch in der Entwicklungsphase befinden.

1073 *Compliance Advisor / Ombudsman*, 2008-9 Annual Report, Washington, D. C., 2009, S. 24f.

1074 Siehe Teil D.III.2.c „Zwischenergebnis zur Ausführungsrichtlinie Nr. 2".

E Weltbank und Menschenrechte von Frauen

E.I Frauen im Völkerrecht

E.I.1 Grundlagen

Das Verbot der Frauendiskriminierung als Teil des Verbots der Geschlechterdiskriminierung wird nicht nur in der Charta der Vereinten Nationen anerkannt, sondern ist auch völkergewohnheitsrechtlich abgesichert.[1075] Des Weiteren ist es Bestandteil nahezu jedes universellen Menschenrechtsabkommens und der EMRK sowie auch als allgemeiner Rechtsgrundsatz des Völkerrechts etabliert.[1076] Es stellt eine Präzisierung des allgemeinen Gleichheitssatzes in Bezug auf das Geschlecht dar und verleiht diesem durch ein konkretes Verbot mit dem Ziel der tatsächlichen Gleichheit Ausdruck. Das Verbot der Geschlechterdiskriminierung schützt die Rechte von Männern und Frauen gleichermaßen, ohne die besondere Situation der Frauen zu berücksichtigen. Spezifische Frauenbelange erschienen erst nach dem Zweiten Weltkrieg auf der Agenda der internationalen Staatengemeinschaft.

Die Gründe, welche dafür sprechen, Menschenrechte von Frauen explizit zu fördern, sind vielschichtig. Frauen unterscheiden sich von den meisten anderen geschützten Gruppen dadurch, dass sie keine Minderheit darstellen, sondern rund die Hälfte der Weltbevölkerung ausmachen. Dennoch werden sie bis heute noch überall auf der Welt mit struktureller Benachteiligung in allen gesellschaftlichen Bereichen konfrontiert.[1077] Diese strukturelle Benachteiligung wird durch

1075 Charta der Vereinten Nationen vom 26.06.1945 (UN-Charta), BGBl. 1973 II, S. 431, in der Fassung vom 28.08.1980, BGBl. 1980 II, S. 1252, 2. Erwägungsgrund der Präambel, Artt. I Nr. 3, 13 I b), 55 c), 76 c); *Doehring*, Völkerrecht, S. 434, Rn. 987.

1076 Vgl. Art. 2 I IPbpR; Art. 2 II IPwskR; Art. 2 I des Übereinkommens über die Rechte des Kindes vom 20.11.1989, BGBl 1992 II, S. 122; Art. 14 EMRK; *Cassel/Guzman*, The Law and Reality of Discrimination Against Women, in: Askin/Koenig (Hrsg.), Women and International Human Rights Law, Bd. 1, S. 287ff., 293.

1077 Vgl. *König*, Die Diskriminierungsverbote im Übereinkommen der Vereinten Nationen zur Beseitigung jeder Form der Diskriminierung der Frau (CEDAW), in: ZESAR 2004, S. 214ff., 215; *Loutfi*, Women, Gender and Work - An Overview, in: Loutfi (Hrsg.), Women, Gender and Work, Genf 2001, S. 3ff., 3f.

politische, kulturelle und religiöse Systeme noch gefestigt[1078] und findet nicht nur im öffentlichen Bereich, sondern häufig oder gerade auch im Privaten statt.[1079] Ferner sind Frauen oft mehrfacher Diskriminierung ausgesetzt; dies bedeutet, dass sie nicht nur als Frauen, sondern zugleich z. B. auch als Migrantinnen oder Angehörige anderer benachteiligter Gruppen diskriminiert werden.[1080] Insgesamt wäre es daher unzureichend, den Schutz von Frauen auf den allgemeinen Menschenrechtsschutz zu beschränken, ohne ihre spezifische gesellschaftliche Situation zu berücksichtigen.

E.I.1.a CSW und Internationale Verträge

Die Vereinten Nationen richteten 1946 eine Kommission des Wirtschafts- und Sozialrats (*Economic and Social Council*, ECOSOC) ein, die sich mit Gleichstellungsfragen und der Förderung von Fraueninteressen befasst.[1081] Diese „Kommission zum Status der Frauen" (*Commission on the Status of Women*, CSW) hat die internationale Politik zur Geschlechtergleichstellung seitdem entscheidend geprägt.[1082] So erwirkte sie bereits früh die geschlechtsneutrale Originalformulierung „*all human beings*" anstelle von „*[a]ll men*" des Artikel 1 der AEMR.[1083] In den darauf folgenden Jahren beeinflusste die Arbeit der CSW auf verschiedenste Art wesentlich die Entstehung zahlreicher internationaler Verträge, welche die rechtliche Stellung der Frauen verbesserten.[1084] Dies sind z. B. das

1078 Vgl. *McGlynn*, The World Bank and the Realization of the Rights of Women in Agriculture and Rural Development Projects in Sub-Sahara Africa (SSA), in: Third World Legal Studies 1991, S. 15ff., 19f.

1079 *Rudolf*, Das Übereinkommen zur Beseitigung jeder Form von Diskriminierung der Frau (CEDAW), in: djbZ 1/2009, S. 1ff., 2.

1080 Vgl. *Byrnes*, Toward More Effective Enforcement of Women's Human Rights Through the Use of International Human Rights Law and Procedures, in: Cook (Hrsg.), Human Rights of Women, S. 189ff., 193f.

1081 ECOSOC der Vereinten Nationen; Näheres unter http://www.un.org/en/ecosoc/index.shtml (letzter Zugriff: 01.06.2012).

1082 Allgemeine und weitergehende Informationen sind unter http://www.un.org/womenwatch/daw/csw (letzter Zugriff: 01.06.2012) zu finden.

1083 *Gaer*, And Never the Twain Shall Meet? The Struggle to Establish Women's Rights as International Human Rights, in: Lockwood/Magraw/Spring/Strong (Hrsg.), The International Human Rights of Women: Instruments of Change, S. 1ff., 9.

1084 *Gaer*, And Never the Twain Shall Meet? The Struggle to Establish Women's Rights as International Human Rights, in: Lockwood/Magraw/Spring/Strong (Hrsg.), The International Human Rights of Women: Instruments of Change, S. 1ff., 10.

ILO-Übereinkommen Nr. 100 über die Gleichheit des Entgelts männlicher und weiblicher Arbeitskräfte für gleichwertige Arbeit von 1951,[1085] die „Konvention über die politischen Rechte der Frauen“ von 1953[1086] und die „Konvention über die Nationalität verheirateter Frauen“ von 1957.[1087]

Eine weitere wichtige Station in der Entwicklung der Menschenrechte von Frauen ist die Verabschiedung der Genfer Abkommen im Jahre 1949 im Bereich des humanitären Völkerrechts. Im IV. Genfer Abkommen heißt es erstmals ausdrücklich, dass „Frauen [...] besonders vor jedem Angriff auf ihre Ehre und namentlich vor Vergewaltigung, Nötigung zur gewerbsmäßigen Unzucht und jeder unzüchtigen Handlung geschützt“ werden.[1088] Ein großer Erfolg der Arbeit der CSW war schließlich die Verabschiedung des Übereinkommens zur Beseitigung jeder Form von Diskriminierung der Frau (*Convention on the Elimination of All Forms of Discrimination against Women*, CEDAW) durch die Vereinten Nationen im Jahre 1979.[1089] Dieses gilt mit gutem Grund als „Magna Charta der Frauenrechte“.[1090]

E.I.1.b Rechte von Frauen sind Menschenrechte

Über diese rechtliche Emanzipation hinaus ist die Frage der tatsächlichen Gleichberechtigung und Gleichstellung der Frauen ein weiterer Aspekt des Diskriminierungsverbots. In diesem Bereich kommt den Weltkonferenzen der Vereinten Nationen neben dem CEDAW, auf das später eingegangen wird,[1091] eine bedeutende Rolle zu. Bisher fanden vier Weltkonferenzen zum Thema Frauen statt. Die ersten drei, welche 1975, 1980 und 1985 in Mexico City, Kopenhagen und Nairobi stattfanden, bilden den Rahmen für die UN-„Dekade der Frau“.

1085 Übereinkommen Nr. 100 vom 06.06.1951, Übereinkommen über die Gleichheit des Entgelts männlicher und weiblicher Arbeitskräfte für gleichwertige Arbeit, verfügbar unter http://www.ilo.org/ilolex/german/docs/gc100.htm (letzter Zugriff: 01.06.2012).

1086 Convention on the Political Rights of Women vom 31.03.1953, 193 UNTS 135.

1087 Convention on the Nationality of Married Women vom 20.02.1957, 309 UNTS 65.

1088 Genfer Abkommen zum Schutze von Zivilpersonen in Kriegszeiten vom 12.08.1949, BGBl. 1954 II, S. 917, in der Fassung vom 08.12.1956, BGBl. 1956 II, S. 1586.

1089 Übereinkommens zur Beseitigung jeder Form von Diskriminierung der Frau vom 18.12.1979 (CEDAW), BGBl. 1985 II, S. 648.

1090 *König*, Frauenrechte sind Menschenrechte... und doch anders? - Die UN-Frauenrechtskonvention (CEDAW), in: Rudolf (Hrsg.), Frauen und Völkerrecht, S. 81ff., 82.

1091 Siehe unten Teil E.I.2. „Bedeutung des CEDAW“.

Sie beschäftigten sich im Bereich der Interessen von Frauen insbesondere mit Entwicklung, Frieden und Gleichstellung.[1092]

Auch die weniger speziell ausgerichtete Weltmenschenrechtskonferenz der Vereinten Nationen, welche 1993 in Wien stattfand, war ein Erfolg für die Frauenrechtsbewegung. In ihrem Abschlussdokument wurden explizit spezifische Belange von Frauen berücksichtigt. So heißt es darin, dass

> „[d]ie Menschenrechte der Frauen und Mädchen [...] ein unabdingbarer, wesentlicher und untrennbarer Bestandteil der allgemeinen Menschenrechte" sind.[1093]

In dem Teil, der das Aktionsprogramm betrifft, ist ein ganzer Abschnitt zu „Gleichstellung und Menschenrechte der Frauen" enthalten.[1094] Das Thema der Diskriminierung von Frauen rückte immer stärker in den Fokus des allgemeinen Menschenrechtsschutzes.

Die vierte Weltfrauenkonferenz fand 1995 in Peking statt. Sie schaffte es, Menschenrechte von Frauen verstärkt ins Bewusstsein der Weltöffentlichkeit zu rücken und thematisierte auch ihre konkrete Durchsetzbarkeit.[1095] Dementsprechend verpflichteten sich die Unterzeichnerstaaten in der Pekinger Deklaration, welche die Ergebnisse der Konferenz zusammenfasst und schriftlich fixiert, dazu, Maßnahmen zur Verwirklichung von Menschenrechten von Frauen zu ergreifen.[1096] Die Pekinger Deklaration stellte ebenfalls unmissverständlich klar, dass „Rechte von Frauen [...] Menschenrechte [sind]".[1097] Daher geht der Schutz der Rechte von Frauen ebenso weit wie der sie umfassende Menschenrechtsschutz. Dies bedeutet zugleich,

---

1092 *Gaer*, And Never the Twain Shall Meet? The Struggle to Establish Women's Rights as International Human Rights, in: Lockwood/Magraw/Spring/Strong (Hrsg.), The International Human Rights of Women: Instruments of Change, S. 1ff., 13.

1093 Wiener Menschenrechtserklärung und Aktionsprogramm vom 12.07.1993, UN Doc. A/CONF.157/23, S. 7 (Punkt 18): *„[t]he human rights of women and of the girl-child are an inalienable, integral and indivisible part of universal human rights."*

1094 Wiener Menschenrechtserklärung und Aktionsprogramm vom 12.07.1993, UN Doc. A/CONF.157/23, S. 18ff. (Punkte 36ff.): *„The Equal Status and Human Rights of Women"*.

1095 Vgl. *Gaer*, And Never the Twain Shall Meet? The Struggle to Establish Women's Rights as International Human Rights, in: Lockwood/Magraw/Spring/Strong (Hrsg.), The International Human Rights of Women: Instruments of Change, S. 1ff., 55.

1096 Pekinger Deklaration und Aktionsprogramm vom 15.09.1995, UN Doc. A/CONF.177/20, S. 4ff., 7f. (Punkte 22ff.).

1097 Pekinger Deklaration und Aktionsprogramm vom 15.09.1995, UN Doc. A/CONF.177/20, S. 4ff., 6 (Punkt 14): *„Women's rights are human rights"*.

dass allgemeine menschenrechtliche Kontrollmechanismen des Völkerrechts in dem Rahmen, in dem sie Rechte von Frauen erfassen, genutzt werden können, um internationale Aufmerksamkeit auf Verletzungen der Rechte von Frauen zu lenken und die nationale Durchsetzung entsprechender Standards voranzutreiben.[1098]

Alle Weltfrauenkonferenzen zeichneten sich dadurch aus, dass sie den Nichtregierungsorganisationen weltweit ein Forum für Austausch und Diskussionen sowie eine Plattform boten, die ihnen internationale Beachtung verschaffte.[1099] So konnten NGOs auf die rechtliche und tatsächliche Entwicklung des Schutzes der Rechte von Frauen Einfluss nehmen.

Im Bereich von arbeitsbezogenen Menschenrechten hat das Engagement der ILO wesentlich zur Erhöhung der Standards der Rechte von Frauen beitragen können. Seit ihrer Gründung im Jahre 1919 hat die ILO zahlreiche Abkommen erlassen, die Bestimmungen z. B. zu Mutterschutz und gleichem Entgelt enthalten.[1100] Diese Abkommen haben in vielen Ländern auch die innerstaatliche Arbeitsrechtslage zugunsten der Frauen beeinflusst.[1101]

E.I.2 Bedeutung des CEDAW

Das CEDAW stellt derzeit das Hauptvertragswerk zu Menschenrechten von Frauen im Völkerrecht dar. Unter den wichtigsten Menschenrechtsabkommen ist das CEDAW nach der Kinderrechtskonvention mit 187 Vertragsstaaten das am häufigsten ratifizierte Übereinkommen.[1102] Allerdings gibt es eine immense Zahl an Vorbehalten, die von zahlreichen Unterzeichnerstaaten zu einzelnen Artikeln gemacht wurden und die tatsächliche Wirksamkeit des CEDAW beeinträchtigen.[1103]

1098 Vgl. *Byrnes*, Toward More Effective Enforcement of Women's Human Rights Through the Use of International Human Rights Law and Procedures, in: Cook (Hrsg.), Human Rights of Women, S. 189ff., 221 sowie *Byrnes*, Using International Human Rights Law and Procedures to Advance Women's Human Rights, in: Askin/Koenig (Hrsg.), Women and International Human Rights Law, Bd. 1, S. 79ff., 118.

1099 Vgl. *Gaer*, And Never the Twain Shall Meet? The Struggle to Establish Women's Rights as International Human Rights, in: Lockwood/Magraw/Spring/Strong (Hrsg.), The International Human Rights of Women: Instruments of Change, S. 1ff., 12.

1100 Siehe dazu im Detail unten Teil E.V.1 „Förderung durch die ILO".

1101 *Deller Ross*, Women's Human Rights, S. 286.

1102 Stand: 01.06.2012, http://treaties.un.org/Pages/ViewDetails.aspx?src=TREATY&mtdsg_no=IV-8&chapter=4&lang=en (letzter Zugriff: 01.06.2012).

1103 Für Details siehe http://www.un.org/womenwatch/daw/cedaw/reservations.htm (letzter Zugriff: 01.06.2012).

E.I.2.a Grundlegendes

Ein entscheidender Schritt auf dem Weg zur Entstehung der Konvention war die Verabschiedung der „Erklärung zur Beseitigung jeder Form von Diskriminierung der Frau“ (*Declaration on the Elimination of Discrimination against Women*, DEDAW)[1104] durch die UN-Generalversammlung im Jahre 1967.[1105] Das CEDAW selbst wurde 1979 trotz der Vorbehalte Marokkos und des Iraks von der Generalversammlung verabschiedet und trat am 03.09.1981 in Kraft. Das Abkommen zeichnet sich dadurch aus, dass es ausnahmslos alle Arten der Diskriminierung, sowohl direkte, als auch indirekte im öffentlichen und privaten Bereich, verbietet.[1106] Eine weitere Besonderheit besteht darin, dass das CEDAW spezifische Benachteiligungen von Frauen aufnimmt, die sie in verschiedenen öffentlichen, sozialen und privaten Bereichen erleiden.[1107] Artikel 5 des Übereinkommens zeigt, dass es darüber hinaus entscheidend darum geht, die bestehende strukturelle Diskriminierung von Frauen in Kern zu beseitigen, indem kulturelle und gesellschaftliche Rollenbilder aufgelöst werden.

Dem Gesamtkonzept des CEDAW liegt die Erkenntnis zugrunde, dass rechtliche bzw. formale Gleichberechtigung nicht ausreicht, um echte Gleichstellung zu bewirken, sondern dass diese auch tatsächlich und bewusst praktiziert werden muss, um nachhaltig sein zu können.[1108] Um nachhaltige Gleichstellung zu erreichen, müssen die Vertragsstaaten aktiv Fördermaßnahmen ergreifen. Dazu verpflichten die Artikel 3-5 und 24 CEDAW als sog. Rahmenartikel, die für alle materiellen Vorschriften des Abkommens gelten. Ferner enthalten die Artikel 6-8 und 10-16 konkrete Bestimmungen für spezielle Lebensbereiche, in denen die Vertragsstaaten positive Maßnahmen zu treffen haben.

1104 DEDAW vom 07.11.1967, GV-Res. Nr. 2263 (XXII).

1105 Vgl. *Rehof*, Guide to the *Travaux Préparatoires* of the United Nations Convention on the Elimination of All Forms of Discrimination against Women, S. 9.

1106 Siehe Artt. 1, 2 CEDAW; vgl. *Schöpp-Schilling*, Bedeutung und Auswirkungen des Frauenrechtsübereinkommens, in: Klein (Hrsg.), 20 Jahre Übereinkommen zur Beseitigung jeder Form von Diskriminierung der Frau (CEDAW), S. 13ff., 15f., 18.

1107 *Schöpp-Schilling*, Bedeutung und Auswirkungen des Frauenrechtsübereinkommens, in: Klein (Hrsg.), 20 Jahre Übereinkommen zur Beseitigung jeder Form von Diskriminierung der Frau (CEDAW), S. 13ff., 14.

1108 Vgl. *Limbach*, Grußwort, in: Klein (Hrsg.), 20 Jahre Übereinkommen zur Beseitigung jeder Form von Diskriminierung der Frau (CEDAW), S. 11.

E.I.2.b Der Ausschuss

Als Kontrollorgan für die Durchsetzung der Konventionsvorgaben in den Mitgliedstaaten ist der CEDAW-Ausschuss (im Folgenden auch „Ausschuss") eingesetzt worden.[1109] Seit seiner Einsetzung prägt er entscheidend die Auslegung und Fortentwicklung der Konventionsvorgaben. Damit hat der Ausschuss erheblich zur allgemeinen Entwicklung und Verbesserung der Situation der Rechte von Frauen weltweit beigetragen.[1110] Gemäß Artikel 17 CEDAW werden die 23 unabhängigen Sachverständigen des Ausschusses im Vierjahresturnus von den Vertragsstaaten gewählt.

Eine der wichtigsten Aufgaben des Ausschusses besteht darin, die von den Vertragsstaaten regelmäßig vorzulegenden Berichte über die Verwirklichung der CEDAW-Bestimmungen zu überprüfen.[1111] Die Berichte werden mit den jeweiligen Staaten diskutiert und vom Ausschuss ausgewertet; die Ergebnisse seiner Auswertung veröffentlicht der Ausschuss in den sog. abschließenden Bemerkungen (*concluding observations*). Neben den abschließenden Bemerkungen zu individuellen Staatenberichten macht der Ausschuss auch Vorschläge (*suggestions*) und verfasst allgemeine Empfehlungen (*general recommendations*).[1112] Die bisher vom Ausschuss formulierten 25 allgemeinen Empfehlungen regeln Verfahrensrechtliches, aber behandeln insbesondere auch materiellrechtliche Fragen zu den einzelnen CEDAW-Normen.[1113] Obwohl sie dem unverbindlichen *soft law* zuzurechnen sind, tragen die allgemeinen Empfehlungen erheblich dazu bei, eine gleichmäßige und kohärente Anwendung des CEDAW zu gewährleisten sowie die Effizienz der einzelnen Vorschriften zu steigern.[1114]

1109 Committee on the Elimination of Discrimination against Women, siehe Artt. 17-22 CEDAW; Näheres unterhttp://www.un.org/womenwatch/daw/cedaw/committee.htm (letzter Zugriff: 01.06.2012).

1110 Vgl. *Annan*, Message on CEDAW's Twenty-fifth Anniversary, in: Schöpp-Schilling/Flinterman (Hrsg.), The Circle of Empowerment, S. 1f.

1111 Art. 18 CEDAW.

1112 Art. 21 (1) CEDAW.

1113 Vgl. *Klein*, Die Allgemeinen Bemerkungen und Empfehlungen der VN-Vertragsorgane, in: Deutsches Institut für Menschenrechte (Hrsg.), Die „General Comments" zu den VN-Menschenrechtsverträgen, S. 19ff., 19f.

1114 Vgl. *Schöpp-Schilling*, Die Allgemeinen Empfehlungen des Ausschusses für die Beseitigung der Diskriminierung der Frau, in: Deutsches Institut für Menschenrechte (Hrsg.), Die „General Comments" zu den VN-Menschenrechtsverträgen, S. 413ff., 422.

E.I.2.c Das Fakultativprotokoll

Die Verabschiedung des Fakultativprotokolls zum CEDAW im Jahre 1999[1115] war ebenfalls ein Ertrag der Arbeit der CSW.[1116] Bemerkenswert ist, dass Nichtregierungsorganisationen wesentlich an seiner Ausarbeitung beteiligt waren.[1117] Das Fakultativprotokoll führte zwei Möglichkeiten ein, Rechtsmittel wegen der Verletzung von CEDAW-Bestimmungen einzulegen. Gemäß Artikel 2 können einzelne Frauen, Frauengruppen oder ihre Vertreter Mitteilungen (*communications*) beim Ausschuss einreichen, dass sie in Rechten aus der Konvention verletzt worden seien.[1118] Des Weiteren besteht die Option, dass der Ausschuss nach Anzeige ein Untersuchungsverfahren (*inquiry*) wegen besonders schwerwiegender oder systematischer Verletzungen in einem Vertragsstaat durchführt.[1119] Mit dem Inkrafttreten des Fakultativprotokolls ist ein wichtiger Schritt hin zu einer besseren tatsächlichen Umsetzung der CEDAW-Vorgaben getan.[1120] Seit seiner Einführung sind allerdings erst ein Dutzend Verfahren durchgeführt worden.[1121] Inwieweit das CEDAW-Fakultativprotokoll daher wirklich zur Verbesserung des Schutzes der Rechte von Frauen beiträgt, bleibt abzuwarten.

E.I.2.d Eingliederung in das UN-System

Obwohl das CEDAW einen erheblichen Beitrag zum Vorankommen der internationalen Bewegung der Rechte von Frauen leistet, spielen diese Rechte im internationalen Menschenrechtssystem immer noch eine untergeordnete Rolle.[1122] Dies zeigt sich daran, dass zwar sehr viele Staaten der Frauenrechtskonvention

---

1115 Fakultativprotokoll zur Konvention zur Beseitigung jeder Form von Diskriminierung der Frau vom 06.10.1999 (FP CEDAW), BGBl. 2001 II, S. 1238.

1116 *United Nations Division for the Advancement of Women*, The Optional Protocol: Text and Materials, New York 2000, S. 3.

1117 *United Nations Division for the Advancement of Women*, The Optional Protocol: Text and Materials, New York 2000, S. 5.

1118 Zu den Einzelheiten siehe Artt. 1-7 FP CEDAW.

1119 Zu den Einzelheiten siehe Artt. 8-9 FP CEDAW.

1120 Vgl. *Flor*, Durchbruch bei den Frauenrechten, S. 4, 6, 8.

1121 Zu den einzelnen Verfahren siehehttp://www2.ohchr.org/english/law/jurisprudence.htm (letzter Zugriff: 01.06.2012).

1122 Vgl. *Bayefsky*, General Approaches to the Domestic Application of Women's International Human Rights Law, in: Cook (Hrsg.), Human Rights of Women. National and International Perspectives, S. 351ff., 352.

beigetreten sind, aber auch zahlreiche Vorbehalte zu einzelnen Bestimmungen angebracht wurden.[1123]

Begrüßenswert ist, dass der CEDAW-Ausschuss im System der Vereinten Nationen seit dem 01.01.2008 wie die Vertragsorgane der sieben anderen wichtigsten Menschenrechtsübereinkommen[1124] der Hohen Kommissarin für Menschenrechte angegliedert ist. Damit hat der Ausschuss auch formal die Bedeutung erhalten, welche ihm als dem prägenden Überwachungsorgan des Menschenrechtsvertrags mit den meisten Ratifikationen nach der Kinderrechtskonvention zusteht. Die Eingliederung des Ausschusses in die Arbeit der UN-Menschenrechtskommissarin stärkt Sichtbarkeit und Geltung der Menschenrechte von Frauen.[1125]

E.I.3 Diskriminierungsverbot und Chancengleichheit

E.I.3.a Begriff der Frauendiskriminierung

Das völkerrechtliche Verbot der Diskriminierung von Frauen basiert auf einer sehr weiten Interpretation des Diskriminierungsbegriffs. Den Maßstab gibt dabei das CEDAW vor, das Frauendiskriminierung definiert als

> „jede mit dem Geschlecht begründete Unterscheidung, Ausschließung oder Beschränkung, die zur Folge oder zum Ziel hat, daß die auf die Gleichberechtigung von Mann und Frau gegründete Anerkennung, Inanspruchnahme oder Ausübung der Menschenrechte und Grundfreiheiten durch die Frau - ungeachtet ihres Familienstands - im politischen, wirtschaftlichen, sozialen, kulturellen, staatsbürgerlichen oder jedem sonstigen Bereich beeinträchtigt oder vereitelt wird.“[1126]

Demnach liegt eine Diskriminierung von Frauen vor, wenn eine geschlechtsbezogene Ungleichbehandlung oder gegebenenfalls auch Gleichbehandlung vorliegt, für die keine Rechtfertigung möglich ist und durch die der Frau ein

---

1123 Siehe die Auflistung unterhttp://www.un.org/womenwatch/daw/cedaw/reservations-country.htm (letzter Zugriff: 01.06.2012).

1124 Internationaler Pakt über bürgerliche und politische Rechte; Internationaler Pakt über wirtschaftliche, soziale und kulturelle Rechte; Internationales Übereinkommen über die Beseitigung jeder Form von Rassendiskriminierung; Übereinkommen gegen Folter und andere grausame, unmenschliche oder erniedrigende Behandlung oder Strafe; Übereinkommens über die Rechte des Kindes; Internationales Übereinkommen zum Schutz der Rechte aller Wanderarbeitnehmer/innen und ihrer Familienangehörigen; Internationales Übereinkommen zum Schutz aller Personen vor dem Verschwindenlassen; Übereinkommen über die Rechte behinderter Menschen.

1125 Das Amt der Hohen Kommissarin für Menschenrechte wird seit 2008 durch die Südafrikanerin Navanethem Pillay, geboren 1941, ausgefüllt.

1126 CEDAW, Art. 1.

rechtlicher oder tatsächlicher Nachteil entsteht.[1127] Erfasst werden unmittelbare und mittelbare Diskriminierungen, d. h. auch rechtlich neutrale, aber faktisch vor allem Frauen benachteiligende Maßnahmen und Vorschriften.[1128]

Das Besondere an dem durch das CEDAW vorgegebenen Begriff ist, dass er alle Formen von Diskriminierung gegen Frauen umfasst, auch jene, die Frauen spezifisch treffen.[1129] Spezifische Frauendiskriminierung resultiert aus feststehenden Rollenbildern, die historisch und kulturell gewachsen und daher struktureller Natur sind.[1130] Um solchen Rollenbildern entgegenzutreten, ist es unabdingbar, dass Frauendiskriminierung als solche erkannt und bekämpft wird. Umgekehrt kann Diskriminierung von Frauen nur essentiell und nachhaltig beseitigt werden, wenn gesellschaftliche Stereotypen abgeschafft werden.[1131]

E.I.3.b Chancengleichheit

Die Chancengleichheit stellt das Gegenstück zum Diskriminierungsverbot dar. Sie hat eine rechtliche Komponente: Gleichheit muss durch Recht und Gesetze formal gewährleistet werden. Wenn aber trotz rechtlicher Absicherung wie im Fall der Frauen tatsächliche Diskriminierung besteht, die soziale, kulturelle oder wirtschaftliche Ursprünge hat und struktureller Natur ist, können positive Diskriminierungsmaßnahmen zugunsten der benachteiligten Gruppe notwendig sein.[1132] Denn eine formal gleiche Ausgangssituation ist nutzlos, wenn aufgrund faktischer und struktureller Diskriminierung kein freier Wettbewerb möglich ist. Echte und vollständige Chancengleichheit zwischen Männern und Frauen wird nur erreicht werden können, wenn Frauen vorübergehend aktiv gefördert werden. Artikel 4 CEDAW stellt klar, dass sog. zeitweilige Sondermaßnahmen zur

---

1127 Vgl. *König/Peters*, Das Diskriminierungsverbot, in: Grote/Marauhn (Hrsg.), EMRK-GG. Konkordanzkommentar zum europäischen und deutschen Grundrechtsschutz, Rn. 47 zu Art. 14.

1128 *König*, Die Diskriminierungsverbote im Übereinkommen der Vereinten Nationen zur Beseitigung jeder Form der Diskriminierung der Frau (CEDAW), in: ZESAR 2004, S. 214ff., 217.

1129 *König*, Frauenrechte sind Menschenrechte… und doch anders? - Die UN-Frauenrechtskonvention (CEDAW), in: Rudolf (Hrsg.), Frauen und Völkerrecht, S. 81ff., 87f.

1130 Vgl. *König*, Frauenrechte sind Menschenrechte… und doch anders? - Die UN-Frauenrechtskonvention (CEDAW), in: Rudolf (Hrsg.), Frauen und Völkerrecht, S. 81ff., 88.

1131 Vgl. *König*, Die Durchsetzung internationaler Menschenrechte, in: Dicke/Hobe/Meyn/Peters/Riedel/Schütz/Tietje (Hrsg.), Weltinnenrecht. Liber Amicorum Jost Delbrück, Berlin 2005, S. 401ff., 404.

1132 *Lerner*, Group Rights and Discrimination in International Law, S. 25, 27.

Förderung der Gleichstellung, d. h. zur Förderung von Chancen- und Ergebnisgleichheit zwischen Frauen und Männern, keine Diskriminierung darstellen.[1133]

Nicht verwechselt werden darf Chancengleichheit des Weiteren mit Ergebnisgleichheit. Diese sollte wegen des Prinzips der Verantwortung für eigenes Handeln nur als Folge gleicher Leistung entstehen, grundsätzlich jedoch nicht aufgrund gesellschaftsstruktureller Vorgaben.[1134] Ihr kommt erhebliche praktische Bedeutung zu, weil sie auf andere Arten der Ungleichheit aufmerksam machen oder ausnahmsweise erforderlich sein kann, um Chancengleichheit zu erreichen.[1135] Darüber hinaus schützt Ergebnisgleichheit auch die Menschenwürde, d. h. die Wertgleichheit der Menschen. Daher dürfen z. B. losgelöst von individuellem Verhalten gleiche Ergebnisse geschaffen werden, um im Sozialstaat jedem eine Grundsicherung zu gewährleisten.[1136] Oft wird auch von substanzieller Gleichheit gesprochen, die auf substanziell gleiche Chancen abzielen kann oder auf die Nivellierung faktischer Situationen im Sinne einer Ergebnisgleichheit und deshalb nach ihrer Bedeutung im jeweiligen Kontext beurteilt werden muss.[1137] Bei der Chancengleichheit geht es wesentlich darum, die tatsächlichen sozialen Möglichkeiten anzugleichen, Ressourcen und Fähigkeiten zu nutzen.[1138] Ungleichbehandlungen können nur gerechtfertigt sein, wenn sie nicht willkürlich entstehen und die Verhältnismäßigkeit wahren.[1139]

E.I.4 Menschenrechte von Frauen und Entwicklungspolitik

Bis vor wenigen Jahren spielten spezifische Frauenbelange in der Entwicklungspolitik und politischen Wissenschaft auch keine Rolle; man ging davon aus, dass

---

1133 *König*, Die Diskriminierungsverbote im Übereinkommen der Vereinten Nationen zur Beseitigung jeder Form der Diskriminierung der Frau (CEDAW), in: ZESAR 2004, S. 214ff., 216.

1134 *Mahlmann*, Die Ethik des Gleichbehandlungsrechts, in: Rudolf/Mahlmann (Hrsg.), Gleichbehandlungsrecht, Rn. 24.

1135 *Mahlmann*, Die Ethik des Gleichbehandlungsrechts, in: Rudolf/Mahlmann (Hrsg.), Gleichbehandlungsrecht, Rn. 26.

1136 *Mahlmann*, Die Ethik des Gleichbehandlungsrechts, in: Rudolf/Mahlmann (Hrsg.), Gleichbehandlungsrecht, Rn. 27.

1137 *Mahlmann*, Die Ethik des Gleichbehandlungsrechts, in: Rudolf/Mahlmann (Hrsg.), Gleichbehandlungsrecht, Rn. 25.

1138 *Mahlmann*, Die Ethik des Gleichbehandlungsrechts, in: Rudolf/Mahlmann (Hrsg.), Gleichbehandlungsrecht, Rn. 25.

1139 *Mahlmann*, Die Ethik des Gleichbehandlungsrechts, in: Rudolf/Mahlmann (Hrsg.), Gleichbehandlungsrecht, Rn. 28.

wirtschaftlicher Fortschritt automatisch auch die Situation der Frauen voranbringen würde. Jedoch kommen die Vorteile wirtschaftlicher Entwicklung wie höhere Löhne und bessere Arbeitsbedingungen häufig eher Männern zugute, während Frauen z. B. mehr und zu schlechteren Bedingungen arbeiten müssen.[1140] Ein Grund dafür ist, dass den Frauen in der Regel die Verantwortung für die Familie und den Haushalt zugewiesen wird. Dies bindet sie meist so sehr, dass sie keine Möglichkeit haben, am Wirtschaftsleben teilzunehmen.[1141] Darüber hinaus ist eine Folge der strukturellen Diskriminierung gegen Frauen, die überall auf der Welt vorkommt,[1142] dass sie auch auf dem Arbeitsmarkt z. B. hinsichtlich der Höhe des Entgelts diskriminiert werden. Dies führt möglicherweise dazu, dass Frauen eher davon absehen, sich am öffentlichen Arbeitsleben zu beteiligen oder weniger Möglichkeiten haben sich zu beteiligen, weil in Erwartung eines gegenüber Männern geringeren Einkommens weniger in ihre Bildung und Ausbildung investiert wird.[1143]

Durch die Diskriminierung von Frauen wird beträchtliches Entwicklungspotential verschwendet. Denn unterdrückte oder benachteiligte Frauen sind nicht in der Lage oder haben nur geringen Anreiz, höhere wirtschaftliche und soziale Leistung zu erbringen.[1144] Die Tatsache, dass Frauen keine Minderheit darstellen, sondern etwa die Hälfte der Weltbevölkerung ausmachen, bekräftigt diesen Eindruck noch. Vor diesem Hintergrund kann Entwicklungspolitik nicht vernünftig betrieben werden, ohne Fraueninteressen zu berücksichtigen.

Mittlerweile ist international anerkannt, dass die Benachteiligung von Frauen wirtschaftliche Entwicklung hemmt. Dies kommt in der Erklärung der UN-Generalversammlung zum Recht auf Entwicklung,[1145] in der Pekinger Deklaration[1146] und im UN-Milleniumsziel Nr. 3 zum Ausdruck, das darin besteht,

---

1140 *Østergaard*, Gender, in: Østergaard (Hrsg.), Gender and Development, S. 1ff., 2.

1141 Vgl. *The World Bank*, Global Monitoring Report. Millenium Development Goals. Confronting the Challenges of Gender Equality and Fragile States, S. 106, 108.

1142 Vgl. Teil E.I.1 „Grundlagen“.

1143 Vgl. *The World Bank*, Global Monitoring Report. Millenium Development Goals. Confronting the Challenges of Gender Equality and Fragile States, S. 109.

1144 *Mayanja*, In Celebration, in: Schöpp-Schilling (Hrsg.), The Circle of Empowerment, S. 7f., 8.

1145 Declaration on the Right to Development vom 04.12.1986, UN Doc. A/RES/41/128, Art. 8 Abs. 1 S. 2 i. V. m 9 Abs. 1.

1146 Pekinger Deklaration vom 15.09.1995, UN Doc. A/CONF.177/20, S. 5ff., Abs. 13, 16, 36 S. 2 und 3.

Geschlechtergleichstellung zu erreichen und die Rolle der Frauen zu stärken.[1147] Auch die CEDAW-Präambel erkennt ausdrücklich den Zusammenhang zwischen der gleichwertigen Beteiligung von Frauen in allen Lebensbereichen sowie wirtschaftlicher, politischer und gesellschaftlich-kultureller Entwicklung an.[1148] Darüber hinaus benennt sie wie die Pekinger Deklaration die Gleichstellung von Frau und Mann als Voraussetzung für das Wohlergehen der Menschheit und weltweiten Frieden.[1149] Damit folgt das CEDAW den Leitgedanken der ersten Weltfrauendekade.

E.II Menschenrechte von Frauen in der Weltbank

E.II.1 Frauen in der Entwicklung

Die besondere Rolle von „Frauen in der Entwicklung" (*women in development*) wurde in der Weltbank bereits in den späten 1960er Jahren erkannt.[1150] Das Engagement der Bank im Gleichstellungsbereich entwickelte sich zunächst nur langsam. Erst rund eine Dekade später, im Jahr 1977, wurde die Position eines „Beraters für Frauen in der Entwicklung" (*women in development adviser*) und eine weitere Dekade danach die „Abteilung für Frauen in der Entwicklung" (*women in development division*) innerhalb des „Fachbereichs Bevölkerung und Arbeitskräfte" (*population and human resources department*) eingerichtet.[1151] In den darauf folgenden Jahren wurden zunehmend Frauenaspekte in Weltbankprojekten berücksichtigt. Mit dem Ansatz „Frauen in der Entwicklung" bezweckte

1147 UN Millenium Development Goal 3: „*Promote gender equality and empower women*", http://www.un.org/millenniumgoals/gender.shtml (letzter Zugriff: 01.06.2012); Näheres zu den UN-Milleniumszielen unter http://www.un.org/millenniumgoals (letzter Zugriff: 01.06.2012).

1148 CEDAW-Präambel, 7. Erwägungsgrund: „*discrimination against women [...] is an obstacle to the participation of women, on equal terms with men, in the political, social, economic and cultural life of their countries, hampers the growth of the prosperity of society and the family and makes more difficult the full development of the potentialities of women in the service of their countries and of humanity*".

1149 CEDAW-Präambel, 12. Erwägungsgrund: „*the full and complete development of a country, the welfare of the world and the cause of peace require the maximum participation of women on equal terms with men in all fields*"; Pekinger Deklaration vom 15.09.1995, UN Doc. A/CONF.177/20, S. 5ff., Abs. 13, 18, 28.

1150 *The World Bank*, Advancing Gender Equality. From Concept to Action, S. 2.

1151 Vgl. *The World Bank*, Annual Report 1988, S. 44; *The World Bank*, Evaluating a Decade of World Bank Gender Policy: 1990-99, S. 2.

die Bank, die wirtschaftliche Produktivität der Frauen zu stärken und so wirtschaftliche Entwicklung generell zu fördern.[1152] Schon damals wurde nicht mehr angezweifelt, dass Frauen rechtlich und wirtschaftlich stärker beteiligt werden müssen, um nachhaltige Entwicklung zu erreichen.[1153]

E.II.2 Gender und Entwicklung

Schon nach wenigen Jahren rückte das Thema „Gender und Entwicklung" (*gender and development*)[1154] anstelle von „Frauen in der Entwicklung" in den Fokus der Weltbank-Politik.[1155] Zentral war dabei die Einführung der OP 4.20 zu „Gender-Dimensionen von Entwicklung" (*gender dimensions of development*) im Jahr 1994.[1156] Allerdings ist die bankinterne Terminologie oft nicht einheitlich; „Frauen" und „Gender" scheinen häufig mit der gleichen Bedeutung verwendet zu werden. Während Frauenpolitik die weibliche Bevölkerung als Gruppe isoliert betrachtet, beschäftigt sich Gender mit den Interessen und Bedürfnissen der Frauen im Verhältnis zu denen der Männer.[1157] Gender-Verhältnisse bemessen sich nach den gesellschaftlichen Macht- und Abhängigkeitsstrukturen zwischen Frauen und Männern.[1158] Die Änderung der Bank-Perspektive in Richtung einer Gender-Orientierung ist grundsätzlich zu begrüßen, da sie für einen ganzheitlicheren, integrativeren Ansatz spricht. Effiziente Frauenförderung kann nicht losgelöst von männlich dominierten Entwicklungsstrukturen betrieben werden.

E.II.3 Nach der Pekinger Konferenz

Nach der vierten Weltfrauenkonferenz im Jahre 1995, an welcher der damalige Weltbank-Präsident Wolfensohn[1159] teilgenommen hatte, verstärkte die Bank

---

1152 Vgl. *The World Bank*, Annual Report 1991, S. 55 und Annual Report 1992, S. 53.

1153 Vgl. *The World Bank*, Enhancing Women's Participation in Economic Development, S. 7; *The World Bank*, Toward Gender Equality. The Role of Public Policy, S. 42.

1154 Näheres unter http://go.worldbank.org/A74GIZVFW0 (ständige URL).

1155 *Moser/Tornquist/van Bronkhorst*, Mainstreaming Gender and Development in the World Bank, S. 5f.

1156 *The World Bank*, Evaluating a Decade of World Bank Gender Policy: 1990-99, S. 2.

1157 Vgl. *Moser/Tornquist/van Bronkhorst*, Mainstreaming Gender and Development in the World Bank, S. 6.

1158 *Østergaard*, Gender, in: Østergaard (Hrsg.), Gender and Development, S. 1ff., 6.

1159 James D. Wolfensohn, Weltbank-Präsident vom Juni 1995 bis zum Mai 2005.

ihre Bemühungen im Gender-Bereich.[1160] Sie betrafen insbesondere Bildung, Gesundheit und Kreditprogramme, die Institutionalisierung einer Gender-Perspektive für Bank-Projekte, die Beteiligung von NGOs und der Zivilgesellschaften sowie den Anteil von Frauen im Bank-Management.[1161] Institutionell wurde diese Entwicklung durch die Einrichtung der „Externen Beratungsgruppe der Weltbank" (*The World Bank External Gender Consultative Group*, EGCG) im Jahr 1996 gestützt, einer unabhängigen Beratungsorganisation, zu deren Mitgliedern Frauenorganisationen, Hochschulen und NGOs aus aller Welt zählen.[1162] Im Jahr 1997 wurde eine Organisationseinheit zu „Gender und Entwicklung" geschaffen, die seitdem die Berücksichtigung von Gender-Aspekten in der Weltbank fördert.[1163] Sie ist Teil des „Netzwerks für Armutsreduzierung und Wirtschaftsmanagement" (*Poverty Reduction and Economic Management Network*, PREM-Netzwerk). Zu dieser Zeit sah man innerhalb der Bank den Hintergrund von Frauenförderung weniger in wirtschaftlichen, geschweige denn menschenrechtlichen Faktoren, sondern vielmehr in der sozialen Rolle der Frauen als Mütter.[1164] Die Frauenförderung der Weltbank erfolgte in den 1990er Jahren eher punktuell, recht unstrukturiert und unsystematisch.[1165]

E.II.4 Gender Mainstreaming

Die Vereinten Nationen verstehen Gender Mainstreaming als

> „Prüfung von geplanten Maßnahmen einschließlich Gesetzgebung, politischen Leitlinien oder Programmen auf ihre Auswirkungen auf Männer und Frauen in allen Bereichen und auf allen Ebenen."[1166]

1160 *The World Bank*, Advancing Gender Equality: World Bank Action since Beijing, S. vi.

1161 *The World Bank*, Advancing Gender Equality: World Bank Action since Beijing, S. vi ff.

1162 The World Bank External Gender Consultative Group (EGCG), Näheres unter http://go.worldbank.org/WBA3PD1X70 (ständige URL).

1163 Näheres unter http://go.worldbank.org/O6RT0P3HA0 (ständige URL).

1164 *Buvinic/Gwin/Bates*, Investing in Women: Progress and Prospects for the World Bank, S. 19f.

1165 *Buvinic/Gwin/Bates*, Investing in Women: Progress and Prospects for the World Bank, S. 56.

1166 Report of the Economic and Social Council for 1997 vom 18.09.1997, UN Doc. A/52/3, Agreed conclusions 1997/2, Punkt I. A. Satz 1: „*Mainstreaming a gender perspective is the process of assessing the implications for women and men of any planned action, including legislation, policies or programmes, in all areas and at all levels.*"

„Es ist eine Strategie, um die Bedürfnisse und Erfahrungen von Frauen und Männern in den Entwurf, die Umsetzung, Überwachung und Auswertung von politischen Leitlinien und Programmen in politischen, wirtschaftlichen und sozialen Bereichen zu integrieren, damit Frauen und Männer gleiche Vorteile erlangen und Ungleichheiten nicht verfestigt werden."[1167]

Gender Mainstreaming zielt darauf ab, die vollständige Gleichstellung der Geschlechter zu erreichen.[1168]

Anfang 2001 veröffentlichte die Weltbank einen Bericht, in dem sie die Bedeutung der Geschlechtergleichstellung (*gender equality*) für Entwicklung erklärt und Wege aufzeigt sie zu erreichen. Darin erläutert sie, dass das Völkerrecht und insbesondere internationale Menschenrechte ein wichtiger Faktor für die Entwicklung des nationalen Rechts sind. Sie nimmt vor allem Bezug auf die AEMR, das CEDAW und die Pekinger Deklaration und stellt fest, dass die rechtliche Gleichstellung trotz erheblicher Mängel bei der Um- und Durchsetzung dieser Verträge wesentliche Grundlage für tatsächliche Gleichstellung ist.[1169] Der Bericht definiert *gender equality* als rechtliche Gleichstellung, Chancengleichheit einschließlich Zugang zu produktiven Ressourcen sowie Lohngleichheit und gleiche Mitspracherechte.[1170] Er empfiehlt u. a. institutionelle Reformen und aktive Maßnahmen der Staaten zur Beseitigung von Diskriminierung.[1171] Wenige Monate später, im September 2001, billigten die Exekutivdirektoren der Bank die Einführung einer Gender-Mainstreaming-Strategie (*gender mainstreaming strategy*).[1172] Sie wurde im Januar 2002 verabschiedet und bezweckt, dass Geschlechtergleichstellung in allen Arbeitsbereichen der Bank thematisiert wird.[1173] Dieses Bestreben wurde

---

1167 Report of the Economic and Social Council for 1997 vom 18.09.1997, UN Doc. A/52/3, Agreed conclusions 1997/2, Punkt I. A. Satz 2: „*It is a strategy for making women's as well as men's concerns and experiences an integral dimension of the design, implementation, monitoring and evaluation of policies and programmes in all political, economic and societal spheres so that women and men benefit equally and inequality is not perpetuated.*"

1168 Report of the Economic and Social Council for 1997 vom 18.09.1997, UN Doc. A/52/3, Agreed conclusions 1997/2, Punkt I. A. Satz 3: „*The ultimate goal is to achieve gender equality.*"

1169 *The World Bank*, Engendering Development, S. 114f.

1170 *The World Bank*, Engendering Development, S. 35.

1171 *The World Bank*, Engendering Development, S. 235ff., 249ff.

1172 Vgl. *Bouta/Frerks/Bannon*, Gender, Conflict, and Development, S. 6.

1173 *The World Bank*, Integrating Gender into the World Bank's Work: A Strategy for Action, S. 1.

noch verstärkt durch den Gender-Aktionsplan (*gender action plan*), den die Weltbank im Jahr 2006 aufstellte; er zielt auf eine Stärkung der wirtschaftlichen Verhältnisse von Frauen ab.[1174]

E.III Die Richtlinien 4.20

E.III.1 Die operative Richtlinie 4.20

Seit 2003 gibt es die operative Richtlinie 4.20 (OP 4.20) der Weltbank mit dem Titel „Gender und Entwicklung".[1175] Sie ist darauf gerichtet, die Mitgliedstaaten bei der Herstellung von Gleichheit zwischen Frauen und Männern zu unterstützen, um so wirtschaftliche Entwicklung effizient zu gestalten.[1176] Dazu soll die Bank Gleichstellungsprobleme in den Bereichen und Mitgliedstaaten, in denen sie sich engagiert, regelmäßig überprüfen und sich darüber mit den jeweiligen Staaten austauschen.[1177] Was damit inhaltlich konkret gemeint ist oder welche Maßstäbe gelten, erläutert die OP 4.20 nicht. Überhaupt ist sie mit nur fünf Absätzen, die zudem kurz gehalten sind, gegenüber den in dieser Arbeit bereits dargestellten Schutzrichtlinien[1178] sehr knapp gehalten. Die dabei gewonnenen Erkenntnisse sind auch in der „Länderunterstützungs-Strategie" (*country assistance strategy*, CAS) zu berücksichtigen;[1179] unter einer CAS ist ein auf die und mit den Mitgliedstaaten individuell abgestimmtes Strukturprogramm für Entwicklung zu verstehen.[1180] Wenn in der CAS ein Bedürfnis nach gleichheitsfördernden Maßnahmen angezeigt wird, hat die Bank ihre Unterstützung diesem Bedürfnis anzupassen.[1181] Schließlich ist die Umsetzung der OP 4.20 kontinuierlich zu überwachen.[1182]

1174 *The World Bank*, Gender Equality as Smart Economics: A World Bank Group Gender Action Plan (Fiscal years 2007–10) (GAP), S. 1; für eine detaillierte Analyse von Gender-Mainstreaming-Strategie und GAP siehe unten Teil E.IV „GMS und GAP".

1175 Operational Policy (OP) 4.20 - Gender and Development vom März 2003, in der Fassung vom März 2012, http://go.worldbank.org/TLAI3C3CQ0 (ständige URL).

1176 OP 4.20, Abs. 1.

1177 OP 4.20, Abs. 2.

1178 Siehe Teil C.III „Die Schutzrichtlinien".

1179 OP 4.20, Abs. 3.

1180 Siehe http://go.worldbank.org/4M75BI76J0 (ständige URL).

1181 OP 4.20, Abs. 4.

1182 OP 4.20, Abs. 5.

E.III.2 Die Verfahrensrichtlinie 4.20

Die zu OP 4.20 gehörende Verfahrensrichtlinie 4.20 (BP 4.20) enthält genauere Anweisungen dazu, wie eine Gender-Prüfung auszusehen hat.[1183] Sie soll analytisch und unter Einbeziehung der relevanten Akteure durchgeführt werden.[1184] Des Weiteren soll sie nicht nur den Grad der Verwirklichung von Geschlechtergleichheit abbilden, sondern auch Vorschläge enthalten, welche Maßnahmen für wirtschaftliche Entwicklung zu ergreifen sind.[1185] All dies fließt, wie die OP 4.20 schon festlegt, in die CAS mit ein.[1186] Wenn die CAS Maßnahmen zur Förderung von Geschlechtergleichheit empfiehlt, sind das Projektmanagement und sonstige Bank-Aktivitäten in den betroffenen Bereichen entsprechend auszurichten. Dazu sollen die die Gleichstellung verhindernden Umstände vor Ort, der Beitrag, den Frauen und Männer zur Erreichung des Projektziels leisten können, mögliche negative Auswirkungen des Projekts auf die Geschlechtergleichstellung und die im Projekt vorgesehenen Kontrollmechanismen herausgearbeitet und angegangen werden.[1187] Über die Umsetzung der BP 4.20 ist dem geschäftsführenden Direktor jährlich Bericht zu erstatten.[1188] Sie beinhaltet außerdem nähere Informationen zu den Aufgaben des für „Gender und Entwicklung" zuständigen Direktoriums: Es soll gegebenenfalls mit anderen Abteilungen innerhalb der Bank kooperieren und die Bank-Mitarbeiter in Gender-Fragen anleiten sowie die regionale Überwachung und Auswertung der Umsetzung der BP 4.20 steuern und in der Bank etablieren.[1189]

E.III.3 Bedeutung für die Menschenrechte von Frauen

Die Richtlinien 4.20 legen im Kern fest, dass die Mitgliedstaaten bei ihren Bemühungen zum Abbau von gender-basierten Benachteiligungen unterstützt und Gender-Aspekte regelmäßig geprüft werden sollen. Wie die Umwelt- und Sozial-Schutzrichtlinien gelten sie als allgemeine Verwaltungsvorschriften nur innerhalb der Bank unmittelbar. Dies ist nicht auf bestimmte Politik- oder

---

1183 Bank Procedure (BP) 4.20 - Gender and Development vom März 2003 in der Fassung vom März 2012, http://go.worldbank.org/JIVAZW2TY0 (ständige URL, letzter Zugiff: 01.06.2012), Abs. 1.

1184 BP 4.20, Abs. 1 S. 2.

1185 BP 4.20, Abs. 1 S. 3 (lit. (a)-(c)).

1186 BP 4.20, Abs. 2.

1187 BP 4.20, Abs. 3.

1188 BP 4.20, Abs. 4.

1189 BP 4.20, Abs. 5.

Lebensbereiche beschränkt, und die Richtlinien nennen auch keine Bereiche, in denen auf Gleichstellungsfragen besonders geachtet werden sollte. Ebenso wenig behandeln die Richtlinien explizit und konkret CEDAW- oder ILO-Materien. Außerdem fehlen verbindliche Vorgaben, dass Maßnahmen zur Beseitigung von Geschlechterdiskriminierung zu ergreifen sind. Diese Unverbindlichkeit wird besonders an sprachlichen Formulierungen wie „beeinflussen" (*inform*), „heranziehen" (*draw on*), „behandeln" (*discuss*) oder „berücksichtigen" (*take into account*) deutlich.[1190] Die Richtlinien 4.20 messen Gleichstellungsproblemen zwar Bedeutung bei, ist aber so unklar, dass diese legitim unberücksichtigt bleiben können. Auch die Sicherstellung von lediglich „gender-bezogenen" (*gender-responsive*) Maßnahmen begründet keine Pflicht der Bank-Mitarbeiter, tatsächlich effektiv gegen Geschlechterdiskriminierung vorzugehen.

Die Richtlinien 4.20 gelten zwar für alle Arbeitsbereiche der Weltbank, die vorgeschriebenen Maßnahmen lassen aber Schlagkraft vermissen. Gleichstellungsaspekte sollen lediglich in regelmäßigen Abständen überprüft und Gleichstellungsdefizite mit den jeweiligen Mitgliedstaaten diskutiert und Unterstützung bei ihrer Beseitigung geleistet werden. Ein höherer Grad an Verbindlichkeit des Weltbank-Engagements im Bereich Gender erscheint daher möglich und wünschenswert.

E.IV GMS und GAP

Zusammen mit der Schutzrichtlinie 4.20 bildet die Gender-Mainstreaming-Strategie (GMS) das politische Rahmenwerk der Weltbank im Gender-Bereich.[1191] Der Gender-Aktionsplan (GAP) ergänzt es, indem er Maßnahmen für die Umsetzung der GMS vorsieht.[1192]

E.IV.1 Gender-Mainstreaming-Strategie

Die GMS nennt als Grund für ihre Einführung, dass Gender eine wichtige Rolle für wirtschaftliche Effizienz und Armutsreduzierung spielt und bis dahin in der Bank nicht systematisch angewandt wurde.[1193] Sie definiert Gender als

1190 OP 4.20, Abs. 2 S. 1, 3, 4 S. 2.

1191 *The World Bank*, Gender Equality as Smart Economics: A World Bank Group Gender Action Plan (Fiscal years 2007–10) (GAP), S. 3.

1192 GAP, S. 3.

1193 *The World Bank*, Integrating Gender into the World Bank's Work: A Strategy for Action (GMS), S. 1, 4ff.

kulturell begründete und damit sozial konstruierte Rollenbilder von Männern und Frauen.[1194] Dabei nimmt sie auf die UN-Milleniumsziele, die Pekinger Konferenz und das CEDAW Bezug. Konkret schlägt die GMS vor, stärker auf länderspezifische Bedürfnisse einzugehen und die Mitgliedstaaten zu motivieren, im Gender-Bereich aktiv zu werden, Bank-Aktivitäten gender-bezogen zu systematisieren sowie Richtlinien, Verfahrensweisen, Entscheidungsprozesse usw. bzgl. Gleichstellungsaspekten abzugleichen.[1195]

Die GMS enthält Anweisungen, wie das Gender Mainstreaming auszusehen hat. Zunächst soll für jeden Mitgliedstaat, in dem die Bank Entwicklungshilfe leistet, regelmäßig eine entwicklungsrelevante Gleichstellungsprüfung durchgeführt werden. Darunter ist eine für jedes Land individuell durchzuführende Gender-Prüfung (*country gender assessment*) zu verstehen, welche die Basis für den Austausch mit den jeweiligen Regierungen, NGOs und sonstigen Beteiligten darstellt. Im Anschluss sollen den jeweiligen Prüfergebnissen entsprechende Maßnahmen im Rahmen der Länderunterstützungs-Programme der Weltbank ergriffen und ihre Durchführung überwacht werden. Dies alles soll in Zusammenarbeit mit den betroffenen Mitgliedstaaten geschehen.[1196] Um dieses Verfahren zu unterstützen, will die Bank auch ihre eigene Arbeitsweise verändern, indem sie Gleichstellungsfragen im Rahmen ihrer einschlägigen analytischen Arbeit berücksichtigt und in ihre operativen Tätigkeiten strategisch integriert. Dafür will sie die entsprechenden Ressourcen und ein effizientes Kontroll- und Auswertungssystem vor Ort bereitstellen.[1197]

Die Weltbank sieht sich selbst im Vergleich zu anderen Entwicklungsorganisationen als für die Verbreitung und Förderung von Gender-Mainstreaming besonders geeignet an. Sie decke ein sehr breites Feld von Bereichen ab, in denen sie besonders erfolgreich arbeite oder eine besondere technische Expertise besitze. Außerdem seien ihre analytische und kommunikative Arbeit und ihre Fähigkeit, Hilfe zur Selbsthilfe zu leisten (*capacity building*) sehr stark.[1198]

E.IV.2 Gender-Aktionsplan

Der Gender-Aktionsplan (GAP) wurde im September 2006 eingeführt und galt zunächst für die Jahre 2007 bis 2010. An seiner Entstehung waren verschiedene

---

1194 GMS, S. 2.
1195 GMS, S. 13ff.
1196 GMS, S. 18ff.
1197 GMS, S. 19, 25ff.
1198 GMS, S. 62.

Weltbank-Stellen und Externe aktiv beteiligt.[1199] Er bezweckte, im Sinne des UN-Milleniumziels Nr. 3 die Stärkung der Frauen und ihrer Rechte in den Empfängerländern der Weltbankgruppe schneller voranzutreiben; dies schloss ein, das Gender Mainstreaming noch mehr zu fördern.[1200] Vorrangig ging es darum, kurzfristige Erfolge zu erzielen und auch nachhaltig zu wirken, indem der Aktionsplan Anstoß zu strukturellen Änderungen gab.[1201] Während die GMS noch auf die Weltbank ausgerichtet war, bezog der GAP die gesamte Weltbankgruppe ein.

E.IV.2.a Inhalt

Es galten im Wesentlichen folgende Richtlinien: Der Aktionsplan konzentrierte sich auf ausgewählte Länder und stimmte die Maßnahmen mit ihnen auf die jeweiligen Bedürfnisse ab; er war ergebnisorientiert im Sinne effizienter Entwicklung, dabei aber eher darauf ausgerichtet, Anreize zu schaffen als starre Vorgaben zu machen.[1202] Das Management sollte insbesondere in folgenden Feldern aktiv werden: Weltbank- und IFC-Operationen sowie technische Unterstützung in wirtschaftlichen Bereichen, ergebnisorientierte Initiativen zur wirtschaftlichen Stärkung von Frauen, Forschung und Statistiken zur wirtschaftlichen Beteiligung von Frauen sowie zielgerichtete Kampagnen, um die Kommunikation zwischen den jeweiligen Beteiligten zu verbessern.[1203]

Der GAP wollte erreichen, dass Geschlechtergleichstellung in den operativen Tätigkeitsbereichen der Weltbankgruppe mehr Aufmerksamkeit bekommt und stärker gefördert wird; dass strukturelle Veränderungen zur Förderung der Wirtschaftskraft von Frauen vorgenommen werden; dass die Zusammenhänge zwischen Gender, Armutsreduzierung und wirtschaftlicher Entwicklung vermehrt wissenschaftlich untersucht und die gewonnenen Erkenntnisse genutzt und dass Weltbank-Aktivitäten insgesamt stärker auf Geschlechtergleichstellung ausgerichtet werden.[1204] Des Weiteren sollte die Wettbewerbsfähigkeit von Frauen insbesondere auf den Produkt-, Finanz-, Grundstücks- und Arbeitsmärkten erhöht werden.[1205] Dazu sollte erstens Gender Mainstreaming in Weltbank- und IFC-Tätigkeiten intensiviert werden. Konkret bedeutet

1199 GAP, S. 3f.
1200 GAP, 2002, S. 1.
1201 GAP, S. 6.
1202 GAP, S. 3, 7f.
1203 GAP, S. 9ff.
1204 GAP, S. 18f.
1205 GAP, S. 9.

dies z. B., dass in Zusammenarbeit mit nationalen Partnern gender-bezogene Bildungsveranstaltungen in den Mitgliedstaaten durchgeführt werden sollten, um den Dialog über strukturelle politische Reformen zu stärken.[1206] Zweitens waren Frauen in besonders einkommensschwachen und instabilen Staaten wirtschaftlich zu unterstützen, indem Ressourcen für erfolgsorientierte Initiativen mobilisiert wurden. Dies betraf z. B. zweckgebundene Kredite für kleine Unternehmen von Frauen und das Bereitstellen von Informationen zu Ausfuhrmöglichkeiten für Unternehmerinnen.[1207] Drittens sollten Fakten zur wirtschaftlichen Beteiligung von Frauen und über das Verhältnis von Geschlechtergleichstellung, wirtschaftlichem Wachstum und Reduzierung der Armut besser bekannt gemacht werden. Dafür sollten verschiedene Studien, z. B. über die Auswirkungen von Reforminitiativen auf das Wohlergehen der Frauen.[1208] Viertens sollte eine gezielte Kommunikationskampagne gestartet werden, um Partnerschaften auf Basis der Wichtigkeit des wirtschaftlichen Beitrags von Frauen zu schließen und den Aktionsplan umzusetzen. Damit war z. B. gemeint, Geberstaaten als Partner bei der Veröffentlichung des GAP zu beteiligen oder Workshops für die verschiedenen Interessenvertreter zu organisieren und mit ihnen zu diskutieren.

E.IV.2.b Revision, Überleitungsplan und Fortschrittsbericht

Zur Hälfte der GAP-Laufzeit, im Juni 2009, ließ die Weltbank durch ein unabhängiges Institut[1209] eine Halbzeit-Revision durchführen.[1210] Diese kam großenteils zu positiven Ergebnissen. Insbesondere seien die GAP-Gelder effizient eingesetzt worden, und es habe sich ausgezahlt, auf die speziellen Bedürfnisse in den einzelnen Ländern einzugehen.[1211] Der GAP schließt Forschungs- und Analyse-Maßnahmen in Bezug auf die Zusammenhänge zwischen Geschlechtergleichstellung, Wachstum und Armutsreduzierung ein. Die gender-bezogenen Erkenntnisse, die den Weltbank-Maßnahmen zur Förderung der Geschlechtergleichstellung zugrunde liegen, entwickeln sich somit fortwährend weiter.[1212] Es fehlt jedoch an Aussagen darüber, ob in der Zeit bis zur Revision von richtigen gender-bezogenen Prämissen ausgegangen worden war.

1206 GAP, S. 9ff., 12.

1207 GAP, S. 9, 13f.

1208 GAP, S. 10, 14ff.

1209 Social Impact, Näheres unter http://www.socialimpact.com (letzter Zugriff: 01.06.2012).

1210 *Social Impact, Inc.*, Gender Action Plan. Midterm Review (Midterm Review).

1211 Midterm Review, S. 14, 24, 30ff.

1212 Midterm Review, S. 14f.

Kritische Aspekte, welche die Revision aufzeigte, betreffen die kurzfristige Ausrichtung des Aktionsplans, der mittel- und langfristige Erfolge nicht im Blick hat.[1213] Sie scheint dabei nicht zu berücksichtigen, dass der GAP lediglich die GMS ergänzt, die auf lange Sicht wirken soll. Es fällt insgesamt auf, dass der Revisionsbericht nicht hinterfragt, ob die GMS richtig aufgestellt und durchgeführt wurde, sondern nur die Auswirkungen des GAP betrachtet. Außerdem empfahl das Institut, stärker auf Infrastrukturmaßnahmen und Projektarbeit zu setzen,[1214] Überwachung und Auswertung zu intensivieren[1215] und die Zusammenarbeit der verschiedenen Stellen innerhalb der Bank zu verbessern.[1216]

Im Mai 2010 erarbeitete die Weltbank im Rahmen des PREM-Netzwerks einen „Überleitungsplan" (*transition plan*), der für die Jahre 2011 bis 2013 gilt und die Umsetzung des GAP bewertet sowie Vorschläge macht, wie die Gender-Förderung verbessert werden kann.[1217] Zum GAP stellt der Überleitungsplan fest, dass Gender-Aspekte während seiner Laufzeit in Projekten aller Bereiche besser berücksichtigt wurden als zuvor; dies gilt auch für die Wirtschaftsbereiche wie z. B. Landwirtschaft und Infrastruktur, in denen Gender-Interessen bisher nur schwer zur Geltung kamen. Die Quote der Projekte, die Gender-Aspekte integrierten, stieg von 58% auf 71% im Bereich der Landwirtschaft und von 15% auf 18% im Bereich der Infrastruktur.[1218] Der Aussagewert dieser Feststellung erscheint jedoch gering, weil die Auswirkungen des verbesserten Projektdesigns auf die Durchführung der Projekte und die tatsächliche Situation der Frauen nicht beschrieben werden. Insgesamt bestehe trotz einiger Verbesserungen nach wie vor großer Handlungsbedarf für die Verwirklichung von Gender Mainstreaming in Bank-Operationen.[1219]

Für die Zukunft sieht der Überleitungsplan vor, dass die Überwachungssysteme verbessert werden, die Verantwortlichkeit für die Umsetzung der Gender-Richtlinie, insbesondere auf der Führungsebene, klar zugewiesen wird und die Weltbank-Mitarbeiter gender-spezifisch geschult werden.[1220] Es

1213 Midterm Review, S. 30f.

1214 Midterm Review, S. 24f., 33.

1215 Midterm Review, S. 29.

1216 Midterm Review, S. 31.

1217 *PREM Network*, Applying Gender Action Plan Lessons: A Three-Year Road Map for Gender Mainstreaming (2011-2013) (Überleitungsplan), Washington, D. C., 2010, verfügbar unter http://go.worldbank.org/FSV68RJ1F0 (ständige URL), S. 1.

1218 Überleitungsplan, S. 1, 9.

1219 Überleitungsplan, S. 10.

1220 Überleitungsplan, S. 12, 16f.

sollen eine stabile Finanzierungsgrundlage für Gender-Aktivitäten geschaffen, Anreizfinanzierungen in der operativen Arbeit fortgesetzt und Governance stärker gefördert werden.[1221] Schließlich erkennt der Überleitungsplan, dass die Weltbank wegen ihrer sektor- und regionenübergreifenden Arbeitsweise und der langen Laufzeit ihrer Projekte die Möglichkeit hat, das Gender Mainstreaming global zu stärken und international als Vorbild zu dienen.[1222]

Nachdem die Durchführung des GAPs zum Jahr 2011 beendet war, veröffentliche das PREM-Netzwerk im Mai 2011 den vierten und letzten Fortschrittsbericht zum GAP.[1223] Gemäß dem Fortschrittsbericht wurden 75% der GAP-Gelder in mehr als 270 Initiativen in über 78 Mitgliedstaaten umgesetzt. Gut die Hälfte der Mittel förderten den Arbeitsmarkt, knapp ein Viertel die Privatwirtschaft.[1224] Aus dem Bericht ergibt sich, dass im Rahmen des GAPs sehr viel analytische Arbeit betrieben wurde, um die Ursachen und Zusammenhänge bei der Diskriminierung von Frauen besser zu erfassen, und überwiegend erst noch das Bewusstsein für Geschlechterdiskriminierung geschaffen und Kenntnisse für ihre Beseitigung in und außerhalb der Bank vermittelt werden müssen.[1225] Das PREM-Netzwerk stellt fest, dass Gender Mainstreaming weiter, insbesondere auch finanziell gefördert werden muss, macht aber in dem Bericht noch keine konkreten Vorschläge, wie dies geschehen kann.[1226] Die Veröffentlichung einer von der Weltbank unabhängigen, externen Evaluierung wird derzeit noch erwartet.[1227]

E.IV.2.c Bewertung von GMS und GAP

Die Gender-Mainstreaming-Strategie und der sie ergänzende Gender-Aktionsplan mit dem Überleitungsplan stellen begrüßenswerte Entwicklungen zur stärkeren Beachtung von Fraueninteressen in der Weltbank dar. Sie bilden den politischen Rahmen für Frauenförderung in der und durch die Bank und sehen im Falle ihrer Nichtbeachtung keine verbindlichen internen oder nach außen wirkenden

1221 Überleitungsplan, S. 18f.

1222 Überleitungsplan, S. 15.

1223 *PREM Network*, Gender Equality as Smart Economics: World Bank Group Gender Action Plan. Four-Year Progress Report (January 2007-December 2010) vom 02.05.2011 (GAP-Fortschrittsbericht), http://go.worldbank.org/UEKXZDI8L0 (ständige URL).

1224 GAP-Fortschrittsbericht, S. 8.

1225 Vgl. GAP-Fortschrittsbericht, S. 11, 13f.

1226 GAP-Fortschrittsbericht, S. 19f.

1227 Stand: 04.08.2012.

Konsequenzen vor. Zwar enthält die GMS detaillierte Anweisungen zur Gender-Prüfung, essentiell ist aber, dass diese Prüfung auf die individuellen, kulturell divergierenden Bedürfnisse der Staaten abgestimmt ist. Dabei muss sie aber stets die internationalen Standards der Menschenrechte von Frauen beachten und kann daher als Auslegung dieser Standards verstanden werden. Das Gleiche gilt für den GAP, der auf eine spezifische Förderung nur einiger ausgewählter Länder setzt. Der Überleitungsplan schafft nur die Rahmenbedingungen für Gender Mainstreaming und enthält keine inhaltlichen Vorgaben. Angesichts ihrer Unverbindlichkeit erscheinen die GMS, der GAP und der Überleitungsplan für das Völkerrecht wichtig und sinnvoll als ergänzende Maßnahmen, jedoch fehlt eine gezielte Frauenförderung mit bindendem Regelungsgehalt, um das wirtschaftliche Druckpotential und die günstigen strukturellen Voraussetzungen der Weltbank zu nutzen. Verbindliche Vorgaben, die wie bei Umwelt- und Arbeitsrechten z. B. zur Bedingung für die Auszahlung von Geldern gemacht werden, gibt es im Bereich Gender nicht.

Das Bild, das die Weltbank in Bezug auf die Förderung der Geschlechtergleichstellung von sich selbst zeichnet, ist meist sehr positiv, sollte aber stets kritisch hinterfragt werden. Die Halbzeit-Revision, der Überleitungsplans und der Vierte Fortschrittsbericht lassen einige Fragen unbeantwortet oder werfen neue auf. Sie enthalten zwar Beispiele für konkrete Auswirkungen der Gender-Maßnahmen in bestimmten Projekten, beschreiben aber in weiten Teilen nur sehr allgemein die Entwicklungen des Gender Mainstreaming. Oft fällt es schwer, sich auf dieser Grundlage ein konkretes Bild von der Projektrealität oder von den genauen Folgen struktureller Maßnahmen zu machen. Wie die Weltbank selbst häufig betont, eignen sich ihre Strukturen als internationale Finanzinstitution dazu, Geschlechtergleichstellung zu fördern. Gerade deshalb steht sie in der Verantwortung, kann aber nach derzeitigem Erkenntnisstand noch nicht davon überzeugen, dass sie dieser Verantwortung tatsächlich gerecht wird.

E.V Frauenschutz im Arbeitsrecht

E.V.1 Entwicklung

Für den Frauenschutz im Arbeitsrecht spielt die ILO eine gewichtige Rolle. Zu den vier Kernarbeitsnormen der ILO zählt auch das Diskriminierungsverbot in Verbindung mit dem Gebot der Chancengleichheit;[1228] es beinhaltet unter anderem das Verbot der Geschlechter- und somit auch der Frauendiskriminierung. Seit

1228 Siehe Teil D.I.4.d „Diskriminierungsverbot und Chancengleichheit“.

ihrer Gründung hat die ILO den Schutz von Frauen im Arbeitsrecht gefördert.[1229] So war eines der ersten arbeitsrechtlichen internationalen Übereinkommen überhaupt die von der Vorgängerin der ILO verabschiedete Konvention zum Nachtarbeitsverbot für Frauen in der Industrie.[1230] Außerdem betraf einer der ersten von der ILO selbst verabschiedeten Verträge den Mutterschutz.[1231]

Die Motivation, den Schutz von Frauen voranzubringen, war in der ersten Hälfte des 20. Jahrhunderts nicht vom Gleichstellungsgedanken geprägt. Grundsätzlich ging man davon aus, dass Frauen primär für die Familie und den Haushalt zuständig waren; anderweitige Arbeit war in der Gesellschaft eher schlecht angesehen.[1232] So wurden arbeitsrechtliche Schutzmaßnahmen für Frauen z. B. gerade damit begründet, dass ihre bürgerlichen und politischen Rechte eingeschränkt und sie daher schutzbedürftig waren,[1233] ohne jedoch die defizitäre Rechtslage ändern zu wollen. Zudem schien die Gefahr sittlichen Verfalls größer, wenn Frauen nachts arbeiteten und daher zu nächtlichen Zeiten auf dem Weg zur und von der Arbeit auf der Straße unterwegs waren und mit Männern verkehrten.[1234]

Das ILO-Übereinkommen Nr. 100 über die Gleichheit des Entgelts männlicher und weiblicher Arbeitskräfte für gleichwertige Arbeit[1235] wurde zwar international weitgehend akzeptiert, jedoch oftmals nicht, nur schlecht oder nicht dauerhaft umgesetzt.[1236] Als weitere ILO-Instrumente der Frauenförderung sind die überarbeitete Version der Mutterschutzkonvention von 1952,[1237] das

---

1229 Vgl. *ILO*, ABC of Women Workers' Rights and Gender Equality, S. 3.

1230 International Convention Respecting the Prohibition of Night Work for Women in Industrial Employment vom 26.09.1906, in: 4 Am. J. Int'l L. 1910, Nr. 4, Supplement: Official Documents, S. 328ff.

1231 *ILO*, Übereinkommen Nr. 3 vom 28.11.1919, Maternity Protection Convention, http://www.ilo.org/ilolex/cgi-lex/convde.pl?C003 (letzter Zugriff: 01.06.2012).

1232 *Trebilcock*, ILO Conventions and Women Workers, in: Askin/Koenig (Hrsg.), Women and International Human Rights Law, Bd. 2, S. 301ff., 309.

1233 *Trebilcock*, ILO Conventions and Women Workers, in: Askin/Koenig (Hrsg.), Women and International Human Rights Law, Bd. 2, S. 301ff., 309.

1234 *Trebilcock*, ILO Conventions and Women Workers, in: Askin/Koenig (Hrsg.), Women and International Human Rights Law, Bd. 2, S. 301ff., 309.

1235 *ILO*, Übereinkommen Nr. 100 vom 29.06.1951, http://www.ilo.org/ilolex/german/docs/gc100.htm (letzter Zugriff: 01.06.2012).

1236 *Trebilcock*, ILO Conventions and Women Workers, in: Askin/Koenig (Hrsg.), Women and International Human Rights Law, Bd. 2, S. 301ff., 309.

1237 *ILO*, Übereinkommen Nr. 103 vom 28.06.1952, Maternity Protection Convention (Revised), http://www.ilo.org/ilolex/cgi-lex/convde.pl?C103 (letzter Zugriff: 01.06.2012).

Übereinkommen Nr. 111 über die Diskriminierung in Beschäftigung und Beruf von 1958,[1238] das Übereinkommen Nr. 156 über Arbeitnehmer mit Familienpflichten von 1981[1239] und das Übereinkommen zur Nachtarbeit von 1990,[1240] welches nicht mehr nur für Frauen gilt, sondern die Schädlichkeit von Nachtarbeit für beide Geschlechter anerkennt.

Inzwischen ist die Ansicht etabliert, dass der Schutz von Menschenrechten von Frauen ein wesentliches Element des ideellen Fundaments der ILO ist und gefördert werden muss, um soziale Gerechtigkeit und angemessene Arbeitsbedingungen zu erreichen.[1241] In diesem Zusammenhang sind zwei ILO-Maßnahmen jüngeren Datums bedeutungsvoll: die Resolution über die Förderung von Geschlechtergleichstellung, Lohngleichheit und Mutterschutz[1242] sowie die Entscheidung des geschäftsführenden Organs der ILO, Gender Mainstreaming für alle Tätigkeiten im Bereich technischer Zusammenarbeit verpflichtend zu machen,[1243] bilden wichtige Instrumente zur Geschlechtergleichstellung.[1244]

Passend dazu schützt das CEDAW in seinem Artikel 11 die Menschenrechte von Frauen im Berufsleben. Es nennt in Absatz 1 unter anderem die Rechte auf Arbeit und dieselben Arbeitsmöglichkeiten, auf freie Berufswahl und freie Wahl des Arbeitsplatzes, auf gleiches Entgelt und soziale Sicherheit sowie das Recht auf Schutz der Gesundheit und auf Sicherheit am Arbeitsplatz. Absatz 2 enthält des Weiteren Bestimmungen zum Schutz vor Diskriminierung wegen Eheschließung oder Mutterschaft. Die ILO-Übereinkommen und das CEDAW ergänzen sich gegenseitig hinsichtlich des Schutzes von Frauen im Arbeitsrecht.

1238 *ILO*, Übereinkommen Nr. 111 vom 25.06.1958, http://www.ilo.org/ilolex/german/docs/gc111.htm (letzter Zugriff: 01.06.2012).

1239 *ILO*, Übereinkommen Nr. 156 vom 23.06.1981, Workers with Family Responsibilities Convention, http://www.ilo.org/ilolex/cgi-lex/convde.pl?C156 (letzter Zugriff: 01.06.2012).

1240 *ILO*, Übereinkommmen Nr. 171 vom 26.06.1990, Night Work Convention, http://www.ilo.org/ilolex/cgi-lex/convde.pl?C171 (letzter Zugriff: 01.06.2012).

1241 *ILO*, ABC of Women Workers' Rights and Gender Equality, S. 3.

1242 *ILO*, Resolution concerning the Promotion of Gender Equality, Pay Equity and Maternity Protection vom Juni 2004, http://www.ilo.org/wcmsp5/groups/public/---dgreports/---gender/documents/meetingdocument/wcms_100566.pdf (letzter Zugriff: 01.06.2012).

1243 *Governing Body*, March 2005 Decision on Gender Mainstreaming in ILO Technical Cooperation, verfügbar unter http://www.ilo.org/gender/Informationresources/lang--en/docName--WCMS_100436/index.htm (letzter Zugriff: 01.06.2012).

1244 *ILO*, ABC of Women Workers' Rights and Gender Equality, S. 4.

E.V.2 Ombudsmann-Fälle

Insbesondere der ILO ist es zu verdanken, dass dem arbeitsrechtlichen Schutz von Frauen in den vergangenen Jahrzehnten immer mehr Aufmerksamkeit zuteil wurde. Ihre Übereinkommen beeinflussen nicht nur die nationale Gesetzgebung, Gewerkschaften und Arbeitnehmer, sondern auch den Menschenrechtsschutz auf internationaler Ebene.[1245] Es liegt nahe, auch für den Bereich der Menschenrechte von Frauen die Fälle des IFC-Ombudsmanns zu betrachten, da diese in der ILO eine immer größere Rolle spielen und die Ausführungsrichtlinie Nr. 2 der IFC und der MIGA stark von den Standards der ILO geprägt ist.[1246] Es ist auch denkbar, dass Gender-Diskriminierung als Bestandteil des allgemeinen Diskriminierungsverbotes vor dem Ombudsmann thematisiert wird. Die Analyse der bisherigen Ombudsverfahren ergibt, dass dies bisher erst einmal geschehen ist: Die Beschwerde im Maple-Fall macht sexuelle Misshandlungen von Frauen und Mädchen geltend und beschreibt ein konkretes Beispiel,[1247] enthält aber keine weiteren Angaben zum Thema der Frauendiskriminierung. In den operativen Richtlinien des Ombudsmanns ist auch nicht vorgesehen, dass er bei Beschwerden von sich aus eine Gender-Perspektive anlegen darf.

Die Gründe für das mangelnde Vorkommen von genderspezifischen Diskriminierungen in den Beschwerden vor dem Ombudsmann könnten folgende sein. Menschenrechte von Frauen konnten bisher trotz stärkerer Berücksichtigung auch in Regelungen der ILO das internationale Arbeitsrecht nicht wesentlich verändern.[1248] Der spezifische Fokus auf die Förderung von Frauen anstelle eines ganzheitlichen Gender-Ansatzes isoliert Frauen in der Gesellschaft eher, als dass er sie integriert; daher ist die Bereitschaft der Frauen gering, ihre Rechte geltend zu machen.[1249] Möglicherweise wissen viele Frauen nicht, welche Rechte ihnen in welchem Umfang zustehen, da Frauendiskriminierung einen Teil des

---

1245 *Trebilcock*, ILO Conventions and Women Workers, in: Askin/Koenig (Hrsg.), Women and International Human Rights Law, Bd. 2, S. 301ff., 304f.

1246 Siehe Teil D.III.2.c „Zwischenergebnis zur Ausführungsrichtlinie Nr. 2".

1247 Siehe Teil D.IV.3.e „Maple-Fall"; *Ciudadanos del pueblo indígena de Shipibo-Konibo de Canaán de Cachiyacu y Nuevo Sucre*, Beschwerde vom 06.04.2010 (Maple-Beschwerde), http://www.cao-ombudsman.org/cases/document-links/documents/MapleCAOComplaint_English_April2010.pdf (letzter Zugriff: 01.06.2012), S. 10.

1248 *Trebilcock*, ILO Conventions and Women Workers, in: Askin/Koenig (Hrsg.), Women and International Human Rights Law, Bd. 2, S. 301ff., 314f.

1249 Vgl. *Østergaard*, Gender, in: Østergaard (Hrsg.), Gender and Development, S. 1ff., 2.

allgemeinen Diskriminierungsverbots darstellt, der nicht ausdrücklich in der Ausführungsrichtlinie Nr. 2 genannt wird. Neben der mangelnden Kenntnis von der Rechtslage fehlt es häufig schon an der tatsächlichen Erkenntnis, überhaupt als Frau diskriminiert zu werden, und an NGOs mit Gender-Kompetenz, die Frauen an die Geltendmachung ihrer Rechte heranführen können.

Insgesamt besteht eine wichtige Herausforderung für den Ombudsmann darin, seine Arbeit und die wesentlichen Elemente für den Schutz der Menschenrechte von Frauen unter den potentiellen Betroffenen stärker publik zu machen und die Sensibilität für geschlechtsbezogene Diskriminierung zu erhöhen. Die dreifache Rolle des Ombudsmanns - Compliance, Beratung, Ombud - ermöglicht es, nicht nur auf Beschwerden hin tätig zu werden, sondern im Rahmen der Beratungstätigkeit auch die Politik des Präsidiums und des IFC- und MIGA-Managements zu beeinflussen.[1250]

E.VI Ergebnis zu den Menschenrechten von Frauen

Den verbindlichen völkerrechtlichen Standards im Bereich der Menschenrechte von Frauen werden die Weltbank und die IFC auch unter Berücksichtigung ihres nichtpolitischen Mandats nicht gerecht. Menschenrechte von Frauen stellen zwar aufgrund der sehr starken religiös-kulturellen Gegensätze in der internationalen Staatengemeinschaft ein politisch sensibles Thema dar. Die Organisationen der Weltbankgruppe könnten und müssten sich aber viel stärker die inzwischen international anerkannte Einsicht zunutze machen, dass die Benachteiligung von Frauen wirtschaftliche Entwicklung hemmt und darüber hinaus die Förderung von Frauen wirtschaftliche Entwicklung voranbringt. Das Wirtschaftlichkeitspostulat der Weltbank- und IFC-Satzungen gebietet es angesichts dieser Erkenntnis geradezu, Geschlechtergleichstellung in der operativen Tätigkeit zum Ziel zu machen. Insbesondere die IFC, deren Vertragspartner aus der Privatwirtschaft kommen, hätte die Möglichkeit, sich viel stärker für die Rechte von Frauen einzusetzen, als sie es bisher tut. Die einschlägigen organisationsinternen Vorgaben sind schließlich schon aufgrund der Vielzahl möglicher Anwendungsfälle sehr allgemein gehalten und lassen daher genug Spielraum für eine individuelle Anpassung an die Bedürfnisse der einzelnen Staaten.

In der Praxis konnte die Weltbank in den vergangenen Jahren dennoch gewisse Erfolge bei der Frauenförderung erzielen. Im Bereich Bildung erreichte die Bank z. B. etwas für die weiterführende Schulausbildung von Mädchen, indem sie konstruktive Dialoge mit den Regierungen führte und zahlreiche finanzielle

1250 Vgl. Teil D.IV.1.b „Aufgaben".

Anreize setzte.[1251] Erhebliche Mängel sind dagegen immer noch im Zugang von Frauen zum Wirtschaftsmarkt und zu höheren sozialen Positionen zu sehen. Obwohl die Erfolge im Bildungsbereich dazu geführt haben, dass weltweit immer mehr Frauen immer besser ausgebildet werden, sind sie nach wie vor in der Wirtschaft und Gesellschaft unterrepräsentiert.[1252] Diese Erkenntnisse aus der Praxis zeigen, dass es in der Weltbank möglich ist, pragmatisch-ökonomische Frauenförderung mittels finanzieller Impulse zu betreiben. Die Bank muss die Frauenförderung jedoch verstärken, damit Frauen und Mädchen nicht nur ausgebildet werden, sondern ihre Bildung auch auf den Wirtschaftsmärkten nutzen können.

Es ist nicht gleichgültig, ob die Weltbank-Organisationen aufgrund verbindlicher oder unverbindlicher Vorgaben Fördermaßnahmen ergreifen. Bestehen rechtlich bindende Bestimmungen, können Regierungen besser moralisch und vor allem wirtschaftlich mittels Sanktionen unter Druck gesetzt werden, diese einzuhalten. Nur verbindliche Vorschriften können vor den jeweils zuständigen Kontrollstellen geltend gemacht und überprüft werden und so tatsächlich etwas bewirken. Zusammenfassend bedürfen Gender-Aktivitäten in der Weltbankgruppe eines verbindlichen rechtlichen Rahmens, der tatsächlich alle operativen Bereiche durchdringt und vor allem hinreichend konkret ist, um langfristig und weltweit Gleichstellung erreichen oder zumindest in diese Richtung arbeiten zu können.

1251 Vgl. *Buvinic/Morrison*, Introduction, Overview, and Future Policy Agenda, in: Buvinic/Morrison/Ofosu-Amaah/Sjöblom (Hrsg.), Equality for Women, S. 1ff., 3.

1252 *Buvinic/Morrison*, Introduction, Overview, and Future Policy Agenda, in: Buvinic/Morrison/Ofosu-Amaah/Sjöblom (Hrsg.), Equality for Women, S. 1ff., 3.

F Fazit und Perspektive

Die Ergebnisse zu Umwelt- und Arbeitsrechten sowie zu Menschenrechten von Frauen divergieren. Im Umweltbereich üben die Weltbank-Maßnahmen einen gewissen Einfluss auf das Völkerrecht aus. Die Schutzrichtlinien und Untersuchungen des Aufsichtsgremiums konkretisieren und stärken zahlreiche umweltvölkerrechtliche Bestimmungen, insbesondere verfahrensrechtlicher Art. Zwar gelten die Schutzrichtlinien als Verwaltungsvorschriften unmittelbar nur innerhalb der Weltbank. Sie reflektieren aber in völkerrechtlich beachtlicher Weise die Rechtsansichten der Bank als internationale Organisation und mittelbar diejenigen ihrer nahezu alle Staaten der Welt umfassenden Mitgliedstaaten. Außerdem sind sie in alle Darlehensverträge einzuarbeiten und wirken auf diese Weise auch nach außen. Insbesondere beeinflussen sie so das Verhalten des Empfängerstaates und möglicherweise auch das Verhalten anderer Staaten, die nicht unmittelbar an den Verträgen beteiligt sind. Ähnliches gilt für die Arbeit des Aufsichtsgremiums. Dieses überprüft zwar lediglich interne Verwaltungsvorschriften in einem Selbstkontrollverfahren. Jedoch nimmt es mittelbar auf das Völkerrecht Einfluss, wenn sich das Verhalten der Staaten und der Weltbank in Reaktion auf die Empfehlungen des Aufsichtsgremiums ändert. Auf diese Weise können die Anwendung der Schutzrichtlinien und die Arbeit des Aufsichtsgremiums zur Herausbildung und Stärkung von Völkergewohnheitsrecht beitragen.

Im Bereich der Arbeitsrechte sind die Ergebnisse hinsichtlich der Ausführungsrichtlinie Nr. 2 der IFC und der Empfehlungen des IFC-Ombudsmanns vergleichbar. Die Ausführungsrichtlinie gilt nach außen bei jedem IFC-Projekt unmittelbar; zusätzlich werden ihre Inhalte oft als verbindliche Klauseln in die Verträge aufgenommen, die die IFC mit Privaten abschließt. Sie gibt die Rechtsansichten der IFC unmittelbar, diejenigen ihrer Mitgliedstaaten mittelbar wieder und steuert das Verhalten der Vertragspartner. Damit setzt die IFC ihre Rechtsauffassung, unabhängig von der Völkerrechtssubjektivität ihrer Vertragspartner, in außenwirksames Verhalten um und bewegt so möglicherweise auch andere Völkerrechtssubjekte zu einem entsprechenden Verhalten. Darüber hinaus fördern die Ombudsverfahren arbeitsrechtliche Standards, indem die beteiligten Arbeitnehmer sich ihrer Menschenrechte besser bewusst werden und möglicherweise eher bereit sind, diese vor internationalen oder regionalen zwischenstaatlichen Gerichten geltend zu machen.

Der Einfluss der Weltbank und der IFC auf internationale Menschenrechte von Frauen ist dagegen sehr gering. Die operative Richtlinie und die Verfahrensrichtlinie 4.20 der Weltbank sind zu allgemein verfasst, als dass sie Menschenrechte von Frauen konkretisieren oder konkrete Regelungen für Darlehensverträge vorgeben könnten. Zumindest müssen sie in dieser allgemein gehaltenen Fassung aber intern und bei der Ausgestaltung der Projektverträge beachtet werden. Im Übrigen bestehen in der Weltbank keine verbindlichen Vorschriften in Bezug auf die Rechte von Frauen. In der IFC enthält die Ausführungsrichtlinie Nr. 2 lediglich ein allgemeines Diskriminierungsverbot, welches das Verbot der Geschlechter-diskriminierung umfasst. Es drückt die Rechtsansicht der IFC aus und muss auch in die Verträge mit Außenstehenden integriert werden, bietet aber keinen besonderen Schutz der Rechte von Frauen.

Zusammenfassend ist festzuhalten, dass die Weltbank einen Beitrag zur Konkretisierung, Stärkung und Durchsetzung von Umweltrechten wie auch die IFC in Bezug auf Arbeitsrechte leistet. Zu dieser positiven Feststellung bleibt allerdings kritisch anzumerken, dass die Fälle des Aufsichtsgremiums der Weltbank und des Ombudsmanns der IFC nur einen Bruchteil der von der Weltbank und der IFC finanzierten Projekte erfassen. Außerdem kommen Menschenrechte von Frauen kaum zur Geltung.

Weltbank und IFC unterliegen gemäß ihren Satzungen dem Verbot, sich in die Politik ihrer Mitgliedstaaten einzumischen, und betonen stets dessen Einhaltung. Dabei werden Menschenrechte häufig als politische im Gegensatz zu wirtschaftlichen Angelegenheiten ungeachtet der Frage betrachtet, ob eine solche Trennung überhaupt möglich oder sinnvoll ist. Die Förderung von Menschenrechten ist in der Weltbank und der IFC in der Zusammenarbeit mit den Staaten dennoch möglich, wenn sie wirtschaftlich vernünftig ist. Wie dargestellt, üben die beiden Organisationen tatsächlich auch Einfluss auf menschenrechtliche Standards aus. Der Grad dieses Einflusses auf völkerrechtliche Umwelt- und Arbeitsrechte einerseits und Menschenrechte von Frauen andererseits fällt jedoch sehr unterschiedlich aus. Ein Grund dafür kann sein, dass die Gleichberechtigung aller Menschen, obwohl sie international als gefestigter Grundsatz anerkannt ist, überall durch sozial, kulturell oder religiös verwurzelte Überzeugungen relativiert wird. Dies betrifft in allen Kulturkreisen insbesondere die Rolle der Frau. Jedoch sind kulturell und religiös begründete Ansichten in wirtschaftlicher Hinsicht oft nicht sinnvoll, sondern legitimieren sich aus sich heraus. Angesichts des satzungsgemäßen Wirtschaftlichkeitspostulats der

Weltbank und der IFC verwundert es daher geradezu, dass sie das erhebliche Entwicklungspotential durch die Förderung der Rechte von Frauen nicht intensiv nutzen.

Es besteht ein unabweisbarer Zusammenhang zwischen der Entwicklung von Menschenrechten und wirtschaftlicher Entwicklung. Die Weltbankgruppe ist als Entwicklungsinstitution nicht primär dafür zuständig, Menschenrechte zu fördern. Jedoch muss sie vor allem aufgrund ihrer herausragenden wirtschaftlichen Machtposition für global bedeutsame Angelegenheiten wie den Menschenrechtsschutz in die Verantwortung genommen werden. Dies betrifft die Rechte von Frauen ebenso wie Arbeits- und Umweltrechte, aber auch alle anderen Menschenrechte. In allen Bereichen besteht Handlungsbedarf, und die Organisationen der Weltbankgruppe befinden sich als Geldgeber in einer günstigen Position, um einen größeren Beitrag zum internationalen Menschenrechtsschutz zu leisten als bisher. Es wäre inakzeptabel, wenn sie sich den Zusammenhängen und Wechselwirkungen zwischen Wirtschaft, Politik, Gesellschaft und Recht verschlössen, indem sie Untätigkeit mit dem nichtpolitischen Mandat rechtfertigen. Es bleibt abzuwarten, ob die Weltbankgruppe dieser Verantwortung in der Zukunft gerecht werden kann.

Ausgewählte Richtlinien

OP 4.01 - Environmental Assessment

January, 1999 (revised April 2012)

1. The Bank requires environmental assessment (EA) of projects proposed for Bank financing to help ensure that they are environmentally sound and sustainable, and thus to improve decision making.
2. EA is a process whose breadth, depth, and type of analysis depend on the nature, scale, and potential environmental impact of the proposed project. EA evaluates a project's potential environmental risks and impacts in its area of influence; examines project alternatives; identifies ways of improving project selection, siting, planning, design, and implementation by preventing, minimizing, mitigating, or compensating for adverse environmental impacts and enhancing positive impacts; and includes the process of mitigating and managing adverse environmental impacts throughout project implementation. The Bank favors preventive measures over mitigatory or compensatory measures, whenever feasible.
3. EA takes into account the natural environment (air, water, and land); human health and safety; social aspects (involuntary resettlement, indigenous peoples, and physical cultural resources); and transboundary and global environmental aspects. EA considers natural and social aspects in an integrated way. It also takes into account the variations in project and country conditions; the findings of country environmental studies; national environmental action plans; the country's overall policy framework, national legislation, and institutional capabilities related to the environment and social aspects; and obligations of the country, pertaining to project activities, under relevant international environmental treaties and agreements. The Bank does not finance project activities that would contravene such country obligations, as identified during the EA. EA is initiated as early as possible in project processing and is integrated closely with the economic, financial, institutional, social, and technical analyses of a proposed project.
4. The borrower is responsible for carrying out the EA. For Category A projects, the borrower retains independent EA experts not affiliated with the

project to carry out the EA. For Category A projects that are highly risky or contentious or that involve serious and multidimensional environmental concerns, the borrower should normally also engage an advisory panel of independent, internationally recognized environmental specialists to advise on all aspects of the project relevant to the EA. The role of the advisory panel depends on the degree to which project preparation has progressed, and on the extent and quality of any EA work completed, at the time the Bank begins to consider the project.

5. The Bank advises the borrower on the Bank's EA requirements. The Bank reviews the findings and recommendations of the EA to determine whether they provide an adequate basis for processing the project for Bank financing. When the borrower has completed or partially completed EA work prior to the Bank's involvement in a project, the Bank reviews the EA to ensure its consistency with this policy. The Bank may, if appropriate, require additional EA work, including public consultation and disclosure.
6. The Pollution Prevention and Abatement Handbook describes pollution prevention and abatement measures and emission levels that are normally acceptable to the Bank. However, taking into account borrower country legislation and local conditions, the EA may recommend alternative emission levels and approaches to pollution prevention and abatement for the project. The EA report must provide full and detailed justification for the levels and approaches chosen for the particular project or site.
7. Depending on the project, a range of instruments can be used to satisfy the Bank's EA requirement: environmental impact assessment (EIA), regional or sectoral EA, strategic environmental and social assessment (SESA), environmental audit, hazard or risk assessment, environmental management plan (EMP) and environmental and social management framework (ESMF). EA applies one or more of these instruments, or elements of them, as appropriate. When the project is likely to have sectoral or regional impacts, sectoral or regional EA is required.
8. The Bank undertakes environmental screening of each proposed project to determine the appropriate extent and type of EA. The Bank classifies the proposed project into one of four categories, depending on the type, location, sensitivity, and scale of the project and the nature and magnitude of its potential environmental impacts.

   (a) Category A: A proposed project is classified as Category A if it is likely to have significant adverse environmental impacts that are sensitive, diverse, or unprecedented. These impacts may affect an area broader than the sites or facilities subject to physical works. EA for a Category A project examines the project's potential negative and positive environmental impacts, compares them with those of feasible alternatives (including the "without project" situation), and recommends any measures needed to prevent, minimize, mitigate, or compensate for adverse impacts and improve environmental performance. For a Category A project, the borrower is responsible for preparing a report, normally an EIA (or a suitably comprehensive regional or sectoral EA) that includes, as necessary, elements of the other instruments referred to in para. 7.

(b) Category B: A proposed project is classified as Category B if its potential adverse environmental impacts on human populations or environmentally important areas–including wetlands, forests, grasslands, and other natural habitats–are less adverse than those of Category A projects. These impacts are site-specific; few if any of them are irreversible; and in most cases mitigatory measures can be designed more readily than for Category A projects. The scope of EA for a Category B project may vary from project to project, but it is narrower than that of Category A EA. Like Category A EA, it examines the project's potential negative and positive environmental impacts and recommends any measures needed to prevent, minimize, mitigate, or compensate for adverse impacts and improve environmental performance. The findings and results of Category B EA are described in the project documentation (Project Appraisal Document and Project Information Document).

(c) Category C: A proposed project is classified as Category C if it is likely to have minimal or no adverse environmental impacts. Beyond screening, no further EA action is required for a Category C project.

(d) Category FI: A proposed project is classified as Category FI if it involves investment of Bank funds through a financial intermediary, in subprojects that may result in adverse environmental impacts.

9. For sector investment loans (SILs), during the preparation of each proposed subproject, the project coordinating entity or implementing institution carries out appropriate EA according to country requirements and the requirements of this policy. The Bank appraises and, if necessary, includes in the SIL components to strengthen, the capabilities of the coordinating entity or the implementing institution to (a) screen subprojects, (b) obtain the necessary expertise to carry out EA, (c) review all findings and results of EA for individual subprojects, (d) ensure implementation of mitigation measures (including, where applicable, an EMP), and (e) monitor environmental

conditions during project implementation. If the Bank is not satisfied that adequate capacity exists for carrying out EA, all Category A subprojects and, as appropriate, Category B subprojects - including any EA reports - are subject to prior review and approval by the Bank.

10. For a financial intermediary (FI) operation, the Bank requires that each FI screen proposed subprojects and ensure that subborrowers carry out appropriate EA for each subproject. Before approving a subproject, the FI verifies (through its own staff, outside experts, or existing environmental institutions) that the subproject meets the environmental requirements of appropriate national and local authorities and is consistent with this OP and other applicable environmental policies of the Bank.
11. In appraising a proposed FI operation, the Bank reviews the adequacy of country environmental requirements relevant to the project and the proposed EA arrangements for subprojects, including the mechanisms and responsibilities for environmental screening and review of EA results. When necessary, the Bank ensures that the project includes components to strengthen such EA arrangements. For FI operations expected to have Category A subprojects, prior to the Bank's appraisal each identified participating FI provides to the Bank a written assessment of the institutional mechanisms (including, as necessary, identification of measures to strengthen capacity) for its subproject EA work. If the Bank is not satisfied that adequate capacity exists for carrying out EA, all Category A subprojects and, as appropriate, Category B subprojects - including EA reports - are subject to prior review and approval by the Bank.
12. The policy set out in OP 4.01 normally applies to emergency operations processed under OP/BP 8.00, Rapid Response to Crises and Emergencies. However, when compliance with any requirement of this policy would prevent the effective and timely achievement of the objectives of an emergency operation, the Bank may exempt the project from such a requirement. The justification for any such exemption is recorded in the loan documents. In all cases, however, the Bank requires at a minimum that (a) the extent to which the emergency was precipitated or exacerbated by inappropriate environmental practices be determined as part of the preparation of such projects, and (b) any necessary corrective measures be built into either the emergency operation or a future lending operation.
13. When the borrower has inadequate legal or technical capacity to carry out key EA-related functions (such as review of EA, environmental monitoring, inspections, or management of mitigatory measures) for a proposed project, the project includes components to strengthen that capacity.

14. For all Category A and B projects proposed for IBRD or IDA financing, during the EA process, the borrower consults project-affected groups and local nongovernmental organizations (NGOs) about the project's environmental aspects and takes their views into account. The borrower initiates such consultations as early as possible. For Category A projects, the borrower consults these groups at least twice: (a) shortly after environmental screening and before the terms of reference for the EA are finalized; and (b) once a draft EA report is prepared. In addition, the borrower consults with such groups throughout project implementation as necessary to address EA-related issues that affect them.
15. For meaningful consultations between the borrower and project-affected groups and local NGOs on all Category A and B projects proposed for IBRD or IDA financing, the borrower provides relevant material in a timely manner prior to consultation and in a form and language that are understandable and accessible to the groups being consulted.
16. For a Category A project, the borrower provides for the initial consultation a summary of the proposed project's objectives, description, and potential impacts; for consultation after the draft EA report is prepared, the borrower provides a summary of the EA's conclusions. In addition, for a Category A project, the borrower makes the draft EA report available at a public place accessible to project-affected groups and local NGOs. For SILs and FI operations, the borrower/FI ensures that EA reports for Category A subprojects are made available in a public place accessible to affected groups and local NGOs.
17. Any separate Category B report for a project proposed for IDA financing is made available to project-affected groups and local NGOs. Public availability in the borrowing country and official receipt by the Bank of Category A reports for projects proposed for IBRD or IDA financing, and of any Category B EA report for projects proposed for IDA funding, are prerequisites to Bank appraisal of these projects.
18. Once the borrower officially transmits the Category A EA report to the Bank, the Bank distributes the summary (in English) to the executive directors (EDs) and makes the report available through its InfoShop. Once the borrower officially transmits any separate Category B EA report to the Bank, the Bank makes it available through its InfoShop. If the borrower objects to the Bank's releasing an EA report through the World Bank InfoShop, Bank staff (a) do not continue processing an IDA project, or (b) for an IBRD project, submit the issue of further processing to the EDs.
19. During project implementation, the borrower reports on (a) compliance with measures agreed with the Bank on the basis of the findings and results

of the EA, including implementation of any EMP, as set out in the project documents; (b) the status of mitigatory measures; and (c) the findings of monitoring programs. The Bank bases supervision of the project's environmental aspects on the findings and recommendations of the EA, including measures set out in the legal agreements, any EMP, and other project documents.

OP 4.36 - Forests

November, 2002

1. The management, conservation, and sustainable development of forest ecosystems and their associated resources are essential for lasting poverty reduction and sustainable development, whether located in countries with abundant forests or in those with depleted or naturally limited forest resources. The objective of this policy is to assist borrowers to harness the potential of forests to reduce poverty in a sustainable manner, integrate forests effectively into sustainable economic development, and protect the vital local and global environmental services and values of forests.
2. Where forest restoration and plantation development are necessary to meet these objectives, the Bank assists borrowers with forest restoration activities that maintain or enhance biodiversity and ecosystem functionality. The Bank also assists borrowers with the establishment and sustainable management of environmentally appropriate, socially beneficial, and economically viable forest plantations to help meet growing demands for forest goods and services.
3. This policy applies to the following types of Bank-financed investment projects:
   (a) projects that have or may have impacts on the health and quality of forests;
   (b) projects that affect the rights and welfare of people and their level of dependence upon or interaction with forests; and
   (c) projects that aim to bring about changes in the management, protection, or utilization of natural forests or plantations, whether they are publicly, privately, or communally owned.
4. The Bank uses environmental assessments, poverty assessments, social analyses, Public Expenditure Reviews, and other economic and sector work to identify the economic, environmental, and social significance of forests in its borrowing countries. When the Bank identifies the potential for its Country Assistance Strategy (CAS) to have a significant impact on forests, it integrates strategies for addressing that impact into the CAS.

5. The Bank does not finance projects that, in its opinion, would involve significant conversion or degradation of critical forest areas or related critical natural habitats. If a project involves the significant conversion or degradation of natural forests or related natural habitats that the Bank determines are not critical, and the Bank determines that there are no feasible alternatives to the project and its siting, and comprehensive analysis demonstrates that overall benefits from the project substantially outweigh the environmental costs, the Bank may finance the project provided that it incorporates appropriate mitigation measures.
6. The Bank does not finance projects that contravene applicable international environmental agreements.
7. The Bank does not finance plantations that involve any conversion or degradation of critical natural habitats, including adjacent or downstream critical natural habitats. When the Bank finances plantations, it gives preference to siting such projects on unforested sites or lands already converted (excluding any lands that have been converted in anticipation of the project). In view of the potential for plantation projects to introduce invasive species and threaten biodiversity, such projects must be designed to prevent and mitigate these potential threats to natural habitats.
8. The Bank may finance commercial harvesting operations only when the Bank has determined, on the basis of the applicable environmental assessment or other relevant information, that the areas affected by the harvesting are not critical forests or related critical natural habitats.
9. To be eligible for Bank financing, industrial-scale commercial harvesting operations must also

    a) be certified under an independent forest certification system acceptable to the Bank as meeting standards of responsible forest management and use; or
    b) where a pre-assessment under such an independent forest certification system determines that the operation does not yet meet the requirements of subparagraph 9(a), adhere to a time-bound phased action plan acceptable to the Bank for achieving certification to such standards.

10. To be acceptable to the Bank, a forest certification system must require:

    a) compliance with relevant laws;
    b) recognition of and respect for any legally documented or customary land tenure and use rights as well as the rights of indigenous peoples and workers;
    c) measures to maintain or enhance sound and effective community relations;

d) conservation of biological diversity and ecological functions;
e) measures to maintain or enhance environmentally sound multiple benefits accruing from the forest;
f) prevention or minimization of the adverse environmental impacts from forest use;
g) effective forest management planning;
h) active monitoring and assessment of relevant forest management areas; and
i) the maintenance of critical forest areas and other critical natural habitats affected by the operation.

11. In addition to the requirements in paragraph 11, a forest certification system must be independent, cost-effective, and based on objective and measurable performance standards that are defined at the national level and are compatible with internationally accepted principles and criteria of sustainable forest management. The system must require independent, third-party assessment of forest management performance. In addition, the system's standards must be developed with the meaningful participation of local people and communities; indigenous peoples; non-governmental organizations representing consumer, producer, and conservation interests; and other members of civil society, including the private sector. The decision-making procedures of the certification system must be fair, transparent, independent, and designed to avoid conflicts of interest.
12. The Bank may finance harvesting operations conducted by small-scale landholders, by local communities under community forest management, or by such entities under joint forest management arrangements, if these operations:

    (a) have achieved a standard of forest management developed with the meaningful participation of locally affected communities, consistent with the principles and criteria of responsible forest management outlined in paragraph 10; or
    (b) adhere to a time-bound phased action plan to achieve such a standard. The action plan must be developed with the meaningful participation of locally-affected communities and be acceptable to the Bank.

    The borrower monitors all such operations with the meaningful participation of locally-affected communities.

13. In accordance with OP/BP 4.01, Environmental Assessment, the environmental assessment (EA) for an investment project addresses the potential impact of the project on forests and/or the rights and welfare of local communities.

14. For projects involving the management of forests proposed for Bank financing, the borrower furnishes the Bank with relevant information on the forest sector concerning the borrower's overall policy framework, national legislation, institutional capabilities, and the poverty, social, economic, or environmental issues related to forests. This information should include information on the country's national forest programs or other relevant country-driven processes. On the basis of this information and the project's EA, the borrower, as appropriate, incorporates measures in the project to strengthen the fiscal, legal, and institutional framework to meet the project's economic, environmental, and social objectives. These measures address, among other issues, the respective roles and legal rights of the government, the private sector, and local people. Preference is given to small-scale, community-level management approaches where they best harness the potential of forests to reduce poverty in a sustainable manner.
15. As appropriate, the design of projects that use forest resources or provide environmental services includes an evaluation of the prospects for the development of new markets and marketing arrangements for non-timber forest products and related forest goods and services, taking into account the full range of goods and environmental services from well-managed forests.

OP 4.12 - Involuntary Resettlement

December, 2001 (revised February 2011)

1. Bank experience indicates that involuntary resettlement under development projects, if unmitigated, often gives rise to severe economic, social, and environmental risks: production systems are dismantled; people face impoverishment when their productive assets or income sources are lost; people are relocated to environments where their productive skills may be less applicable and the competition for resources greater; community institutions and social networks are weakened; kin groups are dispersed; and cultural identity, traditional authority, and the potential for mutual help are diminished or lost. This policy includes safeguards to address and mitigate these impoverishment risks.
2. Involuntary resettlement may cause severe long-term hardship, impoverishment, and environmental damage unless appropriate measures are carefully planned and carried out. For these reasons, the overall objectives of the Bank's policy on involuntary resettlement are the following:

    (a) Involuntary resettlement should be avoided where feasible, or minimized, exploring all viable alternative project designs.

(b) Where it is not feasible to avoid resettlement, resettlement activities should be conceived and executed as sustainable development programs, providing sufficient investment resources to enable the persons displaced by the project to share in project benefits. Displaced persons should be meaningfully consulted and should have opportunities to participate in planning and implementing resettlement programs.
(c) Displaced persons should be assisted in their efforts to improve their livelihoods and standards of living or at least to restore them, in real terms, to pre-displacement levels or to levels prevailing prior to the beginning of project implementation, whichever is higher.

3. This policy covers direct economic and social impacts that both result from Bank-assisted investment projects, and are caused by

   (a) the involuntary taking of land resulting in

      (i) relocation or loss of shelter;
      (ii) lost of assets or access to assets; or
      (iii) loss of income sources or means of livelihood, whether or not the affected persons must move to another location; or

   (b) the involuntary restriction of access to legally designated parks and protected areas resulting in adverse impacts on the livelihoods of the displaced persons.

4. This policy applies to all components of the project that result in involuntary resettlement, regardless of the source of financing. It also applies to other activities resulting in involuntary resettlement, that in the judgment of the Bank, are

   (a) directly and significantly related to the Bank-assisted project,
   (b) necessary to achieve its objectives as set forth in the project documents; and
   (c) carried out, or planned to be carried out, contemporaneously with the project.

5. Requests for guidance on the application and scope of this policy should be addressed to the Resettlement Committee (see BP 4.12, para. 7).
6. To address the impacts covered under para. 3 (a) of this policy, the borrower prepares a resettlement plan or a resettlement policy framework (see paras. 25-30) that covers the following:

   (a) The resettlement plan or resettlement policy framework includes measures to ensure that the displaced persons are

(i) informed about their options and rights pertaining to resettlement;
(ii) consulted on, offered choices among, and provided with technically and economically feasible resettlement alternatives; and
(iii) provided prompt and effective compensation at full replacement cost for losses of assets attributable directly to the project.

(b) If the impacts include physical relocation, the resettlement plan or resettlement policy framework includes measures to ensure that the displaced persons are

(i) provided assistance (such as moving allowances) during relocation; and
(ii) provided with residential housing, or housing sites, or, as required, agricultural sites for which a combination of productive potential, locational advantages, and other factors is at least equivalent to the advantages of the old site.

(c) Where necessary to achieve the objectives of the policy, the resettlement plan or resettlement policy framework also include measures to ensure that displaced persons are

(i) offered support after displacement, for a transition period, based on a reasonable estimate of the time likely to be needed to restore their livelihood and standards of living; and
(ii) provided with development assistance in addition to compensation measures described in paragraph 6(a);
(iii) such as land preparation, credit facilities, training, or job opportunities.

7. In projects involving involuntary restriction of access to legally designated parks and protected areas (see para. 3(b)), the nature of restrictions, as well as the type of measures necessary to mitigate adverse impacts, is determined with the participation of the displaced persons during the design and implementation of the project. In such cases, the borrower prepares a process framework acceptable to the Bank, describing the participatory process by which

(a) specific components of the project will be prepared and implemented;
(b) the criteria for eligibility of displaced persons will be determined;
(c) measures to assist the displaced persons in their efforts to improve their livelihoods, or at least to restore them, in real terms, while maintaining the sustainability of the park or protected area, will be identified; and
(d) potential conflicts involving displaced persons will be resolved.

The process framework also includes a description of the arrangements for implementing and monitoring the process.

8. To achieve the objectives of this policy, particular attention is paid to the needs of vulnerable groups among those displaced, especially those below the poverty line, the landless, the elderly, women and children, indigenous peoples, ethnic minorities, or other displaced persons who may not be protected through national land compensation legislation.
9. Bank experience has shown that resettlement of indigenous peoples with traditional land-based modes of production is particularly complex and may have significant adverse impacts on their identity and cultural survival. For this reason, the Bank satisfies itself that the borrower has explored all viable alternative project designs to avoid physical displacement of these groups. When it is not feasible to avoid such displacement, preference is given to land-based resettlement strategies for these groups (see para. 11) that are compatible with their cultural preferences and are prepared in consultation with them (see Annex A, para. 11).
10. The implementation of resettlement activities is linked to the implementation of the investment component of the project to ensure that displacement or restriction of access does not occur before necessary measures for resettlement are in place. For impacts covered in para. 3(a) of this policy, these measures include provision of compensation and of other assistance required for relocation, prior to displacement, and preparation and provision of resettlement sites with adequate facilities, where required. In particular, taking of land and related assets may take place only after compensation has been paid and, where applicable, resettlement sites and moving allowances have been provided to the displaced persons. For impacts covered in para. 3(b) of this policy, the measures to assist the displaced persons are implemented in accordance with the plan of action as part of the project (see para. 30).
11. Preference should be given to land-based resettlement strategies for displaced persons whose livelihoods are land-based. These strategies may include resettlement on public land (see footnote 1 above), or on private land acquired or purchased for resettlement. Whenever replacement land is offered, resettlers are provided with land for which a combination of productive potential, locational advantages, and other factors is at least equivalent to the advantages of the land taken. If land is not the preferred option of the displaced persons, the provision of land would adversely affect the sustainability of a park or protected area, or sufficient land is not available at a reasonable price, non-land-based options built around opportunities for employment

or self-employment should be provided in addition to cash compensation for land and other assets lost. The lack of adequate land must be demonstrated and documented to the satisfaction of the Bank.

12. Payment of cash compensation for lost assets may be appropriate where (a) livelihoods are land-based but the land taken for the project is a small fraction of the affected asset and the residual is economically viable; (b) active markets for land, housing, and labor exist, displaced persons use such markets, and there is sufficient supply of land and housing; or (c) livelihoods are not land-based. Cash compensation levels should be sufficient to replace the lost land and other assets at full replacement cost in local markets.
13. For impacts covered under para. 3(a) of this policy, the Bank also requires the following:

    (a) Displaced persons and their communities, and any host communities receiving them, are provided timely and relevant information, consulted on resettlement options, and offered opportunities to participate in planning, implementing, and monitoring resettlement. Appropriate and accessible grievance mechanisms are established for these groups.
    (b) In new resettlement sites or host communities, infrastructure and public services are provided as necessary to improve, restore, or maintain accessibility and levels of service for the displaced persons and host communities. Alternative or similar resources are provided to compensate for the loss of access to community resources (such as fishing areas, grazing areas, fuel, or fodder).
    (c) Patterns of community organization appropriate to the new circumstances are based on choices made by the displaced persons. To the extent possible, the existing social and cultural institutions of resettlers and any host communities are preserved and resettlers' preferences with respect to relocating in preexisting communities and groups are honored.

14. Upon identification of the need for involuntary resettlement in a project, the borrower carries out a census to identify the persons who will be affected by the project (see the Annex A, para. 6(a)), to determine who will be eligible for assistance, and to discourage inflow of people ineligible for assistance. The borrower also develops a procedure, satisfactory to the Bank, for establishing the criteria by which displaced persons will be deemed eligible for compensation and other resettlement assistance. The procedure includes provisions for meaningful consultations with affected persons and communities, local authorities, and, as appropriate, nongovernmental organizations (NGOs), and it specifies grievance mechanisms.

15. Criteria for Eligibility. Displaced persons may be classified in one of the following three groups:

   (a) those who have formal legal rights to land (including customary and traditional rights recognized under the laws of the country);
   (b) those who do not have formal legal rights to land at the time the census begins but have a claim to such land or assets–provided that such claims are recognized under the laws of the country or become recognized through a process identified in the resettlement plan (see Annex A, para. 7(f)); and
   (c) those who have no recognizable legal right or claim to the land they are occupying.

16. Persons covered under para. 15(a) and (b) are provided compensation for the land they lose, and other assistance in accordance with para. 6. Persons covered under para. 15(c) are provided resettlement assistance in lieu of compensation for the land they occupy, and other assistance, as necessary, to achieve the objectives set out in this policy, if they occupy the project area prior to a cut-off date established by the borrower and acceptable to the Bank. Persons who encroach on the area after the cut-off date are not entitled to compensation or any other form of resettlement assistance. All persons included in para. 15(a), (b), or (c) are provided compensation for loss of assets other than land.
17. To achieve the objectives of this policy, different planning instruments are used, depending on the type of project:

   (a) a resettlement plan or abbreviated resettlement plan is required for all operations that entail involuntary resettlement unless otherwise specified (see para. 25 and Annex A);
   (b) a resettlement policy framework is required for operations referred to in paras. 26-30 that may entail involuntary resettlement, unless otherwise specified (see Annex A; and
   (c) a process framework is prepared for projects involving restriction of access in accordance with para. 3(b) (see para. 31).

18. The borrower is responsible for preparing, implementing, and monitoring a resettlement plan, a resettlement policy framework, or a process framework (the „resettlement instruments"), as appropriate, that conform to this policy. The resettlement instrument presents a strategy for achieving the objectives of the policy and covers all aspects of the proposed resettlement. Borrower commitment to, and capacity for, undertaking successful resettlement is a key determinant of Bank involvement in a project.

19. Resettlement planning includes early screening, scoping of key issues, the choice of resettlement instrument, and the information required to prepare the resettlement component or subcomponent. The scope and level of detail of the resettlement instruments vary with the magnitude and complexity of resettlement. In preparing the resettlement component, the borrower draws on appropriate social, technical, and legal expertise and on relevant community-based organizations and NGOs. The borrower informs potentially displaced persons at an early stage about the resettlement aspects of the project and takes their views into account in project design.
20. The full costs of resettlement activities necessary to achieve the objectives of the project are included in the total costs of the project. The costs of resettlement, like the costs of other project activities, are treated as a charge against the economic benefits of the project; and any net benefits to resettlers (as compared to the „without-project" circumstances) are added to the benefits stream of the project. Resettlement components or free-standing resettlement projects need not be economically viable on their own, but they should be cost-effective.
21. The borrower ensures that the Project Implementation Plan is fully consistent with the resettlement instrument.
22. As a condition of appraisal of projects involving resettlement, the borrower provides the Bank with the relevant draft resettlement instrument which conforms to this policy, and makes it available at a place accessible to displaced persons and local NGOs, in a form, manner, and language that are understandable to them. Once the Bank accepts this instrument as providing an adequate basis for project appraisal, the Bank makes it available to the public through its InfoShop. After the Bank has approved the final resettlement instrument, the Bank and the borrower disclose it again in the same manner.
23. The borrower's obligations to carry out the resettlement instrument and to keep the Bank informed of implementation progress are provided for in the legal agreements for the project.
24. The borrower is responsible for adequate monitoring and evaluation of the activities set forth in the resettlement instrument. The Bank regularly supervises resettlement implementation to determine compliance with the resettlement instrument. Upon completion of the project, the borrower undertakes an assessment to determine whether the objectives of the resettlement instrument have been achieved. The assessment takes into account the baseline conditions and the results of resettlement monitoring. If the assessment reveals that these objectives may not be realized, the borrower should propose follow-up measures that may serve as the basis for continued Bank supervision, as the Bank deems appropriate (see also BP 4 12, para. 16).

25. A draft resettlement plan that conforms to this policy is a condition of appraisal (see Annex A, paras. 2-21) for projects referred to in para. 17(a) above. However, where impacts on the entire displaced population are minor, or fewer than 200 people are displaced, an abbreviated resettlement plan may be agreed with the borrower (see Annex A, para. 22). The information disclosure procedures set forth in para. 22 apply.
26. For sector investment operations that may involve involuntary resettlement, the Bank requires that the project implementing agency screen subprojects to be financed by the Bank to ensure their consistency with this OP. For these operations, the borrower submits, prior to appraisal, a resettlement policy framework that conforms to this policy (see Annex A, paras. 23-25). The framework also estimates, to the extent feasible, the total population to be displaced and the overall resettlement costs.
27. For financial intermediary operations that may involve involuntary resettlement, the Bank requires that the financial intermediary (FI) screen subprojects to be financed by the Bank to ensure their consistency with this OP. For these operations, the Bank requires that before appraisal the borrower or the FI submit to the Bank a resettlement policy framework conforming to this policy (see Annex A, paras. 23-25). In addition, the framework includes an assessment of the institutional capacity and procedures of each of the FIs that will be responsible for subproject financing. When, in the assessment of the Bank, no resettlement is envisaged in the subprojects to be financed by the FI, a resettlement policy framework is not required. Instead, the legal agreements specify the obligation of the FIs to obtain from the potential subborrowers a resettlement plan consistent with this policy if a subproject gives rise to resettlement. For all subprojects involving resettlement, the resettlement plan is provided to the Bank for approval before the subproject is accepted for Bank financing.
28. For other Bank-assisted project with multiple subprojects that may involve involuntary resettlement, the Bank requires that a draft resettlement plan conforming to this policy be submitted to the Bank before appraisal of the project unless, because of the nature and design of the project or of a specific subproject or subprojects (a) the zone of impact of subprojects cannot be determined, or (b) the zone of impact is known but precise sitting alignments cannot be determined. In such cases, the borrower submits a resettlement policy framework consistent with this policy prior to appraisal (see Annex A, paras. 23-25). For other subprojects that do not fall within the above criteria, a resettlement plan conforming to this policy is required prior to appraisal.

29. For each subproject included in a project described in para. 26, 27, or 28 that may involve resettlement, the Bank requires that a satisfactory resettlement plan or an abbreviated resettlement plan that is consistent with the provisions of the policy framework be submitted to the Bank for approval before the subproject is accepted for Bank financing.
30. For projects described in paras. 26-28 above, the Bank may agree, in writing, that subproject resettlement plans may be approved by the project implementing agency or a responsible government agency or financial intermediary without prior Bank review, if that agency has demonstrated adequate institutional capacity to review resettlement plans and ensure their consistency with this policy. Any such delegation, and appropriate remedies for the entity's approval of resettlement plans found not to be in compliance with Bank policy, are provided for in the legal agreements for the project. In all such cases, implementation of the resettlement plans is subject to ex post review by the Bank.
31. For projects involving restriction of access in accordance with para. 3(b) above, the borrower provides the Bank with a draft process framework that conforms to the relevant provisions of this policy as a condition of appraisal. In addition, during project implementation and before to enforcing of the restriction, the borrower prepares a plan of action, acceptable to the Bank, describing the specific measures to be undertaken to assist the displaced persons and the arrangements for their implementation. The plan of action could take the form of a natural resources management plan prepared for the project.
32. In furtherance of the objectives of this policy, the Bank may at a borrower's request support the borrower and other concerned entities by providing

(a) assistance to assess and strengthen resettlement policies, strategies, legal frameworks, and specific plans at a country, regional, or sectoral level;
(b) financing of technical assistance to strengthen the capacities of agencies responsible for resettlement, or of affected people to participate more effectively in resettlement operations;
(c) financing of technical assistance for developing resettlement policies, strategies, and specific plans, and for implementation, monitoring, and evaluation of resettlement activities; and
(d) financing of the investment costs of resettlement.

33. The Bank may finance either a component of the main investment causing displacement and requiring resettlement, or a free-standing resettlement project with appropriate cross-conditionalities, processed and implemented

in parallel with the investment that causes the displacement. The Bank may finance resettlement even though it is not financing the main investment that makes resettlement necessary.

OP 4.10 - Indigenous Peoples

July, 2005

1. This policy contributes to the Bank's mission of poverty reduction and sustainable development by ensuring that the development process fully respects the dignity, human rights, economies, and cultures of Indigenous Peoples. For all projects that are proposed for Bank financing and affect Indigenous Peoples, the Bank requires the borrower to engage in a process of free, prior, and informed consultation. The Bank provides project financing only where free, prior, and informed consultation results in broad community support to the project by the affected Indigenous Peoples. Such Bank-financed projects include measures to (a) avoid potentially adverse effects on the Indigenous Peoples' communities; or (b) when avoidance is not feasible, minimize, mitigate, or compensate for such effects. Bank-financed projects are also designed to ensure that the Indigenous Peoples receive social and economic benefits that are culturally appropriate and gender and intergenerationally inclusive.
2. The Bank recognizes that the identities and cultures of Indigenous Peoples are inextricably linked to the lands on which they live and the natural resources on which they depend. These distinct circumstances expose Indigenous Peoples to different types of risks and levels of impacts from development projects, including loss of identity, culture, and customary livelihoods, as well as exposure to disease. Gender and intergenerational issues among Indigenous Peoples also are complex. As social groups with identities that are often distinct from dominant groups in their national societies, Indigenous Peoples are frequently among the most marginalized and vulnerable segments of the population. As a result, their economic, social, and legal status often limits their capacity to defend their interests in and rights to lands, territories, and other productive resources, and/or restricts their ability to participate in and benefit from development. At the same time, the Bank recognizes that Indigenous Peoples play a vital role in sustainable development and that their rights are increasingly being addressed under both domestic and international law.
3. Identification. Because of the varied and changing contexts in which Indigenous Peoples live and because there is no universally accepted definition of "Indigenous Peoples," this policy does not define the term. Indigenous Peoples may be referred to in different countries by such terms as „indigenous

ethnic minorities," „aboriginals," „hill tribes," „minority nationalities," „scheduled tribes," or „tribal groups."

4. For purposes of this policy, the term "Indigenous Peoples" is used in a generic sense to refer to a distinct, vulnerable, social and cultural group possessing the following characteristics in varying degrees:

   (a) self-identification as members of a distinct indigenous cultural group and recognition of this identity by others;
   (b) collective attachment to geographically distinct habitats or ancestral territories in the project area and to the natural resources in these habitats and territories
   (c) customary cultural, economic, social, or political institutions that are separate from those of the dominant society and culture; and
   (d) an indigenous language, often different from the official language of the country or region.

   A group that has lost „collective attachment to geographically distinct habitats or ancestral territories in the project area"; (paragraph 4 (b)) because of forced severance remains eligible for coverage under this policy. Ascertaining whether a particular group is considered as "Indigenous Peoples" for the purpose of this policy may require a technical judgment (see paragraph 8).
5. Use of Country Systems. The Bank may decide to use a country's systems to address environmental and social safeguard issues in a Bank-financed project that affects Indigenous Peoples. This decision is made in accordance with the requirements of the applicable Bank policy on country systems.
6. A project proposed for Bank financing that affects Indigenous Peoples requires:

   (a) screening by the Bank to identify whether Indigenous Peoples are present in, or have collective attachment to, the project area (see paragraph 8);
   (b) a social assessment by the borrower (see paragraph 9 and Annex A);
   (c) a process of free, prior, and informed consultation with the affected Indigenous Peoples' communities at each stage of the project, and particularly during project preparation, to fully identify their views and ascertain their broad community support for the project (see paragraphs 10 and 11);
   (d) the preparation of an Indigenous Peoples Plan (see paragraph 12 and Annex B) or an Indigenous Peoples Planning Framework (see paragraph 13 and Annex C); and
   (e) disclosure of the draft Indigenous Peoples Plan or draft Indigenous Peoples Planning Framework (see paragraph 15).

7. The level of detail necessary to meet the requirements specified in paragraph 6 (b), (c), and (d) is proportional to the complexity of the proposed project and commensurate with the nature and scale of the proposed project's potential effects on the Indigenous Peoples, whether adverse or positive.
8. Early in project preparation, the Bank undertakes a screening to determine whether Indigenous Peoples (see paragraph 4) are present in, or have collective attachment to, the project area. In conducting this screening, the Bank seeks the technical judgment of qualified social scientists with expertise on the social and cultural groups in the project area. The Bank also consults the Indigenous Peoples concerned and the borrower. The Bank may follow the borrower's framework for identification of Indigenous Peoples during project screening, when that framework is consistent with this policy.
9. Analysis. If, based on the screening, the Bank concludes that Indigenous Peoples are present in, or have collective attachment to, the project area, the borrower undertakes a social assessment to evaluate the project's potential positive and adverse effects on the Indigenous Peoples, and to examine project alternatives where adverse effects may be significant. The breadth, depth, and type of analysis in the social assessment are proportional to the nature and scale of the proposed project's potential effects on the Indigenous Peoples, whether such effects are positive or adverse (see Annex A for details). To carry out the social assessment, the borrower engages social scientists whose qualifications, experience, and terms of reference are acceptable to the Bank.
10. Consultation and Participation. Where the project affects Indigenous Peoples, the borrower engages in free, prior, and informed consultation with them. To ensure such consultation, the borrower:

    (a) establishes an appropriate gender and intergenerationally inclusive framework that provides opportunities for consultation at each stage of project preparation and implementation among the borrower, the affected Indigenous Peoples' communities, the Indigenous Peoples Organizations (IPOs) if any, and other local civil society organizations (CSOs) identified by the affected Indigenous Peoples' communities;
    (b) uses consultation methods appropriate to the social and cultural values of the affected Indigenous Peoples' communities and their local conditions and, in designing these methods, gives special attention to the concerns of Indigenous women, youth, and children and their access to development opportunities and benefits; and
    (c) provides the affected Indigenous Peoples' communities with all relevant information about the project (including an assessment of potential

adverse effects of the project on the affected Indigenous Peoples' communities) in a culturally appropriate manner at each stage of project preparation and implementation.

11. In deciding whether to proceed with the project, the borrower ascertains, on the basis of the social assessment (see paragraph 9) and the free, prior, and informed consultation (see paragraph 10), whether the affected Indigenous Peoples' communities provide their broad support to the project. Where there is such support, the borrower prepares a detailed report that documents:

    (a) the findings of the social assessment;
    (b) the process of free, prior, and informed consultation with the affected Indigenous Peoples' communities;
    (c) additional measures, including project design modification, that may be required to address adverse effects on the Indigenous Peoples and to provide them with culturally appropriate project benefits;
    (d) recommendations for free, prior, and informed consultation with and participation by Indigenous Peoples' communities during project implementation, monitoring, and evaluation; and
    (e) any formal agreements reached with Indigenous Peoples' communities and/or the IPOs.

    The Bank reviews the process and the outcome of the consultation carried out by the borrower to satisfy itself that the affected Indigenous Peoples' communities have provided their broad support to the project. The Bank pays particular attention to the social assessment and to the record and outcome of the free, prior, and informed consultation with the affected Indigenous Peoples' communities as a basis for ascertaining whether there is such support. The Bank does not proceed further with project processing if it is unable to ascertain that such support exists.
12. Indigenous Peoples Plan. On the basis of the social assessment and in consultation with the affected Indigenous Peoples' communities, the borrower prepares an Indigenous Peoples Plan (IPP) that sets out the measures through which the borrower will ensure that (a) Indigenous Peoples affected by the project receive culturally appropriate social and economic benefits; and (b) when potential adverse effects on Indigenous Peoples are identified, those adverse effects are avoided, minimized, mitigated, or compensated for (see Annex B for details). The IPP is prepared in a flexible and pragmatic manner, and its level of detail varies depending on the specific project and

the nature of effects to be addressed. The borrower integrates the IPP into the project design. When Indigenous Peoples are the sole or the overwhelming majority of direct project beneficiaries, the elements of an IPP should be included in the overall project design, and a separate IPP is not required. In such cases, the Project Appraisal Document (PAD) includes a brief summary of how the project complies with the policy, in particular the IPP requirements.

13. Indigenous Peoples Planning Framework. Some projects involve the preparation and implementation of annual investment programs or multiple subprojects. In such cases, and when the Bank's screening indicates that Indigenous Peoples are likely to be present in, or have collective attachment to, the project area, but their presence or collective attachment cannot be determined until the programs or subprojects are identified, the borrower prepares an Indigenous Peoples Planning Framework (IPPF). The IPPF provides for the screening and review of these programs or subprojects in a manner consistent with this policy (see Annex C for details). The borrower integrates the IPPF into the project design.
14. Preparation of Program and Subproject IPPs. If the screening of an individual program or subproject identified in the IPPF indicates that Indigenous Peoples are present in, or have collective attachment to, the area of the program or subproject, the borrower ensures that, before the individual program or subproject is implemented, a social assessment is carried out and an IPP is prepared in accordance with the requirements of this policy. The borrower provides each IPP to the Bank for review before the respective program or subproject is considered eligible for Bank financing.
15. The borrower makes the social assessment report and draft IPP/IPPF available to the affected Indigenous Peoples' communities in an appropriate form, manner, and language. Before project appraisal, the borrower sends the social assessment and draft IPP/IPPF to the Bank for review. Once the Bank accepts the documents as providing an adequate basis for project appraisal, the Bank makes them available to the public in accordance with The World Bank Policy on Disclosure of Information, and the borrower makes them available to the affected Indigenous Peoples' communities in the same manner as the earlier draft documents.
16. Indigenous Peoples are closely tied to land, forests, water, wildlife, and other natural resources, and therefore special considerations apply if the project affects such ties. In this situation, when carrying out the social assessment and preparing the IPP/IPPF, the borrower pays particular attention to:

(a) the customary rights of the Indigenous Peoples, both individual and collective, pertaining to lands or territories that they traditionally owned, or customarily used or occupied, and where access to natural resources is vital to the sustainability of their cultures and livelihoods;
(b) the need to protect such lands and resources against illegal intrusion or encroachment;
(c) the cultural and spiritual values that the Indigenous Peoples attribute to such lands and resources; and
(d) Indigenous Peoples' natural resources management practices and the long-term sustainability of such practices.

17. If the project involves (a) activities that are contingent on establishing legally recognized rights to lands and territories that Indigenous Peoples have traditionally owned or customarily used or occupied (such as land titling projects), or (b) the acquisition of such lands, the IPP sets forth an action plan for the legal recognition of such ownership, occupation, or usage. Normally, the action plan is carried out before project implementation; in some cases, however, the action plan may need to be carried out concurrently with the project itself. Such legal recognition may take the following forms:

(a) full legal recognition of existing customary land tenure systems of Indigenous Peoples; or
(b) conversion of customary usage rights to communal and/or individual ownership rights.

If neither option is possible under domestic law, the IPP includes measures for legal recognition of perpetual or long-term renewable custodial or use rights.

18. If the project involves the commercial development of natural resources (such as minerals, hydrocarbon resources, forests, water, or hunting/fishing grounds) on lands or territories that Indigenous Peoples traditionally owned, or customarily used or occupied, the borrower ensures that as part of the free, prior, and informed consultation process the affected communities are informed of (a) their rights to such resources under statutory and customary law; (b) the scope and nature of the proposed commercial development and the parties interested or involved in such development; and (c) the potential effects of such development on the Indigenous Peoples' livelihoods, environments, and use of such resources. The borrower includes in the IPP arrangements to enable the Indigenous Peoples to share equitably in the benefits to be derived from such commercial development; at a minimum, the IPP

arrangements must ensure that the Indigenous Peoples receive, in a culturally appropriate manner, benefits, compensation, and rights to due process at least equivalent to that to which any landowner with full legal title to the land would be entitled in the case of commercial development on their land.

19. If the project involves the commercial development of Indigenous Peoples' cultural resources and knowledge (for example, pharmacological or artistic), the borrower ensures that as part of the free, prior, and informed consultation process, the affected communities are informed of (a) their rights to such resources under statutory and customary law; (b) the scope and nature of the proposed commercial development and the parties interested or involved in such development; and (c) the potential effects of such development on Indigenous Peoples' livelihoods, environments, and use of such resources. Commercial development of the cultural resources and knowledge of these Indigenous Peoples is conditional upon their prior agreement to such development. The IPP reflects the nature and content of such agreements and includes arrangements to enable Indigenous Peoples to receive benefits in a culturally appropriate way and share equitably in the benefits to be derived from such commercial development.
20. Because physical relocation of Indigenous Peoples is particularly complex and may have significant adverse impacts on their identity, culture, and customary livelihoods, the Bank requires the borrower to explore alternative project designs to avoid physical relocation of Indigenous Peoples. In exceptional circumstances, when it is not feasible to avoid relocation, the borrower will not carry out such relocation without obtaining broad support for it from the affected Indigenous Peoples' communities as part of the free, prior, and informed consultation process. In such cases, the borrower prepares a resettlement plan in accordance with the requirements of OP 4.12, Involuntary Resettlement, that is compatible with the Indigenous Peoples' cultural preferences, and includes a land-based resettlement strategy. As part of the resettlement plan, the borrower documents the results of the consultation process. Where possible, the resettlement plan should allow the affected Indigenous Peoples to return to the lands and territories they traditionally owned, or customarily used or occupied, if the reasons for their relocation cease to exist.
21. In many countries, the lands set aside as legally designated parks and protected areas may overlap with lands and territories that Indigenous Peoples traditionally owned, or customarily used or occupied. The Bank recognizes the significance of these rights of ownership, occupation, or usage, as well as the need for long-term sustainable management of critical ecosystems. Therefore,

involuntary restrictions on Indigenous Peoples' access to legally designated parks and protected areas, in particular access to their sacred sites, should be avoided. In exceptional circumstances, where it is not feasible to avoid restricting access, the borrower prepares, with the free, prior, and informed consultation of the affected Indigenous Peoples' communities, a process framework in accordance with the provisions of OP 4.12. The process framework provides guidelines for preparation, during project implementation, of an individual parks and protected areas' management plan, and ensures that the Indigenous Peoples participate in the design, implementation, monitoring, and evaluation of the management plan, and share equitably in the benefits of the parks and protected areas. The management plan should give priority to collaborative arrangements that enable the Indigenous, as the custodians of the resources, to continue to use them in an ecologically sustainable manner.

22. In furtherance of the objectives of this policy, the Bank may, at a member country's request, support the country in its development planning and poverty reduction strategies by providing financial assistance for a variety of initiatives designed to:

(a) strengthen local legislation, as needed, to establish legal recognition of the customary or traditional land tenure systems of Indigenous Peoples;
(b) make the development process more inclusive of Indigenous Peoples by incorporating their perspectives in the design of development programs and poverty reduction strategies, and providing them with opportunities to benefit more fully from development programs through policy and legal reforms, capacity building, and free, prior, and informed consultation and participation;
(c) support the development priorities of Indigenous Peoples through programs (such as community-driven development programs and locally managed social funds) developed by governments in cooperation with Indigenous Peoples;
(d) address the gender and intergenerational issues that exist among many Indigenous Peoples, including the special needs of indigenous women, youth, and children;
(e) prepare participatory profiles of Indigenous Peoples to document their culture, demographic structure, gender and intergenerational relations and social organization, institutions, production systems, religious beliefs, and resource use patterns;
(f) strengthen the capacity of Indigenous Peoples' communities and IPCs to prepare, implement, monitor, and evaluate development programs;

(g) strengthen the capacity of government agencies responsible for providing development services to Indigenous Peoples;
(h) protect indigenous knowledge, including by strengthening intellectual property rights; and
(i) facilitate partnerships among the government, IPOs, CSOs, and the private sector to promote Indigenous Peoples' development programs.

OP 4.37 - Safety of Dams

October, 2001 (revised April 2012)

1. For the life of any dam, the owner is responsible for ensuring that appropriate measures are taken and sufficient resources provided for the safety of the dam, irrespective of its funding sources or construction status. Because there are serious consequences if a dam does not function properly or fails, the Bank is concerned about the safety of new dams it finances and existing dams on which a Bank-financed project is directly dependent.
2. When the Bank finances a project that includes the construction of a new dam, it requires that the dam be designed and its construction supervised by experienced and competent professionals. It also requires that the borrower adopt and implement certain dam safety measures for the design, bid tendering, construction, operation, and maintenance of the dam and associated works.
3. The Bank distinguishes between small and large dams.

   (a) Small dams are normally less than 15 meters in height. This category includes, for example, farm ponds, local silt retention dams, and low embankment tanks.
   (b) Large dams are 15 meters or more in height. Dams that are between 10 and 15 meters in height are treated as large dams if they present special design complexities–for example, an unusually large flood-handling requirement, location in a zone of high seismicity, foundations that are complex and difficult to prepare, or retention of toxic materials. Dams under 10 meters in height are treated as large dams if they are expected to become large dams during the operation of the facility.

4. For small dams, generic dam safety measures designed by qualified engineers are usually adequate. For large dams, the Bank requires

   a) reviews by an independent panel of experts (the Panel) of the investigation, design, and construction of the dam and the start of operations;

b) preparation and implementation of detailed plans: a plan for construction supervision and quality assurance, an instrumentation plan, an operation and maintenance plan, and an emergency preparedness plan;
c) prequalification of bidders during procurement and bid tendering, and
d) periodic safety inspections of the dam after completion.

5. The Panel consists of three or more experts, appointed by the borrower and acceptable to the Bank, with expertise in the various technical fields relevant to the safety aspects of the particular dam. The primary purpose of the Panel is to review and advise the borrower on matters relative to dam safety and other critical aspects of the dam, its appurtenant structures, the catchment area, the area surrounding the reservoir, and downstream areas. However, the borrower normally extends the Panel's composition and terms of reference beyond dam safety to cover such areas as project formulation; technical design; construction procedures; and, for water storage dams, associated works such as power facilities, river diversion during construction, ship lifts, and fish ladders.
6. The borrower contracts the services of the Panel and provides administrative support for the Panel's activities. Beginning as early in project preparation as possible, the borrower arranges for periodic Panel meetings and reviews, which continue through the investigation, design, construction, and initial filling and start-up phases of the dam. The borrower informs the Bank in advance of the Panel meetings, and the Bank normally sends an observer to these meetings. After each meeting, the Panel provides the borrower a written report of its conclusions and recommendations, signed by each participating member; the borrower provides a copy of that report to the Bank. Following the filling of the reservoir and start-up of the dam, the Bank reviews the Panel's findings and recommendations. If no significant difficulties are encountered in the filling and start-up of the dam, the borrower may disband the Panel.
7. The Bank may finance the following types of projects that do not include a new dam but will rely on the performance of an existing dam or a dam under construction (DUC): power stations or water supply systems that draw directly from a reservoir controlled by an existing dam or a DUC; diversion dams or hydraulic structures downstream from an existing dam or a DUC, where failure of the upstream dam could cause extensive damage to or failure of the new Bank-funded structure; and irrigation or water supply projects that will depend on the storage and operation of an existing dam or a DUC for their supply of water and could not function if the dam failed. Projects

in this category also include operations that require increases in the capacity of an existing dam, or changes in the characteristics of the impounded materials, where failure of the existing dam could cause extensive damage to or failure of the Bank-funded facilities.

8. If such a project, as described in para. 7, involves an existing dam or DUC in the borrower's territory, the Bank requires that the borrower arrange for one or more independent dam specialists to (a) inspect and evaluate the safety status of the existing dam or DUC, its appurtenances, and its performance history; (b) review and evaluate the owner's operation and maintenance procedures; and (c) provide a written report of findings and recommendations for any remedial work or safety-related measures necessary to upgrade the existing dam or DUC to an acceptable standard of safety.
9. The Bank may accept previous assessments of dam safety or recommendations of improvements needed in the existing dam or DUC if the borrower provides evidence that (a) an effective dam safety program is already in operation, and (b) full-level inspections and dam safety assessments of the existing dam or DUC, which are satisfactory to the Bank, have already been conducted and documented.
10. Necessary additional dam safety measures or remedial work may be financed under the proposed project. When substantial remedial work is needed, the Bank requires that (a) the work be designed and supervised by competent professionals, and (b) the same reports and plans as for a new Bank-financed dam (see para. 4(b)) be prepared and implemented. For high-hazard cases involving significant and complex remedial work, the Bank also requires that a panel of independent experts be employed on the same basis as for a new Bank-financed dam (see paras. 4(a) and 5).
11. When the owner of the existing dam or DUC is an entity other than the borrower, the borrower enters into agreements or arrangements providing for the measures set out in paras. 8-10 to be undertaken by the owner.
12. Where appropriate, as part of policy dialogue with the country, Bank staff discuss any measures necessary to strengthen the institutional, legislative, and regulatory frame-works for dam safety programs in the country.

OP 4.09 - Pest Management

December, 1998

1. In assisting borrowers to manage pests that affect either agriculture or public health, the Bank supports a strategy that promotes the use of biological or environmental control methods and reduces reliance on synthetic chemical

pesticides. In Bank-financed projects, the borrower addresses pest management issues in the context of the project's environmental assessment.

2. In appraising a project that will involve pest management, the Bank assesses the capacity of the country's regulatory framework and institutions to promote and support safe, effective, and environmentally sound pest management. As necessary, the Bank and the borrower incorporate in the project components to strengthen such capacity.
3. The Bank uses various means to assess pest management in the country and support integrated pest management (IPM) and the safe use of agricultural pesticides: economic and sector work, sectoral or project-specific environmental assessments, participatory IPM assessments, and investment projects and components aimed specifically at supporting the adoption and use of IPM.
4. In Bank-financed agriculture operations, pest populations are normally controlled through IPM approaches, such as biological control, cultural practices, and the development and use of crop varieties that are resistant or tolerant to the pest. The Bank may finance the purchase of pesticides when their use is justified under an IPM approach.
5. In Bank-financed public health projects, the Bank supports controlling pests primarily through environmental methods. Where environmental methods alone are not effective, the Bank may finance the use of pesticides for control of disease vectors.
6. The procurement of any pesticide in a Bank-financed project is contingent on an assessment of the nature and degree of associated risks, taking into account the proposed use and the intended users. With respect to the classification of pesticides and their specific formulations, the Bank refers to the World Health Organization's Recommended Classification of Pesticides by Hazard and Guidelines to Classification (Geneva: WHO 1994-95). The following criteria apply to the selection and use of pesticides in Bank-financed projects:

   (a) They must have negligible adverse human health effects.
   (b) They must be shown to be effective against the target species.
   (c) They must have minimal effect on nontarget species and the natural environment. The methods, timing, and frequency of pesticide application are aimed to minimize damage to natural enemies. Pesticides used in public health programs must be demonstrated to be safe for inhabitants and domestic animals in the treated areas, as well as for personnel applying them.
   (d) Their use must take into account the need to prevent the development of resistance in pests.

7. The Bank requires that any pesticides it finances be manufactured, packaged, labeled, handled, stored, disposed of, and applied according to standards acceptable to the Bank. The Bank does not finance formulated products that fall in WHO classes IA and IB, or formulations of products in Class II, if (a) the country lacks restrictions on their distribution and use; or (b) they are likely to be used by, or be accessible to, lay personnel, farmers, or others without training, equipment, and facilities to handle, store, and apply these products properly.

OP 4.11 - Physical Cultural Resources

July, 2006

1. This policy addresses physical cultural resources, which are defined as movable or immovable objects, sites, structures, groups of structures, and natural features and landscapes that have archaeological, paleontological, historical, architectural, religious, aesthetic, or other cultural significance. Physical cultural resources may be located in urban or rural settings, and may be above or below ground, or under water. Their cultural interest may be at the local, provincial or national level, or within the international community.
2. Physical cultural resources are important as sources of valuable scientific and historical information, as assets for economic and social development, and as integral parts of a people's cultural identity and practices.
3. The Bank assists countries to avoid or mitigate adverse impacts on physical cultural resources from development projects that it finances. The impacts on physical cultural resources resulting from project activities, including mitigating measures, may not contravene either the borrower's national legislation, or its obligations under relevant international environmental treaties and agreements.
4. The borrower addresses impacts on physical cultural resources in projects proposed for Bank financing, as an integral part of the environmental assessment (EA) process. The steps elaborated below follow the EA sequence of: screening; developing terms of reference (TORs); collecting baseline data; impact assessment; and formulating mitigating measures and a management plan.
5. The following projects are classified during the environmental screening process as Category A or B, and are subject to the provisions of this policy: (a) any project involving significant excavations, demolition, movement of earth, flooding, or other environmental changes; and (b) any project located in, or in the vicinity of, a physical cultural resources site recognized by the

borrower. Projects specifically designed to support the management or conservation of physical cultural resources are individually reviewed, and are normally classified as Category A or B.

6. To develop the TORs for the EA, the borrower, in consultation with the Bank, relevant experts, and relevant project-affected groups, identifies the likely physical cultural resources issues, if any, to be taken into account by the EA. The TORs normally specify that physical cultural resources be included in the baseline data collection phase of the EA.
7. The borrower identifies physical cultural resources likely to be affected by the project and assesses the project's potential impacts on these resources as an integral part of the EA process, in accordance with the Bank's EA requirements.
8. When the project is likely to have adverse impacts on physical cultural resources, the borrower identifies appropriate measures for avoiding or mitigating these impacts as part of the EA process. These measures may range from full site protection to selective mitigation, including salvage and documentation, in cases where a portion or all of the physical cultural resources may be lost.
9. As an integral part of the EA process, the borrower develops a physical cultural resources management plan that includes measures for avoiding or mitigating any adverse impacts on physical cultural resources, provisions for managing chance finds, any necessary measures for strengthening institutional capacity, and a monitoring system to track the progress of these activities. The physical cultural resources management plan is consistent with the country's overall policy framework and national legislation and takes into account institutional capabilities with regard to physical cultural resources.
10. The Bank reviews, and discusses with the borrower, the findings and recommendations related to the physical cultural resources aspects of the EA, and determines whether they provide an adequate basis for processing the project for Bank financing.
11. As part of the public consultations required in the EA process, the consultative process for the physical cultural resources component normally includes relevant project-affected groups, concerned government authorities, and relevant nongovernmental organizations in documenting the presence and significance of physical cultural resources, assessing potential impacts, and exploring avoidance and mitigation options.
12. The findings of the physical cultural resources component of the EA are disclosed as part of, and in the same manner as, the EA report. Exceptions to such disclosure would be considered when the borrower, in consultation

with the Bank and persons with relevant expertise, determines that disclosure would compromise or jeopardize the safety or integrity of the physical cultural resources involved or would endanger the source of information about the physical cultural resources. In such cases, sensitive information relating to these particular aspects may be omitted from the EA report.

13. This policy normally applies to emergency operations processed under OP/BP 8.00, Rapid Response to Crises and Emergencies. OP/BP 4.01, Environmental Assessment, sets out the application of EA to such projects. When compliance with any requirement of OP 4.11, Physical Cultural Resources would prevent the effective and timely achievement of the objectives of an emergency operation, the Bank may exempt the project from such a requirement, recording the justification for the exemption in the loan documents. However, the Bank requires that any necessary corrective measures be built into either the emergency operation or a future lending operation.
14. The physical cultural resources aspects of subprojects financed under Bank projects are addressed in accordance with the Bank's EA requirements.
15. The Bank may decide to use a country's systems to address environmental and social safeguards issues in a Bank-financed project that affects physical cultural resources. This decision is made in accordance with the requirements of the applicable Bank policy on country systems.
16. When the borrower's capacity is inadequate to manage physical cultural resources that may be affected by a Bank-financed project, the project may include components to strengthen that capacity.
17. Given that the borrower's responsibility for physical cultural resources management extends beyond individual projects, the Bank may consider broader capacity building activities as part of its overall country assistance program.

OP 4.04 - Natural Habitats

June, 2001

1. The conservation of natural habitats, like other measures that protect and enhance the environment, is essential for long-term sustainable development. The Bank therefore supports the protection, maintenance, and rehabilitation of natural habitats and their functions in its economic and sector work, project financing, and policy dialogue. The Bank supports, and expects borrowers to apply, a precautionary approach to natural resource management to ensure opportunities for environmentally sustainable development.

2. The Bank's economic and sector work includes identification of (a) natural habitat issues and special needs for natural habitat conservation, including the degree of threat to identified natural habitats (particularly critical natural habitats), and (b) measures for protecting such areas in the context of the country's development strategy. As appropriate, Country Assistance Strategies and projects incorporate findings from such economic and sector work.
3. The Bank promotes and supports natural habitat conservation and improved land use by financing projects designed to integrate into national and regional development the conservation of natural habitats and the maintenance of ecological functions. Furthermore, the Bank promotes the rehabilitation of degraded natural habitats.
4. The Bank does not support projects that, in the Bank's opinion, involve the significant conversion or degradation of critical natural habitats.
5. Wherever feasible, Bank-financed projects are sited on lands already converted (excluding any lands that in the Bank's opinion were converted in anticipation of the project). The Bank does not support projects involving the significant conversion of natural habitats unless there are no feasible alternatives for the project and its siting, and comprehensive analysis demonstrates that overall benefits from the project substantially outweigh the environmental costs. If the environmental assessment indicates that a project would significantly convert or degrade natural habitats, the project includes mitigation measures acceptable to the Bank. Such mitigation measures include, as appropriate, minimizing habitat loss (e.g., strategic habitat retention and post-development restoration) and establishing and maintaining an ecologically similar protected area. The Bank accepts other forms of mitigation measures only when they are technically justified.
6. In deciding whether to support a project with potential adverse impacts on a natural habitat, the Bank takes into account the borrower's ability to implement the appropriate conservation and mitigation measures. If there are potential institutional capacity problems, the project includes components that develop the capacity of national and local institutions for effective environmental planning and management. The mitigation measures specified for the project may be used to enhance the practical field capacity of national and local institutions.
7. In projects with natural habitat components, project preparation, appraisal, and supervision arrangements include appropriate environmental expertise to ensure adequate design and implementation of mitigation measures.
8. This policy applies to subprojects under sectoral loans or loans to financial intermediaries. Regional environmental sector units oversee compliance with this requirement.

9. The Bank encourages borrowers to incorporate into their development and environmental strategies analyses of any major natural habitat issues, including identification of important natural habitat sites, the ecological functions they perform, the degree of threat to the sites, priorities for conservation, and associated recurrent-funding and capacity-building needs.
10. The Bank expects the borrower to take into account the views, roles, and rights of groups, including local nongovernmental organizations and local communities, affected by Bank-financed projects involving natural habitats, and to involve such people in planning, designing, implementing, monitoring, and evaluating such projects. Involvement may include identifying appropriate conservation measures, managing protected areas and other natural habitats, and monitoring and evaluating specific projects. The Bank encourages governments to provide such people with appropriate information and incentives to protect natural habitats.

OP 7.60 - Projects in Disputed Areas

June, 2001 (revised March 2012)

1. Projects in disputed areas may raise a number of delicate problems affecting relations not only between the Bank and its member countries, but also between the country in which the project is carried out and one or more neighboring countries. In order not to prejudice the position of either the Bank or the countries concerned, any dispute over an area in which a proposed project is located is dealt with at the earliest possible stage.
2. The Bank may support a project in a disputed area if the governments concerned agree that, pending the settlement of the dispute, the project proposed for country A should go forward without prejudice to the claims of country B.
3. For every project in a disputed area, Bank staff consider the nature of the dispute. The Project/Program Appraisal Document (PAD) for a project in a disputed area discusses the nature of the dispute and affirms that Bank staff have considered it and are satisfied that either

   (a) the other claimants to the disputed area have no objection to the project; or

   (b) in all other instances, the special circumstances of the case warrant the Bank's support of the project notwithstanding any objection or lack of approval by the other claimants. Such special circumstances include the following

(i) that the project is not harmful to the interest of other claimants, or
(ii) that a conflicting claim has not won international recognition or been actively pursued. In all cases, the project documentation bears a disclaimer stating that, by supporting the project, the Bank does not intend to make any judgment on the legal or other status of the territories concerned or to prejudice the final determination of the parties' claims. The Legal Vice Presidency prepares the relevant portions of the project documentation.

OP 7.50 - Projects on International Waterways

June, 2001 (revised March 2012)

1. This policy applies to the following types of international waterways:
   (a) any river, canal, lake, or similar body of water that forms a boundary between, or any river or body of surface water that flows through, two or more states, whether Bank members or not;
   (b) any tributary or other body of surface water that is a component of any waterway described in (a) above; and
   (c) any bay, gulf, strait, or channel bounded by two or more states or, if within one state, recognized as a necessary channel of communication between the open sea and other states–and any river flowing into such waters.
2. This policy applies to the following types of projects:
   (a) hydroelectric, irrigation, flood control, navigation, drainage, water and sewerage, industrial, and similar projects that involve the use or potential pollution of international waterways as described in para. 1 above; and
   (b) detailed design and engineering studies of projects under para. 2(a) above, including those to be carried out by the Bank as executing agency or in any other capacity.
3. Projects on international waterways may affect relations between the Bank and its borrowers and between states (whether members of the Bank or not). The Bank recognizes that the cooperation and goodwill of riparians is essential for the efficient use and protection of the waterway. Therefore, it attaches great importance to riparians' making appropriate agreements or arrangements for these purposes for the entire waterway or any part thereof. The Bank stands ready to assist riparians in achieving this end. In cases where

differences remain unresolved between the state proposing the project (beneficiary state) and the other riparians, prior to financing the project the Bank normally urges the beneficiary state to offer to negotiate in good faith with the other riparians to reach appropriate agreements or arrangements.

4. The Bank ensures that the international aspects of a project on an international waterway are dealt with at the earliest possible opportunity. If such a project is proposed, the Bank requires the beneficiary state, if it has not already done so, formally to notify the other riparians of the proposed project and its Project/Program Details (see BP 7.50, para. 3). If the prospective borrower indicates to the Bank that it does not wish to give notification, normally the Bank itself does so. If the borrower also objects to the Bank's doing so, the Bank discontinues processing of the project. The executive directors concerned are informed of these developments and any further steps taken.
5. The Bank ascertains whether the riparians have entered into agreements or arrangements or have established any institutional framework for the international waterway concerned. In the latter case, the Bank ascertains the scope of the institution's activities and functions and the status of its involvement in the proposed project, bearing in mind the possible need for notifying the institution.
6. Following notification, if the other riparians raise objections to the proposed project, the Bank in appropriate cases may appoint one or more independent experts to examine the issues in accordance with BP 7.50, paras. 8-12. Should the Bank decide to proceed with the project despite the objections of the other riparians, the Bank informs them of its decision.
7. The following exceptions are allowed to the Bank's requirement that the other riparian states be notified of the proposed project:

   (a) For any ongoing schemes, projects involving additions or alterations that require rehabilitation, construction, or other changes that in the judgment of the Bank (i) will not adversely change the quality or quantity of water flows to the other riparians; and (ii) will not be adversely affected by the other riparians' possible water use. This exception applies only to minor additions or alterations to the ongoing scheme; it does not cover works and activities that would exceed the original scheme, change its nature, or so alter or expand its scope and extent as to make it appear a new or different scheme. In case of doubt regarding the extent to which a project meets the criteria of this exception, the executive directors representing the riparians concerned are informed and given at least two months to reply. Even if projects meet the criteria of this exception, the

Bank tries to secure compliance with the requirements of any agreement or arrangement between the riparians.

(b) Water resource surveys and feasibility studies on or involving international waterways. However, the state proposing such activities includes in the terms of reference for the activities an examination of any potential riparian issues.

(c) Any project that relates to a tributary of an international waterway where the tributary runs exclusively in one state and the state is the lowest downstream riparian, unless there is concern that the project could cause appreciable harm to other states.

8. The Project Appraisal Document (PAD) for a project on an international waterway deals with the international aspects of the project, and states that Bank staff have considered these aspects and are satisfied that

(a) the issues involved are covered by an appropriate agreement or arrangement between the beneficiary state and the other riparians; or

(b) the other riparians have given a positive response to the beneficiary state or Bank, in the form of consent, no objection, support to the project, or confirmation that the project will not harm their interests; or

(c) in all other cases, in the assessment of Bank staff, the project will not cause appreciable harm to the other riparians, and will not be appreciably harmed by the other riparians' possible water use. The PAD also contains in an annex the salient features of any objection and, where applicable, the report and conclusions of the independent experts.

Performance Standard 2

Labor and Working Conditions

January 2012

1. Performance Standard 2 recognizes that the pursuit of economic growth through employment creation and income generation should be accompanied by protection of the fundamental rights of workers. For any business, the workforce is a valuable asset, and a sound worker-management relationship is a key ingredient in the sustainability of a company. Failure to establish and foster a sound worker-management relationship can undermine worker commitment and retention, and can jeopardize a project. Conversely, through a constructive worker-management relationship, and by treating the workers fairly and providing them with safe and healthy working conditions,

clients may create tangible benefits, such as enhancement of the efficiency and productivity of their operations.

2. The requirements set out in this Performance Standard have been in part guided by a number of international conventions and instruments, including those of the International Labour Organization (ILO) and the United Nations (UN).

   Objectives:

   - To promote the fair treatment, non-discrimination, and equal opportunity of workers.
   - To establish, maintain, and improve the worker-management relationship.
   - To promote compliance with national employment and labor laws.
   - To protect workers, including vulnerable categories of workers such as children, migrant workers, workers engaged by third parties, and workers in the client's supply chain.
   - To promote safe and healthy working conditions, and the health of workers.
   - To avoid the use of forced labor.

3. The applicability of this Performance Standard is established during the environmental and social risks and impacts identification process. The implementation of the actions necessary to meet the requirements of this Performance Standard is managed through the client's Environmental and Social Management System (ESMS), the elements of which are outlined in Performance Standard 1.
4. The scope of application of this Performance Standard depends on the type of employment relationship between the client and the worker. It applies to workers directly engaged by the client (direct workers), workers engaged through third parties to perform work related to core business processes of the project for a substantial duration (contracted workers), as well as workers engaged by the client's primary suppliers (supply chain workers).
5. With respect to direct workers, the client will apply the requirements of paragraphs 8–23 of this Performance Standard.
6. With respect to contracted workers, the client will apply the requirements of paragraphs 23–26 of this Performance Standard.
7. With respect to supply chain workers, the client will apply the requirements of paragraphs 27–29 of this Performance Standard.
8. The client will adopt and implement human resources policies and procedures appropriate to its size and workforce that set out its approach to managing workers consistent with the requirements of this Performance Standard and national law.

9. The client will provide workers with documented information that is clear and understandable, regarding their rights under national labor and employment law and any applicable collective agreements, including their rights related to hours of work, wages, overtime, compensation, and benefits upon beginning the working relationship and when any material changes occur.
10. Where the client is a party to a collective bargaining agreement with a workers' organization, such agreement will be respected. Where such agreements do not exist, or do not address working conditions and terms of employment, the client will provide reasonable working conditions and terms of employment.
11. The client will identify migrant workers and ensure that they are engaged on substantially equivalent terms and conditions to non-migrant workers carrying out similar work.
12. Where accommodation services are provided to workers covered by the scope of this Performance Standard, the client will put in place and implement policies on the quality and management of the accommodation and provision of basic services. The accommodation services will be provided in a manner consistent with the principles of non-discrimination and equal opportunity. Workers' accommodation arrangements should not restrict workers' freedom of movement or of association.
13. In countries where national law recognizes workers' rights to form and to join workers' organizations of their choosing without interference and to bargain collectively, the client will comply with national law. Where national law substantially restricts workers' organizations, the client will not restrict workers from developing alternative mechanisms to express their grievances and protect their rights regarding working conditions and terms of employment. The client should not seek to influence or control these mechanisms.
14. In either case described in paragraph 13 of this Performance Standard, and where national law is silent, the client will not discourage workers from electing worker representatives, forming or joining workers' organizations of their choosing, or from bargaining collectively, and will not discriminate or retaliate against workers who participate, or seek to participate, in such organizations and collective bargaining. The client will engage with such workers' representatives and workers' organizations, and provide them with information needed for meaningful negotiation in a timely manner. Workers' organizations are expected to fairly represent the workers in the workforce.
15. The client will not make employment decisions on the basis of personal characteristics unrelated to inherent job requirements. The client will base the employment relationship on the principle of equal opportunity and fair

treatment, and will not discriminate with respect to any aspects of the employment relationship, such as recruitment and hiring, compensation (including wages and benefits), working conditions and terms of employment, access to training, job assignment, promotion, termination of employment or retirement, and disciplinary practices. The client will take measures to prevent and address harassment, intimidation, and/or exploitation, especially in regard to women. The principles of non-discrimination apply to migrant workers.

16. In countries where national law provides for non-discrimination in employment, the client will comply with national law. When national laws are silent on non-discrimination in employment, the client will meet this Performance Standard. In circumstances where national law is inconsistent with this Performance Standard, the client is encouraged to carry out its operations consistent with the intent of paragraph 15 above without contravening applicable laws.
17. Special measures of protection or assistance to remedy past discrimination or selection for a particular job based on the inherent requirements of the job will not be deemed as discrimination, provided they are consistent with national law.
18. Prior to implementing any collective dismissals, the client will carry out an analysis of alternatives to retrenchment. If the analysis does not identify viable alternatives to retrenchment, a retrenchment plan will be developed and implemented to reduce the adverse impacts of retrenchment on workers. The retrenchment plan will be based on the principle of non-discrimination and will reflect the client's consultation with workers, their organizations, and, where appropriate, the government, and comply with collective bargaining agreements if they exist. The client will comply with all legal and contractual requirements related to notification of public authorities, and provision of information to, and consultation with workers and their organizations.
19. The client should ensure that all workers receive notice of dismissal and severance payments mandated by law and collective agreements in a timely manner. All outstanding back pay and social security benefits and pension contributions and benefits will be paid (i) on or before termination of the working relationship to the workers, (ii) where appropriate, for the benefit of the workers, or (iii) payment will be made in accordance with a timeline agreed through a collective agreement. Where payments are made for the benefit of workers, workers will be provided with evidence of such payments.
20. The client will provide a grievance mechanism for workers (and their organizations, where they exist) to raise workplace concerns. The client will inform the workers of the grievance mechanism at the time of recruitment

and make it easily accessible to them. The mechanism should involve an appropriate level of management and address concerns promptly, using an understandable and transparent process that provides timely feedback to those concerned, without any retribution. The mechanism should also allow for anonymous complaints to be raised and addressed. The mechanism should not impede access to other judicial or administrative remedies that might be available under the law or through existing arbitration procedures, or substitute for grievance mechanisms provided through collective agreements.

21. The client will not employ children in any manner that is economically exploitative, or is likely to be hazardous or to interfere with the child's education, or to be harmful to the child's health or physical, mental, spiritual, moral, or social development. The client will identify the presence of all persons under the age of 18. Where national laws have provisions for the employment of minors, the client will follow those laws applicable to the client. Children under the age of 18 will not be employed in hazardous work. All work of persons under the age of 18 will be subject to an appropriate risk assessment and regular monitoring of health, working conditions, and hours of work.
22. The client will not employ forced labor, which consists of any work or service not voluntarily performed that is exacted from an individual under threat of force or penalty. This covers any kind of involuntary or compulsory labor, such as indentured labor, bonded labor, or similar labor-contracting arrangements. The client will not employ trafficked persons.
23. The client will provide a safe and healthy work environment, taking into account inherent risks in its particular sector and specific classes of hazards in the client's work areas, including physical, chemical, biological, and radiological hazards, and specific threats to women. The client will take steps to prevent accidents, injury, and disease arising from, associated with, or occurring in the course of work by minimizing, as far as reasonably practicable, the causes of hazards. In a manner consistent with good international industry practice, as reflected in various internationally recognized sources including the World Bank Group Environmental, Health and Safety Guidelines, the client will address areas that include the (i) identification of potential hazards to workers, particularly those that may be life-threatening; (ii) provision of preventive and protective measures, including modification, substitution, or elimination of hazardous conditions or substances; (iii) training of workers; (iv) documentation and reporting of occupational accidents, diseases, and incidents; and (v) emergency prevention, preparedness, and response arrangements. For additional information related to emergency preparedness and response refer to Performance Standard 1.

24. With respect to contracted workers the client will take commercially reasonable efforts to ascertain that the third parties who engage these workers are reputable and legitimate enterprises and have an appropriate ESMS that will allow them to operate in a manner consistent with the requirements of this Performance Standard, except for paragraphs 18–19, and 27–29.
25. The client will establish policies and procedures for managing and monitoring the performance of such third party employers in relation to the requirements of this Performance Standard. In addition, the client will use commercially reasonable efforts to incorporate these requirements in contractual agreements with such third party employers.
26. The client will ensure that contracted workers, covered in paragraphs 24–25 of this Performance Standard, have access to a grievance mechanism. In cases where the third party is not able to provide a grievance mechanism the client will extend its own grievance mechanism to serve workers engaged by the third party.
27. Where there is a high risk of child labor or forced labor in the primary supply chain, the client will identify those risks consistent with paragraphs 21 and 22 above. If child labor or forced labor cases are identified, the client will take appropriate steps to remedy them. The client will monitor its primary supply chain on an ongoing basis in order to identify any significant changes in its supply chain and if new risks or incidents of child and/or forced labor are identified, the client will take appropriate steps to remedy them.
28. Additionally, where there is a high risk of significant safety issues related to supply chain workers, the client will introduce procedures and mitigation measures to ensure that primary suppliers within the supply chain are taking steps to prevent or to correct life-threatening situations.
29. The ability of the client to fully address these risks will depend upon the client's level of management control or influence over its primary suppliers. Where remedy is not possible, the client will shift the project's primary supply chain over time to suppliers that can demonstrate that they are complying with this Performance Standard.

OP 4.20 - Gender and Development

March, 2003 (revised March 2012)

1. The objective of the Bank's gender and development policy is to assist member countries to reduce poverty and enhance economic growth, human well-being, and development effectiveness by addressing the gender disparities

and inequalities that are barriers to development, and by assisting member countries in formulating and implementing their gender and development goals.

2. To this end, the Bank periodically assesses the gender dimensions of development within and across sectors in the countries in which it has an active assistance program. This gender assessment informs the Bank's policy dialogue with the member country.
3. The Bank's Country Assistance Strategy (CAS) draws on and discusses the findings of the gender assessment.
4. In sectors and thematic areas where the CAS has identified the need for gender-responsive interventions, the Bank's assistance to the country incorporates measures designed to address this need. Projects in these sectors and thematic areas are designed to adequately take into account the gender implications of the project.
5. The Bank regularly monitors the implementation of this policy.

Abkürzungen

ADB	Asian Development Bank
AEMR	Allgemeine Erklärung der Menschenrechte
Am. J. Int'l L.	American Journal of International Law
Am. U. J. Int'l L. & Pol'y	American University Journal of International Law and Policy
AMRK	Amerikanische Menschenrechtskonvention
Avianca	Aerovías del Continente Americano S. A.
BP	Verfahrensrichtlinie / *bank procedure*
BPs	Verfahrensrichtlinien / *bank procedures*
CAO	Unabhängige Stelle zur Unterstützung, Überwachung und Beratung in Sozial- und Umweltangelegenheiten sowie zur Beilegung von Streitigkeiten / *Compliance Advisor/Ombudsman*
CAS	„Länderunterstützungs-Strategie" / *country assistance strategy*
CCH	„Vertretung Ehrbares Cartagena" / *Corporatión Cartagena Honesta*
CED	„Zentrum für Umwelt und Entwicklung" / *Centre for the Environment and Development*
CEDAW	Übereinkommen zur Beseitigung jeder Form von Diskriminierung der Frau / *Convention on the Elimination of All Forms of Discrimination against Women*
CIEL Brief	Center for International Environmental Law Brief
COHRE	„Zentrum für Wohnrechte und Vertreibungen" / *Center on Housing Rights and Evictions*

Colo. J. Int'l Envtl. L. & Pol'y	Colorado Journal of International Environmental Law and Policy
COTCO	"Kamerun-Öltransport-Gesellschaft" / Cameroon Oil Transportation Company SA
CSW	„Kommission zum Status der Frauen" / *Commission on the Status of Women*
CTO	„Vereinigung von Touristenführern" / *Association of Tourist Operators*
DEDAW	Erklärung zur Beseitigung jeder Form von Diskriminierung der Frau / *Declaration on the Elimination of All Forms of Discrimination against Women*
Den. J. Int'l L. & Pol'y	Denver Journal of International Law and Policy
DfID	„Ministerium für Internationale Entwicklung" / *Department for International Development*
djbZ	Zeitschrift des Deutschen Juristinnenbundes
E + Z	Entwicklung und Zusammenarbeit
EA	Umweltprüfung / *Environmental Assessment*
EBRD	Europäische Bank für Wiederaufbau und Entwicklung / *European Bank for Reconstruction and Development*
ECOSOC	Wirtschafts- und Sozialrat / *Economic and Social Council*
EESRSP	„Notfallprojekt zur Unterstützung der wirtschaftlichen und sozialen Wiedervereinigung" / *Emergency Economic and Social Reunification Support Project*
EGCG	„Externe Beratungsgruppe der Weltbank" / *The World Bank External Gender Consultative Group*
EGMR	Europäischer Gerichtshof für Menschenrechte

EIB	Europäische Investitionsbank
EMRK	Europäische Menschenrechtskonvention / Konvention zum Schutze der Menschenrechte und Grundfreiheiten
EPIL	Encyclopedia of Public International Law
EU	Europäische Union
EuGH	Europäischer Gerichtshof
EuGRZ	Europäische Grundrechte-Zeitschrift
Euralia	„Europäische Hilfsmission für das Albanische Justizsystem" / *European Assistance Mission to the Albanian Justice System*
EuZW	Europäische Zeitschrift für Wirtschaftsrecht
FAO	Ernährungs- und Landwirtschaftsorganisation / *Food and Agriculture Organization*
G7	Gruppe der Sieben größten Volkswirtschaften von 1976-1998
GAP	Gender-Aktionsplan
GEF	Globale Umweltfazilität / *Global Environment Facility*
GMS	Gender-Mainstreaming-Strategie
IBLF	„Internationales Forum führender Unternehmen" / *International Business Leaders Forum*
IBRD	Internationale Bank für Wiederaufbau und Entwicklung / *International Bank for Reconstruction and Development*
ICOLD	Internationale Kommission für große Talsperren / *International Commission on Large Dams*
ICSID	Internationales Zentrum zur Beilegung von Investitionsstreitigkeiten / *International Centre for Settlement of Investment Disputes*
IDA	Internationale Entwicklungsorganisation / *International Development Association*

IFC	Internationale Finanzkorporation / *International Finance Corporation*
IGB	Internationaler Genossenschaftsbund
IGH	Internationaler Gerichtshof
ILA	*International Law Association*
ILC	*International Law Commission*
ILO	Internationale Arbeitsorganisation / *International Labour Organization*
ILSA J. Int'l & Comp. L.	ILSA Journal of International and Comparative Law
Ind. J. Global Legal Stud.	Indiana Journal of Global Legal Studies
IPbpR	Internationaler Pakt über bürgerliche und politische Rechte
IPwskR	Internationaler Pakt über wirtschaftliche, soziale und kulturelle Rechte
IWF	Internationaler Währungsfonds
IWGIA Dokument	International Work Group for Indigenous Affairs Dokument
J. Int'l L. & Econ.	Journal of International Law and Economics
MIGA	Multilaterale Investitions-Garantie-Agentur / *Multilateral Investment Guarantee Agency*
NGO	Nichtregierungsorganisation / *non-governmental organization*
NGOs	Nichtregierungsorganisationen / *non-governmental organizations*
NSEL	"Nicaragua Zuckerplantagen GmbH" / *Nicaragua Sugar Estates Limited*
NTPC	„Nationale Heizkraftgesellschaft" / *National Thermal Power Corporation*
OAS	Organisation Amerikanischer Staaten
OAU	Afrikanische Union
OD	operative Direktive / *operational directive* (Vorgängerin der OP)
OFRANEH	„Schwarze Bruderschaft Honduras" / *Organización Fraternal Negra Honduras*

OMS	operative Dienstanweisung / *operational manual statement*
OP	operative Richtlinie / *operational policy*
OPN	operativer Leithinweis / *operative policy note*
OPs	operative Richtlinien / *operational policies*
OSZE	Organisation für Sicherheit und Zusammenarbeit in Europa
PIC	öffentliches Informationszentrum / *Public Information Center* (der Weltbank)
PREM	„Netzwerk für Armutsreduzierung und Wirtschaftsmanagement" / *Poverty Reduction and Economic Management*
TSERO	„Übergangs-Projektbeihilfe für wirtschaftlichen Aufschwung" / *transitional support for economic recovery grant operation*
UESP II	„Zweites Projekt zur Verbesserung der städtischen Lebensbedingungen" / *Second Urban Environmental Sanitation Project*
UN(O)	Vereinte Nationen / *United Nations (Organization)*
UNECE	„UN-Wirtschaftskommission für Europa" / *United Nations Economic Commission for Europe*
UNEP	Umweltprogramm der Vereinten Nationen / *United Nations Environment Programme*
UNESCO	Organisation der Vereinten Nationen für Erziehung, Wissenschaft und Kultur / *United Nations Educational, Scientific and Cultural Organization*
Va. J. Int'l L.	Virginia Journal of International Law
VRÜ	Verfassung und Recht in Übersee

WCD	Welttalsperrenkommission / *World Commission on Dams*
WHO	Weltgesundheitsorganisation / *World Health Organization*
WTO	Welthandelsorganisation / *World Trade Organization*
WVKIO	Wiener Konvention über das Recht der Verträge zwischen Staaten und internationalen Organisationen oder zwischen internationalen Organisationen
ZESAR	Zeitschrift für Europäisches Sozial und Arbeitsrecht
ZVglRWiss	Zeitschrift für Vergleichende Rechtswissenschaften

Bibliographie

Akande, Dapo, International Organizations, in: Evans, Malcolm D. (Hrsg.), International Law, 2. Auflage, Oxford et al., 2006.

Anaya, S. James, Indigenous Peoples in International Law, 2. Auflage, Oxford u.a., 2004.

Anaya, S. James (Hrsg.), International Law and Indigenous Peoples, The Library of Essays in International Law, Burlington 2003.

Annan, Kofi A., Message on CEDAW's Twenty-fifth Anniversary, in: Schöpp-Schilling, Beate/Flinterman, Cees (Hrsg.), The Circle of Empowerment, New York, 2007.

Asscher-Vonk, Irene P., Towards One Concept of Objective Justification?, in: Loenen, Titia/Rodrigues, Peter R. (Hrsg.), Non-Discrimination Law: Comparative Perspectives, Den Haag u.a., 1999, S. 39ff.

Ayer, Ariane, Droit international de l'environnement: responsabilité de l'État pour inactivité législative et droits des particuliers, Basel u a., 2001.

Ayusawa, Iwao Frederick, International Labor Legislation, London, 1920.

Bartholomäi, Reinhard, Sustainable Development und Völkerrecht. Nachhaltige Entwicklung und intergenerative Gerechtigkeit in der Staatenpraxis, in: Lange, Klaus (Hrsg.), Gießener Abhandlungen zum Umweltrecht, Baden-Baden, 1997.

Bassiouni, M. Cherif, Crimes Against Humanity in International Criminal Law, Dordrecht u.a., 1992.

Bayefsky, Anne F., General Approaches to the Domestic Application of Women's International Human Rights Law, in: Cook, Rebecca J. (Hrsg.), Human Rights of Women: National and International Perspectives, Philadelphia, 1994, S. 189ff.

Bell, Stuart/McGillivray, Donald, Environmental Law, 6. Auflage, Oxford u.a., 2006.

Ben-Israel, Ruth, Strikes, Lockouts and Other Kinds of Hostile Actions, in: Hepple, Bob A. (Hrsg.), International Encyclopedia of Comparative Law, Bd. XV, Labour Law, Tübingen u.a., 1997.

Berger, Thomas R., The World Bank's Independent Review of India's Sardar Sarovar Project, Am. U. J. Int'l L. & Pol'y 9 (1993), S. 33ff.

Betten, Lammy, International Labour Law. Selected Issues, Deventer u.a., 1993.

Beyerlin, Ulrich, Umweltvölkerrecht, München, 2000.

Birnie, Patricia W./Boyle, Alan E./Redgwell, Catherine, International Law & the Environment, 3. Auflage, Oxford u.a., 2009.

Bissell, Richard E., Institutional and Procedural Aspects of the Inspection Panel, in: Alfredsson, Gudmundur/Ring, Rolf (Hrsg.), The Inspection Panel of the World Bank: A Different Complaints Procedure, Den Haag u.a., 2001.

Bodansky, Daniel, Customary (and Not So Customary) International Environmental Law, Ind. J. Global Legal Stud. 3 (1995).

Böge, Volker, Das Sardar-Sarovar-Projekt an der Narmada in Indien - Gegenstand ökologischen Konflikts, ENCOP, Occasional Paper No. 8, Zürich, 1993.

Boisson de Chazournes, Laurence, Compliance with Operational Standards: The Contribution of the World Bank Inspection Panel, in: Alfredsson, Gudmundur/Ring, Rolf (Hrsg.), The Inspection Panel of the World Bank: A Different Complaints Procedure, Den Haag u.a., 2001.

Bouta, Tsjeard/Frerks, Georg/Bannon, Ian (Hrsg.), Gender, Conflict and Development, Washington, D.C., 2005.

Bradlow, Daniel D., International organizations and private complaints: the case of the World Bank inspection panel, Va. J. Int'l L. 34 (1994), S. 553-613.

Bradlow, Daniel D., Lessons from the NGO campaign against the second review of the world bank inspection panel: a participant's perspective, ILSA J. Int'l & Comp. L. 7(2) (2001), S. 247-257.

Bronstein, Arturo, International and Comparative Labour Law, Basingstoke u.a., 2009.

Brownlie, Ian, Treaties and Indigenous Peoples, in: Brookfield, F. M. (Hrsg.), The Robb Lectures 1991, Oxford, 1992.

Brunnée, Jutta, Common Areas, Common Heritage, and Common Concern, in: Bodansky, Daniel/Brunnée, Jutta/Hey, Ellen (Hrsg.), The Oxford Handbook of International Environmental Law, Oxford u.a., 2007.

Brunnée, Jutta, A Conceptual Framework for an International Forests Convention: Customary Law and Emerging Priciples, in: Canadian Council on International Law (Hrsg.), Global Forests and International Environmental Law, London u.a., 1996.

Buck, Trevor, International Child Law, London u.a., 2005.

Buergenthal, Thomas, The World Bank and Human Rights, in: Brown Weiss, Edith/Sureda, Andres Rigo/Boisson de Chazournes, Laurence (Hrsg.), The World Bank, International Financial Institutions, and the Development of International Law, Studies in Transnational Legal Policy No. 31, Washington, D.C., 1999, S. 95ff.

Buvinic, Mayra/Gwin, Catherine/Bates, Lisa M., Investing in Women: Progress and Prospects for the World Bank, Washington, D.C., 1995.

Buvinic, Mayra/Morrison, Andrew R., Introduction, Overview, and Future Policy Agenda, in: Buvinic, Mayra/Morrison, Andrew R./Ofosu-Amaah, A. Waafas/Sjöblom, Mirja (Hrsg.), Equality for Women, Washington, D.C., 2009, S. 1ff.

Byrnes, Andrew, Toward More Effective Enforcement of Women's Human Rights Through the Use of International Human Rights Law and Procedures, in: Cook, Rebecca J. (Hrsg.), Human Rights of Women: National and International Perspectives, Philadelphia, 1994, S. 189ff.

Byrnes, Andrew, Using International Human Rights Law and Procedures to Advance Women's Human Rights, in: Askin, Kelly D./Koenig, Dorean M. (Hrsg.), Women and International Human Rights Law, Band 1, Ardsley, 2000, S. 79ff.

Cassel, Douglass/Guzman, Jill, The Law and Reality of Discrimination Against Women, in: Askin, Kelly D./Koenig, Dorean M. (Hrsg.), Women and International Human Rights Law, Band 1, Ardsley, 2000, S. 287ff

Cassese, Antonio, International Law, 2. Auflage, Oxford u.a., 2005.

Centre for Human Rights, The Rights of Indigenous Peoples. Human Rights Fact Sheets, in: United Nations Centre for Human Rights (Hrsg.), Fact Sheet Nr. 9, Genf, 1990.

Cernea, Michael M., Involuntary Resettlement in Development Projects. Policy Guidelines in World Bank-Financed Projects, in: The World Bank (Hrsg.), World Bank Technical Paper, Nr. 80, Washington, D.C., 1988.

Clark, Dana, The World Bank Inspection Panel, in: Langford, Malcom (Hrsg.), Social Rights Jurisprudence. Emerging Trends in International and Comparative Law, Cambridge u.a., 2008.

Clark, Dana, Understanding the World Bank Inspection Panel, in: Clark, Dana/Fox, Jonathan/Treakle, Kay (Hrsg.), Demanding Accountability. Civil-Society Claims and the World Bank Inspection Panel, Lanham u.a., 2003.

Compliance Advisor / Ombudsman, 2008-9 Annual Report, Washington, D. C., 2009.

Copur, Burak, IWF & Weltbank: Dirigenten der Globalisierung, in: Schneider, Ann-Kathrin (Hrsg.), AttacBasis Texte, Hamburg, 2004.

Craik, Neil, The International Law of Environmental Impact Assessment. Process, Substance and Integration, Cambridge u.a., 2008.

Cullen, Holly, The Role of International Law in the Elimination of Child Labor, Leiden, 2007.

Cullet, Philippe/Gowlland-Gualtieri (Hrsg.), Key Materials in International Environmental Law, Aldershot, 2004.

Dañino, Roberto, The Legal Aspects of the World Bank's Work on Human Rights: Some Preliminary Thoughts, in: Alston, Philip/Robinson, Mary (Hrsg.), Human Rights and Development. Towards Mutual Reinforcement, Oxford et al., 2005.

Das, J. K., Human Rights and Indigenous Peoples, New Delhi, 2001.

Davidson, Scott, Human Rights, Buckingham, 1993.

Davis, Shelton H., The World Bank and Indigenous Peoples, in: van de Fliert, Lydia (Hrsg.), Indigenous Peoples and International Organisations, Nottingham, 1994.

Delbrück, Jost/Wolfrum, Rüdiger, Völkerrecht, Berlin, 2002.

Dellapenna, Joseph W./Gupta, Joyeeta, The Evolution of Global Water Law, in: Dellapenna, Joseph W./Gupta, Joyeeta (Hrsg.), The Evolution of the Law and Politics of Water, Berlin, 2009.

Deller Ross, Susan, Women's Human Rights. The International and Comparative Law Casebook, Philadelphia, 2008.

Derpa, Rolf M., Das Gewaltverbot der Satzung der Vereinten Nationen, Bad Homburg, 1970.

Detter, Ingrid, The International Legal Order, Aldershot et al., 1994.

Dicke, Detlev Christian, Die Intervention mit wirtschaftlichen Mitteln im Völkerrecht, Baden-Baden, 1978.

Dicke, Detlev Christian, Economic Coercion, in: Bernhardt, Rudolf (Hrsg.), EPIL, Bd. 2, Amsterdam et al., 1995.

Dillon, Sara, International Children's Rights, Durham, 2010.

Doehring, Karl, Völkerrecht, Heidelberg, 2. Auflage, 2004.

Doxey, Margaret P., Economic Sanctions and International Enforcement. London et al., 1971.

Epiney, Astrid/ Scheyli, Martin, Umweltvölkerrecht. Völkerrechtliche Bezugspunkte des schweizerischen Umweltrechts, Bern, 2000.

Fields, A. Belden/Narr, Wolf-Dieter, Human Rights as a Holistic Concept, in: Human Rights Quarterly 14(1) (1992), S. 1.

Fisher, William F., Development and Resistance in the Narmada Valley, in: Fisher, William F. (Hrsg.), Toward Sustainable Development? Struggling Over India's Narmada River, New York, 1995.

Flor, Patricia, Durchbruch bei den Frauenrechten. Erweiterung der UN-Frauenrechtskonvention: Das neue Beschwerdeverfahren auf internationaler Ebene, Bonn, 2000.

Forsythe, David P., The United Nations, Human Rights, and Development, in: Human Rights Quarterly 19 (1997), S. 334ff.

Fox, Jonathan A., The World Bank Inspection Panel and the Limits of Accountability, in: Pincus, Jonathan R./Winters, Jeffrey A. (Hrsg.), Reinventing the World Bank, Ithaca et al., 2002.

Fox, Jonathan/Treakle, Kay, Concluding Propositions, in: Clark, Dana/Fox, Jonathan/Treakle, Kay (Hrsg.), Demanding Accountability. Civil-Society Claims and the World Bank Inspection Panel, Lanham u.a., 2003.

Freestone, David, The Environmental and Social Safeguard Policies of the World Bank and the Evolving Role of the Inspection Panel, in: Kiss, Alexandre/Shelton, Dinah/Ishibashi, Kanami (Hrsg.), Economic Globalization and Compliance with International Environmental Agreements, Den Haag u.a., 2003, S. 139ff.

Fuster, Thomas, Die „Good Governance" Diskussion der Jahre 1989 bis 1994: ein Beitrag zur jüngeren Geschichte der Entwicklungspolitik unter spezieller Berücksichtigung der Weltbank und des DAC, Bern u.a., 1998.

Gaer, Felice D., And Never The Twain Shall Meet? The Struggle to Establish Women's Rights as International Human Rights, in: Lockwood, Carol Elizabeth/Magraw, Daniel Barstow/Spring, Margaret Faith/Strong, S. I. (Hrsg.), The International Human Rights of Women: Instruments of Change, Washington, D.C., 1998, S. 1ff.

Geißler, Nils, Der völkerrechtliche Schutz der Internally Displaced Persons. Eine Analyse des normativen und institutionellen Schutzes der Internally Displaced Persons im Rahmen innerer Unruhen und nicht-internationaler Konflikte, Berlin, 1999.

George, Susan, Kredit und Dogma: Ideologie und Macht der Weltbank. Hamburg, 1995.

Gilbert, Robert W., The International Labor Organization, in: Keller, William L. (Hrsg.), International Labor and Employment Laws, Washington, D.C., 1997.

Gillies, David, Human Rights, Democracy and Good Governance, in: Griesgraber, Jo-Marie/Gunter, Bernhard (Hrsg.), The World Bank: lending on a global scale, Bd. 3, London u.a., 1996.

Gray, Kevin R., International Enviromnental Impact Assessment. Potential for a Multilateral Environmental Agreement, Colo. J. Int'l Envtl. L. & Pol'y 11 (2000).

Guruswamy, Lakshman D., International Environmental Law, 3. Auflage, St. Paul, 2007.

Hailbronner, Kay, Der Staat und der Einzelne als Völkerrechtssubjekte, in: Graf Vitzthum, Wolfgang (Hrsg.), Völkerrecht, 4. Aufl., Berlin, 2007, S. 149ff.

Hamad, Qays, Weltbank kann nationale Normen nutzen, E + Z 45(10) (2004), S. 384f.

Hannikainen, Lauri, Peremptory norms (jus cogens) in international law, Helsinki, 1988.

Haralz, Jonas, The International Finance Corporation, in: Kapur, Devesh/Lewis, John P./Webb, Richard (Hrsg.), The World Bank. Its First Half Century, Bd. 1: History, Washington D.C., 1997.

von Hauff, Michael, Strukturanpassungspolitik der Weltbank: Will die Weltbank mehr als Wirtschaftswachstum in Entwicklungsländern?, Ludwigsburg, 1992.

Heintschel von Heinegg, Wolff, Internationales öffentliches Umweltrecht, in: Ipsen, Knut (Hrsg.), Völkerrecht, 5. Auflage, München, 2004.

Herdegen, Matthias, Art. 1 Abs. 2 GG, in: Maunz, Theodor/Dürig, Günter (Hrsg.), Grundgesetz, München, 2011.

van Hoof, G. J. H./de Vey Mestdagh, K., Mechanisms of International Supervision, in: van Dijk, P. (Hrsg.), Supervisory Mechanisms in International Economic Organisations, Deventer u.a., 1984, S. 1ff.

Holstein, Christoph, Der Umweltschutz in der Tätigkeit der Weltbankgruppe. Instrumente, rechtliches Mandat und Bedeutung für das internationale Umweltrecht, Frankfurt am Main et al., 2001.

Humbert, Franziska, The Challenge of Child Labour in International Law, Cambridge u.a., 2009.

Hunter, David/Udall, Lori, The World Bank's New Inspection Panel: Will It Increase the Bank's Accountability?, CIEL Brief (1) (1994).

IFC, Where Innovation Meets Impact. Annual Report 2010, Washington, D. C. 2010.

ILO, ABC of women workers' rights and gender equality, 2. Auflage, Genf. 2007.

The World Bank, The Inspection Panel at 15 Years, Washington, D. C., 2009.

International Labour Conference, Freedom of Association in practice: Lessons learned, Bericht Nr. I (B) der 97. Sitzung, Genf, 2008.

Ipsen, Knut (Hrsg.), Völkerrecht, 5. Auflage, München, 2004.

Joseph, Sarah/Schultz, Jenny/Castan, Melissa, The International Covenant on Civil and Political Rights. Cases, Materials, and Commentary, Oxford u.a., 2005.

Junqueira, Carmen, The Aripuana Park and the Polonoroeste Programme, in: Mindlin, Betty (Hrsg.), IWGIA Dokument Nr. 59, Kopenhagen, 1987.

Kartashkin, Vladimir, Economic, Social and Cultural Rights, in: Vasak, Karel (Hrsg.), The International Dimensions of Human Rights, Band 1, Westport, Connecticut, 1982.

Kewenig, Wilhelm A., Die Anwendung wirtschaftlicher Zwangsmaßnahmen im Völkerrecht und im Internationalen Privatrecht, in: Deutsche Gesellschaft für Völkerrecht (Hrsg.), Berichte der Deutschen Gesellschaft für Völkerrecht, Heft 22, Heidelberg, 1982, S. 7ff.

Khagram, Sanjeev, Dams and Development. Transnational Struggles for Water and Power, Ithaca et al., 2004.

Killinger, Stefanie, The World Bank's non-political mandate, Berlin u.a., 2003.

Kiss, Alexandre/Shelton, Dinah, Guide to International Environmental Law, Leiden u.a., 2007.

Klein, Eckart, Die Allgemeinen Bemerkungen und Empfehlungen der VN-Vertragsorgane, in: Deutsches Institut für Menschenrechte (Hrsg.), Die „General Comments" zu den VN-Menschenrechtsverträgen, Baden-Baden, 2005, S. 19ff.

Klein, Eckart, Menschenrechte, Baden-Baden, 1997.

Kloepfer, Michael, Umweltrecht, 3. Auflage, München, 2004.

Knox, John H., The Myth and Reality of Transboundary Environmental Impact Assessment, Am. J. Int'l L. 96 (2002), S. 291ff.

König, Doris/Peters, Anne, Das Diskriminierungsverbot, in: Grote, Rainer/Marauhn, Thilo (Hrsg.), EMRK-GG. Konkordanzkommentar zum europäischen und deutschen Grundrechtsschutz, Tübingen, 2006.

König, Doris, Die Diskriminierungsverbote im Übereinkommen der Vereinten Nationen zur Beseitigung jeder Form der Diskriminierung der Frau (CEDAW), in: ZESAR 2004, S. 214ff.

König, Doris, Die Durchsetzung internationaler Menschenrechte, in: Dicke, Klaus/Hobe, Stephan/Meyn, Karl U./Peters, Anne/Riedel, Eibe/Schütz, Hans J./Tietje, Christian (Hrsg.), Weltinnenrecht. Liber Amicorum Jost Delbrück, Berlin 2005, S. 401ff.

König, Doris, Frauenrechte sind Menschenrechte... und doch anders? - Die UN-Frauenrechtskonvention (CEDAW), in: Rudolf, Beate (Hrsg.), Frauen und Völkerrecht: zur Einwirkung von Frauenrechten und Fraueninteressen auf das Völkerrecht, Baden-Baden, 2006.

Kunig, Philip, Die „innere Dimension" des Rechts auf Entwicklung - Rechtspolitische Überlegungen zur Inpflichtnahme von Entwicklungsländern, in: Verfassung und Recht in Übersee (VRÜ) 19 (1986), S. 383ff.

Landell-Mills, Pierre/Serageldin, Ismail, Governance and the External Factor, Veröffentlichung zur Jahreskonferenz über Entwicklungs-Ökonomie der Weltbank, Washington, D.C., 1991.

Lawyers Committee for Human Rights, The Neglected Right: Freedom of Association in International Human Rights Law, Washington, D.C., 1997.

Lawyers Committee for Human Rights and Venezuelan Program for Human Rights Education and Action, Halfway to Reform: the World Bank and the Venezuelan Justice System, New York, 1996.

Ledec, George C., Natural Habitats (OP 4.04), in: The World Bank, Safeguard Policies - Draft Matrices vom September 2006, S. 20f.

Lerner, Natan, Group Rights and Discrimination in International Law, Dordrecht u.a., 1991.

Limbach, Jutta, Grußwort, in: Klein, Eckart (Hrsg.), 20 Jahre Übereinkommen zur Beseitigung jeder Form von Diskriminierung der Frau (CEDAW). Dokumentation der Tagung in Potsdam am 25./26. November 1999, Potsdam, 2000, S. 11.

Louka, Elli, International Environmental Law. Fairness, Effectiveness, and World Order, Cambridge u.a., 2006.

Loutfi, Martha Fetherolf, Women, Gender and Work - An Overview, in: Loutfi, Martha Fetherolf (Hrsg.), Women, Gender and Work, Genf, 2001, S. 3ff.

Löwer, Wolfgang, Art. 9 (Vereinigungsfreiheit, Koalitionsfreiheit), in: von Münch, Ingo/Kunig, Philip (Hrsg.), Grundgesetz-Kommentar, Band 1 (Präambel bis Art. 19), 5. Auflage, München 2000, S. 609ff.

Mahlmann, Matthias, Die Ethik des Gleichbehandlungsrechts, in: Rudolf, Beate/ Mahlmann, Matthias (Hrsg.), Gleichbehandlungsrecht, Baden-Baden 2007.

Marmorstein, Victoria E., World Bank Power to Consider Human Rights Factors in Loan Decisions, in: J. Int'l L & Econ. 13 (1978), S. 113ff.

Marks, Stephen P., Emerging Human Rights: A New Generation for the 1980s?, in: Rutgers Law Review 33 (1981), S. 435ff.

Martínez Cobo, José R., Study of the Problem of Discrimination against Indigenous Populations, Band 5, New York, 1987.

Mayanja, Rachel N., In Celebration, in: Schöpp-Schilling, Beate/Flinterman, Cees (Hrsg.), The Circle of Empowerment, New York, 2007, S. 7f.

McBeth, Adam, International Economic Actors and Human Rights, London u.a., 2010.

McGlynn, Lauren, The World Bank and the Realization of the Rights of Women in Agriculture and Rural Development Projects in Sub-Sahara Africa (SSA), in: Third World Legal Studies 1991, S. 15ff.

Moris, Halim, The World Bank and Human Rights: Indispensable Partnership or Mismatched Alliance?, ILSA Journal of International and Comparative Law 4(1) (1997), S. 173ff.

Moser, Caroline O. N./Tornquist, Annika/van Bronkhorst, Bernice, Mainstreaming Gender and Development in the World Bank. Progress and Recommendations, Washington, D.C., 1999.

Muffett, William Carroll, International Protection of Wildlife, in: Morrison, Fred L./Wolfrum, Rüdiger (Hrsg.), International, Regional and National Environmental Law, Den Haag et al., 2000.

Mulder, Louise, How Positive Can Equality Measures Be?, in: Loenen, Titia/Rodrigues, Peter R. (Hrsg.), Non-Discrimination Law: Comparative Perspectives, Den Haag u.a., 1999, S. 65ff.

Nolte, Georg, Art. 2 (7), in: Simma, Bruno/Mosler, Hermann/Randelzhofer, Albrecht/Tomuschat, Christian/Wolfrum, Rüdiger (Hrsg.), The Charter of the United Nations, Bd. II, 2. Auflage, München 2002.

Novitz, Tonia, International and European Protection of the Right to Strike. A Comparative Study of Standards Set by the International Labour Organization, the Council of Europe and the European Union, Oxford u.a., 2003.

Nunnenkamp, Peter, IWF und Weltbank: trotz aller Mängel weiterhin gebraucht?, Kiel, 2002.

Ohlhoff, Stefan, Beteiligung von Verbänden und Unternehmen in WTO-Streitbeilegungsverfahren. Das Shrimp-Turtle-Verfahren als Wendepunkt?, in: EuZW 1999, 139ff.

Østergaard, Lise, Gender, in: Østergaard, Lise (Hrsg.), Gender and Development. A Practical Guide, London u.a., 1992, S. 1ff.

Ozório de Almeida, Anna Luíza, Sustainable Settlement in the Brazilian Amazon, New York, 1995.

Patel, Anil, What Do the Narmada Valley Tribals Want?, in: Fisher, William F. (Hrsg.), Toward Sustainable Development? Struggling Over India's Narmada River, New York, 1995

Paul, James C. N., International Development Agencies, Human Rights and Humane Development Projects, Denver Journal of International Law and Policy 17(1) (1988), S. 67ff.

Peet, Richard, Unholy trinity: the IMF, World Bank and WTO. Kuala Lumpur, 2003.

Pellet, Alain, Article 38, in: Zimmermann, Andreas/Tomuschat, Christian/Oellers-Frahm, Karin (Hrsg.), The Statute of the International Court of Justice. A Commentary, Oxford u.a., 2006.

Pertile, Marco, Introduction: The Fight Against Child Labour in a Globalized World, in: Nesi, Giuseppe/Nogler, Luca/Pertile, Marco (Hrsg.), Child Labour in a Globalized World, Aldershot u.a., 2008.

Petersmann, Ernst-Ulrich, Internationale Wirtschaftssanktionen als Problem des Völkerrechts und des Europarechts, ZVglRWiss 80 (1981).

Phillips, David A., Reforming the World Bank. Twenty Years of Trial – and Error, Cambridge et al., 2009.

Pritchard, Sarah, Working Group on Indigenous Populations: mandate, standard-setting activities and future perspectives, in: Pritchard, Sarah (Hrsg.), Indigenous Peoples, the United Nations and Human Rights, London et al., 1998.

van Putten, Maartje, Policing the Banks. Accountability Mechanisms for the Financial Sector, Montreal u.a., 2008.

Rehof, Lars Adam, Guide to the *travaux préparatoires* of the United Nations convention on the elimination of all forms of discrimination against women, Dordrecht u.a., 1993.

Reisman, W. Michael, Sovereignty and Human Rights in Contemporary International Law, AJIL 84 (1990), S. 866ff.

Reisman, W. Michael, Through or Despite Governments: Differentiated Responsibilities in Human Rights Programs, Iowa Law Review 72 (1987), S. 391ff.

Riedel, Eibe, § 55 (c), in: Simma, Bruno/Mosler, Hermann/Randelzhofer, Albrecht/Tomuschat, Christian/Wolfrum, Rüdiger (Hrsg.), The Charter of the United Nations, Bd. II, 2. Auflage, München 2002.

Riedel, Eibe, Menschenrechte der dritten Dimension, in: EuGRZ 1989, S. 9ff.

Robinson, Mary, What Rights Can Add to Good Development Practice, in: Alston, Philip/ Robinson, Mary (Hrsg.), Human Rights and Development. Towards Mutual Reinforcement, Oxford et al., 2005.

Roos, Stefanie Ricarda, Der internationale Menschenrechtsschutz vor entwicklungsbedingten Zwangsumsiedlungen und seine Sicherstellung durch Recht und Praxis der Weltbank, Berlin, 2007.

Roy, Arundhati, Die Politik der Macht, München, 2003.

Rubin, Neville (Hrsg.), Code of International Labour Law, Band 1: Essentials of International Labour Law, Cambridge u.a., 2005.

Rudolf, Beate, Das Übereinkommen zur Beseitigung jeder Form von Diskriminierung der Frau (CEDAW), in: djbZ 1/2009, S. 1ff.

Rudolf, Beate, Die Verwirklichung von Frauenrechten als Maßstab für „Good Governance"?, in: Rudolf, Beate (Hrsg.), Frauen und Völkerrecht. Zur Einwirkung von Frauenrechten und Fraueninteressen auf das Völkerrecht, Baden-Baden, 2006.

Rüster, Bernd/Simma, Bruno (Hrsg.), International Protection of the Environment. Treaties and Related Documents, Band 4, Dobbs Ferry, New York, 1975.

de Sadeleer, Nicolas, Environmental Principles. From Political Slogans to Legal Rules, Oxford u.a., 2005.

Salman, M. A., The World Bank Policy for Projects on International Waterways. An Historical and Legal Analysis, in: The World Bank, Law, Justice, and Development Series, Washington, D.C., 2009.

Sand, Peter H., The Evolution of International Environmental Law, in: Bodansky, Daniel/Brunnée, Jutta/Hey, Ellen (Hrsg.), The Oxford Handbook of International Environmental Law, Oxford u.a., 2007.

Sanders, Douglas, The Re-Emergence of Indigenous Questions in International Law, Canadian Human Rights Yearbook 3 (1983), S. 3-30.

Sands, Philippe, Principles of International Environmental Law, 2. Auflage, Cambridge, 2003.

Schlemmer-Schulte, Sabine, Building an International Grievance System: The World Bank Inspection Panel - Selected Issues, in: Bröhmer, Jürgen (Hrsg.), Internationale Gemeinschaft und Menschenrechte: Festschrift für Georg Ress zum 70. Geburtstag am 21. Januar 2005, Köln et al., 2005, S. 249ff.

Schlemmer-Schulte, Sabine, Die Rolle der internationalen Finanzinstitutionen im Nord-Süd-Konflikt, in: Meng, Werner/Magnus, Ulrich/Schlemmer-Schulte, Sabine/Cottier, Thomas/Stoll, Tobias/Epiney, Astrid (Hrsg.), Das internationale Recht im Nord-Süd-Verhältnis – Berichte der Deutschen Gesellschaft für Völkerrecht, Bd. 41, Heidelberg, 2005.

Schlemmer-Schulte, Sabine, The World Bank and Human Rights, Austrian Review of International & European Law 4 (1999), S. 230-268.

Schlemmer-Schulte, Sabine, The World Bank Inspection Panel: A Model for Other International Organizations?, in: Blokker, Niels M./Schermers, Henry G. (Hrsg.), Proliferation of International Organizations: Legal Issues, Den Haag et al., 2001.

Schmeisser, Wilhelm/Krimphove, Dieter, Internationale Personalwirtschaft und Internationales Arbeitsrecht, München, 2010.

Schöpp-Schilling, Beate, Bedeutung und Auswirkungen des Frauenrechtsübereinkommens, in: Klein, Eckart (Hrsg.), 20 Jahre Übereinkommen zur Beseitigung jeder Form von Diskriminierung der Frau (CEDAW). Dokumentation der Tagung in Potsdam am 25./26. November 1999, Potsdam, 2000, S. 13ff.

Schöpp-Schilling, Beate, Die Allgemeinen Empfehlungen des Ausschusses für die Beseitigung der Diskriminierung der Frau, in: Deutsches Institut für Menschenrechte (Hrsg.), Die „General Comments" zu den VN-Menschenrechtsverträgen, Baden-Baden, 2005, S. 19ff.

Schrijver, Nico, The dynamics of sovereignty in a changing world, in: Ginther, Konrad/Denters, Erik/de Waart, Paul J.I.M. (Hrsg.), Sustainable Development and Good Governance, Dordrecht et al. 1995.

Schröder, Meinhard, Verantwortlichkeit, Völkerstrafrecht, Streitbeilegung und Sanktionen, in: Graf Vitzthum, Wolfgang (Hrsg.), Völkerrecht, 4. Aufl., Berlin, 2007, S. 36ff.

Schröder, Meinhard, Non-Intervention, Principle of, in: Bernhardt, Rudolf (Hrsg.), EPIL, Bd. 3, Amsterdam et al., 1997.

Servais, Jean-Michel, International Labour Law, Den Haag, 2005.

Shihata, Ibrahim F. I., The World Bank and Human Rights: An Analysis of the Legal Issues and the Record of Achievements, Den J Int'l L & Pol'y 17(1) (1988), S. 39-66.

Shihata, Ibrahim F. I., The World Bank in a Changing World, Dordrecht et al., 1991.

Shihata, Ibrahim F. I., The World Bank Inspection Panel, Oxford u.a., 1994.

Shihata, Ibrahim F. I., The World Bank inspection panel: In practice, 2. Auflage, Oxford u.a., 2000.

Shihata, Ibrahim F. I., The World Bank's Contribution to the Development of International Environmental Law, in: Hafner, Gerhard/Loibl, Gerhard/Rest, Alfred/Sucharipa-Behrmann, Lilly/Zemanek, Karl (Hrsg.), Liber Amicorum Professor Ignaz Seidl-Hohenveldern, Den Haag u.a., 1998, S. 631ff.

Soanes, Catherine/Stevenson, Angus (Hrsg.), Concise Oxford English Dictionary. New York, 2008.

Social Impact, Inc., Gender Action Plan. Midterm Review (Midterm Review), Arlington, 2009.

Suchsland-Maser, Ulrike, Menschenrechte und die Politik multilateraler Finanzinstitute, Frankfurt am Main, 1999.

Swepston, Lee, A New Step in the International Law on Indigenous and Tribal Peoples: ILO Convention No. 169 of 1989, Oklahoma City University Law Review 15 (1990), S. 677-714.

Swepston, Lee, ILO Supervision and the World Bank Inspection Panel, in: Alfredsson, Gudmundur/Ring, Rolf (Hrsg.), The Inspection Panel of the World Bank: A Different Complaints Procedure, Den Haag u.a., 2001.

Swepston, Lee, The Indigenous and Tribal Peoples Convention (No. 169): Eight Years After Adoption, in: Price Cohen, Cynthia (Hrsg.), Human Rights of Indigenous Peoples, Ardsley, N.Y., 1998.

Tetzlaff, Rainer, Weltbank und Währungsfonds - Gestalter der Bretton-Woods-Ära: Kooperations- und Integrations-Regime in einer sich dynamisch entwickelnden Weltgesellschaft, Opladen, 1996.

Tietje, Christian, Internationales Wirtschaftsrecht und Recht auf Entwicklung als Elemente einer konstitutionalierten globalen Friedensordnung, in: Stephan/Meyn, Karl U./Peters, Anne/Riedel, Eibe/Schütz, Hans J./Tietje, Christian (Hrsg.), Weltinnenrecht. Liber Amicorum Jost Delbrück, Berlin 2005.

Tomuschat, Christian, „Uniting for Peace" - Ein Rückblick nach 50 Jahren, Friedens-Warte 67 (2001), S. 289ff., 290.

Trebilcock, Anne, ILO Conventions and Women Workers, in: Askin, Kelly D./Koenig, Dorean M. (Hrsg.), Women and International Human Rights Law, Band 2, Ardsley, 2000, S. 301ff.

Trebilcock, Anne, The ILO Declaration on Fundamental Principles and Rights at Work: A New Tool, in: Blanpain, Roger/Engels, Chris (Hrsg.), The ILO and the Social Challenges of the 21st Century. The Geneva Lectures, Den Haag u.a., 2001, S. 105ff.

Umaña-Quesada, Alvaro, The World Bank Inspection Panel: the first four years (1994-1998), Washington, D.C., 1998.

Valticos, Nicolas/von Potobsky, Geraldo W., International Labour Law, 2. Aufl., Deventer u.a., 1995.

Graf Vitzthum, Wolfgang, Begriff, Geschichte und Rechtsquellen des Völkerrechts, in: Graf Vitzthum, Wolfgang (Hrsg.), Völkerrecht, 4. Aufl., Berlin, 2007, S. 36ff.

Wade, Robert, Greening the Bank: The Struggle over the Environment, in: Kapur, Devesh/Lewis, John P./Webb, Richard (Hrsg.), The World Bank. Its First Half Century. Perspectives, Band 2, Washington, D.C., 1997, S. 611ff.

Waldron, Jeremy, Liberal Rights. Collected Papers 1981-1991, Cambridge, 1993.

Weiss, Peter, Die Menschenrechte der underclass, in: Cavanagh, John/Arruda, Marcos/Wysham, Daphne (Hrsg.), Kein Grund zum Feiern: 50 Jahre Weltbank und IWF. Kritik und Alternativen, Hamburg, 1994.

Whiteman, Marjorie M., in: United States / Department of State (Hrsg.), Digest of International Law, Bd. 14, Washington, D.C., 1970.

Williams, Philip, Introduction, in: Goldsmith, Edward/Hildyard, Nicholas (Hrsg.), The Social and Environmental Effects of Large Dams, Band 2, Cornwall, 1986.

Woicke, Peter, Putting Human Rights Principles into Development Practice through Finance: The Experience of the International Finance Corporation, in: Alston, Philip/ Robinson, Mary (Hrsg.), Human Rights and Development. Towards Mutual Reinforcement, Oxford et al., 2005.

Wolfrum, Rüdiger, International Environmental Law: Purposes, Principles and Means of Ensuring Compliance, in: Morrison, Fred L./Wolfrum, Rüdiger (Hrsg.), International, Regional and National Environmental Law, Den Haag et al., 2000.

The World Bank, Accountability at the World Bank. The Inspection Panel 10 years on, Washington, D.C., 2003.

The World Bank, Advancing Gender Equality. From Concept to Action, Washington, D.C., 1995.

The World Bank, Advancing Gender Equality: World Bank Action Since Beijing, Washington, D.C., 2000.

The World Bank, Annual Report 1988, Washington, D.C., 1988.

The World Bank, Annual Report 1991, Washington, D.C., 1991.

The World Bank, Annual Report 1992, Washington, D.C., 1992.

The World Bank, Annual Report 2010, Washington, D.C., 2010.

The World Bank, Annual Report 2011, Washington, D.C., 2011.

The World Bank, Bangladesh: financial accountability for good governance, Washington, D.C., 2002.

The World Bank, Development and the Environment, Oxford u.a., 1992.

The World Bank, Engendering Development. Through Gender Equality in Rights, Resources, and Voice. World Bank Policy Research Report, Washington, D.C., 2001.

The World Bank, Enhancing Women's Participation in Economic Development A World Bank Policy Paper, Washington, D.C., 1994.

The World Bank, Evaluating a Decade of World Bank Gender Policy: 1990-99, Washington, D.C., 2005.

The World Bank, Gender Equality as Smart Economics: A World Bank Group Gender Action Plan (Fiscal years 2007–10), Washington, D.C., 2006.

The World Bank, Global Monitoring Report. Millenium Development Goals. Confronting the Challenges of Gender Equality and Fragile States, Washington, D.C., 2007.

The World Bank, Governance. The World Bank's Experience, Washington, D.C., 1994.

The World Bank, Integrating Gender into the World Bank's Work: A Strategy for Action, Washington, D.C., 2002.

The World Bank, Mainstreaming the Environment, Washington, D.C., 1995.

The World Bank, Making Sustainable Commitments. An Environment Strategy for the World Bank, Washington, D. C., 2001.

The World Bank, Pollution Prevention and Abatement Handbook 1998. Toward Cleaner Production, Washington, D.C., 1999.

The World Bank, Progress Report on the Implementation of "Portfolio Management: Next Steps. A Program of Actions", Washington, D.C., 1994.

The World Bank, Sub-Saharan Africa. From Crisis to Sustainable Growth, Washington, D.C., 1989.

The World Bank, The World Bank Policy on Access to Information, Washington, D. C., 2010.

The World Bank, The World Bank Policy on Disclosure of Information, Washington, D.C., 2002.

The World Bank, Toward Gender Equality. The Role of Public Policy, Washington, D.C., 1995.

The World Bank Portfolio Management Task Force, Effective Implementation: Key to Development Impact. Washington, D.C., 1992.

World Commission on Environment and Development, Our Common Future, Oxford u.a., 1987.

Amtliche Dokumente

(Letzter Zugriff bei Internetseiten: 01.06.2012)

Aarhus-Konvention, http://www.aarhus-konvention.de.

Agreement between the United Nations and the International Bank for Reconstruction and Development, 16 UNTS 346.

Agreement between the United Nations and the International Development Association, 394 UNTS 222.

Agreement on relationship between the United Nations and the International Finance Corporation, 265 UNTS 312.

Andon Koka et al., Request for Inspection, Integrated Coastal Zone Management and Clean-Up Project (IDA-Credit No. 4083-ALB), http://siteresources.worldbank.org/EXTINSPECTIONPANEL/Resources/Request_for_Inspection_1.pdf.

Arun Concerned Group, Request for Inspection, http://siteresources.worldbank.org/EXTINSPECTIONPANEL/Resources/ARUNRequest.pdf.

Berner Übereinkommen über die Erhaltung der europäischen wildlebenden Pflanzen und Tiere in ihren natürlichen Lebensräumen, BGBl. II 1984, S. 620.

Center on Housing Rights and Evictions, Request for Inspection, Second Urban Environmental Sanitation Project (UESP II) (IDA Credit No. 3889-GH), http://siteresources.worldbank.org/EXTINSPECTIONPANEL/Resources/RequestforInspection.pdf.

Centre Africain de Recherches Forestières Appliquées pour le Développement (CARFAD)/Centre pour l'Environnement et le Développement (CED)/Fondation Camerounaise d'Actions Rationalisées et de Formation sur l'Environnement (FOCARFE)/Réseau de Lutte contre la Faim (RELUFA), Beschwerde, http://www.cao-ombudsman.org/cases/document-links/documents/Complaint-WEB_English_May252011.pdf.

Centre for the Environment and Development, Request for Inspection, Cameroon: Petroleum Development and Pipeline Project (Loan No. 7020-CM) and Petroleum Environment Capacity Enhancement (CAPECE) Project (Credit No. 3372-CM), http://siteresources.worldbank.org/EXTINSPECTIONPANEL/Resources/RFIEnglish.pdf.

Charta der Vereinten Nationen vom 26.06.1945, BGBl. 1973 II, S. 431, in der Fassung vom 28.08.1980, BGBl. 1980 II, S. 1252.

Ciudadanos del pueblo indígena de Shipibo-Konibo de Canaán de Cachiyacu y Nuevo Sucre, Beschwerde, http://www.cao-ombudsman.org/cases/document-links/documents/MapleCAOComplaint_English_April2010.pdf.

Civic Alliance for the Protection of the Bay of Vlora, Request for Inspection, Power Sector Generation and Restructuring Project (IDA Credit No. 3872-ALB), http://siteresources.worldbank.org/EXTINSPECTIONPANEL/Resources/ALB_Power_Request_for_Inspection.pdf.

Compliance Advisor / Ombudsman, Ambuklao-Binga Hydroelectric Power Project, Philippines. Complaint Conclusion Report, http://www.cao-ombudsman.org/cases/document-links/documents/Ambuklao-Binga_-_Conclusion_report_english.pdf.

Compliance Advisor / Ombudsman, Appraisal Report. Maple Energy Plc. Canaán and Nuevo Sucre, Peru, http://www.cao-ombudsman.org/cases/document-links/documents/CAOAppraisalReport_C_I_R9_Y12_F155_ENG.pdf.

Compliance Advisor / Ombudsman, Ombudsman Assessment Report. Fourth Complaint (Bujagali Energy-04) Regarding the Bujagali Energy Ltd. Project (IFC #24408 & MIGA #6732) Jinja, Uganda, http://www.cao-ombudsman.org/cases/document-links/documents/Bujagali-04_Assessment_Rpt_ENG.pdf.

Compliance Advisor / Ombudsman, Ombudsman Assessment Report Regarding Concerns from Community Members About the Chad-Cameroon Petroleum Development and Pipeline Project (#11124) in Cameroon, http://www.cao-ombudsman.org/cases/document-links/documents/FINAL_Cameroon_Assessment_Report__English_Jan5_2012.pdf.

Compliance Advisor / Ombudsman, Ombudsman Assessment Report Regarding Concerns from Labour Unions on IFC's investment in the Avianca project (#25899) in Colombia, http://www.cao-ombudsman.org/cases/document-links/documents/Assessmentreport_Avianca_May2012.ENG.pdf.

Compliance Advisor / Ombudsman, Ombudsman Conclusion Report - Maple/Peru, http://www.cao-ombudsman.org/cases/document-links/documents/FINALConclusionReportOmbudsmanENGLISHOct312011.pdf.

Compliance Advisor / Ombudsman, Ombudsman Conclusion Report - Standard Profil, Turkey, http://www.cao-ombudsman.org/cases/document-links/documents/CAOStandardProfilCase-FinalConclusionReportJune2012ENGLISH.pdf.

Compliance Advisor / Ombudsman, Operational Guidelines, http://www.cao-ombudsman.org/about/whoweare/documents/EnglishCAOGuidelines06.08.07Web.pdf.

Compliance Advisor / Ombudsman, Progress Report NSEL - Nicaragua, http://www.cao-ombudsman.org/cases/document-links/documents/May15_2009ProgressReportENG.pdf.

Compliance Advisor / Ombudsman, Stakeholder Assessment and Framework Regarding the SN Aboitiz Power Ambuklao-Binga Project, http://www.cao-ombudsman.org/cases/document-links/documents/StakeholderassessmentandframeworkAug2008.pdf.

Compliance Advisor / Ombudsman, Stakeholder Assessment Regarding Labor Rights Concerns at Standart Profil, Turkey, http://www.cao-ombudsman.org/cases/document-links/documents/09_February5-StakeholderAssessment.pdf.

Compliance Advisor / Ombudsman, Stakeholder Assessment Report Regarding Community and Civil Society concerns in relation to activities of the Nicaragua Sugar Estates Limited (NSEL), Nicaragua, http://www.cao-ombudsman.org/cases/document-links/documents/AssessmentReportNSEL10_Dec_2008.pdf.

Compliance Advisor / Ombudsman, Stakeholder Assessment. Complaint regarding Labor Rights Concerns at Assan Aluminyum, Turkey, http://www.cao-ombudsman.org/cases/document-links/documents/StakeholderAssessment_AssanAluminyum_080309.pdf.

Compliance Advisor / Ombudsman, Terms of Reference, http://www.cao-ombudsman.org/about/whoweare/documents/TOR_CAO.pdf.

Convention on Biological Diversity, BGBl. 1993 II, S. 1742 sowie 31 ILM 1992, S. 822 und 1760 UNTS 79.

Convention on the Law of the Non-navigational Uses of International Watercourses, UN Doc. A/RES/51/229.

Convention on the Nationality of Married Women, 309 UNTS 65.

Convention on the Political Rights of Women, 193 UNTS 135.

Corporación Cartagena Honesta, Request for Inspection, Colombia: Cartagena Water Supply, Sewerage and Environmental Management Project (Loan No. 4507-CO), http://siteresources.worldbank.org/EXTINSPECTIONPANEL/Resources/Colombiarequestforinspection.pdf.

Declaration of Environmental Policies and Procedures Relating to Economic Development, in: 6 Environmental Policy and Law 1980.

Declaration on Principles of International Law Concerning Friendly Relations and Co-operation among States in Accordance with the Charter of the United Nations, GV-Res. Nr. 2625 (XXV).

Declaration on the Right to Development, UN Doc. A/RES/41/128.

Eberlei, Walter, Accountability in Poverty Reduction Strategies: The Role of Empowerment and Participation, in: Institute for Development and Peace (INEF, Hrsg.), Social Development Papers, Paper No. 104, Duisburg 2007, http://siteresources.worldbank.org/EXTSOCIALDEVELOPMENT/Resources/244362-1164107274725/3182370-1164201144397/Accountability_in_Poverty_Reduction_Strategies.pdf.

EBRD, Independent Recourse Mechanism, http://www.ebrd.com/pages/project/pcm.shtml.

EGMR, López Ostra v. Spain, Urteil vom 09.12.1994, Ser. A Nr. 303-C.

EIB, The EIB Complaints Mechanism, http://www.eib.org/about/publications/complaints-mechanism-policy.htm.

Europäische Sozialcharta, BGBl. 1964 II, S. 1262.

Fakultativprotokoll zu dem Internationalen Pakt über bürgerliche und politische Rechte, BGBl. 1992 II, S. 1247.

FAO, Global Forest Resources Assessment 2005, http://www.fao.org/forestry/fra/fra2005/en/.

FIMA, Ley 19.300 de Bases generales del Medio Ambiente, http://www.fima.cl/2009/11/27/ley-19-300-de-bases-generales-del-medio-ambiente/.

G 7, Declaration on China, http://www.g8.utoronto.ca/summit/1989paris/china.html.

Genfer Abkommen zum Schutze von Zivilpersonen in Kriegszeiten vom 12.08.1949, BGBl. 1954 II, S. 917, in der Fassung vom 08.12.1956, BGBl. 1956 II, S. 1586.

GLIN, Ley General del Ambiente, http://www.glin.gov/view.action?glinID=39981.

Hanuman Welfare Society/Gazi Nagar Sudhar Samiti/Jai Hanuman Rahiwasi Sewa Sangh, Request for Inspection, Mumbai Urban Transport Project (IBRD Loan No. 4665-IN; IDA Credit No. 3662-IN), http://siteresources.worldbank.org/EXTINSPECTIONPANEL/Resources/SecondRequestforInspectionIndiaMumbai.pdf.

IBRD, Articles of Agreement vom 22.07.1944, BGBl 1952 II, S. 664, in der Fassung vom 16.02.1989, BGBl. 1992 II, S. 1134.

IBRD, Resolution Nr. 64, Sixth Annual Meeting of the Board of Governors. Summary Proceedings, http://go.worldbank.org/1EIO8KSTF0

IBRD/IDA, Resolution No. 93-10. Resolution No. IDA 93-6. The World Bank Inspection Panel, in: The Inspection Panel, The Inspection Panel at 15 Years, Washington, D. C., 2009, Appendix VI (S. 202ff.).

IDA, Articles of Agreement, BGBl. 1960 II, S. 2138 bzw. 439 UNTS 249, Artt. VIII Abschnitt 2, VI Abschnitt 6.

IFC, Access to Information Policy, http://www1.ifc.org/wps/wcm/connect/89c0398049a79222b865faa8c6a8312a/AIP_English_2012.pdf?MOD=AJPERES.

IFC, Articles of Agreement, BGBl. 1956 II, S. 749.

IFC, Harmful Child Labor: Interim Guidance, http://www.ifc.org/ifcext/enviro.nsf/AttachmentsByTitle/pol_ChildLabor/$FILE/ChildForcedLabor.pdf.

IFC, Lessons Learned: Pangue Hydroelectric. Summary, Washington, D. C., 2008, http://www1.ifc.org/wps/wcm/connect/topics_ext_content/ifc_external_corporate_site/ifc+sustainability/publications/publications_loe_pangue__wci__1319578750067.

IFC, Performance Standard 2. Labor and Working Conditions, http://www1.ifc.org/wps/wcm/connect/a23dcb8048855663b9e4fb6a6515bb18/PS_2_LaborWorkingConditions.pdf?MOD=AJPERES&attachment=true&id=1322807958114

IFC, Performance Standard 2. Labor and Working Conditions, http://www1.ifc.org/wps/wcm/connect/2408320049a78e5db7f4f7a8c6a8312a/PS2_English_2012.pdf?MOD=AJPERES.

IFC, Performance Standards on Social and Environmental Sustainability, http://www1.ifc.org/wps/wcm/connect/115482804a0255db96fbffd1a5d13d27/PS_English_2012_Full-Document.pdf?MOD=AJPERES.

IFC, Policy on Disclosure of Information, http://www1.ifc.org/wps/wcm/connect/5adf3a004885574cbc04fe6a6515bb18/Disclosure2006.pdf?MOD=AJPERES&CACHEID=5adf3a004885574cbc04fe6a6515bb18.

IFC, Policy on Social and Environmental Sustainability, http://www1.ifc.org/wps/wcm/connect/7540778049a792dcb87efaa8c6a8312a/SP_English_2012.pdf?MOD=AJPERES.

IFC, Policy on Environmental and Social Sustainability, http://www1.ifc.org/wps/wcm/connect/Topics_Ext_Content/IFC_External_Corporate_Site/IFC+Sustainability/Sustainability+Framework/Sustainability+Framework+-+2012/#SustainabilityPolicy.

IFC, Policy Statement on Forced Labor and Harmful Child Labor, http://www.ifc.org/ifcext/enviro.nsf/AttachmentsByTitle/pol_ChildLabor/$FILE/Child-ForcedLabor.pdf.

IGB, Statutes, http://www.ica.coop/ica/rules.html.

IGH, Barcelona Traction, Light and Power Company, Limited (Belgium v. Spain), Urteil vom 05.02.1970, ICJ Reports 1970, S. 3ff.

IGH, Corfu Channel (UK v. Albania), Urteil vom 09.04.1949, ICJ Reports 1949, S. 4ff.

IGH, Fisheries Jurisdiction (Germany v. Iceland), Urteil vom 02.02.1973, ICJ Reports 1973, S. 49ff.

IGH, Fisheries Jurisdiction (UK v. Iceland), Urteil vom 02.02.1973, ICJ Reports 1973, S. 3ff.

IGH, Gabčíkovo-Nagymaros Project (Hungary v. Slovakia), Urteil vom 25.09.1997, ICJ Reports 1997, S. 7ff.

IGH, Interpretation of the Agreement of 25 March 1951 between the WHO and Egypt, Gutachten vom 20.12.1980, ICJ Reports 1980, S. 73ff.

IGH, Legality of the Threat or Use of Nuclear Weapons, Gutachten vom 08.07.1996, ICJ Reports 1996, S. 226ff.

IGH, Military and Paramilitary Activities in und against Nicaragua (Nicaragua v. USA), Urteil vom 27.06.1986, ICJ Reports 1986, S. 14ff.

IGH, Nuclear Tests (Australia v. France), Urteil vom 20.12.1974, ICJ Reports 1974, S. 253ff.

IGH, Nuclear Tests (New Zealand v. France), Urteil vom 20.12.1974, ICJ Reports 1974, S. 457ff.

ILA, The Helsinki Rules on the Uses of the Waters of International Rivers, in: ILA, Report of the 52nd Conference, Helsinki 1966, S. 477ff.

ILO, Empfehlung 35 betreffend den mittelbaren Zwang zur Arbeit, http://www.ilo.org/ilolex/german/docs/rec035.htm.

ILO, Empfehlung Nr. 104, Indigenous and Tribal Populations Recommendation, http://www.ilo.org/ilolex/cgi-lex/convde.pl?R104.

ILO, Erklärung über die Ziele und Zwecke der Internationalen Arbeitsorganisation, http://www.ilo.org/public/german/region/eurpro/bonn/download/philadelphia.pdf.

ILO, Erklärung über grundlegende Rechte bei der Arbeit und ihre Folgemaßnahmen, http://www.ilo.org/public/german/region/eurpro/bonn/download/ilo-erklaerung.pdf.

ILO, Governing Body, March 2005 Decision on Gender Mainstreaming in ILO Technical Cooperation, http://www.ilo.org/wcmsp5/groups/public/--dgreports/--gender/documents/meetingdocument/wcms_100436.pdf.

ILO, Kernarbeitsnormen, http://www.ilo.org/public/german/region/eurpro/bonn/kernarbeitsnormen/index.htm.

ILO, Resolution concerning the Promotion of Gender Equality, Pay Equity and Maternity Protection, http://www.ilo.org/wcmsp5/groups/public/—dgreports/--gender/documents/meetingdocument/wcms_100566.pdf.

ILO, Übereinkommen Nr. 3, http://www.ilo.org/ilolex/cgi-lex/convde.pl?C003.

ILO, Übereinkommen Nr. 29, http://www.ilo.org/ilolex/german/docs/gc029.htm.

ILO, Übereinkommen Nr. 87 vom 09.07.1948, http://www.ilo.org/ilolex/german/docs/gc087.htm.

ILO, Übereinkommen Nr. 98 vom 01.07.1949, http://www.ilo.org/ilolex/german/docs/gc098.htm.

ILO, Übereinkommen Nr. 100, http://www.ilo.org/ilolex/german/docs/gc100.htm.

ILO, Übereinkommen Nr. 103, http://www.ilo.org/ilolex/cgi-lex/convde.pl?C103.

ILO, Übereinkommen Nr. 105, http://www.ilo.org/ilolex/german/docs/gc105.htm.

ILO, Übereinkommen Nr. 107, Indigenous and Tribal Populations Convention, http://www.ilo.org/ilolex/cgi-lex/convde.pl?C107.

ILO, Übereinkommen Nr. 111, http://www.ilo.org/ilolex/german/docs/gc111.htm.

ILO, Übereinkommen Nr. 138, http://www.ilo.org/ilolex/german/docs/gc138.htm.

ILO, Übereinkommen Nr. 156, http://www.ilo.org/ilolex/cgi-lex/convde.pl?C156.

ILO, Übereinkommen Nr. 169, Indigenous and Tribal Populations Convention, http://www.ilo.org/ilolex/cgi-lex/convde.pl?C169.

ILO, Übereinkommmen Nr. 171 vom 26.06.1990, http://www.ilo.org/ilolex/cgi-lex/convde.pl?C171.

ILO, Übereinkommen Nr. 182, http://www.ilo.org/ilolex/german/docs/gc182.htm.

ILO-Verfassung, BGBl. 1957 II, S. 318, in der Fassung vom 27.06.1972, BGBl. 1975 II, S. 2208.

Indigenous Pygmy Organizations and Pygmy Support Organizations in the Democratic Republic of Congo, Request for Inspection, Emergency Economic and Social Reunification Support Project (EESRSP) (Credit No. 3824-DRC and Grant No. H 064-DRC), http://siteresources.worldbank.org/EXTINSPECTIONPANEL/Resources/RequestforInspectionEnglish.pdf.

International Campaign for Tibet, Request for Inspection China Western Poverty Reduction Project, http://siteresources.worldbank.org/EXTINSPECTIONPANEL/Resources/ChinaRequest.pdf.

International Convention on the Subject of the Prohibition of the Use of White (Yellow) Phosphorus in the Manufacture of Matches, http://training.itcilo.it/ils/CD_Use_Int_Law_web/Additional/Library/English/Recommendations/R006.HTM (Annex).

International Convention Respecting the Prohibition of Night Work for Women in Industrial Employment, in: 4 AJIL 1910, Nr. 4, Supplement: Official Documents, S. 328ff.

International Trade Union Confederation (ITUC)/International Transport Workers' Federation (ITF), Beschwerde, http://www.cao-ombudsman.org/cases/document-links/documents/Aviancacomplaint_111411_web.pdf.

Internationaler Pakt über bürgerliche und politische Rechte, BGBl. 1973 II, S. 1534.

Internationaler Pakt über wirtschaftliche, soziale und kulturelle Rechte, BGBl. 1973 II, S. 1570.

Konvention zum Schutze der Menschenrechte und Grundfreiheiten vom 04.11.1950, BGBl. 1952 II, S. 685, 953, in der Fassung vom 11.05.1994, BGBl. 2002 II, S. 1055.

Kyoto Protocol to the United Nations Framework Convention on Climate Change, 2303 UNTS 148.

Lac Lanoux Arbitration (France v. Spain), Schiedsspruch vom 16.11.1957, 24 ILR 101.

Madhu Kohli, Request for Inspection, NTPC Power Generation Project Cr. 3632, http://siteresources.worldbank.org/EXTINSPECTIONPANEL/Resources/NTPCRequestforInspection.pdf.

Ngarlejy Yorongar, Request for Inspection, Chad-Cameroon Petroleum and Pipeline Project (Loan Number 4558-DC); Petroleum Sector Management Capacity Building Project (Credit No. 3373-CD); and Management of the Petroleum Economy (Credit No. 3316-CD), http://siteresources.worldbank.org/EXTINSPECTIONPANEL/Resources/RequestEnglishtranslation.pdf.

Non-Legally Binding Authoritative Statement of Principles for a Global Consensus on the Management, Conservation and Sustainable Development of All Types of Forests, UN Doc. A/CONF.151/6/Rev. 1, auch in: 31 ILM 1992, S. 882

OHCHR, Expert Mechanism on the Rights of Indigenous Peoples, http://www.ohchr.org/EN/Issues/IPeoples/EMRIP/Pages/EMRIPIndex.aspx.

OHCHR, Optional Protocol to the Convention on the Elimination of Discrimination against Women – Jurisprudence, http://www2.ohchr.org/english/law/jurisprudence.htm.

OHCHR, Working Group on Indigenous Populations, http://www2.ohchr.org/english/issues/indigenous/groups/groups-01.htm.

Operations Policy and Country Services Vice Presidency [der Weltbank], Implementation of the World Bank's Indigenous Peoples Policy. A Learning Review (FY 2006-2008), http://siteresources.worldbank.org/INTSAFEPOL/Resources/Indigenous_peoples_review_august_2011.pdf.

Organización Fraternal Negra Honduras, Request for Inspection, Land Administration Project (IDA Credit 3858-HO), http://siteresources.worldbank.org/EXTINSPECTIONPANEL/Resources/RequestforInspectionHonduras-English.pdf.

Petrit Levendi, Request for Inspection, Integrated Coastal Zone Management and Clean-Up Project (IDA-Credit No. 4083-ALB), http://siteresources.worldbank.org/EXTINSPECTIONPANEL/Resources/Request_for_Inspection_2.pdf.

PREM Network, Applying Gender Action Plan Lessons: A Three-Year Road Map for Gender Mainstreaming (2011-2013), Washington, D. C., 2010, http://go.worldbank.org/FSV68RJ1F0.

PREM Network, Gender Equality as Smart Economics: World Bank Group Gender Action Plan. Four-Year Progress Report (January 2007-December 2010), http://go.worldbank.org/UEKXZDI8L0.

Proclamation of Tehran, http://untreaty.un.org/cod/avl/pdf/ha/fatchr/Final_Act_of_TehranConf.pdf.

Rio Declaration on Environment and Development, UN Doc. A/Conf.151/5/Rev. 1, auch in: 31 ILM 1992, S. 876.

Robinson, Nicholas A. (Hrsg.), Agenda 21 & the UNCED Proceedings, Band 4, New York et al., 1993.

Römisches Statut des Internationalen Strafgerichtshofs, BGBl. 2000 II, S. 1394, sowie 2187 UNTS 3.

Seerechtsübereinkommen der Vereinten Nationen, BGBl. 1994 II, S. 1799.

Statut des Internationalen Gerichtshofs, BGBl. 1973 II, S. 505.

Statut des Internationalen Seegerichtshofs (Anlage VI zum Seerechtsübereinkommen der Vereinten Nationen, BGBl. 1994 II, S. 1799).

Stockholmer Deklaration, Report of the United Nations Conference on the Human Environment, Stockholm, 5-16 June 1972, UN Doc. A/CONF.48/14/Rev.1, auch in: 11 ILM 1972, S. 1416.

The Inspection Panel, The Inspection Panel at 15 Years, Washington, D. C., 2009.

The Inspection Panel, Chile: Financing of Hydroelectric Dams in the Bío-Bío River. Summary of Decision not to Register, http://siteresources.worldbank.org/EXTINSPECTIONPANEL/Resources/Chile-Biobio.pdf.

The Inspection Panel, Eligibility Report. India: Mumbai Urban Transport Project (Loan No. 4665-IN; Credit No. 3662-IN), http://siteresources.worldbank.org/EXTINSPECTIONPANEL/Resources/Mumbai_Powai_Eligibility.pdf.

The Inspection Panel, Investigation Report. Albania: Power Sector Generation and Restructuring Project (IDA Credit No. 3872-ALB), http://siteresources.worldbank.org/EXTINSPECTIONPANEL/Resources/ALB_Power_Investigation_Report_whole.pdf.

The Inspection Panel, Investigation Report. Albania: Integrated Coastal Zone Management and Clean-Up Project (IDA-Credit No. 4083-ALB), http://siteresources.worldbank.org/EXTINSPECTIONPANEL/Resources/Coastal_Full_Report_11_24_FINAL.pdf.

The Inspection Panel, Investigation Report. Cameroon: Petroleum Development and Pipeline Project (Loan No. 7020-CM) and Petroleum Environment Capacity Enhancement (CAPECE) Project (Credit No. 3372-CM), http://siteresources.worldbank.org/EXTINSPECTIONPANEL/Resources/CAMInvestigationRptEnglish.pdf.

The Inspection Panel, Investigation Report. Chad-Cameroon Petroleum and Pipeline Project (Loan Number 4558-DC); Petroleum Sector Management Capacity Building Project (Credit No. 3373-CD); and Management of the Petroleum Economy (Credit No. 3316-CD), http://siteresources.worldbank.org/EXTINSPECTIONPANEL/Resources/ChadInvestigationReporFinal.pdf.

The Inspection Panel, Investigation Report. Colombia: Cartagena Water Supply, Sewerage and Environmental Management Project (Loan No. 4507-CO), http://siteresources.worldbank.org/EXTINSPECTIONPANEL/Resources/PanelInvestigationReportFinal.pdf.

The Inspection Panel, Investigation Report. Democratic Republic of Congo: Transitional Support for Economic Recovery Grant (TSERO) (IDA Grant No. H 1920-DRC) and Emergency Economic and Social Reunification Support Project (EESRSP) (Credit No. 3824-DRC and Grant No. H 064-DRC), http://siteresources.worldbank.org/EXTINSPECTIONPANEL/Resources/FINALINVREPwhole.pdf.

The Inspection Panel, Investigation Report. Ghana: Second Urban Environmental Sanitation Project (UESP II) (IDA Credit No. 3889-GH), http://siteresources.worldbank.org/EXTINSPECTIONPANEL/Resources/Ghana_Investigation_Report.pdf.

The Inspection Panel, Investigation Report. Honduras: Land Administration Project (IDA Credit 3858-HO), http://siteresources.worldbank.org/EXTINSPECTIONPANEL/Resources/HondurasFINALINVESTIGATION-REPORTrevised.pdf.

The Inspection Panel, Investigation Report. India: NTPC Power Generation Project (Loan 3632-IN), http://siteresources.worldbank.org/EXTINSPECTIONPANEL/Resources/NTPCInvestigationReport.pdf.

The Inspection Panel, Investigation Report. India: Mumbai Urban Transport Project (IBRD Loan No. 4665-IN; IDA Credit No. 3662-IN), http://siteresources.worldbank.org/EXTINSPECTIONPANEL/Resources/IPNMUTPFINAL.pdf.

The Inspection Panel, Investigation Report. Proposed Arun III Hydroelectric Project and Credit 2029-NEP Investigation Report, http://siteresources.worldbank.org/EXTINSPECTIONPANEL/Resources/Investigation_Report_62195.pdf.

The Inspection Panel, Investigation Report. The Qinghai Project. A Component of the China: Western Poverty Reduction Project (Credit No. 3255-CHA and Loan No. 4501-CHA), http://siteresources.worldbank.org/EXTINSPECTIONPANEL/Resources/CHINA-InvestigationReport.pdf.

The World Bank Portfolio Management Task Force, Effective Implementation: Key to Development Impact. Washington, D.C., 1992.

The World Bank, 1996 Review of the Resolution Establishing the Inspection Panel. Clarification of Certain Aspects of the Resolution vom 17.10.1996 (1996 Review), in: The Inspection Panel, The Inspection Panel at 15 Years, Appendix VII (S. 207f.).

The World Bank, Accountability at the World Bank. The Inspection Panel 10 years on, Washington, D.C., 2003.

The World Bank, Advancing Gender Equality. From Concept to Action, Washington, D.C., 1995.

The World Bank, Advancing Gender Equality: World Bank Action Since Beijing, Washington, D.C., 2000.

The World Bank, Albania - Integrated Coastal Zone Management and Clean-Up Project. Progress Report on the Implementation of the Management Action Plan in Response to the Inspection Panel Investigation Report (IDA Credit No. 4083-ALB), http://siteresources.worldbank.org/EXTINSPECTIONPANEL/Resources/Albania_Progress_Report_Final_Version.pdf.

The World Bank, Annual Report 1988, Washington, D.C., 1988.

The World Bank, Annual Report 1991, Washington, D.C., 1991.

The World Bank, Annual Report 1992, Washington, D.C., 1992.

The World Bank, Annual Report 2010, Washington, D.C., 2010.

The World Bank, Annual Report 2011, Washington, D.C., 2011.

The World Bank, Bangladesh: financial accountability for good governance, Washington, D.C., 2002.

The World Bank, BP 4.01 - Environmental Assessment, http://go.worldbank.org/9MIMAQUHN0.

The World Bank, BP 4.01, Annex B - Application of EA to Projects Involving Pest Management, http://go.worldbank.org/VSE6CTUEG0.

The World Bank, BP 4.04 - Natural Habitats, http://go.worldbank.org/BFOEUOUD10.

The World Bank, BP 4.10 - Indigenous Peoples, http://go.worldbank.org/PG4KQSUDI0.

The World Bank, BP 4.11 - Physical Cultural Resources, http://go.worldbank.org/5SLEKEUDY0.

The World Bank, BP 4.12 - Involuntary Resettlement, http://go.worldbank.org/NTU2XSY770.

The World Bank, BP 4.20 - Gender and Development, http://go.worldbank.org/LQGKB1UFC0.

The World Bank, BP 4.36 – Forests, http://go.worldbank.org/LOWOSMRMU0.

The World Bank, BP 4.37 - Safety of Dams, http://go.worldbank.org/64PC5P7NA0.

The World Bank, BP 7.50 - Projects on International Waterways, http://go.worldbank.org/K0GGGT9K90.

The World Bank, BP 7.60 - Projects in Disputed Areas, http://go.worldbank.org/Y9N9B29S70.

The World Bank, C2693 - Environmental Development Project - Development Credit Agreement, http://go.worldbank.org/LVOFPC7L40.

The World Bank, Conclusions of the Board's Second Review of the Inspection Panel vom 20.04.1999 (1999 Review), in: The Inspection Panel, The Inspection Panel at 15 Years, Appendix VIII (S. 209ff.).

The World Bank, Country Assistance Strategies, http://go.worldbank.org/4M75BI76J0.

The World Bank, EDS05 Annual Reports, http://go.worldbank.org/EZXES0U6K0.

The World Bank, Engendering Development. Through Gender Equality in Rights, Resources, and Voice. World Bank Policy Research Report, Washington, D.C., 2001.

The World Bank, Enhancing Women's Participation in Economic Development. A World Bank Policy Paper, Washington, D.C., 1994.

The World Bank, Environmental Assessment – Policy, http://go.worldbank.org/3LBMXIFF20.

The World Bank, Environmental Assessment Sourcebook and Updates, http://go.worldbank.org/LLF3CMS1I0.

The World Bank, Evaluating a Decade of World Bank Gender Policy: 1990-99, Washington, D.C., 2005.

The World Bank, Gender and Development, Gender Action Plan: Gender Equality as Smart Economics, http://go.worldbank.org/FSV68RJ1F0.

The World Bank, Gender Equality as Smart Economics: A World Bank Group Gender Action Plan (Fiscal years 2007–10), Washington, D.C., 2006.

The World Bank, Global Monitoring Report. Millenium Development Goals. Confronting the Challenges of Gender Equality and Fragile States, Washington, D.C., 2007.

The World Bank, Governance. The World Bank's Experience, Washington, D.C., 1994.

The World Bank, Integrating Gender into the World Bank's Work: A Strategy for Action, Washington, D.C., 2002.

The World Bank, L3500 - Domestic Energy Resources Development Project - Loan Agreement, http://go.worldbank.org/PG4ZXEFUH0.

The World Bank, L3529 - Environmental Institutions Development Project - Loan Agreement, http://go.worldbank.org/HVRSHGWZF0.

The World Bank, L3530 - Guangdong Provincial Highway Project - Loan Agreement, http://go.worldbank.org/HQ40K2IJV0.

The World Bank, L3789 - Ceara Urban Development and Water Resource Management Project - Amendment 3, http://go.worldbank.org/MI48IQZB30.

The World Bank, Mainstreaming the Environment, Washington, D.C., 1995.

The World Bank, Making Sustainable Commitments. An Environment Strategy for the World Bank, Washington, D. C., 2001.

The World Bank, Management Report and Recommendation in Response to the Inspection Panel Investigation Report Ghana Second Urban Environmental Sanitation Project (IDA Credit No. 3889-GH), http://siteresources.worldbank.org/EXTINSPECTIONPANEL/Resources/GhanaUESPII_Management_Report_Final_May12009.pdf.

The World Bank, OP 4.01 – Environmental Assessment, http://go.worldbank.org/K7F3DCUDD0.

The World Bank, OP 4.04 - Natural Habitats, http://go.worldbank.org/PS1EF2UHY0.

The World Bank, OP 4.04, Annex A – Definitions, http://go.worldbank.org/326G2UUHO0.

The World Bank, OP 4.09 – Pest Management, http://go.worldbank.org/QNORFLUFR0.

The World Bank, OP 4.10 - Indigenous Peoples, http://go.worldbank.org/UBJJIRUDP0.

The World Bank, OP 4.11 - Physical Cultural Resources, http://go.worldbank.org/IHM9G1FOO0.

The World Bank, OP 4.12 - Involuntary Resettlement, http://go.worldbank.org/GM0OEIY580.

The World Bank, OP 4.20 - Gender and Development, http://go.worldbank.org/TLAI3C3CQ0.

The World Bank, OP 4.36 – Forests, http://go.worldbank.org/MCF2I0UEX0.

The World Bank, OP 4.37 - Safety of Dams, http://go.worldbank.org/5SGWNY6II0.

The World Bank, OP 7.50 - Projects on International Waterways, http://go.worldbank.org/LYIKQ2JTV0.

The World Bank, OP 7.60 - Projects in Disputed Areas, http://go.worldbank.org/BNX4KXDJT0.

The World Bank, Pollution Prevention and Abatement Handbook 1998. Toward Cleaner Production, Washington, D.C., 1999.

The World Bank, Progress in Implementing the Action Plan, http://siteresources.worldbank.org/EXTINSPECTIONPANEL/Resources/Cartagena_Porgress_Report_2006.pdf.

The World Bank, Progress Report No. 2. Implementation of Management Action Plan in Response to Inspection Panel Investigation Report. Albania. Integrated Coastal Zone Management and Clean-Up Project (IDA Credit No. 4083-ALB), http://siteresources.worldbank.org/EXTINSPECTIONPANEL/Resources/AlbaniaICZMCP_ProgressReport2_02-26-10.pdf.

The World Bank, Progress Report No. 3. Implementation of Management Action Plan in Response to Inspection Panel Investigation Report. Albania - Integrated Coastal Zone Management and Clean-Up Project (IDA Credit No. 4083-ALB), http://siteresources.worldbank.org/EXTINSPECTIONPANEL/Resources/ALBANIA3rdProgReport.PDF.

The World Bank, Progress Report on the Implementation of "Portfolio Management: Next Steps. A Program of Actions", Washington, D.C., 1994.

The World Bank, Progress Report to the Board of Executive Directors On the Implementation of the Management's Action Plan In Response to the Democratic Republic of Congo Inspection Panel Investigation Report on Transitional Support for Economic Recovery Project and the Emergency Social and Economic Reunification Project, http://siteresources.worldbank.org/EXTINSPECTIONPANEL/Resources/DRC_Forests_First_Progress_Report.pdf.

The World Bank, Progress Report to the Board of Executive Directors on the Implementation of the Management Action Plan in Response to the Inspection Panel Investigation Report on the Albania Power Sector Generation and Restructuring Project (IDA Credit No. 3872-ALB), http://siteresources.worldbank.org/EXTINSPECTIONPANEL/Resources/Albania_Power_6_22_2010_Management_progress_report.pdf.

The World Bank, Sub-Saharan Africa. From Crisis to Sustainable Growth, Washington, D.C., 1989.

The World Bank, The World Bank Policy on Access to Information, Washington, D. C., 2010.

The World Bank, The World Bank Policy on Disclosure of Information, Washington, D.C., 2002.

The World Bank, Toward Gender Equality. The Role of Public Policy, Washington, D.C., 1995.

Tigawalana, Peter/Sfari, Tadeo/Isabirye, Christopher/Kamoga, Vincent/Kauta, James/Masaba, Deo/Kyayi, Haruna/Mutumba, Richard/Badiwamba, Godfrey/Osinya, Moses/Kabbala, Issa, Complaint for unfair treatment, poor compensation and eventual termination by Salini Costruttori on Bujagali dam construction in Uganda, http://www.cao-ombudsman.org/cases/document-links/documents/ComplaintBujagalidam_032111_forWEB.pdf.

Trail Smelter Arbitration (USA v. Canada), Schiedssprüche vom 16.04.1938 und 11.03.1941, 3 RIAA 1905.

Treaty of Versailles (Versailler Vertrag), in: Carnegie Endowment for International Peace (Hrsg.), The Treaties of Peace 1919 - 1923, Bd. I, New York 1924, S. 3ff.

TÜRK-IS, Beschwerde, http://www.cao-ombudsman.org/cases/document-links/documents/01-Complaint.pdf.

TÜRK-IS, Beschwerde, http://www.cao-ombudsman.org/cases/document-links/documents/08_September22Complaint.pdf.

Übereinkommen über die Rechte des Kindes, BGBl 1992 II, S. 122.

Übereinkommens zur Beseitigung jeder Form von Diskriminierung der Frau, BGBl. 1985 II, S. 648.

UNECE, Übereinkommen zum Schutz und zur Nutzung grenzüberschreitender Wasserläufe und internationaler Seen, BGBl. II 1994, S. 2333.

UNEP, About the Cartagena Convention - Caribbean Environment Programme http://www.cep.unep.org/cartagena-convention.

UNEP, LBS Protocol - Caribbean Environment Programme http://www.cep.unep.org/cartagena-convention/lbs-protocol.

UNESCO, Übereinkommen zum Schutz des Kultur- und Naturerbes der Welt, BGBl. II 1977, S. 215., 1037 UNTS 151.

UNFCCC, Report of the Conference of the Parties on its fifteenth session, UN Doc. FCCC/CP/2009/11/Add.1, http://unfccc.int/resource/docs/2009/cop15/eng/11.pdf.

United Nations Framework Convention on Climate Change, BGBl. 1993 II, S. 1784 sowie in 31 ILM 1992, S. 851 und 1771 UNTS 107.

United Nations Millennium Declaration, UN Doc. A/RES/55/2.

United Nations, Allgemeine Erklärung der Menschenrechte, UN Doc. A/RES/217(III)A.

United Nations, Charter of Economic Rights and Duties of States, GV-Res. Nr 3281 (XXIX).

United Nations, Declaration on the Elimination of Discrimination against Women, GV-Res. Nr. 2263 (XXII).

United Nations, Declarations, Reservations and Objections to CEDAW, http://www.un.org/womenwatch/daw/cedaw/reservations-country.htm.

United Nations, Fakultativprotokoll zur Konvention zur Beseitigung jeder Form von Diskriminierung der Frau, BGBl. 2001 II, S. 1238.

United Nations, GV-Resolution vom 03.11.1950 (Uniting vor Peace), UN Doc. A/RES/377(V).

United Nations, GV-Resolution vom 07.01.1994, UN Doc. A/RES/48/141.

United Nations, GV-Resolution vom 14.12.1990, UN Doc. A/RES/45/94.

United Nations, Johannesburg Plan for Implementation, http://www.un.org/esa/sustdev/documents/WSSD_POI_PD/English/POIToc.htm.

United Nations, Millenium Goals, Goal 3: Promote Gender Equality and Empower Women, http://www.un.org/millenniumgoals/gender.shtml.

United Nations, Millenium Goals, http://www.un.org/millenniumgoals/.

United Nations, Pekinger Deklaration und Aktionsprogramm, UN Doc. A/CONF.177/20.

United Nations, Question of Territories under Portuguese Administration, GV-Res. Nr. 2184 (XXI).

United Nations, Report of the United Nations Conference on the Human Environment, Stockholm, 5-16 June 1972, UN Doc. A/CONF.48/14/Rev.1, auch in: 11 ILM 1972, S. 1416.

United Nations, The Policies of Apartheid of the Government of the Republic of South Africa, GV-Res. Nr. 2202 (XXI).

United Nations, United Nations Conference on the Law of Treaties between States and International Organizations or between International Organizations,

1986 - Volume II, http://untreaty.un.org/cod/diplomaticconferences/lawof-treaties-states-intlorgs-1986/vol_II_e.html.

United Nations, UNTC, Convention on the Elimination of All Forms of Discrimination against Women, http://treaties.un.org/Pages/ViewDetails.aspx?src=TREATY&mtdsg_no=IV-8&chapter=4&lang=en.

United Nations, UNTC, Convention on the Rights of the Child, http://treaties.un.org/Pages/ViewDetails.aspx?src=TREATY&mtdsg_no=IV-11&chapter=4&lang=en#top.

United Nations, World Charter for Nature, GV-Resolution, UN Doc. A/RES/37/7, auch in: 22 ILM 1983, S. 455.

United Nations, World Commission on Environment and Development (WCED), errichtet durch GV-Resolution, UN Doc. A/RES/38/161.

United Shop Owners Association, Request for Inspection, Mumbai Urban Transport Project (IBRD Loan No. 4665-IN; IDA Credit No. 3662-IN), http://siteresources.worldbank.org/EXTINSPECTIONPANEL/Resources/OfficialRequest04282004.pdf.

Vereinbarung über Regeln und Verfahren zur Beilegung von Streitigkeiten, BGBl. 1994 II S. 1749.

WHO, The WHO Recommended Classification of Pesticides by Hazard and Guidelines to Classification 2009, http://www.who.int/ipcs/publications/pesticides_hazard_2009.pdf.

Wiener Menschenrechtserklärung und Aktionsprogramm, UN Doc. A/CONF.157/23.

WTO, dispute settlement – the disputes – DS58, http://www.wto.org/english/tratop_e/dispu_e/cases_e/ds58_e.htm.

Sonstige Internetquellen

(Letzter Zugriff: 01.06.2012)

ADB, Anticorruption and Integrity, http://www.adb.org/site/integrity/main.

AU, http://www.au.int/.

Bujagali Hydropower Project, http://www.bujagali-energy.com/default.htm.

Compliance Advisor / Ombudsman, Baobab-Fall, http://www.cao-ombudsman.org/cases/case_detail.aspx?id=186.

Compliance Advisor / Ombudsman, CAO Cases, http://www.cao-ombudsman.org/cases/.

Compliance Advisor / Ombudsman, Harmon-Hall-Fall, http://www.cao-ombudsman.org/cases/case_detail.aspx?id=183.

Compliance Advisor / Ombudsman, http://www.cao-ombudsman.org/.

Convention on Biological Diversity, List of Parties, http://www.cbd.int/convention/parties/list/.

EBRD, About the Project Complaint Mechanism, http://www.ebrd.com/pages/project/pcm/about.shtml.

Equator Principles, About the Equator Principles, http://www.equator-principles.com/index.php/about-ep.

FAO, http://www.fao.org/.

GEF, Areas of Work, http://www.thegef.org/gef/Areas_work.

GEF, What is the GEF, http://www.thegef.org/gef/whatisgef

Halifax Initiative Coalition (Hrsg.), One Step Forward, One Step Back, http://www.halifaxinitiative.org/updir/IFC-Analysis-HI-Final.pdf.

Hunter/Udall, The World Bank's New Inspection Panel: Will It Increase the Bank's Accountability, http://www.ciel.org/Publications/issue1.html.

IADB, About OVE, http://www.iadb.org/ove.

IBLF, http://www.iblf.org.

IBLF/IFC, Guide to Human Rights Impact Assessment and Management, http://www.guidetohriam.org/guide-to-human-rights-impact-assessment-and-management-.

ICOLD, http://www.icold-cigb.net.

ICRC, http://www.icrc.org/eng/index.jsp.

IEO, http://www.ieo-imf.org.

IGB, http://www.ica.coop/al-ica/.

ILO, Alphabetical list of ILO member countries, http://www.ilo.org/public/english/standards/relm/country.htm

ILO, ILOLEX : Recommendations, http://www.ilo.org/ilolex/english/recdisp1.htm.

ILO, ILOLEX: Conventions, http://www.ilo.org/ilolex/english/convdisp1.htm.

ILO, ILO Thesaurus, http://www.ilo.org//thesaurus/defaulten.asp.

OAS, http://www.oas.org/en/default.asp.

Salini Costruttori, http://www.salini.it/en.

Social Impact, http://www.socialimpact.com.

The World Bank, About Us – Member Countries, http://go.worldbank.org/SGCDPJKLX0.

The World Bank, About Us – Projects & Operations, http://go.worldbank.org/M7ARDFNB60.

The World Bank, About Us – Strategic Themes, http://go.worldbank.org/DM4A38OWJ0.

The World Bank, About Us – What We Do, http://go.worldbank.org/1YXPMBNDO0.

The World Bank, Board of Executive Directors – IFC Members, http://go.worldbank.org/4FHBI7UF30.

The World Bank, Board of Executive Directors – Voting Powers, http://go.worldbank.org/0JPZLBRA90.

The World Bank, External Gender Consultative Group, http://go.worldbank.org/WBA3PD1X70.

The World Bank, Gender and Development, http://go.worldbank.org/A74GIZVFW0.

The World Bank, IDA – What is IDA?, http://go.worldbank.org/ZRAOR8IWW0.

The World Bank, Poverty Reduction and Economic Management Network, http://go.worldbank.org/O6RT0P3HA0.

The World Bank, Pressemitteilung Nr. 2008/421/AFR, http://siteresources.worldbank.org/EXTINSPECTIONPANEL/Resources/UESPII_Board_PR pdf.

The World Bank, Projects – Investment and Development Policy Operations, http://go.worldbank.org/C4UAVZ7TK0.

The World Bank, Safeguard policies: framework for improving development effectiveness - a discussion note, http://go.worldbank.org/E5V2XXAT41.

The World Bank, The Inspection Panel - Cases by Request Number, http://web.worldbank.org/WBSITE/EXTERNAL/EXTINSPECTIONPANEL/0,,contentMDK:20221606~menuPK:64129250~pagePK:64129751~piPK:64128378~theSitePK:380794,00.html.

The World Bank, World Development Reports, http://go.worldbank.org/LOTTGBE9I0.

TÜRK-IS, http://www.turkis.org.tr/index.dyn?wapp=homepage.

UNECE, Aarhus Convention Compliance Committee, http://www.unece.org/env/pp/ccBackground.htm.

UNECE, Public Participation, http://www.unece.org/env/pp/welcome.html.

UNEP, Dams and Development Project - The World Commission on Dams, http://www.unep.org/DAMS/WCD/.

UNFCCC, Report of the Conference of the Parties on its fifteenth session, http://unfccc.int/resource/docs/2009/cop15/eng/11.pdf.

United Nations, Commission on the Status of Women, http://www.un.org/womenwatch/daw/csw/.

United Nations, Committee on the Elimination of Discrimination against Women, http://www.un.org/womenwatch/daw/cedaw/committee.htm.

United Nations, ECOSOC, http://www.un.org/en/ecosoc/index.shtml.

United Nations, Millenium Goals, http://www.un.org/millenniumgoals/.